U0510722

· 国家社科基金重点项目“非殖民化进程与东南亚冷战格局形成问题研究”（17ASS007）阶段性成果

· 渤海大学政治学学科建设经费资助

美国对老挝政策研究

1955–1963

温荣刚 著

中国社会科学出版社

图书在版编目（CIP）数据

美国对老挝政策研究：1955—1963 ／温荣刚著．—北京：中国社会科学出版社，2017.11

ISBN 978 - 7 - 5203 - 0591 - 4

Ⅰ.①美… Ⅱ.①温… Ⅲ.①美国对外政策—研究—老挝—1955—1963
Ⅳ.①D871.20

中国版本图书馆 CIP 数据核字(2017)第 142991 号

出 版 人 赵剑英
责任编辑 赵 丽
责任校对 冯英爽
责任印制 王 超

出 版 中国社会科学出版社
社 址 北京鼓楼西大街甲 158 号
邮 编 100720
网 址 http://www.csspw.cn
发 行 部 010 - 84083685
门 市 部 010 - 84029450
经 销 新华书店及其他书店

印 刷 北京君升印刷有限公司
装 订 廊坊市广阳区广增装订厂
版 次 2017 年 11 月第 1 版
印 次 2017 年 11 月第 1 次印刷

开 本 710 × 1000 1/16
印 张 22.5
插 页 2
字 数 358 千字
定 价 95.00 元

目　录

绪　论

一　选题由来

第二次世界大战结束以后，美国真正开始其涉足印度支那的历史，先是扶持印度支那地区的抗日和非殖民化运动，继而支持法国重返印支地区进行殖民活动，不断扩大对法国的军事援助。美国在印度支那地区推行的冷战战略与对法国这种援助的持续投入，为其后来取代法国、谋求在该地区的领导地位奠定了政治基础。

1954 年，日内瓦会议以后，得到国际社会承认的老挝虽然只是东南亚一个弱小的内陆国家，但由于其与中国、越南和泰国接壤的特殊地理位置，在冷战的背景下，老挝便具有了美国定义下的战略价值，被美国政府看作东南亚地区的“瓶塞儿”。尤其当时盛行的“多米诺骨牌”理论、“零和游戏”规则等冷战思维正充斥于美国的决策层当中，故而东南亚地区的任何“共产主义动向”都会引起美国的极大关注。早在 1949 年 12 月 30 日，美国国家安全委员会通过的 NSC 48/2 号文件是关于亚洲冷战政策的第一个正式文件，也是美国在亚洲遏制战略形成的标志性文件。[①] 文件强调“当前殖民主义与民族独立的冲突是东南亚最重要的政治因素”，虽然“在东南亚的民族解放运动中，共产主义所起的作用还很小”，但正是这种情况“为共产主义的进攻提供了丰富的土壤”，首次把东南亚的战略地位提升到了一个事关美国国家安全的高度。从此，冷战从欧洲扩展至亚洲。为了控制东南亚与遏制苏联和中国等社会主义国家

① 关于 NSC 48/2 号文件的形成及战略地位问题参见崔丕《美国的冷战战略与巴黎统筹委员会、中国委员会（1945—1994）》，中华书局 2005 年版，第 218—219 页。

的发展，艾森豪威尔政府从美国国家安全战略的高度，先后出台了 NSC 5405、NSC 5612/1、NSC 5809 和 NSC 6012 号文件，这些构成了艾森豪威尔政府时期美国对东南亚政策的演进过程。老挝便是美国执行这些文件的一个具体场所。从 1955 年开始，艾森豪威尔政府以援助的名义对老挝的经济和政治生活进行了干涉，并极力扶植老挝右翼力量上台，以建立亲西方的老挝政府，实现其反共目标。正是美国对老挝内政的这种大肆干涉，不但造成了老挝无法真正进行国家正常建设和发展，而且让其内部动乱不已。尤其是 1960—1962 年发生的老挝危机，正是美国在东南亚地区这种“关注”的一个深刻表现。从表面上看，此次危机的发生本是老挝内部的一次政治事件，但是由于美国对老挝内部事务的干涉进而引发各种国际因素的介入，使得这次内部冲突逐渐演化为一场国际性的抗争。究其实质，乃是美国如何防范共产主义在东南亚国家发展的问题，所以本质上涉及的是美国如何看待中国和苏联的问题。此外，在这次危机发生和解决的过程中所暴露出来的美国与其盟友之间在面对和解决这个问题上的分歧，也暗示了貌似强大的西方阵营并非铁板一块，其中各自的利益考虑是其在制定外交政策时无法逾越的藩篱。再有，老挝本身在这次危机解决过程中的作用并不是任由外部势力摆布的，其当时存在的三方势力各自的政治考虑也在一定程度上牵制了美苏等大国政策的制定，增加了这一事件解决过程的复杂程度。

冷战结束以后，各国档案资料的解密纷呈，使得“冷战史新研究”的潮流得以兴起。“冷战史新研究”的特点主要体现在如下几个方面：一是从纵向看，为研究者提供了全新的时空框架。冷战的结束，使冷战成为一段真正的“历史”，学者可以从“历史”的高度入手，既可以从整体上对冷战的全过程进行考察，又可以从多国比较研究入手对冷战期间的具体问题进行认识，从而可以得出更为客观的结论；二是从横向看，可以利用多国档案与资料进行比较研究。这为学者提供了实证研究的基础，使得学者可以通过各方资料的比对进行研究，对众多个案乃至冷战全局进行更准确的认识；三是研究对象视角的变化。“对手之间的对抗”不再是冷战史研究的唯一主题，“盟国之间的合作与掣肘”以及“外部干涉与本土抗争”等视角成为“冷战史新研究”的新的增长点。

1955—1963 年，美国对老挝的政策变化完全体现了“冷战史新研究”

所勾画出来的诸多特征。首先，美国对老挝政策的开始及其变化准确地诠释了“冷战”的内涵。冷战开始之日，学术界就开始了对其定义与内涵的探讨。无论持哪种观点，都没有否定冷战的下面两个特征：一是在对抗的过程中相互争夺与遏制；二是避免在相互争夺与遏制的过程中发生直接的、激烈的对抗。具有美国定义下战略价值的老挝与这期间美国对老挝政策的变化，便很好地检验了冷战的这两个本质特征。美国为了遏制共产主义在东南亚大陆的“扩张”，将老挝纳入其冷战的战略轨道，从1954年日内瓦会议以后就开始对老挝进行干涉，影响了之后老挝政局的发展，进而引发了几次老挝的政治危机。以苏联为首的社会主义国家对老挝的左翼力量进行了支持，提出实现老挝独立与中立的目标。最终，这种国际性因素的介入，使老挝内部的政治对抗演化为国际性的危机。美苏等大国在解决这次危机的过程中进行了曲折的斗争与妥协，他们既要追求和实现各自的既定目标，又要避免冲突的升级。1962年，关于老挝问题的日内瓦协议的签订，标志着这次危机告一段落。老挝危机解决过程中所反映出来的复杂性与结果的多方妥协性，无不具有“冷战”的特征。

其次，1955—1963年，美国对老挝政策的变化体现了多国参与其中的影响，而冷战结束以后多国档案与资料的开放，又为我们对其研究提供了重要的资料保证，可以对各方资料进行对比分析，通过对各方政策考虑的梳理认清其中的本质，进而认清其对整个冷战格局走势的影响。1960—1962年的老挝危机之所以能够以谈判结束，其中重要的一点原因就是美苏都认为老挝不是其战略重心所在，他们不应该在老挝将纠缠继续升级，应该将主要精力放在裁军与德国等问题的解决上来。通过对这个问题的研究，个案与冷战格局走向的内在关系可以得到体现。

最后，通过对纷繁复杂的老挝危机解决过程的历史考察，一方面可以揭示美国利用老挝作为其实施遏制战略基地的真实面目，可以认清美国与其盟友在此次危机解决过程中相互斗争和妥协的场景，而苏联、中国和北越在解决危机过程中也存在合作与分歧，从而进一步理解冷战的“国际性”特征；另一方面，可以揭示老挝并不是任由大国摆布的“被动者”，相反，老挝国内各方势力也在这个过程中从各自的政治发展需求出发，谋取外部势力的支持和援助，增加了老挝危机解决的复杂性。

二　研究现状和文献综述

虽然老挝只是东南亚地区的一个蕞尔小国，但由于美国的干涉，使得它在20世纪五六十年代的时候一度成为世界的热点地区之一。学术界对老挝关注的突然增多也源于此，并延续至今，其中经历了一个不断深入的发展过程。由于美国是相关问题的重要角色，所以以“美国对老挝的政策如何”为中心的研究居多，而且更多的是集中于对“1960—1962年老挝危机”相关内容的探讨。按照时间断限划分，此类论著的发展大致可以分为三个阶段。

20世纪六七十年代公开发表论著的主要群体是当时的一些西方国家驻东南亚大陆的记者，他们根据亲身观察，陆续出版了一些关于美国对东南亚和老挝政策的论著，在这些论著中，一般性地考察了美国对老挝事务参与的过程和程度。这些论著的总体特征体现在能够再现当时的一些历史“场景”，但由于缺少资料来源的权威性，使得其中许多史实相互之间存在着矛盾，甚至错误。不过，这些论著对于我们研究老挝危机的一般发展过程，仍然具有重要的文献价值。

澳大利亚左翼记者威尔弗雷德·伯切特（Wilfred Burchett）在第二次世界大战期间就在东南亚有着丰富的生活经历，对东南亚各国人民的殖民地生活非常熟悉。1954年和1962年，又先后来到越南、老挝和柬埔寨，调查日内瓦会议协定的落实情况。伯切特结合这种实地考察结果，再加上《纽约时报》和《新闻周刊》的相关报道，于1963年出版了《秘密战争——美国在越南和老挝》一书。作者在书中批评了在老挝危机中美国对老挝事务的干涉，“面对老挝右翼分子的不断失败，美国非但不进行反省，反而还抱怨以往对其资助的不足”，正是“美国支持下的右翼势力首脑富米·诺萨万（Phoumi Nosavan）挑起与巴特寮的争端，破坏1962年的日内瓦协议，使老挝再次陷入内战的局面”。[①] 迈克尔·菲尔德（Michael Field）于1956—1963年在东南亚为伦敦《每日电讯》（*Daily Telegraph*）工作，他在东南亚有着将近10年的生活经历，根据观察和收集到

① Wilfred G. Burchett, *The Furtive War: the United States in Vietnam and Laos*, New York: International Publishers, 1963, p. 197, p. 211.

的资料，他于 1965 年出版了《盛行风：亲历印度支那》一书。[①] 作者记述了这段时期泰国、老挝、柬埔寨和越南等国家的历史，其中，结合与老挝各方政治势力代表的接触以及作者对时局的判断，简要地分析了老挝危机的起因、发展及其结果，相对客观地提出了一些独到的见解，例如，书中指出“1962 年日内瓦会议的结束并不是老挝危机的终点”。伯纳·福尔（Bernard Fall）以其在越南和老挝丰富的亲身经历曾经被认为是对印度支那了解最为深刻的学者，1966 年，他逝世于南越，3 年后，出版社根据其手稿出版了《对于一次危机的剖析：1961 年老挝危机》一书。福尔根据其对老挝局势的亲历，批评了美国在老挝的政策，指责艾森豪威尔政府对梭发那政权的破坏是导致老挝事件的根源，并一针见血地指出在美国的政策考虑中，“老挝既不是一个地理上的国家，也不是一个民族意义上的国家，而只是一个政治上的符号”。[②] 不过，福尔更多地集中于围绕万象所发生具体事情的论述，很少谈及美国政府在其中的具体决策过程。另外，该书对于老挝危机的介绍结束于 1961 年，而对于 1962 年以及后来老挝的局势则没有论及，这不能不说是该书的一个不足。还有在老挝有着亲身经历的阿瑟·多曼（Arthur J. Dommen）于 1964 年出版了《老挝冲突：中立的政治》一书，并于 1971 年将其修订、再版。[③] 在 1964 年版的《老挝冲突：中立的政治》一书中，作者批评了美国对老挝的政策和态度，认为美国对老挝问题的介入是出于自身利益的考虑，是新殖民主义的一种表现。正是由于这一点，美国从一开始就支持反共势力富米·诺萨万，而富米并没有美国所需要的政治能力，再次证明了美国在老挝政策的失败。再版的《老挝冲突：中立的政治》一书，除了继续前一版对美国政策的批评外，又将美国对老挝的政策下限延长，补充了美国在老挝从事秘密战争等新的内容。作者指出“老挝的中立已经

---

① Michael Field, *The Prevailing Wind: Witness in Indochina*, London: Methuen, 1965.

② Bernard Fall, *Anatomy of a Crisis: The Laotian Crisis of 1961*, New York: Doubleday, 1969, p. 23.

③ Arthur J. Dommen, *Conflict in Laos: the Politics of Neutralization*, New York: Frederick A. Praeger, 1964; Arthur J. Dommen, *Conflict in Laos: the Politics of Neutralization*, New York: Praeger, 1971.

成为众多国际外交合作内容的一部分”①，并且在两版著作中都指出“没有有效保证下的老挝中立必然失败”②。

伯切特、菲尔德、福尔和多曼 4 人都结合自己在老挝的经历，较早地介绍了老挝危机发生的过程，交代了他们对这次危机的认识。不过，他们的共同特点在于就事论事，对于美国政府在处理这次危机中的政策考量则很少论及，这一定程度上也是由他们的记者身份决定的。

当时，一些西方国家的外交官员也利用自身的便利条件相继出版了几本论著，谈及他们对老挝有关问题的认识。1960—1962 年期间，英国驻老挝武官休·托伊（Hugh Toye）结合自己的亲身经历，于 1968 年出版了《老挝：缓冲地带还是战场》一书。③ 该书以 1965 年作为下限，再现了老挝危机复杂形势的变化。托伊认为，民族的复杂性是老挝政局不稳的一个根源，同时强调老挝更是美国和中国对于未来亚洲走向的对抗场所。对于这次危机的解决，需要大国的合作，避免形成两败俱伤的局面。1962 年，日内瓦会议结束后，老挝国内不稳定因素继续存在，作者除了对北越对于老挝的战略企图不明了外，也不确定在未来一段时期内老挝是否能承担起大国对抗缓冲地带的作用。作为国际监督和监察委员会一员的波兰代表马雷克·西（Marek Thee）于 1973 年出版了《见证：老挝与第二次印度支那战争》一书。鉴于其可以直接接触老挝政治的特殊身份，作者在这部书中及时地向广大读者提供了许多关于印度支那的重要资料，并提出了他的认识。一方面，作者指出，大国对老挝危机解决的参与并非是真正地想彻底解决这次危机，而是想通过对各自目标的扶植获得尽可能多的利益；另一方面，作者还指出，美国对印度支那事务的卷入根植于其对战后亚洲政局的误判。④ 正由于此，作者又指出是美国误解了苏联在老挝的战略意图，所以导致了这次老挝内部危机的“国际

① Arthur J. Dommen, *Conflict in Laos: the Politics of Neutralization*, New York: Praeger, 1971, p. 406.（本书引注此书为 1971 年版，下同）

② Arthur J. Dommen, *Conflict in Laos: the Politics of Neutralization*, New York: Praeger, 1971, p. xvi.

③ Hugh Toye, *Laos: Buffer State or Battleground*, London: Oxford University Press, 1968.

④ Marek Thee, *Notes of a Witness: Laos and the Second Indochinese war*, New York: Random House, 1973, p. 337.

化”。

以上两位外交官员分别从各自的角度出发，在其论著中提及或分析了这次老挝危机，但是限于其身份、地位，他们既无法接触决策层对这个问题的真正考量，也没有与老挝各方势力的代表进行密切交往，所以他们的认识中往往还有很多想当然的成分。

这个时期，作为相关决策参与者的肯尼迪政府负责远东事务的助理国务卿罗杰·希尔斯曼（Roger Hilsman）和老挝王国政府官员西苏克·纳·钱普阿萨克（Sisouk Na Champassak）也通过其论著表达了他们对这次老挝危机的记述。[①] 希尔斯曼曾经参加了肯尼迪政府制定和讨论老挝政策的过程，他的《肯尼迪政府的外交政策政治》一书，根据其经历和所能利用的资料研究了肯尼迪时期美国的几个重要外交案例，肯尼迪政府解决老挝危机的过程就是其中之一。对于其后的研究者而言，在相关档案资料大规模解密前，该书成为重要的参考文献。钱普阿萨克先后在卡岱·索萨里特、梭发那·富马和冯·萨那尼空政府担任要职，亲历了期间老挝绝大多数的政治变故。钱普阿萨克所著的《老挝风暴：一部当代史》一书，记述了1945—1961年老挝的政治史，多是叙述性的介绍，有助于我们认识这段时期老挝政局的变化。不过，作者的身份和立场决定了其中的许多认识有失客观。

在这个时期，巴特寮的政治代表老挝爱国战线组织于1966年出版了《美国在老挝十二年的干涉与侵略》一书。[②] 该书指责了代替法国进入该地区的美国在老挝实行新殖民主义政策，尤其是1954—1962年的老挝人民为摆脱美国的控制、争取真正的民族独立更是进行了艰苦的斗争，文中表现出了强烈的民族独立色彩。

从整体上看，20世纪60年代国外学术界对此次老挝危机的研究特点比较鲜明，即以记述为主，大多集中于对老挝危机的过程和事实真相的介绍方面。这些著作保存了许多珍贵的资料，为后人的深入研究奠定了

---

① Roger Hilsman, *To Move a Nation: the Politics of Foreign Policy in the Administration of John F. Kennedy*, Garden City, NY: Doubleday, 1967. Sisouk Na Champassak, *Storm Over Laos: A Contemporary History*, New York: Praeger, 1961.

② *Twelve Years of American Intervention and Aggression in Laos*, Neo Lao Haksat Publications, 1966.

认识基础。但是这些研究所依据的资料来源有局限性，如当时的新闻报道或当事人的体感身受，这使得许多认识难免偏颇，不能得出相对客观的结论。

查尔斯·史蒂文森（Charles A. Stevenson）所著的《蛮荒地之终结：1954 年以来美国的老挝政策》一书[①]，是当时研究 1954—1971 年美国对老挝政策的一部力作，对于今天的相关研究仍有很大的参考价值。作者在书中认为，美国的决策层没能充分重视美国驻老挝工作人员的意见，导致了美国对老挝政策的制定更多的是“建立在一种错误观念的基础之上的”[②]，进而指出美国政策的失败在于美国错误地将老挝纳入了冷战轨道，夸大了老挝的战略地位。如同史蒂文森自己所说的那样，“由于许多决策的细节仍未解密，我尽可能地利用了当时能够获得的各种资料——报纸、回忆录和国会听证会的资料——再加上对关于老挝问题 86 位政策制定参与者的采访”[③]，使其论著对于许多细节的介绍增色不少。但由于其所仰仗的这些材料不可避免地存在一些先天缺陷，而史蒂文森又没有进行甄别和考证，是为其不足所在。1973 年，政治学学者马丁·戈德斯坦（Martin E. Goldstein）在其博士论文（1969 年）的基础上出版了《美国的老挝政策》一书。在书中，戈德斯坦从宏观视角探讨了美国对老挝的兴趣源自其在东南亚对共产主义的遏制战略，认为这正是美国介入老挝问题的原因所在。作者关注的重点不是具体的史实的厘清，而在于对事件发生原因和结果的分析。作者还认为是北越和美国对老挝的共同关注，使得 1962 年的日内瓦协议流于表面。[④] 作者虽然注意到在决策过程中，美国各部门间存在分歧，不过限于当时的条件，缺少相关档案支撑，所以不能厘清美国解决这次危机纷繁复杂的过程。《老挝：战争与革命》[⑤]则是一部关于美国对老挝政策的论文集，其中收录的论文大都将批评的

① Charles A. Stevenson, *The End of Nowhere: American Policy Toward Laos Since 1954*, Boston: Beacon Press, 1973.

② Ibid., p. 9.

③ Ibid., p. vi.

④ Martin E. Goldstein, *American Policy Toward Laos*. Rutherford: Fairleigh Dickinson University Press, 1973, pp. 17 - 19.

⑤ Nina S. Adams and Alfred W. McCoy, eds., *Laos: War and Revolution*. New York: Harper, 1970.

矛头指向了美国，指责其对老挝事务的干涉。

进入20世纪80年代以后，围绕这个时期美国对老挝政策如何的研究已不单单局限于美国对老挝政策的单向考虑，还增加了从战略格局因素入手进行研究的新趋向。史密斯（R. B. Smith）在《越南战争国际史（第一卷）》[①] 中，将这次老挝危机看作后来越南战争的根源之一。作者认为，"共产主义势力在老挝的发展，会波及其邻国的稳定，尤其是越南，这是美国所不愿意看到的一个结果，而这恰恰又是美国所不能控制的，因为其在老挝所扶植的右翼势力虽然破坏了梭发那·富马建立的联合政府，但是无法恢复老挝的和平秩序而造成局面的混乱，这成为越南战争发生的一个重要原因"。"东南亚条约组织"是第一次日内瓦会议结束以后美国插手东南亚事务组织起来的一个重要机构。莱齐克·巴斯基恩斯基（Leszek Buszynski）通过研究认为，老挝危机发生后，"东南亚条约组织"成员国在是否出兵干涉老挝危机的问题上始终存在分歧，这表明其无法真正满足美国的需求。同时，通过美国与成员国之间的纷争，也进一步暴露了美国干涉东南亚事务的本质。[②] 另外，泰国是冷战初期美国在亚洲的一个重要盟友，这次老挝危机的发生也对美泰关系产生了一定的影响。在20世纪80年代，先后有几位学者正是从这个角度着手进行研究的，他们一致认为这次老挝危机过后美泰关系进一步加强，泰国得到了美国的单独保证。[③]

纵观这个阶段的研究，在发掘新资料和具体问题的研究上取得了一定的进展，但在新资料的发掘与研究的深度与广度上仍未取得重大突破。

第三阶段为20世纪90年代以后，随着多国档案的陆续开放，国外学术界对"1955—1963年期间美国对老挝政策"的研究，无论是从资料利用方面，还是从研究视角创新方面，无不有着质的飞跃。一方面，从美

---

① R. B. Smith, *An International History of the Vietnam War*, Vol. 1, London: Macmillan, 1983.

② Leszek Buszynski, *SEATO: the Failure of an Alliance Strategy*, Singapore: Singapore University Press, 1983.

③ Surachai Sirikrai, *Thai-American Relations in the Laotian Crisis of 1960 - 1962*, Ann Arbor: Michigan: 1981; Dhanasarit Satawedin, *Thai-American Alliance during the Laotian Crisis, 1959 - 1962: A Case Study of the Bargaining Power of a Small State*, Ph. D., Northern Illinois University, 1984.

国对外政策的角度继续这一研究；另一方面，在“新冷战史”研究的大潮之下，许多学者开始从冷战国际史的角度对这个问题进行探讨。在冷战的国际背景之下，除了继续关注美苏对抗这一问题外，盟国内部在处理老挝危机问题上的关系也成了新的研究视角。

蒂莫尼·卡斯尔（Timothy N. Castle）是参加过越南战争的退役军人，他于 1993 年将其博士论文《越南影子下的战争：美国对老挝王国政府的军事援助，1955—1975》出版。[①] 该书结合老挝政局的变化，根据当时的最新资料，揭露了 1955—1975 年美国政府对老挝王国政府提供了大量的秘密军事援助，从这一侧面进一步证明了老挝是美国在东南亚遏制共产主义扩张的一个滩头阵地，只是由于后来战略重心的越南化，所以在老挝所发生的一切只能从属于整个越南局势的变化之下。《“一份好的坏协议”——约翰·肯尼迪、埃夫里尔·哈里曼和 1961—1962 年老挝的中立》[②] 一文，肯定了肯尼迪与哈里曼在谋求和平解决老挝危机中的积极作用。虽然他们在这个方向上的努力不断地遭到有关部门的政策抵制，但是“他们通过这种冒险取得了相当的成功”“既避免了美国在老挝的直接军事卷入，又避免了巴特寮对老挝的完全占领”。但埃德蒙·韦尔利（Edmund F. Wehrle）进一步指出，肯尼迪和哈里曼的目的并不在于真正地“放弃”老挝，而是在于通过这种努力，“可以更加集中精力进行越南的反共斗争”。弗里德曼（Lawrence Freedman）于 2000 年出版了《肯尼迪的战争》一书，[③] 该书除了继续肯定肯尼迪政府在坚持将苏联作为首要对抗目标外，更加肯定了肯尼迪对这一时期所发生的几次战争边缘危机的冷静处理方式，老挝危机的解决就是其中的一例。不过，老挝的有关问题从属于越南问题，相关内容较少。戴维·凯泽（David Kaiser）于 2000 年出版的《美国的悲剧：肯尼迪、约翰逊与越南战争的起源》一书，

---

① Timothy N. Castle, *At War in the Shadow of Vietnam*: *U. S. Military Aid to the Royal Lao Government*, *1955 - 1975*. New York: Columbia University Press, 1993. 作者于 1991 年从夏威夷大学毕业。

② Edmund F. Wehrle, "'A Good, Bad Deal': John F. Kennedy, W. Averell Harriman, and the Neutralization of Laos, 1961 - 1962", *The Pacific Historical Review*, Vol. 67, No. 3, August 1998.

③ Lawrence Freedman, *Kennedy's wars*: *Berlin*, *Cuba*, *Laos*, *and Vietnam*, New York: Oxford University Press, 2000.

是作者根据当时的最新资料研究的成果。作者在开篇即指出“越南战争是美国对外关系史上的最大失误”。[①] 正是由于作者的这种研究重心所在，该书虽然用一章的内容谈及老挝的局势与美国的关注，但没有进行深入的研究，只是对前人的研究成果进行了一个概括。该书没有重视老挝问题在美国走向越南战争过程中的重要性。理查德·维罗恩（Richard Verrone）的博士论文《日内瓦墙之后：1961—1965 年的老挝政治、美国的反叛乱以及美国在老挝失败的原因》[②]，强调了老挝在美国遏制东南亚共产主义发展战略中的重要性。正是出于这点考虑，从艾森豪威尔政府到约翰逊政府，美国一直关注老挝局势的变化。作者通过对美国政府的整个决策过程及其所采取的措施的研究，认为是美国在老挝的政治目标不明确，缺少有效的指导纲领，最终导致了美国在老挝的失利，进而导致了美国在南越的失败。该文对于美国在老挝政策开始阶段的相关内容的研究比较简单，多是宏观性的论述。

另外，还有几部著作从“秘密战争”的角度研究了美国对老挝的政策，在其所涉及的内容中，都或多或少地从某一侧面对以往的相关研究成果做出一定的补充。如罗杰·沃纳（Roger Warner）的《背后操纵：中情局在老挝的秘密战争及其与越南战争的联系》，以 1960 年为研究起点，论证了美国对老挝从事的秘密战争是因为越南战争的缘故，而这也是老挝“应该承担的后果”。文中指出，亲身经历了美国对老挝这种秘密战争的时任美国驻越南大使威廉·沙利文（William Sullivan，1964—1969 年在任）对此并没有对老挝“感到负罪”，相反，却指责老挝是越南实现其“罪恶目的”的帮凶。[③] 肯尼思·康伯伊（Kenneth Conboy）和詹姆斯·莫里森（James Morrison）于 1995 年共同完成的《阴暗的战争：中情局在老挝的秘密战争》一书[④]，并不是从中情局在老挝从事秘密战争的“美国

---

① David Kaiser, *American Tragedy*: *Kennedy*, *Johnson*, *and the Origins of the Vietnam War*, Cambridge, Mass.: Belknap Press of Harvard University Press, 2000, p. 2.

② Richard Verrone, *Behind the Wall of Geneva*: *Lao Politics*, *American Counterinsurgency*, *and Why the United States Lost in Laos*, *1961 - 1965*, Ph. D., Texas Tech University, 2001.

③ Roger Warner, *Back Fire*: *the CIA's Secret War in Laos and Its Links to the Vietnam War*, New York: Simon & Schuster, 1995, pp. 371 - 372.

④ Kenneth J. Conboy and James Morrison, *Shadow War*: *The CIA's Secret War in Laos*, Boulder, CO: Paladin Press, 1995.

角度”进行论述的，反而，作者是根据其在老挝时对老挝各派势力的一些要人的采访记录，从“老挝角度”揭示了美国在老挝从事的这场战争的罪恶。

以上是按照相关研究的时间断限，以“美国对老挝的政策如何”为中心进行的概括和介绍。作为老挝危机解决过程中的另外一种国际主导力量的苏联与中国在这个过程中的相关表现，以及 1960—1962 年老挝危机在当时国际关系中的作用如何，也有论著对之进行了阐释。

体现苏联在此次危机中的角色问题的英文著作主要有以下两方面：其一，苏拉基（Surachit Wanglee）的硕士论文《苏联的老挝政策，1955—1962》[①]，从苏联的角度进行了相关研究。该文主要是以上述所介绍的论著为资料，同时结合一些时政要闻完成的，谈了这次老挝危机国际化的几个大国因素，主要是从苏联对老挝的战略地位出发，同时考虑中国和美国在该地区的影响，进而积极又慎重地关注老挝事态的发展。该文的视角应该说是当时相关研究的一个亮点，但并没有利用当时苏联的有关资料，所以很多结论还缺乏客观性。其二，将近 40 年后，伊拉·盖杜克（Ilya Gaiduk）的《面对越南——1954—1963 年苏联对印度支那中的政策》是另外一本关于这个时期苏联有关政策的论著。[②] 俄国学者盖杜克所著的此书，无论是从已有的资料还是学术观点上，都是对前文的全面超越。该书能够利用苏联、美国和英国的档案资料，结合其他的相关二手文献（包括法国的研究成果），对这个时期苏联的印度支那政策做出详细的分析。作者认为，这个时期的苏联不想在印度支那投入过多的精力，也不想与美国在这个地区刀兵相见，所以在实质上采取的是退让政策。该书用两章的篇幅研究了老挝危机和日内瓦会议的谈判过程，以及在这个过程中，苏联、中国和北越三个社会主义国家在老挝问题上的各自立场及相互影响。这样，该书就从另一个角度诠释了 1960—1962 年老挝危机得以和平解决的原因。不过，作者对这部分内容的研究主要依靠的是苏联的档案，对于美国的档案利用得很少，至于中国以及北越的

---

① Surachit Wanglee, *Soviet Policy in Laos 1955 - 1962*, A. M., Chicago University, 1965.

② Ilya V. Gaiduk, *Confronting Vietnam: Sovite Policy toward the Indochina Conflict, 1954 - 1963*, Washington D. C.: Woodrow Wilson Center Press, 2003.

权威资料，更是付之阙如。

美苏关系是众多冷战研究题材中的重要领域，但是对于老挝问题在美苏关系中的重要性，在相关研究中还表现得远远不够，如在《大使们与美国的苏联政策》中，戴维·迈耶（David Mayers）概述了汤普森（Llewelyn Thompson）（1961—1962 年日内瓦会议期间任职于莫斯科）大使的工作情况，但在相关内容中，几乎没有就华盛顿与莫斯科关于老挝的交涉进行讨论。① 在研究肯尼迪与赫鲁晓夫关系的重要著作《危机时代：肯尼迪与赫鲁晓夫，1960—1963》中，迈克尔·贝希洛斯（Michael R. Beschloss）也只是将老挝作为美苏外交的一个谈判内容而存在，对于老挝危机及其解决在其中的作用却描述得很简单。② 毫无疑问，从这个角度看，对于老挝问题引发的国际性对抗，还需进一步研究。

也有学者从中国的政策和中美关系的角度探讨了这次老挝危机。1970 年，李采珍将其博士论文（1966 年毕业）《中国的老挝政策：1954—1967 年的一个案例》出版。③ 该书研究了 1954 年日内瓦会议以后中国对老挝政策的内容及其内涵，认为期间中国对老挝的政策经历了一个变化过程。作者指出，中国在老挝的目标，一方面是将美国的势力排除出去，另一方面是恢复中国在这一地区的传统影响。但是，从现实主义的角度考虑，中国在老挝的政策调整过程中始终是谨慎的，既要对进步力量巴特寮提供支持，又要避免直接的军事卷入，努力实现政治解决老挝危机。《1954 年以来国际政治中的中老关系：和平共处的理论与实践》研究的是 1954—1995 年中国与老挝的关系，主要体现的是美国、苏联、中国的三角关系在老挝、印度支那乃至东南亚的博弈。其中，美国对老挝政策变化的有关内容只是这种宏观论述中的一个部分。④ 翟强的

---

① David Mayers, *The Ambassadors and America's Soviet Policy*, New York: Oxford University Press, 1995, pp. 200 - 211.

② Michael R. Beschloss, *The Crisis Years: Kennedy and Khrushchev, 1960 - 1963*, New York: Harper Collins, 1991, pp. 86 - 87, 160 - 163, 211 - 213, 395 - 398, 591 - 593.

③ Chae-Jin Lee, *Communist China's Policy toward Laos: A Case Study, 1954 - 67*, Lawrence: Center for East Asian Studies, University of Kansas, 1970.

④ Pobzeb Vang, *Sino-Lao Relations in World Politics since 1954: The Theory and Practice of Peaceful Coexistence*, Ph. D. University of Denver, 1996.

《中国与越南战争，1950—1975》[1]，其研究重心是中国与越南战争的有关问题，但是书中利用了一定的中国方面的资料，体现了中国在解决老挝危机中的立场，即追求老挝中立的实现是根本目标，要在中国的边境建立一个完全独立与中立的老挝，避免其成为美国进攻中国的跳板。该书强调的是美国与中国在解决这次危机中的对抗性，而对于两者在其中的相互让步则着墨较少。而《暂时和解与长期冲突——肯尼迪、中国与老挝危机：1961—1963 年》[2] 一文，则从美中关系的角度研究了老挝危机的解决，认为最终结果是两国妥协的产物。一方面，肯尼迪将老挝危机的和平解决视为与苏联进行缓和的试验；另一方面，中国试图利用 1962 年日内瓦协议达成的短暂和平为巴特寮发展力量争取时间。该文依靠的主要是英文资料，没有参考中国方面的资料，所以有些认识难免片面。

还有学者将老挝危机作为考察美英盟国关系的例子进行研究。奈杰尔·阿什顿（Nigel John Ashton）的《肯尼迪、麦克米伦与冷战：相互依赖的讽刺》就是这方面一个很好的例证。阿什顿认为，相对于第一次印支战争，在 1960—1962 年的老挝危机中，英国在东南亚投入了更多的精力。英国力争在解决老挝危机的问题上取得与美国的合作，可是英美两国在许多问题的立场上存在分歧，在如何利用“东南亚条约组织”干涉老挝事务以及如何看待苏联的态度等方面，英美两国一直没有达成一致，以至于后来美国自行其是，也引起了英国的不满。但是，麦克米伦为了寻求美国在欧洲经济共同体等问题上的支持，一再迁就美国。不过，作者没有指出美国对于英国这种姿态的反应如何。[3]

除此而外，一些学者还将研究的视角放在了时任总统肯尼迪个人在美国对老挝政策中的作用上，认为肯尼迪总统为避免美国对老挝直接的军事介入进行了极大的克制，最终使美国和苏联能够来到日内瓦的谈判

---

① Qiang Zhai, *China and the Vietnam Wars, 1950 - 1975*, Chapel Hill: University of North Carolina Press, 2000.

② Kochvi, Noam, "Limited Accommodation, Perpetuated Conflict: Kennedy, China, and Laos Crisis: 1961 - 1963", *Diplomatic History*, Vol. 26, No. 1, Winter 2002, pp. 95 - 135.

③ Nigel John Ashton, *Kennedy, Macmillan, and the Cold War: the Irony of Interdependence*, New York: Palgrave Macmillan, 2002, pp. 28 - 48.

桌前，也证明肯尼迪是非常具有洞见和政治才能的。如西约姆·布朗(Seyom Brown）认为，肯尼迪对老挝危机的处理是总统信念的产物，“大国间避免直接的军事冲突是其基本的重要性所在”。[①] 肯尼思·希尔(Kenneth L. Hill）认为，肯尼迪在解决老挝问题上寻求与苏联合作的决定，是其“试图用新的途径解决国际问题意愿”的证明。肯尼思还认为，日内瓦协议表明肯尼迪总统想要“开启一个可以完全没有陈词滥调和冷战标语的时代”。[②] 戴维·霍尔（David K. Hall）通过对老挝危机中美苏关系的研究，认为“肯尼迪及其顾问们并不打算在老挝问题上与苏联进行对抗”，在老挝问题上寻求政治解决的要求“减少了美国和苏联在东南亚军事冲突的危险”。[③]

肯尼迪政府的许多官员也对肯尼迪在老挝问题上寻求和平解决的决定给予了积极的评价。西奥多·索伦森（Theodore Sorensen）指出，在解决老挝危机的过程中，肯尼迪通过运用包括政治途径在内解决这次冲突的现实主义选择，相对于“1961 年 1 月肯尼迪入主白宫以来所面对的困难局面”，更加符合“国家的实力与利益”。[④] 总统助理阿瑟·施莱辛格（Arthur Schlesinger）认为，肯尼迪支持老挝中立的决定给美国带来了“明显的收益”：阻止了“共产党对老挝的即刻占领”，阻止了中华人民共和国的“向南扩张”（expansion），将巴特寮共产党与美国的扶植目标——老挝王国政府间的战争“当地化”。施莱辛格还高度评价了肯尼迪解决老挝危机的目的。根据施莱辛格的观点，老挝中立化“表明了肯尼迪的判断认为世界形势比较复杂，而非简单的完胜或完败”。[⑤] 总统国家安全助理麦乔治·邦迪（MaGeoge Bundy）与施莱辛格一样，也肯定了肯

---

① Seyom Brown, *The Faces of Power*: *Constancy and Change in United States Foreign Policy from Truman to Regan*, New York: Columbia University Press, 1983, p. 202.

② Kenneth L. Hill, "President Kennedy and the Neutralization of Laos", *Review of Politics* 31, July 1969, p. 354.

③ David K. Hall, "The Laos Neutralization Agreement, 1962", in *U. S. -Soviet Security Cooperation*: *Achievements*, *Failures*, *Lessons*, eds., Alexander L. George, Philip J. Farley and Alexander Dallin, New York: Oxford University Press, 1988, p. 440.

④ Theodore C. Sorensen, *Kennedy*, New York: Harper & Row, 1965, p. 648.

⑤ Arthur M. Schlesinger, Jr., *A Thousand Days*: *John F. Kennedy in the White House*, Boston: Houhton Mifflin, 1965, pp. 517 - 518.

尼迪解决这次危机的目的之高明，将老挝作为肯尼迪在外交领域利用行政权力将“目标达成一致”的例证。① 时任国务院情报与分析处处长的罗杰・希尔斯曼（Roger Hilsman）认为，老挝并不是美国进行军事干涉的热点地区，他称赞肯尼迪极具战略眼光地将“放弃老挝”与“使老挝成为军事对抗的主要根源”进行准确区分，这“不仅需要总统的智慧，还有勇气”。他认为，最终解决老挝危机的日内瓦协议是肯尼迪的“一次治国方略的胜利”。②

修正主义史学兴起后，也有许多学者对肯尼迪解决老挝危机的政策进行了一定的批评。比如，厄舍・马哈扎尼（Usha Mahajani）在其著作中赞扬日内瓦协议避免了美苏之间的直接对抗，但是也指责了肯尼迪政府在日内瓦协议签订后对老挝进一步介入的活动，破坏了“协议达成的所有外交成就”。1962 年 7 月以后，肯尼迪决定继续支持老挝右翼势力，并允许中情局建立和训练一个老挝部族的“秘密部队”，对此，马哈扎尼指责总统为美国在东南亚的干涉创造了一个平台。③ 托马斯・帕特森（Thomas G. Paterson）等学者也进一步诠释了这种修正主义者的观点，认为至少应该指责肯尼迪的“秘密战争”，即中情局支持下的部族武装与巴特寮之间的战争，造成老挝全国范围内“常年的伤亡”。④

相比较而言，中国学术界对于 1955—1963 年美国对老挝政策的研究不仅起步晚，而且研究深度也有很大的局限。

在老挝危机发生的初期，中国对该问题的关注主要是新闻报道，集中在当时的《世界知识》《国际问题研究》《东南亚研究资料》等几个刊物中，其内容大多是指责美国对老挝内政的干涉及其对老挝右翼势力的扶植才导致了老挝混乱局面的发生，学术的内容很少。不过，可喜的是，当时也有《解决老挝问题的扩大的日内瓦会议文件汇编（1961 年 4 月至

---

① MaGeoge Bundy, "The Presidency and the Peace", *Foreign Affairs*, Vol. 42, April 1969, pp. 358 - 359.

② Roger Hilsman, *To Move A Nation*: *the Politics of Foreign Policy in The Administration of John F. Kennedy*, Garden City, NY: Doubleday, 1967, p. 580.

③ Usha Mahajani, "President Kennedy and United States Policy in Laos, 1961 - 1963," *Journal of Southeast Asian Studies* 2, September 1971, pp. 98 - 99.

④ Thomas G. Paterson, J. Garry Clifford and Kenneth J. Hagan, *American Foreign Policy*: *A History Since 1900*, Lexington, Mass.: D. C. Heath & Co., 1983, p. 547.

1962 年 7 月)》、世界知识出版社主编的《印度支那问题文件汇编》等资料性内容出版，有助于了解解决老挝问题的日内瓦会议的具体情况，但这些还远远不够。受各种条件的限制，国内学术界的相关关注主要是以翻译为主，如《老挝和老挝人民反对美国新殖民主义的胜利斗争》(1970 年)、《国际事务概览》丛书的相关卷帙以及《战后东南亚史》等著作对于这期间美国的老挝政策过程进行了概括性的论述。而在中国学者相继出版的《老挝简史》(1980 年)、《老挝史》(1990 年) 和《东南亚近现代史》(2001 年) 等著作中，虽然有助于认识老挝历史的一般发展过程，但对于这个问题，也仍然只是概括性的介绍。

进入 21 世纪以后，中国学术界对于这次老挝危机的关注明显增加，主要表现在相关研究的深度上有所拓展，不过数量仍然不多，主要集中于几篇学术论文之中，如《冷战中的老挝——肯尼迪政府与 1961—1962 年老挝危机》《美国在 1961—1963 年老挝危机中的政策演变》《1960—1962 年老挝危机与美泰关系》《第二次日内瓦会议与中美关系》。[①] 前两篇论文概括性地介绍了美国对于这次老挝危机的政策演变，后两篇论文则从国际关系的角度探讨了这次老挝危机的国际影响。此外，《国外关于 1960—1962 年老挝危机的研究述评》[②] 一文的发表，更加表明了中国学者对这个问题的关注以及国内对此问题研究的起步，不过，此文对于有些相关研究的介绍比较简单。另外，陶文钊主编的《中美关系史(1949—1972)》中，也有一定的篇幅从中美关系的角度介绍了有关老挝问题，但没有超出国外学者的论述。[③] 无论是从数量上，还是从研究的深度上来看，这些研究还都远远落后于国外学术界的相关研究。

不难看出，通过以上对"1955—1963 年美国对老挝政策"相关研究

---

① 黄忠东：《冷战中的老挝——肯尼迪政府与 1961—1962 年老挝危机》，《史学集刊》2002 年第 3 期；赵世环、黄岭峻：《美国在 1961—1963 年老挝危机中的政策演变》，《哈尔滨工业大学学报》(社会科学版) 2003 年第 2 期；刘莲芬：《1960—1962 年老挝危机与美泰关系》，《东南亚研究》2008 年第 1 期；王栋：《第二次日内瓦会议与中美关系》，《史学月刊》2009 年第 2 期。

② 刘莲芬：《国外关于 1960—1962 年老挝危机的研究述评》，《南洋问题研究》2009 年第 3 期。

③ 具体见陶文钊《中美关系史 (1949—1972)》中卷，上海人民出版社 2004 年版，第 233—244 页。

内容的梳理，国内外学术界已经取得了相当的成果，经历了由叙述性的介绍到深入分析的发展过程，同时，在研究资料的利用上，也经历了从对同期的报纸、杂志的使用到逐步利用政府解密档案的变化。但是，现有的成果在老挝危机问题上关于“冷战史新研究”的几个特征还没有充分体现。本书将立足于前人的研究，结合最新的档案和资料，以美国对老挝的政策变化为主线，探讨在这个过程中涉及的各种国际因素，具体分析其政策目标、实施过程与结果，展示其中的各种复杂困境，进而从宏观上认清这个时期美国对老挝政策的变化及其所具有的冷战特征，以及对冷战格局的影响。

三 研究价值

纵观国内外的研究成果，1955—1963年，美国正式介入老挝的有关问题还需进一步认清，同时，其所具有的冷战特征和意义也没有得到充分的认识。

首先，自冷战结束以来，在“冷战史新研究”潮流的引领之下，新的时空框架已经为冷战史的研究提供了新的要求和平台，尤其是“个案”所具有的“国际性关注”成为一个新的增长点。冷战后，各国，尤其是美、英、苏等国，档案解密程度和范围的不断扩大，使得冷战史的研究也不断深入，并逐渐趋于微观化和具体化。老挝对于美国在东南亚推行遏制战略中的作用，以及围绕老挝所发生的一系列问题即体现这一特征的很好个案。

其次，力争体现出“冷战史新研究”的“国际性”特征。已有研究成果对于苏联、英国、泰国等重要的相关国家在解决老挝问题中的政策分析相对较少。其中，美国与苏、英、泰等国在这个问题上的分歧如何以及这些国家之间在这个问题上又是怎样的一种关系和态度，随着新资料的不断出现，这些都是应该进一步认识的问题。所以，本书选题在延续这种传统解决问题方式的基础上，力争厘清盟国关系在解决老挝问题中的合作与掣肘，体现外部干涉与本土抗争之间的互动，使其所具有的冷战特征和意义得到真正的体现。

再次，在冷战的历史发展过程中，老挝被纳入冷战轨道并不是一个偶然的事件。相反，这个问题的发生有着深刻的国际根源，而且，又是由于这种外部势力的继续干涉，造成了标志此次危机解决的 1962 年的日内瓦会议以后的老挝并没有真正实现国内和平。随着越南战场形势的日益恶化，老挝成为名副其实的副战场。本书将从老挝问题与冷战格局的走向上进一步探讨。

最后，1955—1963 年，美国对老挝政策不是一件孤立的事件，在这个过程中，老挝危机的发生和解决与越南战争也有着密切的关系。越南问题是美国在老挝危机解决过程中的一条隐蔽的主线。1954 年，日内瓦会议以后，美国开始取代法国在印度支那地区的地位，其主要的关注点是在越南。1960 年，老挝内战的发生，使老挝一时成为美国在印度支那地区关注的重点。随着老挝形势的复杂化，美国并没有放弃对越南问题的考虑。这一点既是老挝危机最后能以和平方式解决的重要原因，同时也是 1962 年日内瓦会议以后老挝很快又陷入内战的一个根源。从美国与越南战争的整体关系上看，1954 年，日内瓦会议以后，美国对老挝内部事务的介入，以及 1960—1962 年所发生的老挝危机，在整个过程中的作用还需要进一步认识。

四　研究思路和方法

本书以 1955—1963 年美国对老挝政策的演变过程为主要研究对象。1954 年日内瓦会议结束以后，美国开始关注老挝国内局势的发展，将老挝看作其在东南亚防御共产主义发展的重要缓冲地带。根据日内瓦协议规定，老挝将于 1955 年开始进行全民普选。美国为了在老挝实现其“反共”和“防共”的战略目标，积极扶植符合其利益要求的势力上台。美国为保证老挝右翼保守势力取得 1955 年选举和 1958 年补充选举的胜利，投入了大量的援助。尽管如此，选举结果却违背了美国的初衷。随即，美国根据老挝形势的发展，分别扶植了不同的目标，但是这些扶植目标无一能够满足美国的要求。正是美国对老挝内部事务的不断干涉，影响了老挝正常的独立发展，遭到了老挝左翼爱国力量和中立主义者的反抗。从 1960 年 8 月贡勒政变开始，老挝便陷入了长久的内部纷争中。随着苏联对老挝左翼力量援助的公开，老挝的内战开始演变为一场分别以美国和苏联为代表的国际性抗争。美国一方面坚持在老挝实现“防止共产主义势力发展”的既定目标，另一方面，美国根据老挝形势适时调整自己的老挝政策，同时积极开展外交活动，努力通过政治途经解决老挝问题。无论是在日内瓦会议上的多国讨论，还是美苏之间各个层次和多种渠道的单独交涉，美国都极力实现自己的利益最大化。虽然在 1962 年 7 月最终达成了解决老挝问题的日内瓦协议，但是由于美国一如既往地在印度支那地区推行遏制共产党发展的政策，使得这份协议没能得到遵守和执行。对于随后再次爆发的老挝内战，美国难辞其咎，只不过此时，美国的老挝政策已经从属于其对越政策了。美国在自身陷入越南战争无法脱身的同时，也使老挝成为越南战争的副战场。

贯穿本书的线索有以下三条：第一，1955—1963 年美国对老挝的政策及其变化是主线；第二，美苏两国在老挝问题上的博弈是一条辅线；第三，梭发那·富马和富米·诺萨万是老挝两大对立势力的代表，他们在摆脱和利用国外势力的过程中对大国政策的牵制是另一条辅线。本书将围绕这三条线索，按照事件发生的历史顺序进行探讨。表面上看，美国继续对老挝政局走向的干涉，以及北越对巴特寮的继续支持，造成了老挝仍然是西方与东方对抗的场所，实质上，乃是“冷战”的因素在其中作祟。诚如阿什顿所说的那样：“日内瓦会议以后肯尼迪政府在老挝从事的秘密战争，说明肯尼迪并没有放弃在老挝的冷战斗争，只不过是换了个方式而已。”①

本书基于研究对象的特殊性，主要运用了历史学的基本研究方法，依托翔实的档案资料，在力争厘清历史客观进程的同时，得出了客观的认识。本书主要利用的档案资料有以下几个部分：第一，《美国对外关系文件集》（简称 *FRUS*）的有关卷帙；第二，解密文件参考系统（DDRS 数据库）里的有关内容，该数据库里的许多文件可以与 *FRUS* 形成互补；第三，数字国家档案数据库（DNSA 数据库）中的有关资料，DNSA 以专题为中心，收录了大量政策文件，包括总统密令、备忘录、会议记录、独立报告、简报、白宫往来文函、机密信函以及其他保密文件；第四，英国内阁会议与记录（CAB 128、CAB129 系列）中的相关档案。这些英文的档案资料是本书选题能够完成的重要保障，但有些资料又过于分散，

---

① Nigel John Ashton, *Kennedy, Macmillan, and the Cold War: The Irony of Interdependence*, New York: Palgrave Macmillan, 2002, p. 46.

准确把握和利用其中的有关内容是一项非常细致的工作。限于精力和时间，本书在利用这些档案资料的过程中，可能会因为遗漏其中的有关资料而影响对一些问题的认识。

第一章

美国对老挝政策的缘起

第二次世界大战结束以后，随着美苏冷战的不断加剧和中国革命的胜利，东南亚大陆和印度支那地区的重要战略价值日益凸显。在美国政府看来，这个地区不仅是遏制苏联扩张的一个重要场所，更是其“反华包围圈”的重要一环。“美国在从亚洲大陆撤军，实行战略收缩的同时，在东南亚却呈现出逐步卷入的态势，不仅支持荷兰在印度尼西亚的殖民活动，而且承认了法国一手扶植的保大傀儡政权，并向法国殖民者提供各类援助。”①

第一节　艾森豪威尔政府时期美国的东南亚政策演进

随着新中国的成立和 1949 年 12 月 30 日美国 NSC 48/2 号文件的出台，美国冷战的重心开始向亚洲转移。美国在亚洲冷战的重心为遏制中国的发展，东南亚尤其是印度支那地区，更是美国遏制中国与苏联发展的一个重要场所。因而，美国政府先后出台了一系列针对东南亚和印度支那地区的国家安全政策文件。其中，NSC 5405、NSC 5612/1、NSC 5809 和 NSC 6012 号文件构成了艾森豪威尔政府时期美国对东南亚政策的演进过程，这些文件成为这个时期美国对东南亚政策的基础。

---

① Robert D. Schulzinger, *A Time for War: the United States and Vietnam, 1941 - 1975*, London: Oxford University Press, 1997, pp. 42 - 43.

一　NSC 5405 号文件与艾森豪威尔政府对东南亚政策基本原则的确定

进入 1954 年以后，印度支那地区的形势日益紧张。美国国家安全委员会对这个问题进行了多次讨论，于 1954 年 1 月 16 日通过了“国家安全委员会关于美国对东南亚的目标和行动方针的政策声明”，是为 NSC 5405 号文件。这是艾森豪威尔政府专门制定的第一份关于东南亚的政策文件①，确立了这个时期美国对东南亚政策的基本原则。由于此时的第一次印度支那战争还没有结束，所以，NSC 5405 号文件在许多方面还继续秉承着杜鲁门时期确立的基本原则。

NSC 5405 号文件制定的美国基本政策目标为“防止东南亚国家纳入共产主义轨道。通过劝说使这些国家清楚，其最高利益在于加强同其他自由世界国家的紧密合作。帮助这些国家建立稳定、自由的政府，使之有意愿并且有能力抵抗共产主义的内外进攻，为加强自由世界的力量做出贡献”。②

NSC 5405 号文件首先强调了东南亚的战略地位，分析了共产主义对东南亚地区的威胁，认为无论共产主义以何种方式在东南亚取得胜利，都会危及美国近期和长期的安全利益：“印度支那地区之丢于共产党，不但对东南亚和南亚有影响，更为严重的是会对美国和自由世界在欧洲的地位产生影响。”“由于东南亚国家相互之间存在的密切联系，任何一个国家的屈服或与共产党国家的结盟都会波及该地区的其他国家。随着共产党对东南亚地区的控制，印度、进而中东（可能不包括巴基斯坦和土

---

① 1953 年 12 月 30 日与 31 日，美国国家安全委员会计划署先后向国家安全委员会提交了两份题名为“美国对东南亚的目标和行动方针”的研究报告（具体见 Digital National Security Archive，ProQuest Information and Learning Company，2010，PD00377，PD00378，以下简称 DNSA），作为 NSC 177 号文件及 NSC 177 号文件的附录，将东南亚作为一个整体提上艾森豪威尔政府时期美国对外政策的日程。在接下来的几天中，相关部门又对 NSC 177 号文件进行了进一步的讨论，并做出部分修改。最终，在 1 月 14 日进行的第 180 次 NSC 会上获得通过，总统当即批准以此作为东南亚政策的行动指南，即 NSC 5405 号文件。见 Foreign Relations of the United States（以下简称 *FRUS*），1952 - 1954，East Asia and the Pacific，Vol. 12，Part 1，Washington，DC：United States Government Printing Office，1984，pp. 366 - 367. 所以，本书以 NSC 5405 号文件作为艾森豪威尔政府时期美国对东南亚政策的起点。文件所指的东南亚包括缅甸、泰国、印度支那和马来亚等几个国家，具体见 *FRUS*，1952 - 1954，East Asia and the Pacific，Vol. 12，Part 1，p. 367。

② *FRUS*，1952 - 1954，East Asia and the Pacific，Vol. 12，Part I，p. 370.

耳其）都会受到影响，最终会危及欧洲的稳定与安全。”文件担心不仅这种影响会扩大到欧洲，更重要的是“会影响美国在太平洋近海岛屿链的地位，更会严重威胁美国在远东的根本利益”①。不难看出，美国已经明确地将东南亚地区看作遏制共产主义进一步发展的重要地区。

除了这种政治影响外，文件还认为东南亚地区的丧失还会“对许多自由世界的国家带来严重的经济后果，反过来会明显增加苏联集团的资源供给。东南亚，尤其是马来亚和印度尼西亚，是世界上天然橡胶和锡的主要产地，是石油和其他重要战略物资的出产地。缅甸、印度支那和泰国的大米出口，对马来亚、锡兰和香港关系重大，对日本和印度以及全部自由世界都有重要意义”。“东南亚国家的失去，特别是马来亚和印度尼西亚，会给日本带来巨大的经济和政治压力，从而很难阻止日本最终向共产主义妥协。”②

NSC 5405 号文件秉承杜鲁门时期的另一个原则是仍然将中国视为其在东南亚的竞争对手，认为“中国对东南亚的觊觎一直存在”。不过，美国认为“即使越盟面临在法国和越南军队联合进攻下遭到失败的情况下，此时的中国也不会轻易向北越提供正规部队的军事援助”。可是，“一旦美国参与这种战斗，中国必定会进行干涉”③。虽然有着这种判断，美国却无力单独改变这种局面，因为即使美国下定决心在东南亚地区与中国进行一场战争，也“必然会削弱美国在其他地区的力量”。于是，美国一方面要求“法国和英国一起向中国发出不要入侵东南亚的警告”，并且，还纠集法国、英国、澳大利亚和新西兰共同商讨“如果发生中国入侵印度支那的战争所应该采取的措施”④。另一方面，文件要求“继续增加有助于实现美国在东南亚目标的隐蔽行动计划”“继续向该地区的非共产党政府提供一定的经济和技术援助计划，并将根据美国利益的需求扩大这种援助计划”。在当地“组建反共社团进行自己的反共活动，抵制亲共组织的活动和影响”“鼓励和支持东南亚人民反对共产党势力的斗志，包括

---

① *FRUS*, 1952 - 1954, East Asia and the Pacific, Vol. 12, Part 1, Washington, DC: United States Government Printing Office, 1984, pp. 367 - 368.

② Ibid., p. 368.

③ Ibid., p. 370.

④ Ibid., p. 368.

抵制中国的入侵、本土共产党组织的暴动、颠覆、渗透以及政治操纵等”。同时，“通过适当加强宣传和增加文化活动来培养该地区与自由世界联盟的兴趣”①。

NSC 5405 号文件要求行动方针要根据共产主义在东南亚不同国家的情况分别制定。早在 NSC 124/2 号文件里就肯定了东京湾在东南亚大陆防御中的重要性，NSC 5405 号文件则进一步认为“除了在政治和心理上的影响以外，东京湾的保存可以切断共产主义势力向印度支那中部和南部的发展”②。另外，就印度支那地区而言，1951 年以来，美国就一直不断地提高向驻印度支那法军提供的各种援助，尤其是在军事方面。“1953 年 9 月美国向法军提供了 3.85 亿美元的额外军事援助，用于其推行消灭敌人常规武装部队的‘拉涅尔—那瓦尔计划’（‘Laniel-Navarre Plan’）。”③

不难看出，NSC 5405 号文件充分肯定了东南亚在防御共产主义发展过程中的战略重要性，但是在具体政策原则的制定与实施上非常谨慎，即抵制共产主义在当地的发展是根本原则，军事和经济援助是实施手段，在具体操作上，更是极力避免军事上的直接介入，尤其注意避免与中国发生正面冲突。

1954 年 7 月 21 日，日内瓦会议的签署，在美国决策层看来是共产主义势力在印度支那地区的胜利，威胁了美国在远东的安全利益。同一天，艾森豪威尔政府命令国家安全委员会下设的政策计划署针对日内瓦会议后的形势美国应该采取的远东政策进行研究，并先后出台了 NSC 5429 系列文件。在 1954 年 12 月最后确立的 NSC 5429/5 号文件的附录 A 中，阐述了当前美国的印度支那政策，作为 NSC 5405 号文件的补充。该文件确定的核心指导思想是要促进东南亚国家的内部团结与合作。为了阻止共产党国家对东南亚地区的进一步发展，美国提出并决定分别在军事上策划“东南亚条约组织”、在经济上组建“亚洲自由国家经济集

---

① *FRUS*, 1952－1954, East Asia and the Pacific, Vol. 12, Part 1, Washington, DC: United States Government Printing Office, 1984, p. 371.

② Ibid., p. 369.

③ Ibid..

团”相结合的措施。此后，东南亚地区的形势进入一种相对平稳的状态。

二　NSC 5612/1和NSC 5809号文件与艾森豪威尔政府对东南亚政策的调整

1956年9月5日，美国国家安全委员会公布了“美国对大陆东南亚国家的政策声明”，即NSC 5612/1号文件，取代了之前的NSC 5405号文件和NSC 5429/5号文件附录A中的有关内容。

在具体的政策分析中，NSC 5612/1号文件继续强调东南亚在美国国家安全战略中的重要地位。文件指出，“不论是通过公开进攻、颠覆，还是通过政治和经济攻势，共产党对东南亚大陆的控制都将危及美国的安全”“东南亚任何一个国家之丢于共产党，都会增加其他国家与共产党妥协的可能性。整个东南亚地区的失去，会对美国在远东其他地方的地位带来严重的负面影响，会给许多自由世界的国家带来严重的经济后果，会给共产党国家在大米、橡胶、锡和其他物资等方面增加重要的来源，会给日本和印度带来严重的经济和政治压力，增加其同共产党国家妥协的危险性”。[①]

NSC 5612/1号文件对东南亚大陆国家的独立可能遭到的“共产党威胁”进行了分析，认为在东南亚各国家中，仍然存在进行公开侵略和军事颠覆的可能，但是文件更强调共产党的政治和经济攻势，以及文化渗透，而且后者的威胁更大，因为“从美国利益所受到的威胁来说，这种进攻方式比其他进攻方式更狡猾，因而更难以对付”。[②] 鉴于东南亚大陆国家独立对美国国家安全利益的重要性，文件认为美国“必须在该地区投入足够的力量，至少能够援助非共政府镇压颠覆、防止共产党的政治和经济控制，巩固其国内地位”[③]。文件认识到美国应该增加在该地区投入力量的同时，还认为美国在东南亚地区的行动得不到盟友的大力支持，“美国很可能是来自东南亚地区以外的，反对苏中共产党侵入东南亚的唯

---

① *FRUS*, 1955 - 1957, East Asian Security; Cambodia; Laos, Vol. XXI, Washington, DC: United States Government Printing Office, 1990, p. 254.

② *FRUS*, 1955 - 1957, East Asian Security; Cambodia; Laos, Vol. XXI, p. 254.

③ Ibid., p. 256.

一一支重要力量”。对此，文件除了肯定“维持这一地区的自由世界地位，将继续依赖于美国提供支持的程度和效率”① 以外，更加明确地强调了集体安全的重要性，认为“地区性的安全安排可以以最小的投入换取最大的保护效果”②。对此，文件着重强调应该“尽一切努力向东南亚国家证明与自由世界紧密合作的优势，鼓励他们之间的紧密合作”③。因为，“从长远来看，那些弱小的、易受伤害的、依赖性较强的东南亚国家如果不比现在更加密切地联合，将很难以自由国家的身份继续存在下去”④。应该加大力度“鼓励该地区的非共产党国家以及非东南亚条约组织国家适当参加东南亚条约组织的有关活动”⑤。

在继承 NSC 5405 号文件原有目标的基础上，NSC 5612/1 号文件增加了“防止东南亚国家经济上依赖于共产党国家”的内容。美国对此制定的方针是“向他们提供灵活的经济及技术援助，鼓励这些国家改善投资环境，扩大国内外的私人投资，特别是要发动美国私人资本在这一地区的投资。鼓励联合国各机构、其他‘科伦坡计划’国家以及其他友好国家为促进东南亚地区的经济发展做出更大贡献。鼓励东南亚国家的经济走上与自由世界经济协调发展的道路，使他们在原材料供应，技术、资本投资，原子能发展等领域主要依靠非共产党国家的市场。适当扩大美国与东南亚国家之间的贸易关系”⑥。

为了配合这个基本政策目标的实现，NSC 5612/1 号文件还制定了其他的方针辅之完成。其主要内容表现为要从东南亚国家本土培植各种“反共力量”的成长。第一，美国应该帮助东南亚国家扩大其执政基础，不断帮助其培养亲西方的各级军政领导人，尤其是一些有潜力且懂得现代技术、具有公共管理和组织能力的领导人。第二，为了赢取广大东南亚国家人民的支持，要增加社区发展工程、教育计划及其他可以赢取农村人民的相关福利活动。通过各种适当的信息、文化及教育活动，强化

---

① *FRUS*, 1955 - 1957, East Asian Security; Cambodia; Laos, Vol. XXI, p. 254.

② Ibid. , p. 256.

③ Ibid. , p. 257.

④ Ibid. , p. 255.

⑤ Ibid. , p. 257.

⑥ Ibid. , pp. 258 - 259.

东南亚人民对自由世界的认同，以及对共产党行动目标和手段的认识。同时，为了减少美国人出现在东南亚可能带来的政治抵制影响，要把美国驻东南亚的人员压缩到最低限度。第三，“要增进亚洲佛教徒对自由世界的了解，加强他们与自由世界的联系。要与该地区友好的宗教组织共同探讨加强各佛教团体与自由世界宗教领袖及宗教运动之间的联系”。第四，针对海外广泛存在的华人社团，应该“鼓励他们组建反共组织和从事反共活动，与当地政府合作，使其同情并支持中华民国政府”。第五，“促进当地政府与少数民族合作”[①]。其中，第四点关于海外华人相关内容的制定是以往美国对东南亚政策中没有提及的，表明此时的艾森豪威尔政府更加重视中国在东南亚的影响力，以至于后来出台了专门的“美国对东南亚华侨政策的指导方针”[②]。

相对于 NSC 5405 号文件而言，NSC 5612/1 号文件对于防止共产党在东南亚大陆地区的发展，制定了更为详细的方针和指导思想，成为 20 世纪 50 年代后期美国对东南亚大陆政策的基础。

1958 年 4 月 2 日，美国政府根据东南亚大陆各国形势的发展，颁布了“美国对东南亚大陆的政策声明”，NSC 5809 号文件取代了之前的 NSC 5612/1 号文件。不过，新文件在“总体考虑”“政策结论”“目标”和地区性的指导方针上都只是从个别国家政策上进行了一定的调整。例如，关于老挝的政策。NSC 5612/1 号文件只是要求“鼓励并支持老挝与泰国在政治联合、经济合作及联合军事建设等方面建立紧密联系”。而新文件则要老挝同东南亚地区的各个国家发展广泛的关系，即要“鼓励老挝与东南亚其他国家之间的合作，特别是泰国、越南、菲律宾、马来亚、缅甸。这种合作既可以在反颠覆、经济、交通、通讯等方面进行，如果可行的话，也可以在军事领域进行”。[③] 另外，在保持泰国军队的战斗力向其提供军事援助目标方面，除了继续保留 NSC 5612/1 号文件制定的“保持国内稳定”“对外部侵略进行一定的抵抗”，以及“为邻近的东南亚条

---

① *FRUS*, 1955 - 1957, East Asian Security; Cambodia; Laos, Vol. XXI, p. 259.

② 参见刘雄《20 世纪五六十年代的东南亚华侨问题与美国对华遏制政策》，《当代中国史研究》2006 年第 4 期。

③ *FRUS*, 1958 - 1960, East Asian Security; Cambodia; Laos, Vol. XVI, Washington, DC: United States Government Printing Office, 1992, p. 35.

约组织国家的集体防卫做出一定贡献”以外，又增加了新的内容，即“继续劝告泰国政府削减那些无助于实现上述目标，而且不是由共同援助计划提供支持的泰国军队”[①]。新增内容的目标非常明确，即减轻泰国政府在军事开支方面的负担，使其能够集中精力解决社会和经济发展以及国内安全等方面的问题。此外，在 NSC 5809 号文件中，美国根据马来亚和新加坡的国情变化，也进行了一定的政策调整，贯穿其中的反共原则仍然非常明确。

三　NSC 6012 号文件与艾森豪威尔政府对东南亚政策的最后调整

1960 年 7 月 25 日，美国政府再次出台了《美国对东南亚大陆的政策声明》，这成为艾森豪威尔政府时期美国最后一份专门针对东南亚大陆的文件，即 NSC 6012 号文件。新文件秉承了前面几份文件定下的“遏制共产主义势力在东南亚进一步发展”的基调，在总体政策分析、基本目标和指导方针等方面没有实质性的变化。不过，20 世纪 50 年代末 60 年代初，冷战的对峙仍很激烈，东南亚地区一些国家的形势也在发生着变化。因而，NSC 6012 号文件在一些具体内容的措辞上也进行了调整。

第一，1954 年日内瓦会议以后，越南和老挝并没有实现政局的真正稳定，NSC 6012 号文件在评估共产党威胁的时候，对此有明确的认识。相对于东南亚的整体而言，新文件认为“当前共产党发动公开侵略、进行军事颠覆的可能性要小于共产党对这个地区加强政治、经济和文化渗透的活动”，但是“越南和老挝却不在此列”[②]。1960 年 8 月 9 日，老挝王国政府的第二伞兵营营长贡勒上尉发动政变，老挝进入内战的局面。美国担心政变后的老挝会最终落入共产党的手中，因而对老挝的保守势力进行了积极的扶植，最终导致老挝危机的发生。可以说，这正是美国一直以来“遏制共产主义在东南亚发展”政策造成的一个恶果。第二，新文件将中国台湾问题纳入其东南亚的战略中来，并且增添了鼓励东南亚国家疏远与中国、朝鲜和北越关系的新内容。新文件要求“支持老挝、泰国、越南保持与中国台湾国民党政府的紧密联系，支持其作为中国合

---

① *FRUS*, 1958 - 1960, East Asian Security; Cambodia; Laos, Vol. XVI, p. 36.

② Ibid., p. 211.

法政府的国际地位。马来亚和新加坡正在更进一步地发展与中国台湾国民党的关系，美国应该采取适当的措施促使这些目标的彻底实现。促使马来亚不承认中国政府或在联合国不承认其合法地位，并且使新加坡不与中国发展更加密切的经济和文化联系。促使东南亚地区的国家避免与北韩、北越等共产党国家接触，支持越南共和国和韩国政府的国际地位"①。与之相配合的是，新文件还修订并出台了新的针对东南亚华人的有关政策。"在不与美国其他政治目标冲突的情况下，继续制定支持东南亚华人的行动，使其：a. 以最快的速度融入所在国的国民生活，成为该国的真正公民；b. 支持并参与所在国的反共活动；c. 抵制共产党对其组织的渗透努力。"② 第三，新文件继续着力于加强非共政府的力量，并培养其不依赖于共产党国家的经济独立性。在向东南亚国家"提供灵活的经济和技术援助"方面，美国更加重视与其他西方国家和国际组织之间的合作。新文件强调指出，"在制定美国对东南亚国家的援助计划时，要考虑其他自由世界国家与国际组织提供的经济和技术援助，要与这样的国家和组织进行合作"③。第四，为了适应东南亚地区政治形势的发展，NSC 6012 号文件所确立的新方针更加谨慎。一方面，明确指出"美国要谨慎行事，无论是在事实上还是在世人眼中，都要确保不与东南亚地区国家的特殊政权、个人或政治势力走得太近"④。另一方面，在支持东南亚国家促进少数民族团结方面，文件指出"这种团结的程度与速度，要取决于宗主国非歧视性地允许海外华人和其他少数民族参与国民生活的意愿"⑤。第五，新文件为了保证东南亚国家更加有效地抵制共产主义势力在当地的发展，增加了新的内容，"如果任何东南亚地区的国家表现出停止抵制其国内共产党颠覆的倾向，并且不再推行保持其独立的政策，美国将终止对该国的经济和军事援助"⑥。

NSC 6012 号文件对于国别政策的调整也很大，主要集中在如下几个

---

① *FRUS*, 1958 - 1960, East Asian Security; Cambodia; Laos, Vol. XVI, pp. 214 - 215.

② Ibid., pp. 216 - 217.

③ Ibid., p. 215.

④ Ibid., p. 217.

⑤ Ibid..

⑥ Ibid..

国家。第一，这一时期的缅甸对美国的态度开始有所转变，美国也抓住这个时机对其进行拉拢。在 NSC 5612/1 和 NSC 5804 号文件中规定，“为了实现政治目标，只要符合美国的利益需求，应缅甸政府的请求可以在贷款或有偿的条件下向其提供军事装备和补给”。而新文件对此项要求则大为宽松，“为了实现政治目标，只要符合美国的利益需求，应缅甸政府的请求可以无偿向其提供军事训练，并且以低廉或象征性的价格出售军事装备和补给”①。第二，西哈努克亲王带领下的柬埔寨一直坚持中立主义的道路，美国为了争取柬埔寨向西方世界的靠拢，对原来的政策进行了大规模的改变。为了防止柬埔寨倾向共产主义道路并提高其对自由世界的信心，新文件指出“美国要继续友好地支持柬埔寨的独立，支持其中立并关心其经济和社会进步”。在新文件中，美国充分认识并肯定了西哈努克亲王在柬埔寨的政治地位和影响，“对于争取使西哈努克接受美国的政策，并使其支持美国在东南亚的地位要进行特别的投入”。新文件还认识到柬埔寨之所以容易接受中苏集团的援助是因为与邻国存在的矛盾使其缺少安全感，所以规定“尽力促进泰国和越南改善与柬埔寨的关系”②。第三，关于老挝的政策。NSC 6012 号文件明确指出“为发展并支持老挝军队在反对共产党颠覆、保证国内安全或符合美国利益需求等方面提供军事援助，并且为了抵抗共产党的进攻可以提供有限的军事援助”。除了提供这种外部支持以外，新文件还决定采取措施帮助老挝王国政府取得经济发展和社会进步，“以助于老挝王国政府保持反共的信念，实现亲自由世界的‘中立’”。NSC 6012 号文件还要求增加联合国及其他友好国家在支持老挝王国政府方面的进一步投入和支持。③

四　20 世纪 50 年代美国对东南亚政策的特点

NSC 5405、NSC 5612/1、NSC 5809 和 NSC 6012 号文件构成了艾森豪威尔政府时期美国对东南亚政策的完整体系，究其内容不难看出，“防范共产主义在东南亚大陆的发展”是贯穿其始终的根本原则。具体而言，

---

① *FRUS*, 1958 - 1960, East Asian Security; Cambodia; Laos, Vol. XVI, p. 218.

② Ibid. .

③ Ibid. , pp. 219 - 220.

艾森豪威尔政府时期美国的东南亚政策表现出了如下几个特征。

首先，美国在东南亚的政策目标从属于其全球安全战略目标，而且美国对东南亚政策的制定与调整又是对后者的体现。艾森豪威尔政府继承了杜鲁门政府时期美国在东南亚地区对共产主义进行冷战的基本原则，于 1953 年 10 月 30 日通过了 NSC 162/2 号文件，力争以最小的代价达到遏制共产主义势力发展的最大效果，苏联和中国分别成为美国在欧洲和亚洲遏制的主要敌人，同时，强调地区安全的指导思想，“美国应避免直接介入地区冲突，帮助所在国建设常规部队，建立起贯穿自由世界的防守阵地”①。NSC 5405、NSC 5612/1、NSC 5809 和 NSC 6012 号文件，无论从政策目标的制定，还是具体计划的推行，无不表现出这个时期美国的总体国家安全战略。

其次，艾森豪威尔政府时期，美国在东南亚的具体措施是以经济和军事援助为主，尽量避免直接的军事介入。NSC 5405 号文件出台以后，美国便积极地对东南亚地区提供援助，仅 1954 年和 1955 年的财政年度，美国向印度支那地区提供的援助额度就达 10 亿美元与 11.33 亿美元。②针对 20 世纪 50 年代中后期苏联明显增加对第三世界国家经济援助的战略变化，艾森豪威尔政府于 1957 年 5 月 24 日通过的 NSC 5707/8 号文件，强调指出在与苏联进行争夺的过程中，要更加注重经济手段。③ 之后，相继通过的关于东南亚政策的 NSC 5809 号文件和 NSC 6012 号文件也都继续秉承这个原则，意图通过大量的军事和经济援助在东南亚建立一条抵御共产主义势力进入的防线。

再次，中国是 20 世纪 50 年代美国政府制定和调整东南亚政策的一个重要考虑因素。朝鲜战争结束以后，结束“热战”状态的中美两国复归“冷战”对峙。美国政府无论是从亚洲整体政策还是从针对亚洲的具体国别政策，都进行了相当的政策投入，贯穿其中的一个指导思想即遏制中国。从亚洲整体的政策看，先后有 NSC 5429 系列文件和 NSC 5913 号文件

① Robert R. Bowie and Richard H. Immerman, *Waging Peace: How Eisenhower Shaped an Enduring Cold War Strategy*, New York: Oxford University Press, 1998, p. 181.

② John Kerry King, *Southeast Asia in Perpective*, New York: MacMillan Company, 1956, p. 157.

③ *FRUS*, 1955 - 1957, East Asian Security; Cambodia; Laos, Vol. XXI, pp. 513 - 519.

的出台与调整。从具体内容方面看，主要有1953年10月的《美韩共同防御条约》；1954年3月的《美日共同防御援助协定》；1954年9月的《东南亚集体防御条约》；还有以《美国对台湾和中华民国政府的政策》命名的NSC 146/2、NSC 5503、NSC 5723号等文件。① 这些政策的出台与条约的签订，指向的共同目标皆为中国，而20世纪50年代关于东南亚政策的制定与调整也没有超出这个框架。

最后，在防共原则的指导之下，艾森豪威尔政府时期，美国的东南亚政策针对东南亚不同国家的要求并不完全统一，而是根据所在国的各自情况分别制定和调整。这点从上文的具体内容分析中清晰可见。

总之，NSC 5405、NSC 5612/1、NSC 5809和NSC 6012号文件的先后出台，秉承了冷战开始以来美国对共产主义势力发展的遏制战略，在东南亚地区更突出地表现为尽量避免自身在东南亚大陆地区直接的军事卷入，通过军事和经济援助的投入，在该地区建立一条牢固的政治军事防御线，防止共产党势力的进入。正是由于艾森豪威尔政府时期美国确立的这种与共产党国家争夺东南亚地区的战略，使得肯尼迪上台以后首先不得不应对的就是如何处理老挝危机的问题，继而又使美国逐渐陷入越南战争的泥潭中。

第二节 美国、老挝与第一次日内瓦会议

老挝位于中南半岛北部，是一个南北纵向的内陆国家，素有印度支那“屋脊”之称。老挝毗邻中国、越南、柬埔寨、缅甸和泰国，在冷战期间具有重要的战略地位，美国将其看作中国通往东南亚的“捷径”。

一 20世纪50年代初期老挝的政治状况

从19世纪末开始，印度支那地区受法国控制，但是法国的这种控制地位在第二次世界大战期间为日本所取代。第二次世界大战结束后，法国企图重新在该地区建立殖民统治，遭到当地人民的激烈抵抗。第二次

① 具体内容见崔丕《艾森豪威尔政府对台湾政策的演进》，《华东师范大学学报》（哲学社会科学版）2009年第5期。

世界大战期间成立的“自由老挝”（即伊沙拉，老挝语音译，意为“自由”）等爱国组织承载起领导老挝人民反抗法国重新殖民的重任，经过四年的斗争，1949 年 7 月 19 日，法国与老挝王国政府在巴黎签订协议，给予老挝有限的自治，正式确定老挝为法兰西联邦内的独立国家。

老挝一直是一个落后的农业国家，民族众多，居住分散，民众大多不关心老挝的政治生活，甚至许多人都“不清楚国王是谁”。取得名义上独立的老挝在生活方式上没有多大变化，“农业收入仍然是主要的生活来源，老挝的许多少数民族在政府的变化中受益很少”“至 1949 年底的时候，80% 的越南管理者已经离开老挝”“许多人进入城市寻找新的机会”。[①] 1951 年 8 月，在法国接受教育的梭发那·富马亲王当选为老挝首相，开始致力于从法国人手中收回许多行政部门的工作。不过，这项工作的进展并不顺利。诚如伯纳·福尔所指出的那样，“老挝既不是一个地理上，也不是一个社会上的统一体，只能是一个政治上的象征”。[②]

在梭发那政府努力从政治上将老挝打造成一个国家的时候，其同父异母的兄弟苏发努冯采取的是另一种斗争方式，他力图通过武装斗争将法国驱除出老挝。1950 年 8 月，在苏发努冯的推动之下，老挝各地的革命武装力量创建了一个统一的革命组织“老挝自由战线”（即巴特寮）和一个“抵抗政府”，苏发努冯担任首相与外交部部长。苏发努冯提出的斗争目标主要有两个：一是建立一个彻底自由和独立的老挝，二是他的力量能够成为联合政府中的一部分。巴特寮充分利用老挝各民族对法国殖民统治的不满，在老挝与越南边境等广大偏远农村地区开展活动。巴特寮帮助当地村民建造学校，教他们读书、认字，提高当地的农业技术以及训练村民自卫的能力。[③] 与此同时，巴特寮的武装部队也与法国殖民军进行了积极的斗争。1950—1951 年，初创阶段巴特寮部队的主要斗争方式为利用简陋的武器进行游击战争，袭击敌人的小股部队。到 1952 年，

---

① Martin Stuart-Fox, *Laos: Politics, Economics, and Society*, Boulder, Colo.: Lynne-Rienner, 1986, pp. 73 - 76.

② Bernard Fall, *Anatomy of a Crisis: The Laotian Crisis of* 1960 - 1961, New York: Doubleday, 1969, p. 23.

③ Martin Stuart-Fox, *Laos: Politics, Economics, and Society*, Boulder, Colo.: Lynne-Rienner, 1986, pp. 78 - 82.

巴特寮武装部队在战略战术上日益成熟，开始与地方游击队配合，进行一定规模的歼灭战。至1953年，巴特寮已经占领了桑怒全省和川圹省、琅勃拉邦省的部分地区，并有继续向南挺进之势。同年12月，巴特寮在中寮战役中歼敌2000多人，解放了甘蒙省的大部分地区和沙湾拿吉省的一部分地区，使法军陷于被动分割的状态。1954年春，巴特寮部队乘胜前进，解放了丰沙里省，粉碎了南乌江的法军防线，进逼琅勃拉邦与万象。越南军民取得了1954年3月至5月进行的奠边府战役的重大胜利。在这个过程中，巴特寮歼灭了从琅勃拉邦赶往奠边府的一支增援法军，封锁了从奠边府通往老挝的道路，使法军无法从老挝方向突围而遭到覆灭的命运。[①]

二　20世纪50年代初期美国与老挝的反法斗争

从第二次世界大战后初期开始，美国在印度支那地区关注的重点是越南的抗法斗争。1953年4月14日，随着法国在老挝战场上的节节败退和巴特寮力量的日益壮大，与法国殖民当局同样感到地位不保的老挝王国政府向联合国控诉“越盟对老挝领土的入侵”，这件事情引起了美国的注意。美国国务卿约翰·杜勒斯（John Foster Dulles）认为这是在联合国安理会上指责共产党“侵略”的大好时机。可是法国却不这么认为，法国不想让此事引起联合国的注意。[②] 法国驻美国大使亨利·博奈（Henri Bonnet）对此的解释是，如果将此事提交联合国进行裁决，“将可能引起许多琐碎的关于‘殖民主义’问题的争论，这将不会特别有助于反对共产党入侵印度支那的斗争”[③]。而法国总理的回答则更为直接，勒内·梅耶（René Mayer）指出“老挝问题会引起法国海外政策冗长的争论”[④]。非常明显，其言外之意在于法国不想因为老挝问题引起法国其他殖民地的不安，法国尤其不想激起阿尔及利亚和摩洛哥这些北非阿拉伯国家的民族主义情绪。美国与法国在如何处理印度支那地区的问题上存在根本的不同。

---

① 申旭：《老挝史》，云南人民出版社1990年版，第280页。

② *FRUS*, 1952－1954, East Asia and the Pacific, Vol. XIII, Part I, pp. 468－470; FRUS, 1952－1954, East Asia and the Pacific, Vol. XIII, Part I, pp. 470－472.

③ *FRUS*, 1952－1954, East Asia and the Pacific, Vol. XIII, Part I, pp. 506－507.

④ Ibid., p. 512.

1953 年春，巴特寮在越盟的帮助之下向琅勃拉邦发动进攻，法军迅速溃败。法国总理梅耶请求美国提供 C－119 飞机和飞行员帮助法国将辎重运往老挝。此时的法国在印度支那地区严重缺乏飞行员，他们不能自己驾驶飞机。美国国防部不想让美军卷入这场战争中，所以美国同意借给法国飞机并帮助法国训练飞行员。在梅耶看来，6 周的训练时间太长，法国需要的是马上的援助。[①] 4 月 27 日，艾森豪威尔与杜勒斯经过讨论之后，决定"派遣民用飞机的飞行员来驾驶这些飞机"[②]。在第二天进行的国家安全委员会（以下简称 NSC）第 141 次会议上，艾森豪威尔对于老挝的事态"表示非常失望"。在艾森豪威尔看来，武元甲（Giap）将军已经完全成功地打击了法国的军事努力。艾森豪威尔还相信当地人民通过自己的斗争已经控制了他们的国家，无论是美国还是法国，都无法做到这一点。虽然在这次会议上，NSC 批准向法国提供飞机与民用飞机的飞行员，但是 NSC 也指出，如果想要击败共产党的入侵，法国必须改变其在印度支那的战略。艾森豪威尔在会议结束时总结道："如果丢掉老挝，那么我们将可能丢掉东南亚的其他地方以及印度尼西亚。通往印度、缅甸和泰国的大门将由此洞开。"[③]

艾森豪威尔之所以同意法国对于飞机和飞行员的帮助请求，一方面在于花费和风险不大，另一方面，有利于实现抵制共产党在印度支那地区发展的目标，因为越南和老挝对于整个地区的未来非常重要，如果共产党控制了这些重要地区，那么该地区的其他地方将遭到威胁。虽然艾森豪威尔政府并不认同法国在印度支那地区进行的殖民战争，但是其更不希望共产党在这个地区取得胜利。

1953 年 5 月 6 日，在 NSC 第 143 次会议上，再次讨论了印度支那地区的形势。艾森豪威尔指出，只有两个可以挽救法国印度支那地区颓势的方法，一个是"在这些附属国平息其内部斗争以后，给予其独立的地位""虽然这会使法国丧失对该地区的政治控制，但是仍然可以保证其相当的经济利益"；另一个是"法国需要向印度支那地区派驻一个好的管理

---

① *FRUS*, 1952－1954, East Asia and the Pacific, Vol. XIII, Part I, p. 512.

② Ibid., pp. 513－514.

③ Ibid., pp. 516－519.

者，这也是导致今天糟糕局面的一个重要因素”“除非法国的这些官员改变其原有观念，否则美国的持续援助将无异于‘将钱扔进鼠洞’”。[①]

虽然美国认为应该给予印度支那各国以独立的地位，但是此时美国也担心如果法国突然撤出，将导致整个东南亚落入共产党手中的后果，所以美国并没有在这个问题上向法国施加多大的压力。因为相对于“遏制共产主义发展”这个整体战略而言，美国更需要法国在印度支那地区抵制共产主义的“扩张”。

法国国内反对法国在印度支那地区进行战争的呼声越来越高，甚至更有人抱怨“法国政府正在用法国人的鲜血为美元进行战斗”。迫于国内外的压力，法国政府于7月2日宣布“允许附属国自行申请独立”，但是紧接着又强调“如果没有法国的援助，那么脱离法国的附属国将会立即落入共产党的统治之下”[②]，言外之意在于，对于附属国而言，这种脱离将是一种“政治自杀”。与此同时，法国驻印度支那部队总司令亨利·纳瓦尔（Henri Navarre）将军要求法国政府额外再从法国向印度支那派出12营约2万人的部队。纳瓦尔的这个要求虽然符合法国政府的政策本意，但是也确实使法国政府面临巨大的困难。7月22日，保罗·雷诺（Paul Reynaud）向美国驻法国大使狄龙（Dillon）表示不能满足纳瓦尔的这个要求，因为这些军事力量需要为法国的欧洲防御所用。雷诺对法国在印度支那的前景表示担忧，法国民众不会允许再向远东派出更多的部队，而且他打算“在18个月的时间里以每月2万人的规模逐渐将法军从印支地区撤出”。雷诺接着指出，“这需要一个资金计划帮助印度支那建设军队，而法国无力完成这项工作”，法国需要“大约将近3亿美元美国额外的资助来完成这个计划”。[③]

美国政府并没有因为法国在印度支那地区的这种窘境而放弃对法国的援助。美国驻越南大使希斯（Heath）认为，此时增加对法国的经济援助“并不晚”。[④] 8月5日，政策计划署（the Policy Planning Staff）主任罗

---

① *FRUS*, 1952 - 1954, East Asia and the Pacific, Vol. XIII, Part I, pp. 547 - 548.

② Ibid., p. 636.

③ Ibid., pp. 693 - 695.

④ Ibid., p. 633.

伯特·鲍伊（Robert Bowie）在分析这一形势的时候指出，为了避免美国军队对印度支那地区战争的直接卷入和避免共产党在该地区的胜利，美国应该抓住这个机会“满足法国的这个要求”。[①] 8 月 28 日，参谋长联席会议经过研究之后决定，“同意美国向法国提供经济援助的计划”，但是这部分资金应该用来“支持纳瓦尔向印支地区增派军队之用”。[②] 杜勒斯在第 161 次 NSC 会议上指出，“如果这额外的 3.85 亿美元的援助可以完成我们希望以及我们认为应该完成的任务”，或者即使是“推迟马上的溃败”，这也将是“我们最为廉价的花费”。[③] 这些充分表明了美国通过加大向法国提供经济援助这种“以美元换流血”的手段，以实现美国在印支地区抵制共产主义发展的目的。1953—1954 年间，美国向法国提供了军用飞机 360 架，大小战舰 390 艘，各种运输车达 2.1 万辆，轻重武器达 17.5 万支。到 1954 年，美援占了法国在印支进行殖民战争支出的 78%。[④] 与此同时，艾森豪威尔命令 NSC 密切关注印度支那局势的发展，一旦发现印支地区形势“恶化”，应该为美国的反应提出政策建议。

1953 年 10 月 22 日，梭发那与法国政府签署《法老友好联合条约》，其中规定，“法国承允在国际场合援助并支持老挝主权与独立”“老挝王国再度自由地肯定声明隶属于法兰西联邦”。[⑤] 法国并不想真正地放弃老挝，可是法国在印支地区的战局却每况愈下。经过 1954 年 3 月 13 日至 5 月 7 日间进行的奠边府战役，法国彻底战败。

三　美国与奠边府战役

进入 1954 年以后，美国也加大了对印支地区的关注。艾森豪威尔在 1 月 8 日举行的第 179 次 NSC 会议上指出，他“痛苦地拒绝”将美国的地面部队派进印度支那地区代替法军，马来亚应该是唯一值得美军在东

---

① *FRUS*, 1952 - 1954, East Asia and the Pacific, Vol. XIII, Part I, pp. 713 - 714.

② Ibid., pp. 744 - 746.

③ Ibid., p. 783.

④ 赵学功：《巨大的转变：战后美国对东亚的政策》，天津人民出版社 2002 年版，第 187—188 页。

⑤ 申旭：《老挝史》，云南人民出版社 1990 年版，第 271 页。

南亚地区进入的场所。[①] 此举表明，“美国既不想在印支地区直接投入兵力作战，也不想放弃对东南亚控制的总体目标”。[②] 美国的这种“双轨政策”在 NSC 5405 号文件中得到了充分的体现。NSC 5405 号文件强调“无论是从近期还是从长远看，无论共产党以何种方式在东南亚取得统治地位，都将危及美国的安全利益”。不过，文件没有提出动用美国的地面部队来阻止共产党在印支地区力量的巩固。文件只是批准如果中国直接干涉，则可以动用美国的飞机进行空中打击。[③]

对于是否出兵帮助法国解决其在奠边府遭到的困境，美国政府内部的意见并不一致。参谋长联席会议主席阿瑟·雷德福（Arthur Redford）强烈主张进行直接的军事干预以挽救法军的败局，甚至提出代号为“秃鹫”的作战计划，建议由美国对奠边府的敌军阵地进行大规模的空中袭击。陆军参谋长马修·李奇微（Matthew Ridgway）等人则坚决反对出兵干涉的方案。李奇微认为，美国地面部队的人数已经大大缩减，如果对印度支那进行干涉势必会削弱欧洲的防务力量。[④] 艾森豪威尔还担心，如果美国在印度支那采取单方面的行动“会使我们被公开指责为帝国主义和殖民主义”，可能会引发与中国的第二次大规模军事冲突。因而，艾森豪威尔表示，“我们不能参加实际进行的战争”。[⑤] 就连反共的强硬派代表杜勒斯也指出，如果将军队派往印度支那参加战争，那么“美国的威信是和我们将获得胜利这一点联系在一起的。我们不能滥用美国的威信但又遭受失败，这将会产生世界性的反响”。[⑥]

虽然美国不愿独自承担解救法国在印度支那地区面临失败的任务，却积极寻求盟国的“联合行动”。为强调在印度支那采取联合干涉行动的重要性，艾森豪威尔于 1954 年 4 月 7 日在记者招待会上抛出了对美国外

---

① *FRUS*, 1952 - 1954, East Asia and the Pacific, Vol. XIII, Part I, p. 949.

② Ibid., p. 1109.

③ *FRUS*, 1952 - 1954, East Asia and the Pacific, Vol. XII, Part I, pp. 367 - 375.

④ 赵学功：《巨大的转变：战后美国对东亚的政策》，天津人民出版社 2002 年版，第 189 页。

⑤ George C. Herring, *America's Longest War: The United States and Vietnam, 1950 - 1975*, 2nd, New York: McGraw-Hill, 1983, p. 41.

⑥ ［美］贝科威茨等：《美国对外政策的政治背景》，张禾译，商务印书馆 1979 年版，第 66 页。

交政策影响深远的“多米诺骨牌”理论，将印度支那看作第一张“多米诺骨牌”，如果共产党将这张牌推倒，那就会发生连锁反应，接着失去的将是缅甸、泰国、马来亚和印度尼西亚，并动摇日本、中国台湾和菲律宾结成的沿海岛屿链，进而威胁到澳大利亚和新西兰。[①] 杜勒斯则于 4 月 11 日到 14 日间，在伦敦和巴黎之间展开穿梭外交，与英法两国领导人进行磋商。出于各自不同的主张，英法都没有同意杜勒斯的建议。后来，澳大利亚与新西兰也撤回了原来赞成“联合行动”的主张。美国争取对印度支那战争进行联合干涉的计划彻底告吹。

四　第一次日内瓦会议与美国的老挝政策

1954 年 4 月 26 日，讨论朝鲜问题和印度支那问题的国际会议在日内瓦召开。关于朝鲜问题的讨论历时 51 天，终因美国代表团的多方阻挠未能达成任何协议。

5 月 7 日，武元甲将军攻占奠边府的最后一个法军据点，标志着第一次印支战争的结束。第二天，日内瓦会议开始讨论关于印度支那的问题，参加会议的有美国、法国、英国、中国、苏联、北越、南越、老挝与柬埔寨的代表。除了美国以外的与会各国，都希望通过谈判解决印度支那的问题。杜勒斯命令以副国务卿华尔特·史密斯（Walter Smith）为首的美国代表团仅以一个“观察员”而不是会议“参加国”和“谈判者”的身份参加这次会议。美国从关于印支问题的会谈伊始便制造麻烦，提出应该以“能使该地区的国家在稳定和自由政府的领导下，维护领土完整和政治独立，使当地人民不致置于共产党的统治之下”[②] 作为此次会议的宗旨，尤其对北越代表范文同的建议更是横加阻挠。甚至，美国国会参议员诺兰在会议还没开始的时候，就想宣称“这次会议的结果可能是一次远东慕尼黑”。[③]

老挝成为这次会议争论的一个焦点，不过内容相对简单。争论之一

---

① *FRUS*, 1952 - 1954, East Asia and the Pacific, Vol. XIII, Part I, pp. 1280 - 1281.

② 刘同舜、姚椿龄主编：《战后世界历史长编，1954》，上海人民出版社 1994 年版，第 127 页。

③ ［英］科拉尔·贝尔：《国际事务概览 1954 年》，云汀等译，上海译文出版社 1984 年版，第 33 页。

是“越南是否是入侵者”的判断。美国代表团坚称老挝是遭到越南侵略的，可是共产党国家却强调老挝进行的是一场国内战争，这与越南的形势是一样的。争论之二在于巴特寮军队的合法性问题。苏联、中国和越南坚持认为巴特寮武装部队是老挝的一支本土力量，有要求参加国家管理的合法权利。在美国看来，现实情况是“侵入”老挝的越盟部队有效地控制着老挝的大部分领土，它们似乎要占领整个国家；老挝王国政府的非共力量控制着很少的领土，“入侵者”越盟与老挝政府也发生着摩擦。如果法军离开老挝，1.45 万名的老挝王国政府军是不能控制老挝领土的。因为，老挝王国政府军一直由法国军官进行训练，随着法军的撤离，寻求有经验的军官是老挝政府军亟须解决的问题。[①] 这两点争论的内容，正是杜勒斯在日内瓦会议之初给美国代表团定下的两个基本原则。5 月 13 日，杜勒斯告诉美国代表团，需要把握住的一个原则是从老挝领土撤出越盟的部队是“任何印度支那条约的基础”；另一个原则是反对任何“包括巴特寮在内的万象联合政府”条约的达成。[②]

经过大多数与会国的共同努力，1954 年 7 月 21 日达成了恢复印度支那各国和平的有关协议，主要有《关于在越南停止敌对行动的决议》《关于在老挝停止敌对行动的决议》《关于在柬埔寨停止敌对行动的决议》，并通过了《日内瓦会议最后宣言》。主要内容为：立即在印度支那三国停止敌对行动；与会各国尊重越南、老挝、柬埔寨的独立、主权、统一和领土完整，不干涉其内政；越南、老挝、柬埔寨三国不参加任何军事同盟，也不允许外国在它们的领土上建立军事基地；在印度支那全境实行停火，法国从印度支那撤军，并设立由双方司令部同等数量的代表组成的联合委员会以及由印度、波兰和加拿大代表组成的国际委员会作为军事停战的监察和监督机构等。三国将分别举行自由普选，以实现各国在民主基础上的统一；老挝和柬埔寨将在 1955 年内、越南将在 1956 年 7 月内，在停止敌对行动协定中所规定的国际监督和监察委员会成员所组成的国际委员会的监督下举行全国选举。[③]

---

① *FRUS*, 1952 - 1954, East Asia and the Pacific, Vol. XVI, p. 1024.

② Ibid., p. 788.

③ 《日内瓦会议文件汇编》，世界知识出版社 1954 年版，第 256—257、262—266 页。

其中，跟老挝密切相关的内容主要有如下几个方面。首先，成立一个由印度、加拿大和波兰三国组成的国际监督监察委员会，来“控制与监督”老挝敌对活动的停止，由印度代表担任这个委员会的主席。其主要任务为实现停火、监督外国军队的撤离、禁止新的外国军队和武器进入老挝、处理战犯、向日内瓦会议的联合主席英国外长与苏联外长汇报情况。① 其次，老挝领土不能成为外国军队的过境通道，不允许外国军队在老挝的存在。但是特别允许法国为老挝国民军保留不超过 1500 人的教官，允许法国在塞诺和湄公河流域保留两个军事基地，法军驻留人数不得超过 3500 人。最后，允许巴特寮部队在桑怒和丰沙里两省进行重新集结，“或者按照巴特寮的说法：协议赋予他们对这两省的政治统治权”②。

虽然此次日内瓦会议达成的协议给予老挝以独立的国家地位，但是处于冷战锋线上的老挝无法保证协议内容的有效贯彻。多曼就指出，日内瓦协议严格限制了外国对老挝的军事援助，但是这并没有影响在这之前与老挝王国政府完成的协议。因此，1950 年和 1951 年美国的军事和经济援助条约并没有废除，1953 年法国与万象政府间的相互防御条约也仍然有效。③

美国不想将印度支那地区拱手让与共产党，不想因参加对日内瓦最后协议的签署而在以后的行动中受到束缚，所以明确拒绝在最后的协议上签字。美国副国务卿史密斯宣称：第一，按照《联合国宪章》第二条第四款关于各会员国有义务在其国际关系方面不得使用威胁或武力的规定，美国将不使用威胁或武力去妨碍“日内瓦协议”；第二，美国将充分关注任何违反上述协定侵略行为的再次发生，并批评其是严重威胁国际和平与安全的。④

---

① *FRUS*, 1952 - 1954, East Asia and the Pacific, Vol. XVI, pp. 1521 - 1530.

② ［英］科拉尔·贝尔：《国际事务概览 1954 年》，云汀等译，上海译文出版社 1984 年版，第 90 页。

③ Arthur J. Dommen, *Conflict in Laos: The Politics of Neutralization*, New York: Praeger, 1971, p. 42.

④ U. S. Department of State, *American Foreign Policy, 1950 - 1955: Basic Documents*, Washington, D. C.: GPO, 1955, Vol. I, p. 788.

第一次日内瓦会议结束以后，不满足于日内瓦协议内容的美国加快了拼凑东南亚军事同盟的步伐。7 月 24 日，美国国务院、国防部和中情局举行了一次关于未来东南亚战略的联合会议。国务卿杜勒斯在会上根据美英近来在这个问题上的交往，阐述了建立一个“东南亚条约组织”的总体构想。杜勒斯指出，建立这样一个组织可以实现两个重要目标。一是可以防止中国的公开“入侵”，二是可以防止共产党对东南亚非共国家进行的颠覆和渗透。这主要可以通过帮助建设当地的军事力量、提供经济援助和秘密提供情报信息等手段来实现。缔结这项条约可以给美国带来两个好处，一是一旦中国发动对这个地区的公开侵略，总统将可以行使他一直没有的自由决定权；二是在我们被迫采取的行动中可以得到其他国家的支持。杜勒斯强调，“不能使这个条约的缔约者期望美国可以向其提供大量的军事援助帮其发展武装力量，也不能期望美国或其他的缔约国可以在该国驻军。缔约者不能期望在该地区建立一个北约那样的组织”。对于该条约的组织形式，美国应该与英国、法国、澳大利亚、新西兰、菲律宾和泰国建立一个防止中国可能进攻的防御线，应该将即使最后不是我们签约国的越南、柬埔寨和老挝“划进这个线里面”。在这个条约组织中，应该包括一些经济与文化方面合作的内容，同时，该组织应该是一个开放性的组织，以备后来某些亚洲国家的加入。①

在日内瓦会议还没有结束的 7 月 9 日，美国政府就出台了关于缔结“东南亚条约组织”的草案，先后经过 7 月 22 日、8 月 5 日和 8 月 24 日的几次修改。② 与此同时，美国开始就相关内容与英、法等国家展开积极的外交工作。

9 月 6 日，美国、英国、法国、澳大利亚、新西兰、泰国、菲律宾和巴基斯坦八个国家在马尼拉召开缔结东南亚条约的会议。由于条约草案基本以美国的提议为蓝本，之前又经过较长时间的讨论，所以 9 月 8 日，与会各国便正式缔结了《东南亚集体防御条约》（*the Southeast Asia Collective Defense Treaty*）（通常称作《马尼拉条约》，*the Manila Pact*），创建了“东南亚条约组织”（the Southeast Asia Treaty Organization）。《马尼拉条

---

① *FRUS*, 1952 - 1954, East Asia and the Pacific, Vol. XII, Part I, pp. 665 - 667.

② Ibid., pp. 614 - 615, 686 - 694, 708 - 709, 784 - 787.

约》要求缔约国在盟国成员反对外敌入侵时承担集体军事行动的义务。当发生的不是外部入侵的进攻（即武装叛乱）时，“东南亚条约组织”成员国需要做的只是马上开会决定一个恰当的反应，但没有进行军事干涉的义务。①

参加“东南亚条约组织”的 8 个国家中，有 5 个不是亚洲国家，这显然是美国一手炮制的、以西方国家为主的军事同盟，主要目的是对付所谓以中国为首的亚洲共产主义的“侵略”和“扩张”。《马尼拉条约》还公然违反日内瓦协议，把柬埔寨、老挝和越南南部划入其所谓的保护范围，声称“东南亚条约组织国家在接到万象、金边和西贡合法政府的邀请时就可以对这些国家进行干涉”。沃尔特·李普曼称为“现代第一个为容许外国干涉内政而正式使用的工具，虽然还有别的外交手段也可以说是同样的，但《马尼拉条约》对当代的这种趋向表达得更清楚”。②

第一次日内瓦会议的签署以及“东南亚条约组织”的建立，使老挝以独立国家的身份登上世界政治舞台的同时，也被纳入美国在东南亚进行的防共冷战体系中。虽然根据《东南亚集体防御条约》，老挝并不具有“完全成员的资格”，但是在老挝提出相关请求的时候，仍然可以得到“东南亚条约组织”的“保护”。美国正是以此为外衣，使老挝成为美国在印度支那地区影响美国国家安全的一个重要因素。第一次日内瓦会议正式承认北越政权的合法存在以后，老挝 1/4（将近 600 英里）的边界开始与共产党国家的领土接壤。在美国政府看来，从湄公河流入中国南部的入口处（老挝和缅甸边界附近），一直到北越和南越的分界线处，老挝的东部就成为反对共产党“扩张”的关键屏障。由于担心北越和中国向南发展，美国的决策者认为，对于东南亚的防御沿安南山脉（the Annamite Mountains）一线要比沿湄公河容易。如果将老挝丢给共产党，将迫使“东南亚条约组织”成员国的军队（或者，发生单独入侵事件时，美国的军事人员）进驻湄公河。在这种情况下，作为美国在东南亚战略

① 《马尼拉条约》的内容见 U. S. Department of State, *American Foreign Policy 1950 – 1955: Basic Documents*, 1957, pp. 912 – 916.

② ［英］科拉尔·贝尔：《国际事务概览 1954 年》，云汀等译，上海译文出版社 1984 年版，第 110 页。

中心的泰国将面临危险。负责远东事务的国务卿助理沃尔特·罗伯逊（Walter Robertson）认为，在日内瓦协议后的印度支那，老挝将“面对共产党入侵危险的最前线”。[①]

---

① *FRUS*, 1955－1957, East Asian Security; Cambodia; Laos, Vol. XXI, p. 634.

第二章

艾森豪威尔政府时期美国的老挝政策

美国与老挝正式建立官方联系始于1950年12月23日，美国、法国、柬埔寨、老挝与越南在西贡签订了《防御印度支那互助条约》。1951年9月9日，美国与老挝签订《经济合作条约》，美国向老挝提供经济和技术援助，并向老挝派驻援助代表团，加强美国与老挝的联系。但是美国真正开始将老挝纳入其冷战体系，则发端于1954年召开的第一次日内瓦会议以及随后拼凑的“东南亚条约组织”。为了推行既定战略目标，美国从1955年开始干涉老挝内部事务。

第一节　美国与老挝1955年选举

根据1954年日内瓦会议达成的协议，独立后的老挝将于1955年完成选举，美国将之看作建立亲西方反共政府的大好时机，于是，美国围绕老挝这次选举开展了大量工作。从此，老挝便成为美国在印度支那地区防范共产党势力发展的重要阵地，也成为美国遏制战略链条中的重要一环。

一　美国的东南亚冷战战略与老挝

早在1950年4月通过的NSC 64号文件中，美国便提出“必须将在印度支那边界遏制共产主义扩张的决定，看作是更广泛研究防止共产党侵略东南亚其他地方的一个部分”。[①] 此后，相继出台的 NSC 124 号系列文件与 NSC 5405 号文件都没有超出 NSC 64 号文件确定的这个基本原则。被喻为“印度支那屋脊”的老挝所拥有的特殊地理位置自然成为美国实施其东南亚冷战战略的一个重要因素。

日内瓦会议承认了老挝、柬埔寨和南越以及北越各自的独立主权国家身份，其中“老挝有四分之一的领土或大约 600 英里长的边境线与共产党国家的领土毗邻（红色中国以及越盟控制下的北越），这使老挝成为一个非常脆弱的地方”[②]。面对印度支那地区的这种形势，在 1954 年 8 月 12 日的第 210 次 NSC 会议上，一位与会的成员声称“不论在哪儿，共产党的获得就是我们的失去”。艾森豪威尔总统对此表示认同，同时他指出，“有时我们必须面对的是：我们不能再丢掉自由世界的任何地方了”[③]。

日内瓦会议以后，老挝王国政府便着手与巴特寮进行关于停战和准备 1955 年选举的谈判，但是进展并不顺利。在首相梭发那·富马与巴特寮领袖苏发努冯的协商之下，老挝王国政府军与巴特寮之间停止了摩擦，不过双方并没能在关于 1955 年选举、组建老挝新政府的问题上取得进展。其主要分歧在于老挝王国政府指责巴特寮“不应该从北越购进武器以及雇用北越的军事顾问”，并且要求巴特寮放下武器，直接将其所控制的丰沙里与桑怒两省并入王国政府。[④] 而巴特寮则强调，根据日内瓦协议的有关规定，将北部两省并入王国政府的问题以及巴特寮武装力量的问题都应该等到选举结束以后才能最后解决。[⑤] 1954 年 9 月 13 日，接替梭发那担任老挝首相的卡岱·索萨里特（Katay Don Sasorith）从上台伊始便准备与苏发努冯进行谈判，但是一直到 1955 年选举前也没能与巴特寮达成共识。

---

① *FRUS*, 1950, East Asia and the Pacific, Vol. VI, Washington, DC: United States Government Printing Office, 1976, p. 745.

② *FRUS*, 1955 - 1957, East Asian Security; Cambodia; Laos, Vol. XXI, pp. 718 - 719; DDRS, CK3100112590.

③ *FRUS*, 1952 - 1954, East Asia and the Pacific, Vol. XII, Part I, pp. 731 - 732.

④ Paul F. Langer and Joseph J. Zasloff, *North Vietnam and the Pathet Lao: Partners in the Struggle for Laos*, Cambridge: Harvard University Press, 1970, p. 58, p. 167.

⑤ D. R. SarDesai, *Indian Foreign Policy in Cambodia, Laos and Vietnam, 1947 - 1964*, Berkeley and Laos Angeles: University of California Press, 1968, pp. 156 - 157.

在这个过程中，还出现了三个在美国看来不利于西方利益的情况。其一，法国在老挝的活动不能令美国满意。法国在老挝的军事训练团“由于战败的原因而在老挝声望低下”，而且“一些重要的技术和设备更新周期太长”“法国的纪律和训练水平远低于美国”。[①] 甚至美国国务院认为法国的“不作为比采取冒险的军事活动更容易丢掉老挝”。[②] 更有甚者，在阿尔及利亚战争的压力下，法国在老挝的军事力量开始缩减。第一次日内瓦会议以后，“法军在老挝的人数从来没有达到过日内瓦协议所允许的3500人”“1955年的时候是2500人，1957年降至1173人，后来更是降至450人”。[③] 最为糟糕的是，日内瓦会议的最后协议“不允许其他国家的军事人员进入老挝”。[④] 其二，英法两国不想过多地卷入老挝的内部纷争中。英法两国驻老挝的大使告诉老挝政府，“如果老挝遭遇的外部入侵是由于其解决国内安全事务引起的，那么老挝不要期望得到《马尼拉条约》规定下的帮助”。在美国看来，这样的结果是“共产党在争议地区将会变得越来越强大”，而西方世界也将“最终失去整个老挝”。[⑤] 其三，根据第一次日内瓦会议产生的国际监督委员会（the International Control Commission）所提交的调查报告与美国的利益需求相去甚远。根据国际监督委员会对丰沙里和桑怒两省的调查结果显示，老挝王国政府在与巴特寮停止摩擦以后，仍然“向这两个地区空投人员和物资，由其指挥或控制的军队也曾进攻巴特寮战斗部队的据点，并劫掠两省的和平居民”。[⑥]

根据日内瓦会议的规定，允许巴特寮在老挝北部的丰沙里和桑怒两省驻留，这使其“与共产党国家有着共同的边界，为其进行军事训练和得到增援创造了条件”。[⑦] 美国将其看作共产党在老挝发展的基地，同时，

---

① *FRUS*, 1955 - 1957, East Asian Security; Cambodia; Laos, Vol. XXI, p. 630.

② Ibid., p. 629.

③ Charles A. Stevenson, *The End of Nowhere: American Policy Toward Laos Since 1954*, Boston: Beacon Press, 1973, p. 34.

④ *FRUS*, 1955 - 1957, East Asian Security; Cambodia; Laos, Vol. XXI, p. 720.

⑤ Ibid., p. 633.

⑥ 世界知识出版社编：《印度支那问题文件汇编》，第一册，世界知识出版社1959年，第299页。

⑦ *FRUS*, 1955 - 1957, East Asian Security; Cambodia; Laos, Vol. XXI, p. 719.

它也成为美国在老挝开始各种活动的借口所在。美国政府认为，提高老挝王国政府军的作战能力是抵消巴特寮影响扩大的首要任务。可是老挝王国政府军的战斗力极其低下，而日内瓦协议仅允许法国保留 1500 人的军事代表团训练老挝军队，3500 名士兵驻守在老挝保留的两个法国军事基地，限制包括美国在内的所有外国军事人员在老挝的活动。美国如果想向老挝政府军提供军事援助，必须经过法国驻老挝军事人员的管理，这将极大地限制美国在老挝目标的实现及其活动自由。美国驻西贡大使希斯（Heath）在向国务院汇报时指出，“我们越来越确信，我们的援助必须直接提供给相关国家才能真正发挥作用，而不是通过法国转手”。[①] 美国国务院和国防部还认识到，法国“并没有完成训练老挝王国政府军以抵抗共产党的任务，在这方面美国可以做得更好”“老挝的军队不能维持国内的安定”“他们甚至没有完成这项任务的保障和训练”。[②] 美国政府决定在这方面采取行动。艾森豪威尔同意于 1954 年 8 月 17 日开始向南越、柬埔寨和老挝提供直接的援助。[③] 虽然法国对此提出了抗议，但是很快，他们就同意了美国的这种要求。因为美国答应以向仍在印度支那的法国军队提供军费作为交换条件。[④]

美国的一部分政府官员将老挝看作“指向东南亚地区心脏的一把利剑”，未来，在老挝进行的斗争将是防止共产党在该地区的“扩张”。[⑤] 具体而言，美国将老挝看作防御泰国和南越的重要阵地。泰国一直是美国在东南亚地区重要的反共堡垒，而泰国又与老挝紧邻，所以老挝自然成为美国冷战战略下防御泰国安全的一个重要屏障。“老挝的战略价值与泰国的防御紧密相连。老挝的多山地形是天然的防线，如果老挝落入共产党手中，那么湄公河将很难担当起防御共产党渗透的重任。”[⑥] 在美国政府眼中，老挝对于保护南越的安全也同样重要。艾森豪威尔与美国中

---

① *FRUS*, 1952 – 1954, East Asia and the Pacific, Vol. XIII, Part II, p. 1882.

② *FRUS*, 1952 – 1954, East Asia and the Pacific, Vol. XIII, p. 1906.

③ Ibid., p. 1953.

④ Ibid., pp. 2107 – 2109.

⑤ Charles A. Stevenson, *The End of Nowhere: American Policy Toward Laos Since 1954*, Boston: Beacon Press, 1973, p. 30.

⑥ *FRUS*, 1955 – 1957, East Asian Security; Cambodia; Laos, Vol. XXI, p. 621.

央情报局局长艾伦·杜勒斯都认为老挝的边界很可能是北越向南越进攻的一个路线。[①] 美国的军方人员也进一步指出老挝的战略重要性，他们认为湄公河流域（the Mekong Valley）是进入南越中央高地（Central Highlands）主要的入侵路径（如果发生战争，这将成为主要的冲突地带），保证对老挝南部波罗芬高原（the Bolovens Plateau）的控制，将是阻止共产党前进的关键。美国国务卿杜勒斯指出，在保护东南亚安全的过程中，“南越与老挝和泰国可以起到相互支持的作用”[②]。

美国驻老挝第一任公使约斯特（Charles W. Yost）于 1954 年 11 月 1 日向老挝国王递呈了文书。约斯特对老挝的形势进行研究之后指出，老挝王国政府面临三个需要完成的重要任务：“首先，需要建立一个强力的统一政府；其次，需要在老挝全国树立权威并采取一切措施反对颠覆活动；再次，需要满足老挝人民的经济需求，并立即采取措施改善他们的生活条件。”约斯特向国务院提出，美国帮助老挝完成这些目标的最好办法是“劝告泰国立即停止在老挝的颠覆活动以及对老挝流亡分子的支持；立即向国际监督委员会提供直升机的援助，来帮助国际监督委员会监督巴特寮和越盟对日内瓦协议的违背；向老挝政府施加压力，迫使其执行日内瓦协议，在老挝北部重建权威；在雨季来临之前实施恰当的但能快速见效的经济援助计划，重点是食品、医疗和运输”[③]。在约斯特看来，“老挝与中国和北越的邻近使其面临马上遭到渗透和颠覆的威胁”“老挝的陷落将直接影响柬埔寨和泰国”，那样将“由此产生与共产党国家更多的共同边界”。约斯特进一步强调，老挝人口稀少、“经济落后”，因此对老挝实施一个援助计划将是非常廉价的，并且可以得到巨大的回报。[④] 1955 年 1 月 14 日，法国新任驻老挝“训练团”（training mission）团长赫尔（Hure）上校向约斯特表示“如果不清楚美国打算提供的援助预算额度，那么‘训练团’和老挝政府将很难制订今年的军事计划”。约斯特认为这是美国直接向老挝武装部队提供援助的大好时机，“一方面，可以将

---

① *FRUS*, 1955 – 1957, East Asian Security; Cambodia; Laos, Vol. XXI, p. 700.

② *FRUS*, 1952 – 1954, East Asia and the Pacific, Vol. XIII, p. 2415.

③ Ibid., pp. 2120 – 2122.

④ Ibid., pp. 2357 – 2359.

美国的援助直接送至老挝政府军手中，可以避免经法军转手而减少一些支出；另一方面，除了可以向老挝军队提供军饷、津贴与粮食以外，还可以提供关键的后勤保障”①。1 月 18 日，老挝王国政府“向美国请求关于美国开始直接向老挝国民军提供财政援助的谈判”。约斯特认为，如果美国与老挝能够在这个问题上实现合作，那将有助于美国实现“在包括老挝在内的东南亚排除中国和越盟的目标”②。时任菲律宾与东南亚事务办公室主任的杨（Young）则认为，这样的安排“从现实角度看，将会产生心理上的效果”③。

二　老挝 1955 年选举前的美国政策

根据第一次日内瓦会议的最后协议，老挝应该在 1955 年内完成新政府的选举。为了保证老挝王国政府中的非共力量能取得这次选举的胜利，使其能够成为一个新的反共堡垒，美国通过对这些老挝的非共力量提供各种帮助，开始了其在老挝的逐步介入活动，并一发不可收拾。

1954 年 7 月 21 日，日内瓦协议的签署，在美国决策层看来是共产主义势力在印度支那地区的胜利，威胁了美国在远东的安全利益。同一天，艾森豪威尔命令国家安全委员会下设的政策计划署针对日内瓦会议后的形势美国所应该采取的远东政策进行研究，并先后出台了 NSC 5429 号系列文件。1954 年 12 月，最后确立的 NSC 5429/5 号文件，制定了美国对印度支那地区的行动指南。文件规定“只要不使美国处于公开违反停战协定的位置，就要尽一切努力在柬埔寨和老挝防范共产党的颠覆和影响”“增加美国在柬埔寨、老挝和南越的代表，与这些国家进行有利于美国的直接联系”“必要之时与法国合作，帮助柬埔寨、老挝和南越保持：（1）国内安全的必要军事力量，（2）向这些邻近共产党国家的政权提供有利于保持、加强非共政府并受其欢迎的经济条件”“为支持当前的政策，尽最大可能地实施隐蔽行动”。④ 以此为指导，以多种形式表现出来

① *FRUS*, 1955 – 1957, East Asian Security; Cambodia; Laos, Vol. XXI, pp. 582 – 583.

② Ibid., pp. 595 – 560.

③ Ibid., p. 598.

④ *FRUS*, 1952 – 1954, East Asia and the Pacific, Vol. XIII, Part II, pp. 2412 – 2413.

的隐蔽行动成为之后美国对老挝政策的重要组成部分。

“挫败共产党的颠覆与影响”是 NSC 5429/5 号文件确定的美国对老挝政策的一个宗旨，为此，美国对老挝政策的目标主要是通过支持老挝王国政府的主导地位并不惜任何代价以减少巴特寮的影响来实现的。在美国政府眼中，巴特寮是纯粹的共产党组织，所以“美国政府一直反对老挝王国政府与巴特寮进行谈判，建立一个包括巴特寮在内的联合政府”。[①] 一方面，帮助老挝政府“重新掌握对北部两省的控制”；另一方面，使老挝政府“能够保证对剩余十省的掌控”[②]，进而实现在老挝全境的自由选举，建立一个“不能包括即使象征性数量巴特寮代表”的亲西方政府。[③]

1955 年 1 月 12 日，美国大使约斯特与老挝首相卡岱共进晚餐的时候表示，“美国在老挝的唯一目标是帮助老挝政府和人民抵制共产党的内外侵略并提高其生活质量”[④]。国务卿杜勒斯利用其前往曼谷参加“东南亚条约组织”会议的机会，于 4 月 27 日访问了老挝。杜勒斯向包括老挝国王萨旺和首相卡岱·索萨里特在内的政要表示，美国将根据《马尼拉条约》保证老挝免受外部势力的入侵，但是老挝政府的首要任务则是应该“处理好内部事务”。杜勒斯提出，虽然日内瓦协议限制了美国的军事代表直接进入老挝，但是“美国可以在类似泰国这样的其他国家为老挝的军官提供训练”。[⑤] 老挝国王对此表现出了极大的兴趣，表示要“马上采取稳定国内秩序的措施”，并指出“老挝是泰国与共产党之间的缓冲地带，美国必须全力支持老挝”。[⑥]约斯特向国务院提交的报告中指出，“与越南和缅甸一样，老挝直接与共产党地区相邻，所以面临遭到渗透的危险”“失去老挝将对泰国和柬埔寨等邻国产生严重的影响”。为了避免这种情况的发生，约斯特建议，于 1955 年的时候，“应该向老挝提供 4000

① *FRUS*, 1952 - 1954, East Asia and the Pacific, Vol. XIII, Part II, pp. 2413 - 2414.

② *FRUS*, 1955 - 1957, East Asian Security; Cambodia; Laos, Vol. XXI, p. 694.

③ Ibid., p. 689.

④ Ibid., p. 578.

⑤ Ibid., p. 612.

⑥ DDRS, CK3100098865.

万至 *5000* 万美元的军事援助专款，1200 万至 1500 万美元的经济发展专款”。①

美国并不主张老挝王国政府通过武力实现对北部两省的统一，可是又不想其谈判结果产生一个包括巴特寮代表在内的老挝新政府，于是决定帮助老挝的非共力量取得 1955 年选举的全面胜利。结果表明，虽然 1955 年美国对老挝的实际援助低于约斯特的建议，但是“美国仍然向老挝提供了总计 4000 万美元的援助”②。其中，“1000 万美元用于生活消费支出，3000 万美元用于军事建设”③。

经济援助主要通过粮食与供应物资救济和重建贷款，以及通过扩大进口来推动生活必需品的降价。鉴于老挝广大农村地区日益贫困的社会现实，约斯特提出美国对老挝提供的援助应该注意其有效性，“‘美国海外使团’应该制订专门的农村计划，将美国的援助直接提供给广大农村地区，这将有助于老挝的国内稳定”。④

由于大米歉收，1955 年五六月份的饥荒成为一个严重的社会问题，逐渐恶化的经济状况导致老挝人民对政府支持率的下跌。约斯特认为“马上对老挝提供大量的大米援助非常重要，这将是争取老挝民众对政府支持的一个绝好机会”。⑤ 6 月初，美国驻老挝的工作人员向美国政府提议，由日本出面从泰国购买 2 万吨大米并运往老挝。日本可以从美国得到等量的补偿。8 月份，这种三角协定签订，老挝以馈赠的方式得到了美国的 5000 吨大米。老挝还计划从这种三角协定中额外再获得 1 万吨大米，但是由于泰国的拒绝而没有成功。对此，国际援助委员会于 9 月 2 日批准动用美国计划对老挝提供的援助资金，直接从泰国购买 1 万吨大米以弥补老挝的这种短缺。⑥ 这些大米运抵老挝以后，美国立即帮助老挝王国政府将大米运至老挝各地。美国的这些运输主要是通过民用航空公司（the

---

① *FRUS*, 1952 - 1954, East Asia and the Pacific, Vol. XIII, Part II, pp. 2357 - 2359.

② *FRUS*, 1955 - 1957, East Asian Security; Cambodia; Laos, Vol. XXI, p. 653.

③ DDRS, CK3100117794.

④ *FRUS*, 1955 - 1957, East Asian Security; Cambodia; Laos, Vol. XXI, p. 643. USOM (the United States Overseas Mission)，美国海外使团是国际合作署在老挝的地方机构，负责美国在老挝的援助活动。

⑤ DDRS, CK3100044734.

⑥ *FRUS*, 1955 - 1957, East Asian Security; Cambodia; Laos, Vol. XXI, p. 683.

Civil Air Transport）的飞机完成的。[①] 至 1955 年年末的时候，民用航空公司的 C－47 飞机从事的活动已经不仅是空投救济物资了，它还承担起运送老挝政府官员与军事人员的任务。[②] 非常明显，美国对老挝的这种救济已经远远超出了所谓的“人道主义”援助。

从 1955 年 1 月末，美国就开始支持老挝王国政府开展各种宣传活动。1 月 12 日，约斯特与卡岱·索萨里特会谈时指出，“在选举开始前，由政府各部部长与国会议员组成的竞选团队在全国范围内进行拉票非常重要”。为了使这种拉票活动成功进行，约斯特提出可以由“美国海外使团”和“美国信息服务部”（the United States Information Service）提供相应的合作，而且这两个部门已经制订好了在一周内与老挝政府进行商讨的详细计划。卡岱对此表现出了极大的兴趣，并表示将“马上着手落实”约斯特的建议。[③]

“美国海外使团”和“美国信息服务部”为老挝王国政府制订了广泛的宣传计划，拍摄几部反共题材的电影是其计划内容之一。到 5 月份的时候，已经拍摄完成了两部，另有几部也正在拍摄之中。[④] 为此，美国在泰国专门为老挝培训了几支针对军队和平民的电影放映队，由“美国海外使团”提供设备，“美国信息服务部”负责具体的技术培训，希望能够将这些电影带到老挝全境的各个角落。“美国信息服务部”利用“美国海外使团”提供的卡车等工具深入广大农村地区，为那些没有条件进入电影院观看电影的老挝民众现场放映。除了放映电影以外，美国还为老挝培训了各种“流动小组”，专门负责出版每日新闻公告，主要内容是针对

---

① 虽然民用航空公司名义上是一个私人的飞机运输公司，但实际上它真正的主人是中情局。美国中情局为了在亚洲有效推行隐蔽战略，其属下的太平洋公司于 1950 年 8 月开始购买并使用民用航空飞机。这些民用航空飞机执行了许多美国在亚洲的秘密任务，如在朝鲜战争和奠边府战役期间。1959 年民用航空公司更名为美国航空（Air America），继续执行其各项秘密任务。具体可见 Larry D. Sall，William M. Leary，Tim Castle，and Joe Guilmartin，*Air America*：*Upholding the America's Bond*，Richardon，Tex：University of Texas at Dallas and the Center for the Study of Intelligence，2009，p. 10.

② *FRUS*，1955－1957，East Asian Security；Cambodia；Laos，Vol. XXI，p. 682.

③ “美国信息服务部”是从属于美国新闻机构的一个组织。两者都是美国驻老挝使馆管理下的分支机构。*FRUS*，1955－1957，East Asian Security；Cambodia；Laos，Vol. XXI，p. 579.

④ *FRUS*，1955－1957，East Asian Security；Cambodia；Laos，Vol. XXI，p. 643.

巴特寮的活动进行"批判"。经常接触老挝军队的这些"流动小组"尤为活跃，他们经常"开展批判巴特寮宣传的政治演讲"。[①] 此外，"美国信息服务部"还努力扩大老挝民众对美国文化的理解。如，"美国信息服务部"在老挝办英语学习班，但是第一届英语学员完成的效果并不好，其中，"40 名学员中，只有 15 名拿到了最后的毕业证书"。尽管如此，美国仍然持续地保证"美国信息服务部"的财政投入，"在 1957 年财政年度里，'美国信息服务部'在老挝进行的各种项目支出费用总额为 178796 美元。1958 财政年度的预算要求是 202988 美元"。[②]

除了对非共候选人扩大宣传和提供物质帮助以外，美国还在老挝推行了一项长期的政策，主要是帮助老挝王国政府加强实施保证国内安全的措施。这项政策开始于 1955 年选举前，成为 20 世纪 50 年代末美国在老挝政策的主要内容。

1955 年 4 月 23 日，约斯特向国务院提出了在选举进行前巩固老挝王国政府地位的四点建议："首要的关键措施是建立一个拥有唯一选票的'民族阵线'作为赢得选举的代表。第二，迅速建立有效的警察宪兵部队。第三，组织更多的宣传活动。第四，迅速分配救济物资和贷款。"[③] 之后，约斯特再次强调，美国应该在所有这些方面向老挝提供关键性的援助。[④] 其中，建立一支警察宪兵部队或者一支联合警察部队，不仅是选举前进行反颠覆的重要措施，而且也是长期保持国内安全的重要措施之一。

与此同时，约斯特还提出在巴特寮控制地区平民中设置"秘密的武装力量"。约斯特指出，"我们应该谨慎地支持在桑怒和丰沙里不断地发展忠于政府的秘密平民武装，以便政府的力量发展到这些地区"。[⑤] 这项计划中的忠于老挝政府的"平民武装力量"，后来发展成为"自由抵抗部队"（the Auto-Defense Forces）。"自由抵抗"最初称为"人民起义"（popular uprising），指的是由老挝的军事特工与当地部族首领在丰沙里和

---

① *FRUS*, 1955－1957, East Asian Security; Cambodia; Laos, Vol. XXI, p. 643.

② DDRS, CK3100157775.

③ *FRUS*, 1955－1957, East Asian Security; Cambodia; Laos, Vol. XXI, p. 639.

④ Ibid., pp. 658－659.

⑤ Ibid., p. 638.

桑怒选取平民组成小规模的抵抗组织，并在巴特寮占领区采取反对特定目标的小规模行动。老挝军方负责向这些抵抗组织提供必需的食物、服装、资金和武器。[①]

从 1955 年 6 月开始，老挝王国政府组建了第一支在巴特寮控制领域（丰沙里和桑怒省）进行游击活动的“自由抵抗部队”。其成员是从敌视巴特寮的当地居民中招募来的，由经过特别训练的军官和老挝国民军的下级军官担当干部。由于巴特寮在丰沙里的驻军相对较少（只有 3 个营至 4 个营的巴特寮部队驻扎在丰沙里，而在桑怒则有 9 个营至 10 个营的巴特寮兵力），所以“自由抵抗部队”在丰沙里的活动较多。大约 3000 人的“自由抵抗部队”主要活动于丰沙里的北部和中部地区，“主要任务是防御村庄，但是他们也对巴特寮的部队进行了几次袭击，成功地切断了巴特寮的一些供给线”。美国政府认为“自由抵抗部队”是“值得支持的”，因为“他们在打击巴特寮方面具有潜在的价值，同时也有助于王国政府在争议地区重建权威”。而且，其“有助于实现美国通过亚洲人成功地进行反共游击活动的目标是非常明显的”[②]。1955 年 12 月 30 日，卡岱向约斯特指出“自由抵抗部队”在丰沙里的工作进展得非常顺利。[③] 而实际上，“老挝正规军的一些军事人员身着平民服装在自由抵抗部队中起到了直接指挥者的作用”[④]。

在老挝广大农村地区发展“自由抵抗部队”力量的同时，约斯特还积极推动老挝政府建设警察宪兵部队，其目的在于防止巴特寮在政府控制领域从事“颠覆活动”。5 月 3 日，约斯特在向国务院的汇报中指出，“由美国组织的、在泰国进行的准军事训练计划将在一周内完成对老挝警察与宪兵的训练”[⑤]。1955 年下半年，老挝王国政府加速了对警察宪兵部队的扩充。为了保证老挝的非共力量取得选举的胜利，“老挝王国政府与我们在万象的代表团应该在 10 月末前完成警察的扩编计划，到时候就会实现 2000 人的规模（其中 1000 人是新招募的）。国防部和国际合作署正

---

① *FRUS*, 1955 - 1957, East Asian Security; Cambodia; Laos, Vol. XXI, p. 732.

② Ibid., p. 733.

③ Ibid., pp. 729 - 730.

④ Ibid., p. 732.

⑤ Ibid., p. 641.

采取行动将需要的设备马上运往老挝。根据《互助条约》（*Mutual Defense Assistance*）将在越南对这些物质进行重新分配，再由当地人员运抵老挝”①。到 1955 年年末的时候，老挝政府与美国达成协议，将老挝的警察力量从 1000 人扩编至 4000 人。美国承担警察部队的训练费用并提供设备，超出老挝国家常规预算的 3000 名警察的开支也由美国提供。为了增强这些警察部队的机动性，美国向老挝政府提供了“吉普车、摩托车、路虎越野车、外置马达，并助其在警局之间建立无线电通信网络”。另外，美国还为这些警察部队提供了充足的“卡宾枪、左轮手枪、弹药、手榴弹以及服装”②。

“自由抵抗部队”和警察宪兵部队的建立与发展是紧密相关的，其目标都是巩固老挝王国政府的地位。在 1955 年选举进行前，它们也承担着一定的保证国内安全的任务，因为老挝王国政府始终认为共产党的“渗透”活动与影响会制造一些“麻烦”。

早在 1955 年 1 月 21 日，美国参谋长联席会议就提出，既然日内瓦会议禁止美国直接向老挝提供军事人员，那么美国可以考虑通过“有军事经验的美国公民来开展相关工作”③。到了 5 月份，“美国海外使团”对于在老挝开展的各项工作有些应接不暇，于是国防部、国务院与对外行动委员会（the Foreign Operations Administration）开始考虑成立一个新的组织，专门负责指导老挝的军事与安全事务。大家一致认为，这个新的组织应该负责“制定老挝军事需求项目，监督这些援助项目的最终用途，对这些项目的分配进行调控”等事务。④ 7 月 21 日，国防部再次向国务院提出建立这个“平民监督组”的必要性，同时也强调，应该从数量上进行控制，以免引起它国对美国此举是违背日内瓦协议的指责。8 月 8 日，国务院表示接受国防部的这个提议，但是其费用应该由国防部承担。10 月 3 日，国防部表示同意承担这个“平民监督组”的全部费用⑤，并

---

① *FRUS*, 1955 - 1957, East Asian Security; Cambodia; Laos, Vol. XXI, p. 682.

② DDRS, CK3100157773 - CK3100157774.

③ *FRUS*, 1955 - 1957, East Asian Security; Cambodia; Laos, Vol. XXI, p. 585.

④ Ibid., p. 655.

⑤ Ibid., pp. 669 - 670.

于两天后开始了人员的选取，初步人员数额定为 20 人。[①]

这个新的平民监督组于 12 月正式命名为计划评估办公室（the Programs Evaluation Office)。计划评估办公室由 16 位退休的高级军官和 4 位职员（1956 年 9 月增至 40 人）组成，主要职责与军事援助咨询委员会(the Millitary Assistance Advisory Group）一样，管理援助老挝军队的物资和设备，审核老挝政府需要的预算与对援助物资进行分配，并对一般性的军事事件向美国驻老挝大使提供建议，但是在其成立的最初几年，不正式承担对军队的训练任务。为了避免此举可能遭到的违背日内瓦协议的指责，根据第 10575 号行政命令，计划评估办公室从属于美国驻老挝大使领导下的一个“民间机构”，其人员不穿军装。[②] 美国通过计划评估办公室来进一步推行其对老挝政策的有效性之用意非常明显。而后来的事实也表明，计划评估办公室在美国对老挝的政策推行中起到了相当重要的作用。

美国政府也一直关注着老挝军事力量的成长。除了尽量“规避日内瓦协议的束缚”以外，美国还着力加强老挝政府进行自身军事实力的建设，但是希望避免美国对老挝事务的直接参与，促使老挝政府发展与泰国的关系便是其中一项内容。具体包括利用泰国的条件和设施训练老挝军队，制订紧急计划，在老挝发生紧急事件的时候，利用泰国军队进行镇压，鼓励老挝与泰国官员之间的会话。这些措施的推行，将减少老挝对法国以及美国援助的依赖。

为了达成上述目标，美国也在不断地对泰国做出相应的补偿。老挝多山的地形使其国内交通与通信不便，而且桑怒与丰沙里两省是巴特寮的主要活动场所，为了帮助老挝政府扩大在这个地区的影响力，8 月 24 日，麦克阿瑟提议“应该由泰国向老挝政府提供两架直升机，用于老挝政府与其当地驻军之间的联系和提供补给，美国应该向泰国提供这两架直升机的补偿”。9 月 1 日，美国国防部同意了麦克阿瑟的这个提议，指出“如果泰国的直升机在老挝失踪或损坏，美国将为之进行补充”[③]。10

① DDRS, CK3100305664.

② DDRS, CK3100388685.

③ *FRUS*, 1955 - 1957, East Asian Security; Cambodia; Laos, Vol. XXI, p. 677. n. 4.

月 15 日，参谋长联席会议批准了泰老军事合作计划的推行，并允诺将提供必要的保证。① 至 10 月的时候，在“美国海外使团”的推动下，老挝与泰国之间的铁路和船运系统已经完成，双方贸易的增多“将推动老挝国内通货膨胀和生活水平居高不下状况的缓解”。② 鉴于老挝政府的竞选活动将于 11 月中旬开始，美国驻泰国大使于 11 月 4 日进一步提出建议，美国应该推动泰国和老挝政府之间的合作，这将对老挝政府带来政治和精神上的帮助。③ 而且，此时的泰国也表示，“只要美国能够提供相应的设备与供给，那么泰国可以向老挝提供后勤保障”。④ 泰国不仅“为老挝训练一定数量的警察与军官，向老挝提供 500 吨用于缓解饥荒的大米”，而且，“在可能遭到共产党入侵时，泰—老军事计划合作计划的主要原则已经达成谅解”。⑤

三 老挝 1955 年选举后美国干涉的加强

在美国的帮助下，老挝的选举结果基本实现了美国的目标。但是选举也遗留了一些待解决的问题，因而美国对于 1955 年选举后的老挝投入了更多的政策。

卡岱政府与巴特寮最终没能达成满意的协议，巴特寮控制下的北部两省因此没有参加 12 月 25 日如期进行的选举。⑥ 这样，卡岱领导的国民进步党（the National Progressive Party）和培·萨那尼空领导的独立党（the Independent Party）的反共候选人获得了对国民议会的控制权。其中，国民进步党获得 19 个席位，独立党获得 10 个席位，在总共 39 个议会席

---

① *FRUS*, 1955 - 1957, East Asian Security; Cambodia; Laos, Vol. XXI, pp. 690 - 691.

② Ibid., p. 679.

③ Ibid., pp. 695 - 698.

④ DDRS, CK3100424584.

⑤ DDRS, CK3100388685.

⑥ 虽然有国际监察委员会从中调和，但是卡岱政府与巴特寮之间在 1955 年一年里的摩擦始终不断。6 月 10 日，老挝国会通过决议，将原定于 1955 年 8 月份的大选日期推迟至 12 月 25 日进行。*FRUS*, 1955 - 1957, East Asian Security; Cambodia; Laos, Vol. XXI, p. 658. n. 2. 8 月 25 日，老挝政府进一步决定，即使不能与巴特寮在关于选举的问题上达成满意的协议，到 12 月 25 日的时候，既定的选举仍要按时进行。*FRUS*, 1955 - 1957, East Asian Security; Cambodia; Laos, Vol. XXI, p. 679.

位中占据了29席之多。[①] 非常明显，以卡岱·索萨里特和培·萨那尼空为首的反共势力取得了这次片面选举的胜利。

老挝的保守势力取得了1955年选举的胜利，但此后老挝的形势并没有按照美国预期的方向发展。虽然美国支持下的卡岱及其领导的国民进步党成为议会中的第一大党，但是卡岱没能获得宪法规定的2/3票数的支持当选首相。1956年3月21日，一直追求走中立主义道路的梭发那·富马亲王最终当选为老挝首相。[②] 梭发那上台以后，着手寻求与巴特寮谈判的主张引起了美国的注意，尤其巴特寮领袖苏发努冯与梭发那是同父异母的兄弟的关系更是让美国感到惊恐。[③] 梭发那告诉美国驻老挝官员，苏发努冯不是一个共产主义者，他相信能够与巴特寮达成一个满意的协议。另外，梭发那应中国之邀准备前往北京。对此，美国国务院指示驻老挝大使"要尽力阻止或延缓梭发那的访问中国之行"[④]，并对此表示了强烈的反对。[⑤]

不过，梭发那并没有屈从于美国政府的压力。苏发努冯于1956年7月31日到达万象与梭发那进行了直接的会谈。[⑥] 8月5日，两位亲王发布联合宣言，宣布停火，并建立一个中立的老挝政府。他们决定先成立一个专门的工作组，研究停火、对于北部两省的管理以及将巴特寮并入老挝政府军等有关具体问题。关于选举和巴特寮代表进入老挝政府的问题留待以后再研究。[⑦] 美国国家安全委员会将之看作"共产党的胜利"，指出"在这个协议之下，老挝政府将实现中立政策，与邻国建立友好关系，抑制与其他国家的联系"[⑧]。令美国感到吃惊的是，仅仅在两位亲王发布这份公告的5天以后，他们又在进行补充选举以及巴特寮代表进入老挝

① *FRUS*, 1955 - 1957, East Asian Security; Cambodia; Laos, Vol. XXI, p. 727. n. 2.

② Ibid., pp. 746 - 747.

③ Ibid., p. 764. n. 2.

④ Ibid., p. 767.

⑤ Ibid., pp. 774 - 776; *FRUS*, 1955 - 1957, East Asian Security; Cambodia; Laos, Vol. XXI, pp. 777 - 778.

⑥ Ibid., p. 780.

⑦ Ibid., p. 784. n. 3.

⑧ Ibid., p. 790.

政府的问题上达成了一致。[①] 紧接着，梭发那于8月21日至27日访问了北京，并在回国途中顺便在河内做了停留。梭发那与巴特寮之间的协议以及梭发那的北京之行，引起了美国的不满，国务院开始考虑停止美国对老挝的援助，以及梭发那下台后的下一个合适人选。[②] 根据梭发那与苏发努冯的联合宣言，老挝将走中立主义的发展道路，在美国看来，“一个中立、即使是非共道路的老挝，无论如何也不能再看作是保护泰国与柬埔寨的缓冲地带。老挝的失去将摆脱我们的保护，也会使其他国家对美国的能力产生怀疑”[③]。由此，美国以暂停发放9月和10月对老挝军队的援助来向梭发那施加压力，迫使其不要在未来的老挝政府中接受巴特寮的代表。梭发那以辞职相威胁。帕森斯指出，如果此时梭发那辞职，卡岱也不会有机会重新上台，而且也没有其他合适的人选。11月6日，美国国务院批准继续向老挝的军队提供援助，但同时也警告梭发那，在整编巴特寮军队的时候，要符合老挝政府与巴特寮谈判的总体政治目标。[④]

进入11月，梭发那日益表现出准备在未来的政府中接受巴特寮代表的倾向，东南亚事务办公室主任杨指出，“老挝的形势正在恶化”，“如果可能，必须将共产党阻止在门口”。[⑤] 美国政府为此向梭发那施压，威胁其不要与巴特寮签订协议。国务院命令其新任驻老挝大使帕森斯通知梭发那，“如果美国发现老挝事态进展将影响老挝国家主权的独立，那么美国将被迫重新考虑对老挝的政治与经济政策”。梭发那回应道，“苏发努冯与巴特寮的领导人，既不是共产主义者，也不受共产党控制”。梭发那接着表示，“如果没有美国的援助，他将寸步难行。如果美国停止对老挝提供援助，那么他将辞去首相职务”[⑥]。12月22日，美国国务院指示帕森斯，“无论在任何时候与任何场合，都不要同意在老挝的内阁中接受巴特寮代表”[⑦]。虽然美国的态度如此强硬，但是仍然谨慎地强调此时“撤回

---

① *FRUS*, 1955 - 1957, East Asian Security; Cambodia; Laos, Vol. XXI, pp. 793 - 794.

② Ibid., pp. 803 - 805.

③ Ibid., pp. 834 - 835.

④ Ibid., pp. 829 - 833.

⑤ Ibid., pp. 806 - 807.

⑥ Ibid., pp. 840 - 842.

⑦ Ibid., p. 845.

或减少美国的援助将意味着把老挝推向共产主义一方”[1]。这表明美国所反对的并不是老挝政府本身，而是梭发那准备在政府中接受巴特寮代表的政策选择。

1956 年 12 月 28 日，老挝王国政府与巴特寮在《八月宣言》的基础上达成协议，肯定了之前双方已经达成的“停火”“走和平与中立主义道路”“保证公民权”等事项。双方也表示对于选举、北部两省与巴特寮武装等未解决的问题将尽快解决。在双方认可的基础上，“尽快制定出选举规章，在北部两省完成 1955 年的选举”，“老挝新政府组建以后，巴特寮将以‘Neo Lao Haksat’作为政治代表的身份从事政治活动”，“丰沙里和桑怒两省也将随着新政府的组建而回归老挝政府管理”。[2] 第二天，帕森斯向国务院发回电报汇报情况时指出，“老挝国民议会不愿意通过这个协议，至少在 1 月 7 日前不会通过”。[3] 美国政府立即感觉到这是一个可以利用的机会。国务卿杜勒斯指示帕森斯，“尽力使已经表现出不安的内阁成员拒绝通过梭发那的这个公报”[4]。根据帕森斯的汇报，美国驻万象的外交官在 1 月初的时候与老挝“国民议会的重要人物”进行了广泛的接触。[5] 另据伯切特记述，“美国大使发起了一场反对 1956 年协议的巨大运动。大使馆成员贿赂国民议会的每一个议员以换取投票拒绝这个协议的通过”[6]。不过，最后随着老挝国民议会对这个协议投票的通过，美国的努力失败。美国又开始实施一个大规模的“公民行动计划”（Civic Action)，同时，向老挝提供了一次价值 30 万美元的紧急救援，以帮助非共力量获取即将到来的补充选取的胜利。

为了辅助国内安全计划的推行，美国又采取了措施帮助老挝王国政府赢得广大下层人民的支持。美国政府主要采取措施保证老挝人民的社会福利和扩大社会基础设施建设，是为“公民行动计划”。

美国通过“公民行动计划”提供的援助，于 1957 年开始。1957 年 1

① *FRUS*, 1955 - 1957, East Asian Security; Cambodia; Laos, Vol. XXI, p. 867.

② Ibid., pp. 868 - 869.

③ Ibid., p. 870. n. 3.

④ Ibid., p. 870.

⑤ Ibid., p. 876.

⑥ Wilfred G. Burchett, *The Furtive War*, New York: International Publishers, 1963, p. 170.

月 8 日，帕森斯向国务院提出，应该通过向老挝农村地区，尤其是丰沙里和桑怒两省的农村地区，提供 30 万美元紧急救援资金的方式实施“公民行动计划”。帕森斯强调，这项计划的基本考虑是“一种自助式”的计划，即“引导当地居民利用他们自己的各种条件来改善他们的健康、教育、公共事务、医疗等等方面”。落实这项计划的两个关键是“流动队”和老挝政府军。“流动队”主要由政府各部抽调人员组成，通过传授技术、技能完成“自助计划”；老挝政府军主要是派遣特种部队，保证各项计划的实施，保证“流动队”向其他地区的转移。①

2 月 1 日，国务院、国际合作署、国防部和“美国信息服务部”联合致电帕森斯，在批准 30 万美元紧急救援资金请求的同时还指出，除了他所提及的内容以外，为了更好地实现“公民行动计划”的目标，对于“流动队”和老挝政府军，还有许多细节工作需要落实。首先，计划每支由 11 人组成的“流动队”在每省派驻两支。这些“流动队”成员大多是新招募来的，他们也都接受了技能方面的训练，但是他们还需要接受“能够成为公民行动队”的训练。每支“流动队”在每个村庄驻留大约两周左右。在这期间，他们要进行小型的医疗救治，培训农村志愿者使用“农村医疗箱”，进行环境卫生工程方面的指导；帮助当地村民完成公路涵桥排水系统等工程项目，待“流动队”离开后，村民自己能够进行这种建设；为广大儿童和成年人建立基础学校，培训志愿者继续进行这项工作；进行人口普查，发放身份证，与当地的“自由抵抗部队”建立联系；在广大农村地区为老挝政府进行宣传。其次，跟随“流动队”进入特定地区的是由老挝政府军派出的特种部队，每支特种部队由 100 人组成。56 个选区需要 56 支这样的特种部队，再加上军官等各级指挥人员，这种“公民行动”计划就会需要大约 6000 名军人规模的部队。②

表面看来，“公民行动计划”的内容有助于改善老挝农村人民的生活水平和推动社会公共基础设施的建设，但实际上，这也是对“自由抵抗部队”计划的一个补充。当时，老挝部队的规模大约是 25000 人，有将

---

① *FRUS*, 1955 - 1957, East Asian Security; Cambodia; Laos, Vol. XXI, pp. 873 - 875.

② *FRUS*, 1955 - 1957, East Asian Security; Cambodia; Laos, Vol. XXI, pp. 888 - 889; DDRS, CK3100157774 - 3100157775.

近 6000 名军人参加了“公民行动计划”，这么大的规模很难再将其看作一项平民活动。这项计划还要求与当地的“自由抵抗部队”建立联系并进行合作，而且其特别目标在于巴特寮控制的丰沙里和桑怒两省。虽然这项计划声称是针对广大农村地区进行的“自助”与“公民行动”，但是毋庸赘言，他们完全听从老挝王国政府与美国的指挥。“公民行动计划”也不是一项短期的计划，从开始之日起，一直是美国帮助老挝右翼势力的工具。1962 年 7 月，解决老挝问题的日内瓦会议结束以后，美国还将“公民行动计划”视为一项有效措施，至 11 月 8 日，仍然强调通过“公民行动计划”巩固老挝王国政府的政治基础。①

除了“自由抵抗部队”和“公民行动”计划以外，1956 年，美国还推行了另外一项名为“兄弟行动”（Operation Brotherhood）的计划。这项计划的主要内容是派遣从菲律宾招募的医生与护士深入老挝农村地区，为当地居民提供免费的体检和医疗服务。“兄弟行动”开始于 1954 年在越南的难民救济。菲律宾的国际青年商会（The International Junior Chamber of Commerce）首先发起了这项行动，最初，这是一项“自愿发起”的计划。但是，与在越南一样，美国政府通过特殊渠道为这项行动提供资助。1958 年，东南亚事务办公室的一位官员指出，“可以确信的是，国际合作署所支持的这项行动是由与中情局有密切关系的 CAO 资助的”②。1957 年年末，从万象发回的一封电报指出，美国应该“支持‘兄弟行动’，并且促进菲律宾与老挝的合作”。在过去的一年里，共有 5 支由 9 人至 10 人组成的“兄弟行动”小组在老挝进行了活动。他们每月大约治疗 2 万余人，这项计划被看作“非常成功的行动”，这项计划“通过改善当地居民的健康水平和道义上的宣传直接有助于国家的稳定”。

---

① *FRUS*, 1961 - 1963, Laos Crisis, Vol. XXIV, Washington, DC: United States Government Printing Office, 1994, p. 912.

② *FRUS*, 1955 - 1957, East Asian Security; Cambodia; Laos, Vol. XXI, p. 762 n. 3.; Edward G. Lansdale, *In the Midst of Wars: An American's Mission to Southeast Asian*, New York: Harper & Row, 1972, pp. 168 - 170. CAO 即民政办公室（Civil Affair Office），1951 年建立，是美国在东南亚推行“心理战”战略下的产物，是其在东南亚的一个具体执行机构。CAO 不仅在东南亚地区推行“心理战”，而且帮助当地军队提高与那些积极参与共产党所发动的人民战争的民众进行战斗的士气与战斗力。Edward G. Lansdale, *In the Midst of War*, New York: Harper & Row, 1972, p. 70.

1956 年 2 月，国防部向中情局建议，“自由抵抗部队在老挝北部两省的活动取得了相对不错的效果”，除了“可以进行一定的自我救助以外，还可以通过游击战争为老挝政府军提供策应”，但是其“现有的装备不能抵挡巴特寮的打击”，在“大约 8800 人的部队规模下，只有 4000 人的武器是由美国提供的，而余下的那些由英国与法国提供的来复枪则应该进行更新了”，所以应该在老挝北部两省“增加中情局的行动，这可以为美国培养老挝抵抗共产主义力量的努力提供有效和及时的保障”。① 4 月 4 日，美国政府决定向“自由抵抗部队”提供其所需的全部设备。② 半个月以后，国防部详细列举了“自由抵抗部队”所需要的武器情况，主要是以轻型武器为主。③ 美国眼见着无法阻挡梭发那与苏发努冯将于 6 月进行的一次会谈，于是命令约斯特“找个合适的机会向梭发那表明，美国不会降低对‘自由抵抗部队’的援助，因为它的存在有助于提高老挝政府在谈判中的地位”④。梭发那与苏发努冯不顾美国的压力，于 8 月 5 日发表联合公报。美国一方面将这看作“共产党的胜利”，另一方面，也强调指出“如果老挝政府在国内安全力量方面的建设得力，那么形势就不会如此糟糕”⑤。在美国的推动下，“自由抵抗部队”的主要活动不再仅围绕在北部两省的隐蔽行动上，而是开始承担起在全国范围内维持社会治安的任务。⑥ 1956 年 9 月，国务院更是提出了“为提高警察、军队、自由抵抗部队和宣传机构反颠覆的能力，与逐渐增加的中国共产党、越盟和巴特寮的颠覆活动进行斗争，以及抵御巴特寮部队并入老挝政府军后其在军队内部分裂活动的有效性，应该给予优先政策支持”⑦。

虽然美国政府反对老挝建立一个包括巴特寮代表在内的联合政府，但是美国并没有放弃对梭发那政府的支持，而且还通过实施“自由抵抗部队”“公民行动”和“兄弟行动”等计划帮助其巩固政权。其中的原

---

① *FRUS*, 1955 - 1957, East Asian Security; Cambodia; Laos, Vol. XXI, p. 744; DDRS, CK3100157769.

② Ibid., p. 749.

③ Ibid., p. 759.

④ Ibid., pp. 766 - 767.

⑤ Ibid., p. 791.

⑥ Ibid., p. 831.

⑦ Ibid., p. 808.

因在于，相对于巴特寮而言，美国更加看重的是对老挝政府的支持。

围绕老挝1955年的选举，美国力图从其冷战战略的角度将老挝政府打造成一个亲西方的反共政府。从美国对老挝这次选举前以及选举后的政策投入不难看出，美国将选举这个主题与维持老挝国内稳定、争取广大老挝人民支持紧密结合。概言之，这个时期，美国对老挝政策的特点表现为“心理战略”。如前所述，美国一方面渲染“孱弱的老挝无法抵制共产党的影响”“面临丧失独立的可能”等气氛；另一方面，帮助老挝政府推行一些“亲民政策”（如“公民行动”计划、“兄弟行动”计划、提供粮食救济等）以赢得广大老挝人民的支持。为此，美国投入了大量的人力、物力和资金。实际上，正是美国在不断扩大对老挝提供援助的过程中，逐渐将老挝纳入其冷战战略轨道，真正破坏了老挝的独立与发展。随后，老挝于1958年进行的补充选举、1959年发生的政治危机、1960年开始的国际危机，无不烙有美国的印记。

第二节　美国与老挝1958年的补充选举

根据1954年日内瓦会议达成的协议，老挝王国政府同意于1955年进行全民普选。[①] 虽然这次选举在1955年12月得以进行，但是仍然还有许多问题没有解决。其中，问题之一便是“只在老挝王国政府真正有效控制的十个省进行了选举，而在巴特寮控制下的桑怒和丰沙里的选举却没有进行”[②]。这就为1958年5月进行的补充选举埋下了伏笔。

一　1958年补充选举前老挝的局势发展

1955年的选举过后，老挝仍处于事实上的分裂状态，老挝王国政府与巴特寮的争端不断，再加上1957年春老挝政府出现的内阁危机，直到1957年11月2日，老挝首相梭发那与巴特寮的首领苏发努冯才达成最后

① 关于老挝的日内瓦会议文件见 Department of State, Foreign Relations of United States (*FRUS*), 1952 - 1954, Vol. 16, Washington, DC: United States Government Printing Office, 1982, pp. 1521 - 1530, XVI, pp. 1542 - 1545.

② Arthur J. Dommen, *Conflict in Laos*, New York: Praeger, 1971, pp. 82 - 83.

的谅解，在万象发表了联合公报：老挝政府同意在政府中接受巴特寮的代表；在将新扩大的政府向国民议会提出前，桑怒和丰沙里以及巴特寮的部队要接受老挝政府的管辖；新政府要执行梭发那8月9日就职典礼上所提出的政策；老挝政府认定巴特寮的政治组织“老挝爱国战线”是一个合法的政党；由于经费的原因，老挝政府不能接收巴特寮全部的士兵，愿意继续服役的巴特寮士兵，可以并入老挝王国政府的军队中来，而不愿继续服役的巴特寮士兵，由老挝政府提供资助，允其返乡；苏发努冯同意向王国政府交付所有巴特寮手中的武器和弹药。最后，梭发那允诺任命巴特寮的干部在老挝王国政府的各级单位中担任合适职务。① 10天后，梭发那与苏发努冯又签订了另外的补充协议。首先，双方肯定了老挝政府对桑怒和丰沙里的统治权。双方一致同意两省应该处于政府的管辖之下。每省政府的职位应该由双方均摊。桑怒的省长应该是政府的派员；丰沙里的省长应该是巴特寮的代表。两省的选举应该在政府真正控制这两个省的3个月后进行。其次，巴特寮部队并入老挝王国军队。双方一致同意，限于财政的预算，王国军队接受不超过1500名的巴特寮士兵。巴特寮的剩余部队将全部复员。后来又达成了两个重要的补充条款：第一，直到整编的细节全部落实前，1500名巴特寮的部队将保持独立的番号。这就意味着如果这些细节不能落实，巴特寮将还继续保持其军事行动的能力；第二，当巴特寮的部队整编入王国军队之后，其成员完全享受与王国军队人员相同的待遇。联合政府建立两个月内完成军队的整编。②

按照双方商定的万象协议，11月18日，苏发努冯将巴特寮控制下的丰沙里和桑怒两省交还给老挝王国政府，国民议会一致同意梭发那为联合政府的首脑，同时担任国防部长。苏发努冯担任复兴和经济计划部部长，另有一个巴特寮代表富米·冯维希担任宗教和艺术部部长。当天，“老挝爱国战线”便以一个合法政党的身份开始了政治活动。

---

① *FRUS*, 1955 - 1957, Vol. XXI, Washington, DC: United States Government Printing Office, 1990, pp. 1019 - 1020.

② Martin E. Goldstein, *American Policy Toward Laos*, Rutherford: Fairleigh Dickinson University Press, 1973, pp. 116 - 117.

1958 年 2 月 18 日，1501 名巴特寮士兵在查尔平原正式整编进入老挝王国军队，在接下来的几天内，完成了另外 4280 名巴特寮士兵的复员。国际监督委员会在 3 月 5 日的报告中，肯定了“巴特寮的部队已经完成了向老挝王国部队的整编”[①]。该委员会在后来的报告中进一步指出，老挝王国政府已经向桑怒派遣了 60 名官员，这些人员与日内瓦会议以后一直在那儿的巴特寮官员合作得“非常愉快”。[②]

老挝的这次补充选举似乎一切都在按部就班地进行着，可是，1957 年 11 月老挝政府与巴特寮之间的万象协议却引起了美国的特别关注。11 月 20 日，国务院的发言人就声称，“美国认为建立一个包括巴特寮代表在内的联合政府是危险的”[③]。而在 1956 年 9 月 5 日通过的 NSC 5612/1 号文件中，美国政府延续了针对东南亚地区的总体目标：“阻止东南亚的国家落入或在经济上成为依赖共产党国家的国家；劝告他们其最高利益在于与自由世界合作与结盟；帮助这些国家发展稳定、自由的代议制政府，使之有意愿且有能力抵抗共产党的内外进攻，并且为自由世界的力量做出贡献。”[④] 对于此时的老挝，美国政府尤其反对包括巴特寮代表在内的联合政府的成立，因为当时的美国政府最担心的是在老挝发生“捷克斯洛伐克似的事件”。[⑤] 负责远东事务的助理国务卿罗伯逊（Walter S. Robertson）在 1959 年表达了当时美国政府对这个问题的一致看法[⑥]，在即将到来的选举中，“如果第一次以合法身份参加选举的巴特寮获得 21 个国民议会席位中的相当多数，那么共产党将非常容易实现他们控制整

---

① Arthur J. Dommen, *Conflict in Laos*, New York: Praeger, 1971, p. 87.

② 转引自 Martin E. Goldstein, *American Policy Toward Laos*, Rutherford: Fairleigh Dickinson University Press, 1973, p. 117.

③ *Twelve years of American intervention and aggression in Laos*, New Lao Haksat Publications, 1966, p. 46.

④ *FRUS*, 1955 - 1957, East Asian Security; Cambodia; Laos, Vol. XXI, p. 257.

⑤ “1948 年共产党对于马萨里克政府的参与，最终导致捷克斯洛伐克的陷落”，具体参见 Daniel Yergin, *Shattered Peace*: *The Origins of the Cold War*, New York: Penguin, 1990, pp. 166 - 169.

⑥ 转引自 Charles A. Stevenson, *The End of Nowhere*: *American Policy Toward Laos Since* 1954, Boston: Beacon Press, 1973, p. 41.

个国家的目标”①。时任美国驻老挝大使的帕森斯（Parsons）在1959年告诉国会议员，“为阻止一个联合政府的成立，我斗争了16个月”。负责远东事务的助理国务卿罗伯逊在同一次听证会上说道：“为阻止联合政府的成立，我们做了我们所能做的一切。”国务院东南亚事务办公室主任埃里克·科赫（Eric Kocher）也表达了国务院的这种认识：“我们尽我们所能地阻止联合政府的成立。”②

正是在这些认识的基础上，美国对老挝1958年5月即将进行的补充选举做了大量的准备工作，全力支持老挝的保守势力取得绝对的优势地位。帕森斯及其下属的观点甚至更为直接，认为如果能够支持老挝的反共势力取得这次选举的胜利，就“可以使下任首相从政府中将巴特寮的代表驱逐出去”。③

二　美国对老挝保守势力的援助

万象协议签订后，美国便着手实施阻挠联合政府的顺利成立。在美国政府的支持下，以卡岱·索萨里特（Katay D. Sasorith）为代表的右翼分子为赢得这次补充选举的胜利采取了许多措施，如派遣武装士兵为每一处“老挝爱国战线”的工作场所“站岗”；以“反政府宣传”为借口阻止“老挝爱国战线”的任何竞选活动④，从各方面束缚“老挝爱国战线”的发展。

与此同时，美国政府也在紧锣密鼓地考虑和推行对老挝应采取的措施。1958年年初，帕森斯大使向国务院透彻分析了老挝的形势，建议美国立即采取行动。1月3日，帕森斯在给国务院的电报中指出，“实行一个针对农村的行动计划来加强对农民的政治意识是有必要的，因为这可以使他们认识到：1）王国政府在关心他们的问题；2）是美国在向他们

① *FRUS*, 1958 - 1960, East Asia-Pacific Region; Cambodia; Laos, Vol. XVI, Washington, DC: United States Government Printing Office, 1992, p. 423.

② Martin E. Goldstein, *American Policy Toward Laos*, Rutherford: Fairleigh Dickinson University Press, 1973, pp. 126 - 127.

③ Charles A. Stevenson, *The End of Nowhere: American Policy Toward Laos Since* 1954, Boston: Beacon Press, 1973, p. 47.

④ Wilfred G. Burchett, *The Furtive War: the United States in Vietnam and Laos*, New York: International Publishers, 1963, p. 171.

提供援助这一现实"[①]。在帕森斯看来，这样的一个计划"有助于抵御势头正猛的共产党在农村的运动，并且可以反击众多的批评，即美国的援助只是集中于少数的几个城市，而对于众多的农村人口却一无所知"[②]。接着，帕森斯进一步建议，为落实这项计划应该采取有现实意义的具体行动，"如在干旱地区掘井，在农村村庄之间修建简易公路，建造校舍，维修宝塔，提供医疗援助和培训设施等。而且，每一个拟行的项目都应该考虑其特殊形势下的紧迫性和现实的政治利益，并且尽可能利用当地的资源和劳动力，因为这样相对的廉价"[③]。为保证这些计划的顺利实施，帕森斯要求政府提供50 万美元的资金，"主要用于：1）另外两个兄弟行动（Operation Brotherhood）小组六个月的活动经费；2）在未来几个月中其他农村项目的实施，既包括选举前也包括选举后的一定时间，以保证这些计划在公众头脑中的影响持久"[④]。1 月末，帕森斯的这些建议得到了美国政府的批准，由国际合作委员会从特别援助基金中拨出 50 万美元用于这些计划的实施。国务院于 2 月 15 日给中央情报局局长的一封与此内容相同的信件[⑤]，再次肯定了帕森斯的这些想法。

随着这 50 万美元特别经费的批准，2 月 25 日，美国驻万象计划评估办公室（PEO）主任布朗（Brown）在给美国太平洋舰队司令的一份电报中列出了这些特别资金的详细使用目标："在干旱地区掘井；派两支兄弟行动小组进行视察；修建小型灌溉堤坝；修建小型公路；提供建造学校房屋的物资；为保守势力的竞选提供宣传设备、放映机和选举的印刷材料；招募竞选活动指挥部的工作人员，为这些帮助保守势力的地方工作人员提供新的工作条件，特别是为他们提供物资设备。"[⑥] 此外，布朗要求太平洋舰队司令提供另外的人员与物质帮助。布朗要求太平洋舰队司令"尽快派遣一位高级指挥员和一位在政治心理方面的反共专家在选举

① *FRUS*, 1958 - 1960, East Asia-Pacific Region; Cambodia; Laos, Vol. XVI, Washington, DC: United States Government Printing Office, 1992, p. 423.

② Ibid., pp. 423 - 424.

③ Ibid., p. 424.

④ Ibid..

⑤ Ibid., p. 429.

⑥ Ibid., p. 430.

前辅助他。另外派遣8位懂法语且了解东南亚情况的专家”。布朗还要求“马上批准将自动抵抗计划扩大到1.6万人，并提供必需的物资。六架配备飞行员和维修人员的H-19直升机需要尽快到位”。PEO要求太平洋舰队司令批准“大约25000美元用于额外的CAT飞机开支在竞选运动前支持老挝王国军队”[①]。太平洋舰队司令与在华盛顿的海军作战部部长同意了布朗的全部要求。[②]

3月31日，经过美国驻老挝各部门的详细计划之后，一个完全针对农村、代号为“加强针行动”（Operation Booster Shot）的计划开始推行。“加强针行动”每天由飞机穿梭于曼谷和万象之间，完成物资的运输。由于老挝公路的缺乏，用于亲政府公民行动队（pro-government civic action teams）的援助物资、工具、建造材料、大米、盐和其他的重要物资都由空运完成。在桑怒和丰沙里两省，“加强针行动”的空投还包括两个推土机以及修建公路用的相关设备。[③]“加强针行动”在5月的选举之前投入了大量的人力、物力和财力，“总共完成了90多个项目的工作，空投了大约1300吨的物资”[④]“许多亲政府的候选人都得到向其提供现金贷款或物品用来贿赂村长或村民的保证”。[⑤]相对于一个长远的经济规划而言，美国的这个“加强针行动”计划的心理攻势非常明显，其目的就是想取得立竿见影的效果。4月17日，史密斯（Horace H. Smith）在给国务院的电报中汇报道“美国正从这个行动中赢得心理优势”。[⑥]

美国政府除了帮助老挝的保守势力加强在农村与巴特寮进行心理争夺外，还尽力整合右翼分子候选人的力量。为了在新议会中将“老挝爱

---

① *FRUS*, 1958 - 1960, East Asia-Pacific Region; Cambodia; Laos, Vol. XVI, Washington, DC: United States Government Printing Office, 1992, pp. 430 - 431.

② Ibid., pp. 431 - 433.

③ Ibid., p. 435.

④ Arthur J. Dommen, *Conflict in Laos: the Politics of Neutralization*, New York: Praeger, 1971, p. 109.

⑤ Bernard Fall, *Anatomy of a Crisis: The Laotian Crisis of* 1960 - 1961, New York: Doubleday, 1969, p. 85.

⑥ *FRUS*, 1958 - 1960, East Asia-Pacific Region; Cambodia; Laos, Vol. XVI, Washington, DC: United States Government Printing Office, 1992, p. 437；史密斯于1958年3月26日接替帕森斯任美国驻老挝大使。

国战线”和另一个左翼政党Santiphab的代表数限制到最低，同时提高右翼势力的竞争力，美国政府还通过对这些保守势力进行援助限制的方式来迫使他们在一个选区统一选票方向，这样保守势力的候选人就不会丢掉其内部的选票。对此，美国驻老挝大使馆的二等秘书迪安（John G. Dean）做出了如下解释：本次竞选共有106位候选人，竞选21个席位，其中的21人属于左翼势力的代表，剩下的85位保守党人要尽力争取这21个席位。这种4∶1的比率是一种错误的指导思想，尤其在有些省份，可能只有一位保守党候选人（如川圹和阿速坡）。如果老挝独立党与民族党能够组成统一的国民战线中央委员会，统一安排、协调保守势力的候选人，那么美国的财政援助将按照国民战线指定的代表，分两次付给每一位候选人。例如，如果美国为每一位候选人提供的标准是25万基普的援助资金，那么美国将立即给国民战线中央委员会提供12.5万基普。相同数额的基普将在选举的后期进行支付。[①] 按照当时老挝货币基普对美元的官方比率为35∶1进行计算，对每一位候选人资助的25万基普超过7100美元。市场上的比率大概是100∶1，在这种比率之下，25万基普相当于2500美元。即使在20世纪50年代的美国来说，这些也是一个不小的数目。可见，美国对每一位候选人的这种经济援助是相当可观的。

在美国对老挝保守势力援助的研讨过程中，美国对老挝政策始终坚持NSC 5405号文件和NSC 5612/1号文件确立的反共原则。1958年1月13日至15日，梭发那曾经访问美国，在华盛顿与美国政要进行了广泛的磋商。其中，在与国务卿艾伦·杜勒斯的会晤中，两者对于巴特寮是否是共产党的分歧这一问题没能解决。杜勒斯首先向梭发那介绍了当时世界的共产主义形势，要梭发那转变对巴特寮性质的认识。可是梭发那却向杜勒斯解释道，“巴特寮不是共产党，因为他们已经将其控制下的北部两省交给了政府”[②]。梭发那的此次美国之行，使美国认识到了老挝真正面临着1948年“捷克斯洛伐克似的考验”。进而，美国政府逐渐认识到

① *FRUS*, 1958 - 1960, East Asia-Pacific Region; Cambodia; Laos, Vol. XVI, Washington, DC: United States Government Printing Office, 1992, pp. 425 - 426.

② David Kaiser, *American Tragedy: Kennedy, Johnson, and The Origins of The Vietnam War*, Cambridge, Mass.: Belknap Press of Harvard University Press, 2000, p. 22.

东南亚的那些依赖性较强的小国如果不联合起来，将很难起到保证美国在东南亚安全利益的作用。于是，1958 年 2 月 20 日召开的美国国家安全委员会根据东南亚的形势，建议对 NSC 5612/1 号文件进行修改，其中，提出了针对老挝问题的一般原则，这些建议最终在 4 月 2 日的 NSC 5809 号文件中得以确认。新文件相对于 NSC 5612/1 号文件，做出了一点明显的修改，即 NSC 5612/1 号文件只是要求“鼓励、支持老挝与泰国在政治联合、经济合作及军事计划等方面建立紧密联系”；而新文件则要求老挝同东南亚地区的各个国家发展广泛的关系，即要“鼓励老挝与东南亚其他国家，特别是与泰国、越南、菲律宾、马来亚、缅甸之间的合作。这种合作既可以在反颠覆、经济、交通和通讯等方面进行，如果可行的话，也可以在军事领域进行”①。不难看出，新文件仍然秉承了 NSC 5612/1 号文件的基本精神，即既要通过援助加强老挝自身实力的发展，同时又要利用援助作为对老挝反动势力的控制条件，还要提高老挝在东南亚国家中的地位，避免美国直接承担军事义务。所有这些都没有超越美国在东南亚的冷战规范，这成为此后两年多美国对老挝政策的指导原则。

三 美国对老挝补充选举结果的应对

就在 1958 年 5 月 4 日老挝的补充选举开始前，东南亚事务办公室主任柯克给负责远东事务的助理国务卿罗伯逊的备忘录里还乐观地估计“最好的结果可能是共产党会获得 4 至 6 个席位”②。可是真正的结果打破了其估计，因为巴特寮与其他的左翼候选人获得了国民议会 21 席中的 13 个席位。其中，“老挝爱国战线”（巴特寮的政治代表，Neo Lao Hak Xat）获得了 9 个席位，左翼政党和平党获得了 4 个席位。由于在这次选举之前，左翼人士已经在国民议会中占有 8 个席位，这样左翼势力已经占据全部 59 个席位中的 21 个，超过了总数的 1/3。③ 包括外交部部长培·萨那尼空在内的一些右翼分子对此表示了担心，他们认为“左翼势力取得

① *FRUS*, 1958 - 1960, East Asia-Pacific Region; Cambodia; Laos, Vol. XVI, Washington, DC: United States Government Printing Office, 1992, p. 35.

② Ibid., p. 438.

③ Ibid., p. 441.

的这些成就会成为将来的发展方向，并对梭发那的巴特寮政策表示出了疑虑”[①]。虽然国民战线控制着大多数的38个席位，但这次选举结果给老挝右翼力量和美国政府以重大的精神打击。在巴特寮表现出的强势面前，国民阵线的领导人陷入了“极度恐慌”中。约翰·杜勒斯描述这个结果为“糟糕的”，美国国务院认为“老挝爱国战线的参政将为巴特寮最后通过合法手段攫取整个老挝铺平道路”[②]，同时，艾森豪威尔将其评论为“如果任何国家都像老挝那样通过其人民的合法选举走向共产主义将是一个严重的问题”[③]。

在第367次国家安全委员会会议上，杜勒斯对这次老挝补充选举的结果进行总结道：“老挝这次糟糕的选举结果只在于保守政党不能协调好他们之间的分歧，在每个选区都推出几个不同的候选人，使得保守势力的选票因这种内耗而过于分散。而共产党则在每个选区推出一个候选人。因此这种结果就是意料之中的了，即使我们已经尽了我们的最大努力调解保守势力并力争使他们在每个选区只推出一个候选人。”[④] 所以，选举后，美国政府更加致力于对老挝保守势力的整合。5月19日，美国驻老挝大使史密斯致电国务院，建议为了保证计划于1959年12月再次进行的议会选举的胜利，应该将现有的老挝各派保守势力整合为一个统一的政治组织。[⑤] 大约一周后，美国国务院批复并同意了史密斯的这个建议。[⑥] 经过史密斯大使的不断努力，6月13日，民族党与独立党共同组成一个名为“老挝人民联盟”的政党。国民议会中的其他保守分子也加入了“老挝人民联盟”。该党选举梭发那·富马为主席，卡岱·索萨里特和培·萨那尼空分别为第一副主席和第二副主席。史密斯大使一语中的地

---

① Martin E. Goldstein, *American Policy Toward Laos*, Rutherford: Fairleigh Dickinson University Press, 1973, p. 118.

② *FRUS*, 1958 - 1960, East Asia-Pacific Region; Cambodia; Laos, Vol. XVI, Washington, DC: United States Government Printing Office, 1992, p. 442.

③ Ibid., p. 450.

④ Ibid..

⑤ Ibid., p. 443.

⑥ Ibid., p. 449.

指出“其人员构成都是过去老挝政治活动的主宰者”①。言外之意，在老挝的政治舞台上，需要新的血液。

早在5月15日，国务卿杜勒斯就指出老挝旧有的政治领导人工作不力是造成这次补充选举失利的一个重要原因，指示美国驻老挝大使致力于寻找政治“新面孔”，并且组建新的政治组织。② 就在“老挝人民联盟”成立两天以后，由111名自称为年轻的“商人、工业家、农民、工人、知识分子、警察、政府与军队人员”组成的“国家利益防御委员会”(Committee for the Defense of National Interests, CDNI) 宣告成立，其纲领为反对腐败和反对共产主义，声称支持“老挝人民联盟”，号召老挝的其他人士对其予以共同的支持。③

将保守势力整合为一个统一的政党是这次选举后美国在老挝的第一个目标，其第二个目标就是组建一个没有“老挝爱国战线”的政府。④

老挝的货币基普与美元的比率问题随着补充选举的结束也提上了日程，成为梭发那亟须解决的问题。⑤ 美国为使梭发那做出让步，7月，艾森豪威尔政府暂停了对老挝的经济援助。⑥ 迫于这种压力，梭发那在组建新政府方面开始考虑将“老挝爱国战线”排除出去，并采取了几个让步措施。一方面，他要求国际监督委员会结束其在老挝的任务；另一方面，他声称要在新组建的政府中排除“老挝爱国战线”；最后，他还接受“国家利益防御委员会”进入他的政府。不过，“国家利益防御委员会”的成

---

① *FRUS*, 1958 - 1960, East Asia-Pacific Region; Cambodia; Laos, Vol. XVI, Washington, DC: United States Government Printing Office, 1992, p. 456.

② Ibid., p. 440.

③ Ibid., pp. 456 - 457.

④ Ibid., p. 457.

⑤ 由于当时基普与美元的官方比率是35∶1，而黑市上的比率大约在100∶1，这就造成了老挝政府中的保守势力争相利用手中的权力掌握进出口贸易，攫取其中差额下的巨额利润，产生了许多腐败问题。美国政府要求老挝将基普贬值。在1958年1月初的访美之行中，梭发那答应艾森豪威尔政府在补充选举之后解决这个问题。见 *FRUS*, 1958 - 1960, East Asia-Pacific Region; Cambodia; Laos, Vol. XVI, Washington, DC: United States Government Printing Office, 1992, pp. 411 - 419.

⑥ *FRUS*, 1958 - 1960, East Asia-Pacific Region; Cambodia; Laos, Vol. XVI, Washington, DC: United States Government Printing Office, 1992, p. 457.

员因梭发那提供的席位过少而拒绝接受这个条件。[①] 梭发那的这种让步没能扭转局面，由于得不到国民议会的任何支持，梭发那于 8 月初不得不放弃组建政府的努力。8 月 18 日，老挝成立了以培·萨那尼空为首相的新政府，卡岱当选为副首相，同时兼任国防部与内政部部长（负责国内安全的职位），其中包括 4 个“国家利益防御委员会”的成员。培·萨那尼空的新政府反映了老挝政府的右转，巴特寮被彻底地排除出了政府。但是，艾伦·杜勒斯在第 377 次 NSC 会议上却表达了对这个保守势力掌权的不满，他认为在以培·萨那尼空为首的新政府里，“虽然没有共产党的渗透因素，但是包括许多像卡岱那样以腐败而臭名昭著的一些旧有的政治人物”。杜勒斯还因为新政府中新鲜血液太少而认为这“对美国来说既不是一次胜利也不是一次失败”[②]。梭发那也因被任命为驻法国大使而被排除出老挝的中央政治舞台。

梭发那的下台表明了 1957 年万象协议的彻底失败。新组建政府的培·萨那尼空一再要求美国政府保证对其继续援助并在“道义和物资上”支持其反共行动。[③] 在美国大使的帮助下，培·萨那尼空继续推行“加强针行动”来与巴特寮对农村人口进行争夺。新政府在外交方面也推翻了前任的原则，不但将西贡在老挝的代表提升至大使级别，而且“于 1958 年 10 月 15 日和日本签订了经济技术合作协定，并于 12 月 26 日在万象设立了国民党中国的领事馆”[④]。

综观美国对老挝 1958 年的这次补充选举的援助投入，是惊人的，尤其是这次补充选举并不是在老挝全境进行的，只是在北部的丰沙里和桑怒两省进行，其用心可见一斑。诚如 1959 年美国的一位议员对美国针对老挝农村地区采取的“加强针行动”计划所做的总结那样：“这项行动没能战胜共产党的选举活动，因为与美国援助相伴的是‘政府的腐败’和

---

① *FRUS*, 1958 - 1960, East Asia-Pacific Region; Cambodia; Laos, Vol. XVI, Washington, DC: United States Government Printing Office, 1992, pp. 451 - 452; ibid, pp. 460 - 461; ibid, p. 472. n. 2.

② Ibid., p. 474.

③ Ibid., p. 480.

④ ［英］杰弗里·巴勒克拉夫编著：《国际事务概览 1956—1958 年》，上海译文出版社 1990 年版，第 420 页。

‘美国的控制’。”[①] 同样，美国支持下的右翼分子也没能取得这次补充选举的成功。戈尔茨坦在其著作中指出：“1958 年 5 月的老挝选举是美国对老挝政策的分水岭。此次选举过后，美国开始卷入老挝政府的内部斗争，并在老挝开始进行冷战斗争。”[②] 不管戈尔茨坦的这种划分是否科学，至少在后来 1960 年 4 月进行的老挝选举中，美国与老挝政府充分吸取了这次失利的“教训”，一举获得了选举的“全面胜利”，保守势力的候选人获得了压倒性的胜利。即使国务院也对此感到震惊。国务院于 1960 年 4 月 26 日给万象大使的电报中指出：“国务院非常关心操控如此严重的这次选举在世人眼中的有效性问题。”[③] 毋庸置疑，美国政府对老挝保守势力的援助从属于其在东南亚遏制共产主义势力发展的冷战战略，既破坏了老挝自身的民主发展过程，又使美国在老挝卷入的程度逐渐加深，也为后来的老挝危机埋下了隐患。

第三节　美国对培·萨那尼空政府扶建的失败

1954 年，日内瓦会议以后，美国开始逐渐卷入老挝的政治事务中。无论是老挝 1955 年进行的部分选举，还是 1958 年进行的补充选举，都没能达到美国在老挝政策投入的根本要求。于是美国在 1958 年老挝补充选举之后，一方面着手将老挝各派保守势力整合成一个新的政治组织，另一方面，通过停止向老挝提供经济援助等手段迫使梭发那·富马放弃组阁的努力，其产生的直接结果为，8 月 18 日老挝成立了以培·萨那尼空为首相的新政府。萨那尼空的新政府的构成全部为非共力量的代表，除了美国帮助促成的“老挝人民联盟”的代表以外，还包括 4 个“国家利益防御委员会”的代表，而梭发那则因被任命为驻法国大使而被排除出

---

① 转引自 Arthur J. Dommen, *Conflict in Laos: the Politics of Neutralization*, New York: Praeger, 1971, p. 109.

② Martin E. Goldstein, *American Policy Toward Laos*, Rutherford: Fairleigh Dickinson University Press, 1973, p. 122.

③ *FRUS*, 1958 – 1960, East Asia-Pacific Region; Cambodia; Laos, Vol. XVI, Washington, DC: United States Government Printing Office, 1992, p. 751; Arthur J. Dommen, *Conflict in Laos: the Politics of Neutralization*, New York: Praeger, 1971, pp. 132 – 134.

老挝的中央政治舞台。

虽然萨那尼空政府可以看作美国一手扶植起来的亲西方政府，但由于其成员构成中“新鲜血液”太少而使美国“并不十分满意”。后来的事实发展证明，美国在这个其亲手打造的萨那尼空政府身上靡费周折颇多。

一　培·萨那尼空的“右转”

培·萨那尼空在就职典礼上声称“我们的目标是保持新近获得的独立与统一”，“我们必须警惕威胁我们独立与统一的危险，这种危险来自共产主义”。在外交方面，萨那尼空宣布“我们只与自由世界和平共处。我们唯一信任那些真心支持我们的国家”[①]。萨那尼空很快便在实际行动中放弃了梭发那所追求的中立主义原则，走上了极端的反共道路。

在内政建设方面，萨那尼空并不满足于其内阁中“没有一个巴特寮代表”的现状，而是追求更大的权力灵活性。1959年1月12日，萨那尼空召开了一次特别国会。在一个多小时的演讲中，萨那尼空历数了1958年8月以来老挝所面临的来自共产党方面的“威胁”，强调老挝正与其“朋友”一起和“分裂世界的行为进行意识形态上的争斗”。接着，萨那尼空向国会提出克服这些“威胁”的计划，其中包括进行宪法改革、推动农村地区发展、加强常规经济建设、提高军队战斗力和加强公共事业工作等内容。萨那尼空向国会要求“特别权力”来实现这些计划。两天后，国会批准了萨那尼空的这个要求。[②] 同时，国会还授权萨那尼空重新组建政府，并且国会从此休会1年。萨那尼空不顾梭发那·富马与苏发努冯等人的指责，立即建立了一个由14个成员构成的新内阁，其中，“国家利益防御委员会”占据5个席位，另外与“国家利益防御委员会”关系密切的富米·诺萨万与另一个军方代表占据两个席位，其余7个席位则由萨那尼空与其“老挝人民联盟”代表占有。[③] 萨那尼空也因此更加

---

① Martin E. Goldstein, *American Policy Toward Laos*, Rutherford: Fairleigh Dickinson University Press, 1973, pp. 145 - 146.

② *FRUS*, 1958 - 1960, East Asia-Pacific Region; Cambodia; Laos, Vol. XVI, Washington, DC: United States Government Printing Office, 1992, p. 496.

③ Martin E. Goldstein, *American Policy Toward Laos*, Rutherford: Fairleigh Dickinson University Press, 1973, p. 147.

获得美国的认可，在美国驻老挝的一些官员看来，“这是萨那尼空反共立场的最好证明”①。1959 年 1 月 7 日，NSC 的一份报告中也肯定了萨那尼空的这个举动是“自从 1958 年 5 月份选举形成的低潮以来，避免共产党颠覆和实现稳定的巨大成功”②。

在外交方面，萨那尼空一方面积极寻求美国的直接帮助。在上台后不到 1 个月的时间里，萨那尼空便向史密斯大使提出“要求美国政府保证对老挝君主立宪政体的支持，在发生反对老挝战争的时候向老挝提供战略保障，提供持续的援助”“美国要向老挝的反共行动提供‘坚定的道义与物质支持’”。③ 萨那尼空还宣布，“老挝已经实现了国家的独立与统一，将不再受日内瓦会议协议的束缚。美国可以从法国手中接受训练老挝王国政府军的任务”④。第二天，美国政府便发表声明支持老挝政府的这个行动。萨那尼空政府与美国政府的这两份声明“引起了邻国的广泛的忧虑”“北越政府和中国政府发出了抗议，苏联也致英国驻莫斯科大使馆一份照会，声称苏联也有同样的忧虑”。⑤ 另一方面，萨那尼空开始公开推行反共外交活动。1958 年 12 月，萨那尼空承认中国台湾国民党政权的合法性并与之建立外交关系，随即，萨那尼空又接受中国台湾国民党政权在万象建立领事馆。紧接着，萨那尼空邀请吴庭艳访问万象并将南越在万象的代表地位提升至大使级别。⑥ 萨那尼空的此举引起了中国与北越的很大不满，却被美国看作直接介入老挝事务的最佳时机，因为取代

① Charles A. Stevenson, *The End of Nowhere*: *American Policy Toward Laos Since* 1954, Boston: Beacon Press, 1973, p. 68.

② DDRS, CK3100139956.

③ *FRUS*, 1958 - 1960, East Asia-Pacific Region; Cambodia; Laos, Vol. XVI, Washington, DC: United States Government Printing Office, 1992, p. 480. n. 2.

④ Bernard Fall, *Anatomy of a Crisis*: *The Laotian Crisis of* 1960 - 1961, New York: Doubleday, 1969, pp. 97 - 98.

⑤ ［英］巴勒克拉夫编著：《国际事务概览 1959—1960 年》，曾稣黎译，上海译文出版社 1986 年版，第 372 页。

⑥ Charles A. Stevenson, *The End of Nowhere*: *American Policy Toward Laos Since* 1954, Boston: Beacon Press, 1973, p. 66. 据古德斯坦所载，1957 年梭发那在访问北京与河内的时候拒绝两国在万象建立领事馆。梭发那对此的解释是，如果梭发那同意中国与北越在万象建立领事馆，那么根据老挝中立主义的外交原则，也不能拒绝中国台湾在万象建立领事馆。不过，梭发那向中国表示他将拒绝承认中国台湾政权的合法性。Martin E. Goldstein, *American Policy Toward Laos*, Rutherford: Fairleigh Dickinson University Press, 1973, p. 146.

法国在老挝的军事存在一直是美国的目标之一，美国也因此加大了在老挝的活动步伐。同时，美国国务院又告诫帕森斯大使“可以向老挝国王与萨那尼空表明美国对他们的支持”，但不要过早地“向其表白美国对老挝的这种保证，以免出现减轻其反共政策压力的情况”。[①] 可见，“援助”与“反共”是美国引诱和控制萨那尼空政府的两个重要手段。也正是在美国的这种政策下，“至 1958 年末，老挝王国政府已经完全成为冷战中的一个亲西方政府”[②]，“不久就很清楚：有些在其他地方可能只是国内的问题，在老挝却不仅涉及邻国，而且促使大国方面按照冷战所特有的形式去从事新的阴谋和互相攻讦”[③]。后来，梭发那批评萨那尼空的这种右转“是老挝危机产生并国际化的根源”[④]。

二　海基斯计划

1958 年 9 月 17 日，美国驻太平洋舰队总司令费尔特（Felt）海军上将提出美国需要制订一份“针对老挝的冷战计划”，用于“确保 1959 年选举产生满意的结果”。这份计划应该按照 1958 年 5 月 4 日补充选举前实施的“加强针行动”的方式开展，并且美国应该派遣一个跨部门的工作组前往老挝帮助美国驻老挝大使制订一份详细的计划与需求清单。史密斯在原则上对此表示同意[⑤]，费尔特的这个建议也得到了国防部的支持。[⑥]

美国驻老挝计划评估办公室新任主任海基斯（John Heintges）将军经过对老挝形势的实地考察之后，于 1958 年 12 月 13 日提出了他的计划。

---

① *FRUS*, 1958 - 1960, East Asia-Pacific Region; Cambodia; Laos, Vol. XVI, Washington, DC: United States Government Printing Office, 1992, p. 481.

② Sisouk Na Champasak, *Storm Over Laos*: *A Contemporary History*, New York: Praeger, 1961, p. 69.

③ ［英］巴勒克拉夫编著：《国际事务概览 1959—1960 年》，曾稣黎译，上海译文出版社 1986 年版，第 372 页。

④ Martin E. Goldstein, *American Policy Toward Laos*, Rutherford: Fairleigh Dickinson University Press, 1973, p. 159. n. 10.

⑤ *FRUS*, 1958 - 1960, East Asia-Pacific Region; Cambodia; Laos, Vol. XVI, Washington, DC: United States Government Printing Office, 1992, p. 479.

⑥ Ibid., p. 485.

经过考察，海基斯发现法国驻老挝军事训练团的规模从 1955 年以来迅速缩小，其军官从最初的将近 1500 人降至 300 人左右，而老挝政府军的战斗力也未见实质性提高。与此同时，美国军方也认为“正如 1952 年以来的那样，法国在老挝的训练一直很糟糕”[①]。海基斯计划的主要内容包括对计划评估办公室进行重新组建、提高其工作效率、改进老挝政府军的后勤保障条件以及增加美国对老挝政府军训练的参与程度。具体而言，海基斯想进一步加强法美合作，利用法国现在在老挝的政治地位以及人员配备和训练基地等条件；建议计划评估办公室人数由原来的 96 人增加到 128 人，扩大计划评估办公室的规模；另外增加 15 人分成 5 个军事流动小组指导菲律宾合同技工的工作。海基斯计划得到了史密斯大使与法国驻老挝军事训练团团长的同意和支持。[②]

海基斯计划提出以后，很快就面临了一次考验。培·萨那尼空上台以后，面临的首要任务就是进行货币改革。[③] 在美国的推动下，9 月 30 日，老挝推出货币改革方案，基普对美元原有的 35∶1 的比率调整为 80∶1。[④] 10 月 10 日，这个改革方案开始正式实施。[⑤] 这个方案比较接近于老挝市场的现有水平，有利于其国民生活水平的稳定，但是没有从根本上解决老挝的经济困难问题。一方面，随着对投机商的打击，老挝的进口数量锐减，“除了有进口许可证的汽油与润滑油以外，进口活动几乎全部停止了”[⑥]。这样造成的直接结果为进口关税的减少，政府的收入因

---

① Timothy N. Castle, *At War In the Shadow of Vietnam*: *U. S. Military Aid to the Royal Lao Government*, 1955 – 1975, New York: Columbia University Press, 1993, p. 18.

② *FRUS*, 1958 – 1960, East Asia-Pacific Region; Cambodia; Laos, Vol. XVI, Washington, DC: United States Government Printing Office, 1992, pp. 491 – 492.

③ 当时基普与美元的官方比率是 35∶1，而黑市上的比率大约在 110∶1。见 DDRS, CK3100264903. 这造成了老挝政府中的保守势力争相利用手中的权力掌握进出口贸易，攫取其中差额下的巨额利润，产生了许多腐败问题。美国政府要求老挝将基普贬值。在 1958 年 1 月初的访美之行中，梭发那答应艾森豪威尔政府在补充选举之后解决这个问题。见 *FRUS*, 1958 – 1960, East Asia-Pacific Region; Cambodia; Laos, Vol. XVI, Washington, DC: United States Government Printing Office, 1992, pp. 411 – 419.

④ *FRUS*, 1958 – 1960, East Asia-Pacific Region; Cambodia; Laos, Vol. XVI, Washington, DC: United States Government Printing Office, 1992, p. 485.

⑤ DDRS, CK3100399919.

⑥ Ibid..

此受到影响。另一方面，军队要求提高军饷，使得本就捉襟见肘的财政预算雪上加霜。萨那尼空在没有与美国商量的情况下便答应提高老挝政府军的待遇，于是向美国提出增加对老挝军事援助的要求。海基斯担心如果不兑现承诺，萨那尼空可能会失去军队的支持。这与史密斯的看法相同。史密斯在华盛顿没有增加对老挝军事援助预算总额的情况下同意增加对老挝军队进行额外支付军饷。①

海基斯计划提出以后面临的另外一个问题是如何面对日内瓦会议协议的束缚。1958 年 12 月 29 日，美国国务院东南亚办公室主任科赫提出老挝的日内瓦协议限制除法国以外的所有国家的军事人员进入老挝，虽然美国没有在这个协议上签字，但是美国应该更加谨慎地对待这个问题，因为其中的“政治约束力远大于条约的约束力”②。可是费尔特的政治顾问斯蒂夫斯（John Steeves）向国务院建议，老挝政府应该宣布按照日内瓦协议的要求它已经完成了统一，因此就可以不受日内瓦协议的限制。而且，巴特寮已经在刚刚过去的选举中获得了许多席位，并上交了他们的大部分武器，至少从形式上消除了老挝不稳定因素的存在。这样，老挝政府可以以一个完全主权国家的身份正式向美国提出军事援助的请求，从而最终清除美国在万象建立一个军事援助咨询委员会的障碍。③ 史密斯大使表示同意斯蒂夫斯的这个提议，并且进一步指出，虽然老挝签订了日内瓦协议，它同时也承诺在越南统一前会自然遵守这个协议的责任，但是因为似乎“最近”越南“不能”实现统一，所以老挝可以主动要求停止遵守这个协议。④ 国务院也认为现在是扩大美国在老挝实际军事存在效果的不错机会，但同时也认识到，弄清楚法国在这个问题上的看法将是海基斯计划能否落实的关键，应该与法国就这个问题进行密切联系，争取取得法国的支持。⑤ 于是，美国将与法国在这个问题上的交涉看作下

① DDRS，CK3100264903；*FRUS*，East Asia-Pacific Region；Cambodia；Laos，Vol. XVI，Washington，DC：United States Government Printing Office，1992，p. 495.

② *FRUS*，1958 - 1960，East Asia-Pacific Region；Cambodia；Laos，Vol. XVI，Washington，DC：United States Government Printing Office，1992，p. 493.

③ Ibid.，pp. 496 - 498.

④ Ibid.，pp. 499 - 502.

⑤ Ibid.，p. 503.

一步工作的重点。

美国在与法国进行的关于老挝军队训练有关事项的谈判并不顺利。2月4日，法国外交部负责政治和经济事务的让·戴立唐（Jean Daridan）通知美国国务院，法国不同意海基斯计划，因为这个计划违反了日内瓦协议的规定。而且法国表示要保持其与老挝的所有联系，将自行研究提高老挝政府军作战能力的方案。① 在美国政府看来，法国之所以反对海基斯计划，一部分固然是因为日内瓦协议的限制，另一部分，则是由于他们不想将自己在老挝的地位拱手让于美国。美国政府认为这两个问题都可以解决，所以一方面继续谋求法国的让步，另一方面，争取老挝政府在这个问题上的"合作"。

尽管法国拒绝美国在老挝推行海基斯计划，但是在美国政府的推动下，萨那尼空政府还是采纳了这个建议。2月11日，萨那尼空正式宣布老挝认为日内瓦协议规定的老挝敌对活动的停止已经彻底实现，因此法国将不再享有对老挝军队进行训练的唯一控制权。② 美国于第二天迅速接受了老挝政府的这个声明，表示"美国有权在这个国家建立军事顾问团"③，但并没有立即批准实施海基斯计划。因为法国仍然控制着老挝的塞诺基地和其他一些重要方面，所以美国政府还不想在不必要的情况下与法国闹僵。不过，在等待法国最终决定态度的过程中，美国国务院同意采取一些措施来加强计划评估办公室在老挝的工作，如派遣一个临时工作组调查需要美国提供的设备，临时派遣小规模的工程队帮助修建公路和机场维修。另外，赫脱还批准派遣已经招募的15人前往老挝，指导早已在那儿的菲律宾合同技工，其前提是美国的士兵不能穿军装。负责远东事务的助理国务卿罗伯逊通知国防部，为了取得法国合作的可能性，应该准备一份可以替代的计划。④ 此时的国务院已经开始考虑在增加资金

---

① *FRUS*, 1958 - 1960, East Asia-Pacific Region; Cambodia; Laos, Vol. XVI, Washington, DC: United States Government Printing Office, 1992, pp. 505 - 506.

② DDRS, CK3100461649.

③ ［英］巴勒克拉夫编著：《国际事务概览 1959—1960 年》，曾稣黎译，上海译文出版社 1986 年版，第 372 页。

④ *FRUS*, 1958 - 1960, East Asia-Pacific Region; Cambodia; Laos, Vol. XVI, Washington, DC: United States Government Printing Office, 1992, p. 509.

援助方面做文章，来迫使法国就范。

当美国谋求与法国在关于老挝军队训练问题上的合作仍在进行的时候，法国政府经过研究之后决定向老挝增派 80 人用于老挝军队的训练，但其前提是由老挝王国政府承担这些额外产生的费用。[①] 法国驻美国大使馆的参赞通知帕森斯，此时法国不想“因引入美国的训练人员”而打破老挝的“平衡因素”。当时的一个现实情况是在刚刚过去的 5 年时间里，法国先后失去了对印度支那和阿尔及利亚这两个主要殖民地的控制，所以法国的真正考虑在于不想使其在前殖民地的影响彻底消失。萨那尼空最初同意接受法国稍微增加军事训练团人员的要求。不过当史密斯大使“及时提醒”老挝政府这些新增人员所产生的费用需要他们承担的时候，萨那尼空表示如果是这样，那么“我们将拒绝接受这些条件”。2 月 21 日，老挝内阁通过决议，认为法国驻老挝的军事代表团已经没有继续存在的必要了，法国可以在老挝需要的地方适当保留一些军事和平民人员给予指导。而且，这份决议还决定从法国手中收回对塞诺基地的使用和管理权。帕森斯指出，正是“美国两种潜在的巨大援助——人员和美元——与法国的相形见绌促使老挝政府做出了这样的决定”[②]。虽然法国政府也怀疑是美国指示老挝要求法国的离开，但是限于各种条件的束缚，法国在塞诺基地的问题上进行了一定的让步。经过交涉，法国同意在塞诺基地同时悬挂法国与老挝两国国旗，同意老挝政府将一个营的兵力派驻塞诺基地，但是这些士兵要接受法国军官的训练与指挥，而且这些士兵进驻所产生的费用要由老挝政府承担。萨那尼空不满于法国的这种“部分让步”，可是在帕森斯看来，老挝政府在这个问题上的要求“不宜得寸进尺”，应该“适可而止”。[③] 美国在老挝政府取得的这些成果的基础上，继续寻求与法国的谈判。

4 月 10 日，美法两国关于老挝军队的训练问题在华盛顿进行的第一次正式谈判中就取得了成效。罗伯逊向法国代表力陈美国是出于帮助法

---

① *FRUS*, 1958 - 1960, East Asia-Pacific Region; Cambodia; Laos, Vol. XVI, Washington, DC: United States Government Printing Office, 1992, p. 514. n. 3.

② Ibid., pp. 509 - 512.

③ *FRUS*, 1958 - 1960, East Asia-Pacific Region; Cambodia; Laos, Vol. XVI, Washington, DC: United States Government Printing Office, 1992, pp. 514 - 515.

国的立场才提出海基斯计划的，虽然“日内瓦协议规定法国可以在老挝驻留1500名的教官与3500名的驻塞士兵”，可是现实情况却是“法国在老挝的军事人员数额已经降至300人左右，与训练老挝部队有关的人数又少至仅剩100人左右”。罗伯逊进一步指出，“法军的这种状况根本无法保证提高老挝政府军的战斗力”。法国代表表示，同意罗伯逊对这种现状的分析，同意美国可以“部分地”参加法国训练团对老挝军队的训练活动，即美国不能参加对老挝军队作战技能方面的训练，但是可以参加军需、工程、通信等后勤保障内容的培训，而且这些活动只能在塞诺基地内进行。[①]

自从1958年12月海基斯计划提出以来，4月10日的这次谈判可以说是美国在这个问题上取得的重大突破，尤其是“表面上规定美国只能以身着平民服装的身份参与后勤保障方面的培训，但是在实际上可以部分地参加对老挝政府军进行的战斗训练”，这种状况没有理由不使美国政府感到振奋，“相对于之前法国坚持其训练活动的垄断地位而言，这其中表现出来的是一种进步”[②]。为了将这次会谈达成的意向尽快转化成结果，美国政府决定派遣史密斯大使与海基斯前往巴黎与法国进行进一步的谈判。[③] 5月28日，史密斯大使和海基斯从万象来到巴黎与法国进行了再次谈判。最后，法国接受了美国提出的折中方案：身着便装的美国训练者可以在法国军事代表团的“领导”下进行。真正的训练计划应该由海基斯和达利维勒（D's Arrivere）共同草拟，每一个基层训练单位都由法国人领导，美国人担任副职。法国实际上也接受了美国的另一个提议，即将法国的“领导”限定为“名义上的控制”，这样“每个”基层训练单位将可以保持其“自己的命令方式”。而其中，所有的具体分歧将由海基斯和达利维勒共同协商解决。6月26日，美国与法国将两国达成的联合训练老挝军队的计划转达给老挝政府，萨那尼空于6月30日接受这个联合训练计划。其内容为法国驻老挝军事训练团派出12支小分队，由法国

---

① *FRUS*, 1958 - 1960, East Asia-Pacific Region; Cambodia; Laos, Vol. XVI, Washington, DC: United States Government Printing Office, 1992, pp. 524 - 525; DDRS, CK3100104669.

② Ibid., pp. 525 - 527.

③ Ibid., p. 534.

军官或下士担任教官，负责每个训练单位的战术训练。美国则派出 12 支由“平民技术人员”组成的小分队，在通信、机器维修、战场工事建造、战场急救、美国武器装备的管理与使用等单项训练方面向法国军事训练团各支小分队提供帮助。[①] 另外，由于实际发生的所有军事援助几乎都是美国提供的，所以向老挝军队提供的全部新式武器几乎都是产自美国的，这意味着对老挝军队的训练体现的是美国的内容。这不能不说是美国在这方面取得的重大进展。

与此同时，美国积极斡旋其盟友对 6 月 30 日老挝政府公布的这个新的训练的支持。7 月 13 日至 16 日，帕森斯联合法国、英国和老挝三国驻美国大使一起说服印度接受这个新的训练计划，强调这个计划不违反日内瓦协议，其目的为“加强老挝政府军保证其国内安全的作战能力”。7 月 23 日，法国与老挝政府共同宣布这个联合训练计划开始实施。[②] 当天，应培·萨那尼空政府之请，美国宣布将另外派出教官指导老挝王国政府军从 2.5 万人扩充至 2.9 万人的紧急训练计划的完成。[③] 华盛顿不断地向老挝输入资金和援助，主要是军事援助。通过这种援助，美国对每一个老挝士兵的平均花费每年超过了 1000 美元，世界平均水平是 848 美元，巴基斯坦的平均花费是 485 美元，希腊是 424 美元。[④]

尽管“北越提出了抗议，控诉美国力图把老挝变成美国的军事基地，并想使老挝成为‘东南亚条约组织’的一个正式成员国。西哈努克亲王也表达了柬埔寨的忧虑”[⑤]，但是，经过半年多的努力，美国还是充分利用了法国实力下降的机会，同时以“援助”和“反共”两个手段引诱和胁迫老挝政府与之进行合作，终于在“不违反日内瓦协议有关规定”的情况下实现了对老挝军队训练最大程度的“合法”参与，这同时也为其

---

① *FRUS*, 1958 - 1960, East Asia-Pacific Region; Cambodia; Laos, Vol. XVI, Washington, DC: United States Government Printing Office, 1992, p. 544.

② Ibid..

③ Arthur J. Dommen, *Conflict in Laos: the Politics of Neutralization*, New York: Praeger, 1971, p. 121.

④ Bernard Fall, *Anatomy of a Crisis: The Laotian Crisis of* 1960 - 1961, New York: Doubleday, 1969, p. 165.

⑤ ［英］巴勒克拉夫编著：《国际事务概览 1959—1960 年》，曾稣黎译，上海译文出版社 1986 年版，第 375 页。

后来深陷其中埋下了伏笔。

三　培·萨那尼空政府的第一次政治危机

在美国努力推行海基斯计划的时候，老挝国内局势却是风云突起。在 1959 年雨季临近的时候，老挝政府面临 1958 年选举以来的最大挑战。根据 1957 年达成的万象协议，没有解散的两营 1500 人的巴特寮士兵应该重新编入老挝军队。但是由于老挝政府在巴特寮部队的军衔与具体数量上始终不想让步，所以这个问题一直没有得到解决。这两个营的巴特寮士兵分别全副武装驻扎在两个地方。随着萨那尼空的地位逐渐巩固，5 月 14 日，老挝政府向巴特寮部队发出最后通牒，要求其在 24 小时内接受整编或解除其军事建制。[①] 为了避免在队伍交接的时候发生意外，老挝政府军也做了应对措施。

萨那尼空的一些右转与独裁行径也引起了巴特寮的不满，如在国会中以“貌似合法”的手段将巴特寮的代表排除在外、关闭巴特寮的报纸《老挝爱国战线》（*Lao Hak Xat*）、承认国民党政权、接受中国台湾在万象建立公使馆、将南越的代表提升至大使级别等。尽管如此，苏发努冯还是命令两营的巴特寮士兵接受老挝政府的整编。其中，驻琅勃拉邦的第一营巴特寮队伍顺利完成加入老挝军队的工作，但是，驻查尔平原的第二营却“未听从”指挥。在事先毫无征兆的情况下，第二营 700 多士兵于 5 月 18 日夜晚突然消失，他们带走了自己的全部物品。不过，他们把美国提供的军装整齐地摆放在原处。作为报复，萨那尼空囚禁了苏发努冯和仍在万象的其他老挝爱国战线成员。18 个月前，万象协议签订以来，所有这些构成了第一次重大冲突。[②] 美国国务卿杜勒斯认为“其中的政治影响远大于军事上产生的效果”[③]。萨那尼空政府没能对这支巴特寮部队进行有效的镇压，相反，这支部队却迅速发展起来。

---

① *FRUS*, 1958 – 1960, East Asia-Pacific Region; Cambodia; Laos, Vol. XVI, Washington, DC: United States Government Printing Office, 1992, p. 533. n. 3.

② DDRS, CK3100286417; Bernard Fall, *Anatomy of a Crisis*: *The Laotian Crisis of* 1960 – 1961, New York: Doubleday, 1969, pp. 99 – 107.

③ *FRUS*, 1958 – 1960, East Asia-Pacific Region; Cambodia; Laos, Vol. XVI, Washington, DC: United States Government Printing Office, 1992, p. 538.

7 月 1 日，老挝爱国战线领导人发布了一个声明，要求老挝政府应该完全遵守万象协议，重启国际监督委员会的活动，释放所有羁押中的巴特寮领导人。在发布这个声明以后，他们袭击了老挝政府军在桑怒的据点，并从 7 月 18 日开始，向老挝南部发动了袭击活动。[①] 7 月 23 日，老挝与法国政府共同宣布开始实施“美法联合训练计划”以后，使得这种紧张进一步加剧。在之后不到 1 周的时间里，按照海基斯计划的第一步，美国特种部队的军事人员身着便装到达老挝，并从法国军事训练团手里接过了实际训练的任务。[②] 而萨那尼空对巴特寮这种进攻的反应也使形势迅速恶化。7 月 29 日，萨那尼空宣称“是北越的部队，不是巴特寮的部队发动了对桑怒的进攻”。6 天以后，他致信联合国，指责北越对老挝事件的“干涉”。[③] 不过，在老挝政府坚持这种立场的时候，无论是英国、法国还是美国，都没发现任何老挝政府所指责的北越军队已经越过边境的实质性证据。大多数只是怀疑北越在训练巴特寮的时候“参与了制订计划与进攻方向的指导”，但是北越的“志愿军”并没有实质出现。[④] 8 月 9 日，美、英、法三国驻老挝武官一致认为老挝政府夸大了巴特寮的叛乱，没有证据可以证明北越对叛乱的参与，事实上，“只有几百人的起义控制了桑怒省”。而且，包括泰族、苗族和佧族在内的大多数非老挝族少数民族部队一直敌视老挝政府。大使馆武官们认为老挝军队应该利用其人数多的优势来击败桑怒的叛乱，如果这种叛乱扩散了，那么“有理由令人担心的是”老挝军队将“不能对其进行镇压”。[⑤] 虽然美、英、法三国政府都认识到了老挝政府对于北越入侵的夸张声明，但此时都没有公开对这种夸张进行指责。

对于老挝发生的这种冲突局面，英国建议老挝政府应该通过联合国

---

① Bernard Fall, *Anatomy of a Crisis*: *The Laotian Crisis of* 1960 - 1961, New York: Doubleday, 1969, pp. 121 - 122.

② Timothy N. Castle, *At War In the Shadow of Vietnam*: *U. S. Military Aid to the Royal Lao Government*, 1955 - 1975, New York: Columbia University Press, 1993, pp. 18 - 19.

③ Arthur J. Dommen, *Conflict in Laos*: *the Politics of Neutralization*, New York: Praeger, 1971, p. 122.

④ *FRUS*, 1958 - 1960, East Asia-Pacific Region; Cambodia; Laos, Vol. XVI, Washington, DC: United States Government Printing Office, 1992, p. 548.

⑤ Ibid., pp. 555 - 556.

予以解决。英国驻老挝大使林肯（Lincoln）建议萨那尼空考虑请求联合国向老挝派出一个调解人或事实调查者。萨那尼空一开始倾向于由联合国派出一个事实调查者而不是一个调解人，接着几天后，他就改变了要求。这位亲王很快接受了调解人的建议。美国支持萨那尼空的这种转变。相反，苏联反对派出一位调解人的观点，建议代之以国际监督委员会返回老挝，可能因为苏联认为通过国际监督委员会要比一位由联合国秘书长任命的独立观察者更容易施加影响。① 美国不同意在老挝重启国际监督委员会活动的建议，认为“国际监督委员会会限制老挝政府对共产党部队的镇压活动”②。

美国国务院于8月8日宣布美国首要的任务是“加强老挝军队的舆论宣传和战斗力”来阻止其崩溃，这样可以保证“美国或东南亚条约组织对其提供帮助”。国务院并没有明确提出要增加美国在老挝的军事人员的数量，但是国防部在同一天批准太平洋舰队司令部向老挝军队进行一次特别空运，授权通过计划评估办公室与法国的军事训练团合作向老挝军队提供其他的后勤供给。③ 8月19日，代理国务卿墨菲（Murphy）指出，美国驻老挝的工作人员和太平洋舰队司令部都支持老挝政府增加军事力量的要求。④ 不过，帕森斯则担心向老挝军队补充的未经过训练的4000人和向自由抵抗部队补充的4000人将“进一步削弱这些军队早已涣散的军纪和降低本就低效的军队战斗力”，因此会“带来更大的困难而不是增加其力量”。⑤

8月24日，包括美国国务卿赫脱、中央情报局局长艾伦·杜勒斯和海军作战部部长阿莱·伯克（Arleigh Burke）在内的国家安全机构20名

---

① *FRUS*, 1958 - 1960, East Asia-Pacific Region; Cambodia; Laos, Vol. XVI, Washington, DC: United States Government Printing Office, 1992, pp. 556 - 558.

② DDRS, CK3100448308.

③ *FRUS*, 1958 - 1960, East Asia-Pacific Region; Cambodia; Laos, Vol. XVI, Washington, DC: United States Government Printing Office, 1992, pp. 554 - 555.

④ 老挝政府要求将军队规模从2.5万扩至2.9万人，将自由抵抗部队的规模从1.6万扩至2万人。*FRUS*, 1958 - 1960, East Asia-Pacific Region; Cambodia; Laos, Vol. XVI, Washington, DC: United States Government Printing Office, 1992, p. 562.

⑤ *FRUS*, 1958 - 1960, East Asia-Pacific Region; Cambodia; Laos, Vol. XVI, Washington, DC: United States Government Printing Office, 1992, p. 563.

高层官员在国务院开会讨论老挝的形势。在这次会议上，帕森斯转变了他几天前的观点。帕森斯指出，美国驻老挝的全部机构、太平洋舰队司令部、国防部、参谋长联席会议和国务院的远东事务办公室都认为老挝的军事力量应该增加。这种压倒性的支持使得这次会议几乎是一次例行公事似的会议。副国务卿进一步强调应该立即增强老挝军队的力量，因为“巴特寮拥有与中国和北越 600 英里长的边界这一非常好的供应形势”。伯克上将也认为形势紧迫，“如果出现一个错误判断，将意味着 400 万或 500 万美元的浪费。相反，如果出现另一个误判，将意味着在地图上又出现一个红色据点”。负责会议记录的查普曼（Christian Chapman）指出，“这次会议所做的无非是同意提高老挝军队力量的建议”。这将“提高老挝军队的声望”，并延缓共产党的进一步进攻。这一新政策在会议一开始就是一个预定的结果，没有人提出反对提高老挝军事力量的意见。最后，会议批准太平洋舰队司令部向老挝政府军提供不超过价值 100 万美元的物资与资金的援助，用于老挝政府增加 40 个 100 人左右规模的连队以及 4000 人左右的规模补充进自由抵抗部队中。[①]

进入 9 月的老挝形势开始紧张。巴特寮向那玛河（Nam Ma）河岸的据点发起了连续进攻，6 个小时之内 4 个据点全部陷落。那玛河沿岸 4 个据点的陷落引起了华盛顿的特别关注。美国国务院认为巴特寮的这次进攻“可能是试探性的”。即使有迹象表明北越参与了这次战役，但是国务院仍然谨慎地指出应该根据确凿的事实进行判断，而不能根据媒体等发布的信息来对此做出决策。[②] 参谋长联席会议向国防部提出了他们“非常担心日益强大的共产党在老挝的入侵”，要求美国马上调整其政策以免丢掉老挝，并在必要的时候需要美国军队来控制老挝的形势。“事实已经表明，美国在老挝的军事人员虽然身着平民服装，但已经无法继续掩盖他们的军事人员身份，而且他们帮助法军训练老挝军队的事实也已经明显地证明与其平民身份不符。”参谋长联席会议接着强调，老挝的形势可能随时急转直下，因为除了这几个据点的陷落以外，“巴特寮的武装力量已

---

① *FRUS*, 1958 - 1960, East Asia-Pacific Region; Cambodia; Laos, Vol. XVI, Washington, DC: United States Government Printing Office, 1992, pp. 567 - 572.

② Ibid., p. 583.

经发展至3000人，另有5000名北越士兵驻扎在老挝边境沿线”。[①]

关于老挝国内的这次冲突，美国的消息大多是来自老挝政府方面，美国自己没有来自桑怒前线的直接情报。虽然9月4日下午墨菲在国务院举行的跨部门会议上讨论老挝形势的时候强调“如果东南亚条约组织不是一只纸老虎，那么它就应该采取行动”。但是，墨菲也非常谨慎地指出“如果要利用东南亚条约组织，那么最好要先通过一个事实调查团前往老挝进行调查”[②]。正如多曼所指出的那样，“事实上，老挝政府极度地夸大了整个事件。后来的证据表明声称中的入侵只是一次非常小的斗争”[③]。

在9月4日进行的这次跨部门会议上，伯克建议美国应该进行相应的军事准备。当晚，国务院便向正在伦敦的艾森豪威尔发电报，请求同意伯克所提出的军事计划，包括向老挝派遣更多的运输机、向夏威夷增派部队，在“保持距离”的前提下，向中国南海调遣一些第七舰队的舰只。第二天，总统便批准太平洋舰队司令部可以在老挝出现紧急情况时采取行动，要求这种行动应该“在老挝出现任何不利于西方的苗头前”……“以最快的速度”完成。总统还要求不要公开太平洋舰队司令部所做的准备。[④] 这表明，虽然还没有取得英法两国在“东南亚条约组织”行动问题上的支持，但是美国已经批准了一个单独的、紧急的防止老挝陷落的干涉行动的准备，只不过这是在一种“秘密状态下进行的准备”，以便“一旦出现情况时可以随时出击”。[⑤] 而实际上，在没有得到艾森豪威尔的支持以前，费尔特将军已经采取了一些准备行动。[⑥]

一直以来，美国军方在对待老挝的政策上始终都比较激进。9月4日，参谋长联席会议就批评了法国在老挝的军事训练投入不足，法国的

① *FRUS*, 1958 – 1960, East Asia-Pacific Region; Cambodia; Laos, Vol. XVI, Washington, DC: United States Government Printing Office, 1992, pp. 588 – 589.

② Ibid., p. 593.

③ Arthur J. Dommen, *Conflict in Laos: the Politics of Neutralization*, New York: Praeger, 1971, pp. 121 – 124.

④ DDRS, CK3100313107; FRUS, 1958 – 1960, East Asia-Pacific Region; Cambodia; Laos, Vol. XVI, Washington, DC: United States Government Printing Office, 1992, p. 600.

⑤ DDRS, CK3100313107.

⑥ *FRUS*, 1958 – 1960, East Asia-Pacific Region; Cambodia; Laos, Vol. XVI, Washington, DC: United States Government Printing Office, 1992, p. 603.

训练方法陈旧，指责了法国已经在越南失败的事实。为了避免美国在老挝重复同样的错误，参谋长联席会议认为最好的办法是取消对训练老挝军队的限制，在老挝建立一个军事援助咨询委员会。参谋长联席会议主席认为，美国的训练可以阻挡共产党在老挝前进的步伐。如果老挝的军队没有马上得到改进的训练，那么最后要求通过美国军队来阻止老挝的彻底陷落将成为可能。[①] 国务院在这个问题上与军方的看法存在一定程度的不同，依然表现得非常谨慎。帕森斯于9月9日指出，“在国务院准备向老挝派出事实调查委员会的时候，美国在老挝建立一个军事援助咨询委员会是不合适的”。而且，“我们不应该冒险因为我们采取的行动而将老挝的冲突扩大，除非我们能够确认非军事手段彻底无效的时候才可以这么做”。[②]

在9月10日进行的第418次NSC会议结束的时候，艾森豪威尔指出，“如果中国和北越决定发动进攻，那么老挝将非常难以防御”。[③] 接着，艾森豪威尔在第二天进行的会议上又明确指出，“应该争取根据《东南亚集体防御条约》采取行动，尤其是力争使澳大利亚或新西兰可以领导相关的行动”。在任何情况下，“美国不应该是第一个采取军事行动的国家”，也不应该是“这次联合行动的指挥者”，但是美国应该保证“做好应对各种情况的准备”[④]，尤其是应该“在老挝政府的请求下进入老挝”[⑤]。除了这种“军事进入老挝”的准备以外，艾森豪威尔还指示，“我们应该继续目前训练老挝军队的努力，但不要为实现这个目标额外派遣穿军装的美国部队进入老挝”[⑥]。

老挝发生的这次冲突使其成为国际关注的中心。除了美国的关注与进行相应的政策准备以外，联合国的活动也表明了这次老挝冲突的严重性。9月7日，联合国开始讨论老挝问题。美、英、法三国提出一个方

---

① *FRUS*, 1958 - 1960, East Asia-Pacific Region; Cambodia; Laos, Vol. XVI, Washington, DC: United States Government Printing Office, 1992, p. 589.

② Ibid., pp. 608 - 609.

③ Ibid., p. 612.

④ DDRS, CK3100184674; *FRUS*, 1958 - 1960, East Asia-Pacific Region; Cambodia; Laos, Vol. XVI, Washington, DC: United States Government Printing Office, 1992, pp. 620 - 622.

⑤ DDRS, CK3100199799.

⑥ DDRS, CK3100211750.

案，建议任命一个由阿根廷、意大利、日本和突尼斯组成的事实调查委员会前往老挝调查形势并提交报告。苏联反对这个建议，但是在安理会的 3 次投票中都以 10∶1 的比例失败。[①] 美国希望联合国派出的事实调查委员会可以限制巴特寮的进攻，同时希望可以得到其确认“越盟在事实上已经入侵了老挝”的“好消息”。艾森豪威尔还对此做出指示，“如果此事得到确认，我们就应该马上将之公之于众，因此我们应该做好心理上的准备”[②]。应萨那尼空的请求，联合国安理会于 9 月 7 日成立了一个小组委员会，来调查萨那尼空对北越入侵的指责。[③]

1959 年 9 月 15 日，联合国调查组的到达使危机降温。尽管老挝政府声称其将提供北越入侵的重要证据，但是联合国调查组没有发现老挝政府所宣称的这种情况。事实上，巴特寮减少了他们在桑怒和丰沙里的行动，因此减缓了紧张。美国太平洋舰队于 10 月 6 日开始逐渐放松警戒。[④]

美国一直以来就与法国在老挝问题上存在着分歧。老挝发生的这种冲突进一步加剧了这种隐藏的矛盾。法国在老挝的军事代表坚称北越没有入侵老挝，而当联合国代表团到达老挝的时候，法国大使馆的武官更是直接否定了北越入侵的可能性。[⑤] 在法国看来，是老挝政府“由于不信任法国又绕过法国制造的这次危机”。1959 年 9 月 18 日，赫脱、英国和法国外交部部长的一次会谈没能弥合三国在这个问题上的分歧。英法两国仍然支持通过联合国的调查来解决老挝问题。[⑥]

联合国派往老挝的事实调查委员会 11 月 5 日公布的报告并没有支持老挝政府对北越入侵的指责。这份报告总结道，巴特寮在 7 月 16 日以来的攻势中接受了河内的支援（以武器、弹药和设备的形式），但是没有确

---

① *FRUS*, 1958 - 1960, East Asia-Pacific Region; Cambodia; Laos, Vol. XVI, Washington, DC: United States Government Printing Office, 1992, pp. 605 - 606.

② Ibid., pp. 606 - 607.

③ Ibid., p. 590.

④ Edward J. Marolda and Oscar P. Fitzgerald, *The United States Navy and the Vietnam Conflict, 1959 - 1965*. Washington D. C.: Government Office, 1986, p. 39.

⑤ *FRUS*, 1958 - 1960, East Asia-Pacific Region; Cambodia; Laos, Vol. XVI, Washington, DC: United States Government Printing Office, 1992, p. 630.

⑥ Ibid., pp. 627 - 628.

凿的证据可以证明北越的部队曾经越过边界进入老挝。[①] 联合国事实调查委员会的报告一定程度上剥夺了萨那尼空本可以获得的更多的国际支持。[②]

至此，培·萨那尼空政府的第一次政治危机在没有引发大的冲突的情况下过去了，但是老挝的形势没有得到实质性改观。事实上，萨那尼空政府建立以后，非但没有弥合老挝保守势力之间的分歧，反而由于美国支持下的国家利益防御委员会势力的日益强大，在老挝引发了政府内部新的政治危机。

四　培·萨那尼空政府的第二次政治危机

萨那尼空在建立反共内阁、全面争取美国直接帮助的同时，其内部的政治活动并非整齐划一的。新兴的政治势力国家利益防御委员会凭借其与美国中情局和老挝军方的密切联系，成为萨那尼空政权的梦魇。早在1959年5月，美国的情报部门就已经预见到“国家利益防御委员会在政治上影响力的迅速提升与其跟军方的联系密不可分”“如果国家利益防御委员会与军方的关系能够继续保持下去，那么他们一定会在老挝政府中扮演重要角色”。[③] 后来的事实却表明，美国的这种如意算盘“并不如意”。

在中情局资助下创建的国家利益防御委员会在老挝政治生活中的重要作用日益显现。美国国务院一直希望老挝非共力量之间能够团结合作，所以对于国家利益防御委员会在其成长与逐渐壮大的过程中不断地批判萨那尼空政府的一些政策主张并没有特别关注。相反，国务院在一定程度上“一直将国家利益防御委员会的出现看作是对其内阁的一种压力。我们认为国家利益防御委员会即使曾有一些问题，但到目前为止还是发

---

① *FRUS*, 1958 - 1960, East Asia-Pacific Region; Cambodia; Laos, Vol. XVI, Washington, DC: United States Government Printing Office, 1992, p. 649.

② Bernard Fall, *Anatomy of a Crisis*: *The Laotian Crisis of* 1960 - 1961, New York: Doubleday, 1969, pp. 177 - 181.

③ DDRS, CK3100330741.

挥了重要作用”[①]。

1959年10月29日，长期病重的国王西萨旺·冯（Sisavang Vong）去世。几天后，萨旺·瓦达纳（Savang Vatthana）亲王继承王位。新国王热情地支持国家利益防御委员会，并且他也是一位顽固地反对共产主义的分子。巴特寮停止进攻以后，主要由年轻的政治新锐与老挝军方代表组成的国家利益防御委员会已经逐渐在老挝政治上承担起重要角色。尤其是1959年12月即将到来的大选问题，使得老挝人民联盟和国家利益防御委员会的紧张局势日益明显。以卡代·索萨里特和培·萨那尼空为首的老挝人民联盟领导人不仅打算再将这届国会延长1年时间，同时还要求国会给予萨那尼空同期的特权。国家利益防御委员会对此表示反对。国家利益防御委员会认为老挝人民联盟的大部分国会代表已经失去了民众的支持，不可能再次当选成功，这些人需要停止其政治活动。国家利益防御委员会进一步提出老挝应该“修改民主程序”。老挝人民联盟将国家利益防御委员会的这种政治攻势看作“比老挝爱国战线的政治威胁还要大”，国家利益防御委员会所提出的“修改民主程序”的主张是迫使老挝人民联盟撤出老挝政治舞台的“烟幕”。[②] 萨那尼空甚至担心如果他真的行使权力将国会延长1年，那么将会发生国家利益防御委员会与军方的联合政变[③]，一旦“国家利益防御委员会和军方上台，那么当前的老—美关系会立即遭到破坏”[④]。

老挝内部政治力量的分裂，也引起了美国政府内部对这个问题的认识的分歧。史密斯大使主张支持萨那尼空及其领导的老挝人民联盟。史密斯认为，国家利益防御委员会正极力推行一种“破坏性政策”。在史密斯和萨那尼空看来，有军队支持的这些新保守势力想要抛开旧的政治势力。[⑤] 国家利益防御委员会的政治表现俨然已经是一个极具竞争力的反对党。这种状况直接破坏了美国试图在老挝组建一个统一的反共保守阵线

---

① *FRUS*, 1958 - 1960, East Asia-Pacific Region; Cambodia; Laos, Vol. XVI, Washington, DC: United States Government Printing Office, 1992, p. 677.

② Ibid., pp. 650 - 653.

③ Ibid., p. 667.

④ Ibid., p. 682.

⑤ Ibid., pp. 680 - 682.

的初衷，并且也因此削弱了反对巴特寮队伍的实力。史密斯认为，恰恰是美国对国家利益防御委员会的援助，“加剧了老挝国内的这种政治斗争，而非加强与巴特寮叛军进行战斗的实力”[①]。而且，史密斯在致国务院的电报中指出，“我认为我们向国家利益防御委员会提供的援助远远超过给老挝人民联盟的”，因此，“萨那尼空会怀疑我们对他的信任，即虽然我们反复表达对他的信心，同时却将大量的物资投入给想要颠覆其政府的一方”。由于国家利益防御委员会所获得的大量资金都是由中情局提供的，史密斯强调，“只要在这个问题上中情局能够‘与我密切配合’，那么新旧保守势力间的矛盾就可以解决”[②]。非常明显，史密斯明确地倾向于支持萨那尼空领导的政府，而不是一个由中情局支持下的国家利益防御委员会政府。

根据美国国务院的规定，包括中央情报局人员在内的美国驻老挝所有工作机构工作的开展都应该由美国驻老挝大使统一指挥，可是在实际运行过程中，却并非如此。例如，中情局在老挝一直有自己单独的通信渠道，甚至国务院在需要的时候还会偶尔用一下。计划评估办公室也在1959年年中建立了自己的通信渠道，这样，计划评估办公室就可以避免大使馆工作人员对其具体工作的掌控。国家利益防御委员会是由中情局一手扶植起来的政治力量，有军方背景的国家利益防御委员会在其发展过程中所表现出来的反共意志远超培·萨那尼空所领导的老挝人民联盟。从1959年12月开始，中央情报局就增加了对国家利益防御委员会领导人富米·诺萨万的支持。史密斯曾经质疑富米强大发展势头的资金来源，富米告诉史密斯，“我所获得的资助来自‘美国的特别提供’，有些是通过特殊渠道空运而来”[③]。中央情报局的这种做法使老挝的反共势力很难团结一致。某种程度上，可以说美国力图保持老挝保守势力团结的基本政策目标被美国自己破坏了。正如史密斯所说的那样，美国“以这种方

---

① *FRUS*, 1958 - 1960, East Asia-Pacific Region; Cambodia; Laos, Vol. XVI, Washington, DC: United States Government Printing Office, 1992, pp. 690 - 691.

② Ibid., p. 683.

③ Ibid., p. 682.

式进行的”持续援助“为老挝培养的是政治上的竞争对手”。[①]

美国政府对于其驻老挝大使与中央情报局在实际工作中支持对象重心的不同也有所认识，要求驻老挝各部门努力“消除美国对老挝政策分立的印象”。而对于确实存在的老挝反共力量之间的矛盾，美国国务院更倾向于认为这是老挝的内部问题。美国国务院认为，随着国家利益防御委员会作为一个政治组织的逐渐成长和壮大，日益需要美国的持续支持。国务院进一步告诉史密斯，“如果现在取消我们对国家利益防御委员会的支持，将使美国在老挝的声望严重受损”[②]。同时，美国政府也要求史密斯向培·萨那尼空和国家利益防御委员会领导人分别表明“美国不会支持任何一方通过包括政变等方式在内的非法手段所建立的独裁政权”。[③]

经过一段时间的僵局以后，培·萨那尼空于12月15日重新改组其内阁构成，将国家利益防御委员会和军方代表全部排除在外。由老挝人民联盟控制的议会宣布承认这个政府合法。老挝国王也被迫表示接受这个新政府。[④] 在第二天召开的NSC会议上，艾伦·杜勒斯指出，“这将是老挝反共力量分裂的正式开始”[⑤]。

对于萨那尼空的这次政府改组，国家利益防御委员会也有着自己的立场。自从国家利益防御委员会开始公开向萨那尼空施压以来，美国的立场是“不支持一个不合法的政府”，而老挝国王又站在他们一边，所以国家利益防御委员会公开坚称“萨那尼空所组建的特别政府是违宪的。根据当前的宪法规定，现政府将于12月25日到期。在其到期后，国王有权任命一个新的政府”[⑥]。国家利益防御委员会的这份公开声明，引起了美国政府的高度重视，随即，国务院立即要求史密斯判断老挝政局的可能走势。国务院尤其担心国家利益防御委员会与军方的密切联系会发生军事政变，这样就会极大地削弱老挝的反共力量，所以，应该在尽早判

---

① *FRUS*, 1958 – 1960, East Asia-Pacific Region; Cambodia; Laos, Vol. XVI, Washington, DC: United States Government Printing Office, 1992, p. 692.

② Ibid., p. 677.

③ Ibid., p. 699.

④ Ibid., p. 710.

⑤ Ibid., p. 698.

⑥ Ibid., p. 701, n. 2.

明形势的基础上制定相应的政策。[①]

虽然第二天史密斯的报告认为国家利益防御委员会与军方不可能马上发动政变[②]，但是 12 月 22 日，计划评估办公室主任海基斯却告诉史密斯一场政变已经临近。乌安将军已经告诉海基斯，国家利益防御委员会与军方打算 23 日通知萨那尼空与其内阁于 12 月 26 日应该前往琅勃拉邦辞职，否则他们将进行一场军事政变。乌安强调，国家利益防御委员会并非想攫取政权，其针对的目标是现政府的非法行为。根据宪法规定，现政府应该于 25 日到期，之后应该重新进行公开选举。[③] 为了避免政变的发生，史密斯向国务院建议通过以停止援助为威胁的方式抑制国家利益防御委员会的行动。不过，国务院拒绝了史密斯的这个请求。考虑到还不清楚“美国的政策会对老挝这种形势发挥多大的影响”，美国国务院指示史密斯“不要介入争端双方中的任何一方”。国务院强调，“美国在老挝的根本目标是保持反共力量的统一”，史密斯应该尽力“调和反对势力间的分歧，鼓励他们将精力投入老挝问题的实质上来”[④]。在 12 月 23 日进行的白宫会议上，代理国务卿狄龙首先向艾森豪威尔汇报了老挝的政治形势及其对史密斯的指示，并强调“老挝应该自己处理好其内部关系”，而美国则应该“发挥避免发生暴力活动的作用和进行可能引起外部干涉的刺激性活动”，应该“利用一切机会将问题在秩序范围内解决”。艾森豪威尔同意了狄龙的这个建议。[⑤] 国务院指示史密斯，“我们在老挝的目标是建立一个可以与之进行合作的非共政府，为此我们要采取合适的立场与恰当的行动。我们不能由于支持那些最终失败的个人、集团或势力而丧失我们在老挝政策的灵活性”。[⑥]

12 月 25 日，史密斯向国务院汇报，虽然当天“没有发生政变”的迹象，但是老挝的形势日益紧张，因为老挝军方已经明确声明萨那尼空政

---

① *FRUS*, 1958 - 1960, East Asia-Pacific Region; Cambodia; Laos, Vol. XVI, Washington, DC: United States Government Printing Office, 1992, pp. 701 - 702.

② Ibid., p. 702.

③ Ibid., p. 705.

④ Ibid., pp. 707 - 708.

⑤ Ibid., pp. 708 - 709.

⑥ Ibid., p. 718.

府“到明天就是非法的了”，要求萨那尼空发表一个结束其国会权力的声明。而且老挝军方、警察与大部分政府机构都拒绝执行萨那尼空政府的命令，都希望萨那尼空政府辞职。如果在三天内萨那尼空不主动辞职，那么国家利益防御委员会与老挝政府军迫使他离任。①

12 月 30 日早晨，老挝政府军迅速占领了万象大部分的公共设施，并包围了国王与萨那尼空及其手下的官邸。面对这种已经无法挽回的局面，萨那尼空与其内阁向老挝国王宣布“由于已经无法控制老挝的局势发展，请求辞职”。第二天，老挝政府军总参谋长桑松（Sounthone）将军代表由国王“任命”的“最高军事指挥部”宣布，在合法政府建立以前，老挝进入军管状态。② 至此，萨那尼空政府宣布结束。

培·萨那尼空政府是美国一手扶植起来的政府，但它也是被美国所培养的另一支反对政治势力颠覆了。其中固然有当时在老挝建立强权统治的政治条件不够成熟的原因，但更为重要的原因则在于，美国对老挝不同政治势力扶植的行为恰恰是“搬起石头砸自己的脚”，最终使美国无法在老挝脱身的同时又深陷越战之中。

第四节　美国与老挝危机的发生

从 1955 年老挝全民选举开始，美国便一直以隐蔽和公开的方式不断干涉老挝的内部事务。美国在老挝寻求建立一个亲西方政府的努力的过程中，也逐渐将其纳入美苏冷战的轨道。老挝危机便是美国在东南亚地区推行冷战战略的一个缩影。

一　美国与贡勒政变前的老挝政局发展

1960 年 1 月 7 日，老挝国王任命了一个由古·阿派（Kou Abhay）任首相、富米·诺萨万为国防和退伍军人事务部部长的“临时政府”。当

① DDRS, CK3100264231; *FRUS*, 1958 - 1960, East Asia-Pacific Region; Cambodia; Laos, Vol. XVI, Washington, DC: United States Government Printing Office, 1992, p. 716, n. 2.

② *FRUS*, 1958 - 1960, East Asia-Pacific Region; Cambodia; Laos, Vol. XVI, Washington, DC: United States Government Printing Office, 1992, p. 722; Martin E. Goldstein, *American Policy Toward Laos*, Rutherford: Fairleigh Dickinson University Press, 1973, p. 156.

天，美国国务院便通知史密斯，“阿派政府是一个美国可以与之进行合作的政府”，虽然该政府“并不强大”，却是一个“有希望的，并且是我们所喜欢的政府”[①]，因为“没有一个人怀疑真正的权力是在富米·诺萨万将军手里”。[②] 阿派政府决定新一届的国会选举于4月26日举行。[③]

在阿派政府成立的前一天，以富米·诺萨万为首的极端右翼势力想要将包括苏发努冯在内的所有羁押中的巴特寮领导人以“叛国”罪名处死。[④] 虽然美国也讨厌这位老挝的红色亲王，但是美国更加看重的是“如此审判与处决”将极大地破坏老挝新政府的形象。加之英法两国也反对富米等人的做法，使得苏发努冯等人幸免于难。后来阿派政府为即将到来的选举进行准备的过程再次体现了美国的这种考虑。

自“临时政府”成立至计划进行选举的时间并不多，为了能够取得这次选举的成功，阿派政府进行了积极的准备。由于担心巴特寮会重新上演其1958年的胜利，所以阿派政府的首要目标便是遏制巴特寮的政治活动。在美国政府看来，阿派的此举并不明智。国务卿赫脱通过史密斯大使转告老挝政府，由于苏发努冯等巴特寮的真正精英还在羁押之中，老挝政府应该允许巴特寮与其他激进力量进行政治活动。限于当时的条件，剩余的巴特寮领导人与激进力量的政治影响远远不够，他们或者放弃竞选，或者派出他们的“第二梯队”。无论他们采取哪种方式，都不会给老挝政府的竞选造成真正的威胁，相反，这样恰恰可以为老挝政府“赚足人气”。[⑤] 美国的真正目的在于通过这种“以退为进”的方式为老挝政府赢取所谓“道义上”的支持。在接受了美国政府的这个建议的同时，阿派政府还在选举程序上做了手脚。一方面，通过调整选区的方式打破巴特寮原有的势力范围，尽可能地破坏巴特寮的政治基础。2月29

① *FRUS*, 1958 - 1960, East Asia-Pacific Region; Cambodia; Laos, Vol. XVI, Washington, DC: United States Government Printing Office, 1992, p. 728.

② ［英］巴勒克拉夫编著：《国际事务概览 1959—1960 年》，曾稣黎译，上海译文出版社 1986 年版，第 382 页。

③ Martin E. Goldstein, *American Policy Toward Laos*, Rutherford: Fairleigh Dickinson University Press, 1973, p. 156.

④ *FRUS*, 1958 - 1960, East Asia-Pacific Region; Cambodia; Laos, Vol. XVI, Washington, DC: United States Government Printing Office, 1992, p. 727.

⑤ Ibid., p. 733.

日，帕森斯肯定了阿派政府的这种做法，“老挝的选举准备已经基本就绪，即按己党利益重新划分选区的活动已经完成”①。另一方面，候选人的被选举条件更加严格。如候选人的保证金比原来翻倍了；提高候选人的最低教育标准，至少要有相当于小学毕业的文凭。这一点规定尤其针对的是巴特寮领导人，因为巴特寮领导人大部分都没有受过教育。② 即使在羁押的巴特寮9位主要领导人中，“除苏发努冯以外只有3人符合这个标准”③。阿派政府还接受了美国的另外一个建议，即为了避免1958年补充选举结果的再现，阿派政府着力于将老挝的保守力量整合在一起。当阿派政府的所有这些准备在逐渐发挥作用时，美国的“暗中帮助”使这次选举取得了“令人难以置信”的结果。

4月26日，老挝的选举如期进行，“可是荒谬的选举结果使得之前的一切努力暗淡无光”④，“在全部59个议会席位中，老挝人民联盟及其支持者获得27个席位，国家利益防御委员会获取32个席位”⑤。反共的保守势力在这次选举中“大获全胜”，老挝爱国战线与其他激进爱国力量一无所获。事实表明，除了阿派政府所做的各种努力以外，某种程度上，中情局对这次选举过程的操控直接造成了这种选举结果。“在选举开始前，中情局的工作人员向各村村长散发成袋的钞票来买取选票”，而且“投票和数票的程序也不光明”“在每一个投票点儿都有老挝政府军的士兵监视投票过程”，这些都促成了这次选举结果的荒谬。“在桑怒省这个巴特寮的根据地，作为该省前任省长的巴特寮候选人以13∶6508的悬殊比例败北”，“在查姆帕斯克（Champassk）省内的6个选区中，亲政府候

---

① *FRUS*, 1958 - 1960, East Asia-Pacific Region; Cambodia; Laos, Vol. XVI, Washington, DC: United States Government Printing Office, 1992, p. 742.

② Martin E. Goldstein, *American Policy Toward Laos*, Rutherford: Fairleigh Dickinson University Press, 1973, pp. 156 - 157.

③ Arthur J. Dommen, *Conflict in Laos: the Politics of Neutralization*, New York: Praeger, 1971, p. 129.

④ *FRUS*, 1958 - 1960, East Asia-Pacific Region; Cambodia; Laos, Vol. XVI, Washington, DC: United States Government Printing Office, 1992, p. 750. n. 2.

⑤ Martin E. Goldstein, *American Policy Toward Laos*, Rutherford: Fairleigh Dickinson University Press, 1973, p. 157.

选人获得了超过90%的投票”。[①] 就连美国政府都对这个选举结果的公正性表示担忧。在选举结果公布的当天，美国国务院表示“非常关心操控如此严重的这次选举在世人眼中的有效性问题”[②]。国务院担心这个结果使“老挝寻求公平的努力将遭到破坏；原本广大民众对老挝王国政府的疑虑将会增加；包括联合国秘书长在内的众多老挝朋友向其提供外交和经济上的支持将越发困难”。为挽救老挝政府的声誉，国务院命令史密斯寻求英法两国驻老挝大使的合作，共同向老挝政府施压，在没有公开结果的选区对选举重新进行“公平的计票”。[③]

美国中央情报局在老挝这次选举中所取得的“成绩”与美国国务院对于老挝选举所进行的考虑与准备存在明显差距。这一方面暴露了美国对老挝事务的干预，一心想将老挝建成一个反共堡垒的企图。另一方面，也表明美国政府内部各部门之间在老挝问题上具体政策的执行方面还存在不一致的地方，这无疑大大降低了其政策的有效性。

不管这次选举结果是否光彩，至少老挝右翼势力取得了胜利。在新政府成立前，老挝国王倾向于由富米·诺萨万出任首相，但是美国及其盟友认为富米上台一定会引起来自共产党方面的反对，而且也会激起老挝本国人民的反抗。所以，在经过权衡之后，老挝国会于6月3日通过了一个由昭·松萨尼特（Tiao Somsanith）为首相的政府。富米·诺萨万担任国防部和退伍军人事务部部长。在史密斯看来，昭·松萨尼特是富米的傀儡，老挝新政府的实际权力掌握在富米手中。[④] 因此，美国丝毫不怀疑地相信松萨尼特政府的“亲美”“反共”倾向。[⑤]

在这期间，另有两个插曲增加了美国对老挝政策考虑的复杂性。其一，在老挝新政府成立前两周左右的5月24日凌晨，苏发努冯与另外7位巴特寮领导人，趁着夜色与滂沱大雨，在看守的帮助下逃出了位于万

---

① Arthur J. Dommen, *Conflict in Laos: the Politics of Neutralization*, New York: Praeger, 1971, pp. 133 - 134.

② DDRS, CK3100264236.

③ *FRUS*, 1958 - 1960, East Asia-Pacific Region; Cambodia; Laos, Vol. XVI, Washington, DC: United States Government Printing Office, 1992, p. 750.

④ Ibid., p. 776.

⑤ DDRS, CK3100314961.

象郊外的丰恒（Phone Kheng）监狱。[①] 逃出监狱以后的苏发努冯“并没有直奔桑怒的根据地，也没有逃亡河内，而是徒步300多英里，几乎走遍了巴特寮在全国的各个根据地”[②]。苏发努冯的这些活动为巴特寮日后的迅速发展奠定了基础。其二，5月末6月初的时候，法国就向美国提出了两国关于训练老挝军队的协议将于9月1日到期的问题。6月30日，法国驻美国大使阿尔房（Herve Alphand）正式向美国提出，根据双方的协议，“9月1日以后法国将单独承担对老挝军队的训练任务”。阿尔房强调，美国撤出对老挝军队训练的任务，“不仅仅是一个技术问题，更是一个政治问题”，法国担心“如果形势不能马上恢复，将会引起苏联的强烈反应”[③]。

面对老挝这种复杂的局势，查普曼于6月11日提出对于1958年4月2日以来一直实施的NSC 5809号文件应该根据形势发展的需要进行修改。查普曼认为，“直到1959年秋天，美国一直‘控制’自己在老挝的政策，只是允许我们的援助能够帮助老挝保证部队训练并运转其政府职能”，但这带来的“只是非常小的经济与社会进步”，“1959年秋以来，华盛顿已经取得一致的认识是，目前需要通过特殊的努力来说服老挝的领导人，一个亲西方的路线是他们国家最高利益所在”。如果美国仍然“按兵不动”，将导致“形势朝向共产党方面发展的逐渐恶化的后果”。[④] 查普曼的这个提议引起了美国政府的重视，在经过多次讨论以后，美国政府于1960年7月25日出台了“美国对东南亚大陆的政策声明”，是为NSC 6012号文件。NSC 6012号文件提出的首要变化是要求提供“有助于发展和支持老挝军事力量的军事援助”，这与NSC 5809号文件所提出的只是“加强老挝王国政府抵抗颠覆和保持独立力量”的政策有着根本的不同。新文件还决定采取措施帮助老挝王国政府取得经济发展和社会进步，“以

① *FRUS*, 1958 - 1960, East Asia-Pacific Region; Cambodia; Laos, Vol. XVI, Washington, DC: United States Government Printing Office, 1992, p. 772.

② Arthur J. Dommen, *Conflict in Laos: the Politics of Neutralization*, New York: Praeger, 1971, p. 139.

③ *FRUS*, 1958 - 1960, East Asia-Pacific Region; Cambodia; Laos, Vol. XVI, Washington, DC: United States Government Printing Office, 1992, pp. 777 - 778.

④ Ibid., p. 779.

助于老挝王国政府保持反共的信念，实现亲自由世界的‘中立’”。NSC 6012 号文件鼓励老挝与东南亚的其他国家在联合反共活动方面进行合作，要求增加联合国及其他友好国家在支持老挝王国政府方面的进一步投入和支持。[①]

NSC 6012 号文件中这些新内容的增加，表明此时老挝在美国的整个东南亚战略中地位的提升，美国已经打算不仅单纯地向老挝提供直接的军事援助，还力图促进老挝的社会经济发展，将这种援助转化为老挝自身发展的一种动力，从而提升老挝政府“防御和抵抗共产党活动”的能力。具有讽刺意味的是，正如美国新任驻老挝大使布朗（Winthrop Brown）还没有来得及推行他在老挝的政策一样[②]，NSC 6012 号文件所制定的这些原则也马上遭到了挑战。

二　贡勒政变与美国的政策争论

1960 年 8 月 9 日早晨，老挝王国政府军第二伞兵营营长贡勒上尉趁亲王们到琅勃拉邦参加已故国王西萨旺·冯（Sisavang Vong）的葬礼之际，带领他的伞兵部队在万象发动政变，推翻了松萨尼特政府。[③] 贡勒随即通过电台阐明其政治立场，宣布建立最高革命委员会，声称其目的是结束老挝政府的腐败统治，实行中立的外交政策，要求所有外国军队撤出老挝。贡勒及其追随者还将目标指向了美国对老挝事务的具体干涉，认为“是美国扶植下的老挝政府造成了内战的频仍”[④]，“我们都被美国买去当奴隶了”[⑤]，“如果没有美国的援助，老挝政府就不会出现诸多

---

① *FRUS*, 1958 - 1960, East Asia-Pacific Region; Cambodia; Laos, Vol. XVI, Washington, DC: United States Government Printing Office, 1992, pp. 219 - 220.

② 美国驻老挝新任大使布朗（Winthrop Brown）7 月 22 日到达老挝，3 天后就发表了他的看法。布朗认为美国在老挝政策有效性不高的主要原因在于美国在老挝的各个工作部门步调不够一致。*FRUS*, 1958 - 1960, East Asia-Pacific Region; Cambodia; Laos, Vol. XVI, Washington, DC: United States Government Printing Office, 1992, p. 780.

③ *FRUS*, 1958 - 1960, East Asia-Pacific Region; Cambodia; Laos, Vol. XVI, Washington, DC: United States Government Printing Office, 1992, p. 782.

④ Martin E. Goldstein, *American Policy Toward Laos*, Rutherford: Fairleigh Dickinson University Press, 1973, p. 206.

⑤ ［英］巴勒克拉夫编著：《国际事务概览 1959—1960 年》，曾稣黎译，上海译文出版社 1986 年版，第 382 页。

腐败问题"[①]。

贡勒政变在打乱了老挝政局和打破了美国在老挝政策设想的同时，也将影响老挝政局的另一个重要人物——富米·诺萨万从幕后推至前台。从此，富米便处处以老挝的"拯救者"自居，活跃于整个老挝危机期间的政治事务当中。听到贡勒发动政变的消息后，富米·诺萨万立即从琅勃拉邦逃往泰国，随同他一起出逃的，还有 21 名国会议员。[②] 从贡勒政变一开始，富米就打算通过武力解决问题。富米在泰国政府组织的讨论关于老挝形势的会议上，首先提出了他对老挝形势的认识及其打算的解决办法，力争谋求美国与泰国的支持。富米计划经过人员与装备等充分准备后，先空投伞兵占领机场，然后再空运部队收复万象。另外，富米打算 8 月 11 日早晨返回老挝，先在巴色（Pakse，老挝南部城市）进行短暂停留后，再前往沙湾拿吉（Savannakhet，老挝南部城市），那里将作为其实施如上计划的总部。他声明将与乌安将军共同指挥老挝的军队，在北边的琅勃拉邦（Luang Prabang）建立一个低一级的指挥中心。富米明确地向美国和泰国提出了对其进行帮助的要求。主要包括通过空运（美国在这方面希望泰国会提供支持）实现向沙湾拿吉以及占领万象运送伞兵可能需要的油料，为老挝王国政府军队提供食物、武器、油料以及军费。为了使老挝王国军队得到群众的支持，富米还要求首先向其提供两个广播电台，使广大群众明白合法的政府继续存在，并号召他们向政府靠拢。[③]

政变后的贡勒立即着手稳定国内政局，成立了 4 个处理内政和外交问题的专门委员会，号召军队停止对巴特寮的军事行动，恢复国家统一，保持老挝的中立，保持同那些尊重老挝内部和睦的国家的友好关系。同时，贡勒也开始着手组建新的政府。8 月 12 日，美国中央情报局对老挝的局势发展做出了准确的判断，认为松萨尼特政府可能辞职，老挝政府

① BernardFall, *Anatomy of a Crisis*: *The Laotian Crisis of* 1960 - 1961, New York: Doubleday, 1969, p. 187.

② Martin E. Goldstein, *American Policy Toward Laos*, Rutherford: Fairleigh Dickinson University Press, 1973, pp. 207 - 208.

③ *FRUS*, 1958 - 1960, East Asia-Pacific Region; Cambodia; Laos, Vol. XVI, Washington, DC: United States Government Printing Office, 1992, p. 783.

会同意由贡勒的最高革命委员会组建新政府，并且梭发那·富马将出任下任首相。[①] 在贡勒起义队伍的压力下，国民议会于8月13日投票解散松萨尼特政府，并于当天派出4名代表前往琅勃拉邦要求松萨尼特辞职。[②] 听到这个消息以后，松萨尼特和国防部部长卡姆方·潘亚（Khamphan Panya）宣布老挝王国政府认为8月13日国民议会投票解散老挝王国现政府之事是非法的。[③] 经过一天的激烈争执，松萨尼特政府于8月14日向老挝国王提出辞职请求。由于老挝国王不希望发生严重的军事冲突，当天下午6点55分，老挝国王接受了这个请求。[④] 随后，又在贡勒的主张下，国王提名中立主义者梭发那·富马组建的新政府于8月17日成立，贡勒将权力交给梭发那政府并宣布政变结束。新政府将保卫国家利益委员会代表和松萨尼特政府的成员排除出内阁，这些进一步刺激了右翼势力的代表富米·诺萨万。[⑤]

贡勒政变发生后，马上引起了美国政府的关注，并引起了众多的分歧，甚至“对贡勒目的和政治意向的分析结果多如分析者的人数”[⑥]。归结起来，分歧主要体现在到底应该支持贡勒还是支持富米的问题上。第一，刚到任老挝不久的美国驻老挝大使布朗为一方，支持贡勒的立场。布朗与大部分驻老挝的工作人员一致认为贡勒政变只是一次下级军官反对将军的普通事件，是出于对老挝连年内战和连续欠饷的不满。第二，在华盛顿的美国政府各部门，尤其是一直希望与富米·诺萨万将军进行合作的美国军方要求颠覆贡勒政变，国务院担心的是贡勒会成为另一个卡斯特罗，所以也同意军方的意见。[⑦] 在对待政变的相关问题上，与大多

---

① DDRS，CK3100092708.

② *FRUS*，1958－1960，East Asia-Pacific Region；Cambodia；Laos，Vol. XVI，Washington，DC：United States Government Printing Office，1992，p. 790.

③ DDRS，CK3100092719.

④ *FRUS*，1958－1960，East Asia-Pacific Region；Cambodia；Laos，Vol. XVI，Washington，DC：United States Government Printing Office，1992，p. 791.

⑤ Arthur J. Dommen，*Conflict in Laos：the Politics of Neutralization*，New York：Praeger，1971，p. 148；Hugh Toye，*Laos：Buffer State or Battleground.* London：Oxford University Press，1968，p. 145.

⑥ CharlesA. Stevenson，*The End of Nowhere：American Policy Toward Laos Since* 1954. Boston：Beacon Press，1973，p. 93.

⑦ Ibid.，pp. 93－94.

数国家一样，美国也一直认为与一个现存的政府打交道要比与一个叛乱后建立的政府打交道容易得多。尤其“松萨尼特政府的反共倾向是显而易见的，而贡勒却是值得怀疑的”[①]。不过，美国在贡勒政变发生初期采取了比较稳妥的应对方针。8月9日，贡勒起义发生的当天，美国国务院指示驻曼谷大使应该向流亡于泰国的老挝政要表明：①平息叛乱是老挝的内部事务；②他们应该返回老挝召集力量；③国王应该发出团结的号召；④采取行动解决问题是关键。[②] 两天以后，美国国务院指示其驻老挝大使，此时的基本工作原则是“美国政府将像支持老挝王国政府一样支持老挝的合法政府”[③]。

美国政府虽然不愿意立即公开表示对老挝右翼势力的支持，但是其在实际分析老挝局势与采取具体行动的过程中所体现出来的这种“偏袒”还是比较明显的。8月11日下午4点，在一次部际间的会议上，国务院与国防部的代表达成5点初步的共识：①计划评估办公室将派遣两位高级官员前往琅勃拉邦和沙湾拿吉，作为与老挝王国政府军队指挥官的联络人，在实践中提供后勤支持、情报以及实施计划评估办公室的建议；②国防部将在这些计划评估办公室工作人员与美国驻泰国的联合军事援助组（the Joint U. S. Military Assistance Group）之间建立联系；③计划对老挝王国武装部队的后勤、设备以及物质支持将以补偿的方式从泰国提供；④民用航空公司将提高其在曼谷的运输能力，其中的一架或两架飞机将提供给老挝的政府成员；⑤美国将在泰国北部提供一架无线电发射台，作为老挝政府的秘密广播站。[④] 8月12日，国务院和参谋长联席会议在进行的联合会议上也讨论了这些问题，负责政治事务的副国务卿麦钱特（Livingston Merchant）强调指出，“这种军事援助应该给予老挝王国政府，而不是提供给富米·诺萨万将军个人”[⑤]。这些决定

---

① Arthur J. Dommen, *Conflict in Laos: the Politics of Neutralization*, New York: Praeger, 1971, p. 157.

② *FRUS*, 1958 - 1960, East Asia-Pacific Region; Cambodia; Laos, Vol. XVI, Washington, DC: United States Government Printing Office, 1992, p. 782.

③ *FRUS*, 1958 - 1960, Vol. East Asia-Pacific Region; Cambodia; Laos, Vol. XVI, Washington, DC: United States Government Printing Office, 1992, p. 786.

④ Ibid., p. 785.

⑤ Ibid..

在8月12日的NSC第455次会议上获得通过。8月13日，国务院授权美国驻泰国大使昂格尔，在琅勃拉邦老挝王国政府同意的情况下，可以动用民用航空公司帮助老挝将爱侣湾（Erawan）的伞兵部队运至沙湾拿吉。[①]

在对老挝的局势没有弄清楚之前，美国也在做着多手准备。一方面，8月12日，美国国务院向艾森豪威尔总统提出，由于老挝的天气以及缺少大型机场等原因，商业飞机无法在老挝正常着陆，而驻扎于老挝、泰国和越南的6架双引擎的军用飞机在当地政府的允许下是可以将大部分停留在万象的600名美国公民和大约500名菲律宾合同技工安全运出的。请求总统批准这个建议。[②] 8月16日，梭发那·富马宣布新政府成立以后，富米表示要动用武力向万象发动进攻，美国驻老挝大使布朗也致电国务院要求将停留在美国的公民及其财产运出。[③] 经过交涉之后，梭发那和贡勒同意于8月19日通过廊开（Nong Khai）至乌隆（Udorn）的公路以及到曼谷的飞机，疏散和撤出美国的工作人员及其家属。[④] 当天，在老挝的美国人员的家属基本完成向曼谷的撤离。[⑤] 另一方面，美国已经开始考虑针对富米或梭发那·富马等不同的人组阁，采取不同的策略。美国国务院指出，“如果梭发那执政，即使他不完全实行政变者的政策，他也会接纳巴特寮进入联合政府，也会与共产党国家建立外交关系并接受其援助。如果出现这种情况，我们必须审视我们的政策并重新决定我们进一步向老挝提供援助的程度与条件”。为了避免这种情况的发生，国务院又“强调与老挝王国政府联系的必要性，因为我们准备加强其在谈判中

---

① *FRUS*, 1958 - 1960, Vol. East Asia-Pacific Region; Cambodia; Laos, Vol. XVI, Washington, DC: United States Government Printing Office, 1992, p. 792. n. 3.

② DNSA, VI00335; DDRS, CK3100228964. 需要注意的是，在NSC第455次会议上，副国务卿麦钱特也提出了这个建议，不过他提到当时在老挝的美国公民数字为800人，见FRUS, 1958 - 1960, East Asia-Pacific Region; Cambodia; Laos, Vol. XVI, Washington, DC: United States Government Printing Office, 1992, p. 788。另外在DDRS, CK3100185354, CK3100210686文件中的数字均为600人。DDRS数据库里的档案为原文扫描版，而*FRUS*文件则为政府纸质出版物；同时，DNSA与DDRS两个数据库的文件记载相同，所以此处认为应该采用600人的数字。

③ DDRS, CK3100210689.

④ DDRS, CK3100210691.

⑤ DDRS, CK3100089415.

的地位。如果老挝王国政府需要，我们可以在合理的条件下为其军队的调动提供后勤支持”①。

松萨尼特政府的辞职使老挝的形势稍微明了了，面临即将组阁的梭发那·富马政权的情况，美国有两种选择：“允许老挝建立走中立主义道路的政府，或者以富米个人的身份向其提供支持，助其控制老挝。”② 在这个问题上，老挝的邻国泰国表现得尤为活跃。泰国总理萨利特（Sarit）与富米有亲属关系，泰国积极支持富米的个人行动，他想利用这种关系使泰国在老挝建立特殊的地位。同时，泰国也要求美国能尽早兑现其允诺的援助。如果美国对此继续表现冷淡，那么这些因素将进一步刺激萨利特。③ 因为，萨利特对于美国的不作为已经表示出了不满。④

尽管美国政府不希望看到中立政府即将在老挝成立，认识到“松萨尼特政府的辞职会促使富米向万象发动进攻，泰国也会对此提供援助”，但是美国更加担心的是“这样会使老挝内部政治危机向国际危机的方向发展”，进而超出自己的控制范围。所以，美国政府仍然继续采取稳妥的措施。为了避免危险情况的发生，国务院指示其驻泰国大使昂格尔（Unger）尽量阻止泰国采取匆忙的行动，以免破坏美国保持老挝独立与完整的基本目标。否则，不成熟的行动会影响美国在东南亚的整体利益。⑤ 昂格尔还应该使泰国明白“美国没有放弃”，美国将“（1）以最快的速度与琅勃拉邦的老挝王国政府进行联系；（2）如果他们提出要求，我们将向其提供空运；（3）提供目前在万象那样的广播设备。虽然老挝王国政府做出了不同的选择并辞职，但华盛顿和曼谷都不会对下一届老挝王国政府提供同样的支持。我们高度关注富米及其能力，如果他此时没有失误，在未来可能更加需要的时候，他的地位与影响将一直保持下去”⑥。

---

① *FRUS*, 1958 - 1960, East Asia-Pacific Region; Cambodia; Laos, Vol. XVI, Washington, DC: United States Government Printing Office, 1992, p. 790.

② Ibid., pp. 791 - 792.

③ Ibid., p. 792.

④ DDRS, CK3100144165.

⑤ *FRUS*, 1958 - 1960, East Asia-Pacific Region; Cambodia; Laos, Vol. XVI, Washington, DC: United States Government Printing Office, 1992, p. 794.

⑥ Ibid., p. 795.

在美国国务院看来，“此时任何支持富米向万象发动进攻都是最为不幸的”[①]。

美国力图“稳住”泰国的同时，也着手争取富米“不要轻举妄动”。“据情报显示富米是‘非常好战的’”[②]。富米已经于8月15日集结了5个连的兵力准备采取行动，这将促使巴特寮以贡勒的名义进行干涉，即将带来的两个主要危险是巴特寮将加入贡勒的起义和贡勒可能会对滞留在万象的人质进行报复。[③] 8月16日，富米派出一架飞机飞过万象上空散发传单，对贡勒进行大肆舆论攻击，声称“贡勒利用中立的口号愚弄你们。他正将共产党引入老挝”[④]。另外，为了保证其军事行动的成功，富米还向美国提出了“1000万基普（老挝货币）的援助请求”。美国驻老挝大使布朗指示驻沙湾拿吉的计划评估办公室代表告诉富米，“此时美国不打算支持他以暴力的方式重新攻占万象或阻止新政府的成立。他不应该放弃与万象的联系”[⑤]。第二天，美国驻老挝的一位外交官将布朗的这个指示转达给富米，富米“绅士般地点头，但是他表示将继续他最初的计划”[⑥]。事实上，富米没有听从布朗的建议，而是继续进行着他的军事准备。美国没能在这个时候采取强硬手段迫使富米屈服，这就为后来的老挝危机走向国际化埋下了一个伏笔。

8月16日，老挝国民议会召开，新首相梭发那·富马公布了其政府构成，并宣布了他的内外政策纲领。对内主要是实现国家的独立与统一、消除腐败等；对外则是要推行一个彻底的中立政策，在没有政治和军事束缚的条件下，接受一切援助，推行睦邻政策等。[⑦] 梭发那新政府成员全

---

① *FRUS*, 1958 - 1960, East Asia-Pacific Region; Cambodia; Laos, Vol. XVI, Washington, DC: United States Government Printing Office, 1992, p. 795.

② DDRS, CK3100314348.

③ *FRUS*, 1958 - 1960, East Asia-Pacific Region; Cambodia; Laos, Vol. XVI, Washington, DC: United States Government Printing Office, 1992, p. 803.

④ Hugh Toye, *Laos: Buffer State or Battleground*. London: Oxford University Press, 1968, p. 147.

⑤ *FRUS*, 1958 - 1960, East Asia-Pacific Region; Cambodia; Laos, Vol. XVI, Washington, DC: United States Government Printing Office, 1992, p. 796.

⑥ Ibid., p. 796. n. 3.

⑦ DDRS, CK3100092728.

部由“支持贡勒起义的人构成”[①]，泰国总理萨利特认为其“成员中的左翼分子过多，担心会危及泰国的国家安全”[②]。美国对此则表达得比较含蓄，“梭发那所宣布的新内阁构成缺少政治经验和国际影响力，而且梭发那认为结束老挝内战和困难局势的出路在于与巴特寮的合作”。对此，美国政府指示其驻老挝大使“努力使梭发那认识到吸收巴特寮进入政府的危险所在”[③]。

8 月 17 日，梭发那·富马政府由参加国民议会的 38 名代表投票通过成立，而且代表们一致同意梭发那所提出的执政纲领。贡勒也宣布他已经向新政府移交了权力。[④] 对于此次投票，美国政府认为是在贡勒的压力下通过的，所以成为美国政府和富米纷纷发难的借口。[⑤]

梭发那新政府的正式成立，表面上使老挝的局势明了化，但没有真正解决其复杂的内部矛盾，而且国际社会对老挝局势的关注也明显增加了美国对老挝政策选择的难度。因为梭发那·富马作为新政府首脑“掌握政治上的主动”[⑥]，这是美国不得不面对的一个现实。美国政府认为“梭发那·富马的新政府是羸弱的，它不能保证梭发那对国家事务的真正掌控。没有老挝王国政府军队的有效支持，该内阁将成为巴特寮和贡勒摆布的工具。梭发那·富马内阁的上台将意味着老挝倒向共产主义阵营的开始”[⑦]。按照美国政府的指示，大使布朗在与梭发那处理好关系的同时，也在极力向其灌输与富米和解的思想。被排除在梭发那新政府之外的富米一直采取强硬的立场，其中的重要原因在于全国 5 个军区中仍然有 4 个军区的部队控制在他手中（唯一一个不受其控制的军区司令部在

---

① 这些人的构成为公开宣布支持贡勒政变的军官、原来政府官员、左翼分子与一些反共人士，但不包括国家利益防御委员会代表在内。具体见 Charles A. Stevenson, *The End of Nowhere: American Policy Toward Laos Since* 1954. Boston: Beacon Press, 1973, pp. 94 – 95.

② *FRUS*, 1958 – 1960, East Asia-Pacific Region; Cambodia; Laos, Vol. XVI, Washington, DC: United States Government Printing Office, 1992, p. 799.

③ Ibid., p. 802.

④ DDRS, CK3100092733 – CK3100092735.

⑤ *FRUS*, 1958 – 1960, East Asia-Pacific Region; Cambodia; Laos, Vol. XVI, Washington, DC: United States Government Printing Office, 1992, p. 809.

⑥ Ibid., p. 803.

⑦ Ibid., pp. 804 – 805.

万象)[①]，所以他仍然“具有军事优势”，而且“沿湄公河东岸北上的富米军队已经到达北汕（Paksane)”[②]。名义上已经向梭发那交权的贡勒也表现出一定的政治野心，因为他曾经说，“梭发那政府只是临时的（富马也承认这点)，并且他自己将领导唯一的合法政党”[③]，“贡勒告诉英国的外交官，如果梭发那政府不按照他的意旨行事，他会将之废除”[④]。事实上，在这个新政府中，“除了梭发那以外，政府由二流官员构成”。对于这个新政府，“富米的人声称国王在私下里是站在他们一边的”，而“英国表示支持梭发那作为政府首脑”[⑤]。法国与英国一样，希望美国支持梭发那，法国认为梭发那有着较好的政治基础，而且还有王室的血统。[⑥]

梭发那政府成立的当天下午，美国国务院、国防部和中情局共同讨论了当前形势下美国对老挝的政策。会议担心一旦富米贸然采取军事行动，那么老挝的形势将更加复杂。“如果富米通过进攻万象来扩大其影响，那么他将注定成为老挝政治上的敌人，同时也将增加促使巴特寮武装游击队采取公开军事行动的危险。另一个结果将是遭到英国和法国，还可能包括印度在内的几个国家对他的强烈指责。这些事情将使‘东南亚条约组织’的作用与联合国通过可能的办法稳定老挝局势等变得更加复杂。”[⑦] 这次会议最后确定了消除贡勒的影响和支持富米，但不同意其采取暴力行动的指导思想。基于此，美国国务院向布朗强调，应该优先采取不流血的方式解决老挝问题，富米的暴力攻击将分裂军队的实力，并因此削弱该国唯一的反共堡垒。将贡勒从控制政府的位置上除掉，并抵消其影响将是通过非暴力手段解决问题的重要途径。[⑧]

虽然美国政府倾向于支持富米，但是由于美国刚刚在联合国对苏联

---

① CharlesA. Stevenson, *The End of Nowhere*: *American Policy Toward Laos Since* 1954. Boston: Beacon Press, 1973, pp. 95 - 96.

② *FRUS*, 1958 - 1960, East Asia-Pacific Region; Cambodia; Laos, Vol. XVI, Washington, DC: United States Government Printing Office, 1992, p. 803.

③ Ibid. .

④ Ibid. , p. 815.

⑤ Ibid. , pp. 803 - 804.

⑥ Ibid. , p. 814.

⑦ Ibid. , p. 805.

⑧ Ibid. , p. 807.

直接支持刚果的亲共起义进行了猛烈的攻击，他们担心苏联在老挝问题上对美国进行相同的反唇相讥，所以在具体政策的制定上表现得非常谨慎。美国在第456次NSC会议上进一步对富米的情况进行了分析。鉴于富米的部队正分散于全国各地的情况，富米需要外力的帮助才能将部队集结到一起，以便对万象发动进攻。为了避免可能成为国际舆论指责的焦点，会议认为美国不能公开向富米提供这种帮助。对此，艾森豪威尔总统询问美国是否可以秘密地将富米的军队送至距万象一半距离的地方，副国务卿狄龙（Dillon）指出，“在两座城市之间没有飞机场”①。表明纵然此时艾森豪威尔考虑通过一些秘密行动来帮助富米，但他仍然不想直接动用美国的军队进行干涉。狄龙进一步指出，“贡勒是万象的实际统治者，听起来像卡斯特罗似的共产党人。如果我们除掉贡勒，在梭发那·富马、国王和富米之间达成协议，建立一个政府将成为可能，而且包括梭发那·富马和富米在内的政府会是一个反对巴特寮和反对共产党的政府”。为此，艾森豪威尔同意由泰国对老挝南部进行封锁，这样“既避免了美国的直接出兵，又可以切断万象的供给而迫使贡勒投降”②。

8月22日晚，美国国务院通知其驻老挝大使，“美国在老挝的总体目标是避免发生军事冲突”，其中的关键在于“建立名义上中立但实际上亲西方的政府”，这样就“能够避免巴特寮和越盟的渗透”③。在美国看来，现存的梭发那·富马政府并不符合这种要求，其中的原因是“贡勒的存在既延长了危机，同时还会增加巴特寮干涉的危险”④。另外，对于梭发那已经表现出与富米进行谈判的愿望，富米仍然表现出不愿意与梭发那妥协，继续公开质疑后者政府合法性的情况⑤，国务院强调应该尽量“弥合梭发那与富米组阁的分歧”⑥。

---

① *FRUS*, 1958 - 1960, East Asia-Pacific Region; Cambodia; Laos, Vol. XVI, Washington, DC: United States Government Printing Office, 1992, p. 810.

② Ibid. .

③ Ibid. , p. 818.

④ *FRUS*, 1958 - 1960, East Asia-Pacific Region; Cambodia; Laos, Vol. XVI, Washington, DC: United States Government Printing Office, 1992, pp. 820 - 821.

⑤ DDRS, CK3100092747.

⑥ *FRUS*, 1958 - 1960, East Asia-Pacific Region; Cambodia; Laos, Vol. XVI, Washington, DC: United States Government Printing Office, 1992, p. 822.

新政府建立以后，梭发那便积极谋求与老挝各方势力的和解，力图在老挝建立稳定的政治局面。由梭发那发起的沙湾拿吉会谈成为这种努力的第一次尝试。8 月 23 日，在沙湾拿吉，梭发那与富米为一方，乌安·拉迪功（Ouan Ratikon）和贡勒的一个代表为另一方，同时进行会谈。双方在许多问题上达成了共识，“同意在琅勃拉邦重新召开国民议会，组建一个联合政府”①。对于这次会谈，美国政府认为这对于解决问题来说是一个不错的开端，至少将可以“名正言顺”地向富米提供帮助。帕森斯指出，“富米的军队会因此收到美国 100 吨大米和 800 万基普的军费援助”，可是参谋长联席会议认为美国对富米提供的援助“远远不够”，应该向富米提供更多、更直接的援助。② 美国在沙湾拿吉的官员伍德（Wood）告诉富米，他是“美国在老挝反共政策方面的主要支柱”，富米将很快得到“资金与后勤方面合理要求”的满足。③ 美国还通过其驻老挝大使向梭发那·富马表明，在反共与和平解决老挝的问题上，梭发那与富米同样能够得到美国的帮助。④ 巴特寮对于梭发那与富米的沙湾拿吉会谈则给予了批评。巴特寮指责梭发那向富米出卖了老挝人民，允许富米的军队进入万象，接受富米的势力进入老挝政府并将权力向其转移。号召老挝人民必须起而反抗富米以及美国、泰国和南越的帝国主义行径。⑤

6 天以后，梭发那率领其内阁成员与文翁、富米共同参加在琅勃拉邦召开的国民议会。对于这次会议，美国政府认为，如果梭发那与国王之间产生的新政府里包括富米，那么美国将向这个政府提供援助。如果新政府里不包括富米，那么美国必须谨慎地保持富米对梭发那的反抗。⑥ 这透露出美国政府为了反共而支持富米的根本指导思想。在琅勃拉邦国会

① CharlesA. Stevenson, *The End of Nowhere*: *American Policy Toward Laos Since* 1954. Boston: Beacon Press, 1973, p. 97.

② *FRUS*, 1958 - 1960, East Asia-Pacific Region; Cambodia; Laos, Vol. XVI, Washington, DC: United States Government Printing Office, 1992, pp. 822 - 823.

③ Ibid. , pp. 823 - 824.

④ Ibid. , pp. 824 - 825.

⑤ DDRS, CK3100115033; *FRUS*, 1958 - 1960, East Asia-Pacific Region; Cambodia; Laos, Vol. XVI, Washington, DC: United States Government Printing Office, 1992, pp. 823 - 824.

⑥ DDRS, CK3100144167.

召开的当天，老挝国王“再次”接受松萨尼特政府的辞职，“重新任命”梭发那·富马组阁，老挝国王与议会以绝对优势的票数通过。[①] 在新政府的14个内阁成员中，包括6个民主与社会进步党（Democracy and Social Progress）的成员。[②] 贡勒立即发表声明，表达对梭发那新建内阁的不满[③]，尤其是其中包括富米和荫朋（Inpeng）[④]，巴特寮也谴责新议会是在富米的威慑下召开的，所以是非法的。[⑤]

虽然富米以副首相的身份名列老挝这个重新组建的政府之内，但是美国政府认为，相对于其在松萨尼特政府里担任国防部部长职务时在军队中的影响力，这还远远不够。[⑥] 而且，对于这个重组建的新政府，美国仍然认为贡勒是一个重要的威胁。国务卿赫脱指出，“贡勒仍然是万象的实际控制者”“老挝新政府会受到其约束”。[⑦] 赫脱命令布朗告诉梭发那，“如果老挝王国政府想与贡勒进行斗争，那么美国将尽可能对其提供帮助”。例如，“美国可以将正在泰国受训的第一伞兵营运送至老挝王国政府所需要的任何地方”[⑧]。美国还就这种想法寻求盟友的支持。法国认为美国的做法存在相当大的困难，可是澳大利亚却会支持美国。[⑨]

重新组建政府后的梭发那也在积极进行多方沟通，力争实现其多年以来一直追求的中立主义道路，获得国内外的支持。

首先，梭发那积极争取获得巴特寮的谅解，“9月2日万象电台公布梭发那邀请苏发努冯前往万象商讨事务，或者他可以前往苏发努冯指定的地点与其进行会谈”[⑩]。美国随即便对梭发那的这种做法表示了不满，赫脱命令布朗告诉梭发那，“美国支持其政府的前提是老挝政府不能受巴

---

① DDRS，CK3100081421 - CK3100081422.

② DDRS，CK3100081419.

③ DDRS，CK3100314349.

④ *FRUS*，1958 - 1960，East Asia-Pacific Region；Cambodia；Laos，Vol. XVI，Washington，DC：United States Government Printing Office，1992，p. 829. n. 3.

⑤ DDRS，CK3100081419 - CK3100081420.

⑥ DDRS，CK3100314349.

⑦ *FRUS*，1958 - 1960，East Asia-Pacific Region；Cambodia；Laos，Vol. XVI，Washington，DC：United States Government Printing Office，1992，p. 828.

⑧ Ibid.，p. 830.

⑨ DDRS，CK3100144035.

⑩ DDRS，CK3100081446.

特寮控制或执行会导致共产党控制的政策"[①]。

其次，一直遵循走中立主义道路的梭发那，在与巴特寮联系的同时，也在"积极响应"美国的要求，争取富米尽快参加新政府的工作。并且，由于贡勒是万象的实际控制者，同时梭发那·富马正在积极与巴特寮进行谈判，这样，形势的发展可能会使老挝政府受到巴特寮和贡勒的控制。所以，美国政府认为"梭发那尽早采取行动在万象重新建立老挝王国政府的权威，以及劝说富米返回万象参加政府显得极为重要。如果富米公然唱反调，那么将会产生不可估量的后果"。例如，"既会重新出现地区分裂主义情绪，也会造成外部的干涉。即在万象的梭发那会得到北越的支持，在南部的富米会得到泰国与南越的支持"，"只有梭发那重新建立老挝王国政府的权威，并使富米返回万象参加政府，才会最好地发挥富米的作用"。[②] 但是，由于贡勒对富米的公开反对，以及有谣言显示"如果富米返回万象将可能遭到暗杀"。富米不但以"出于对自身安全的考虑"为借口拒绝执行美国对其返回万象参加梭发那政府的建议[③]，而且还立即对泰国进行了一次访问。在泰国，富米"获得了萨利特的支持"。[④] 富米的这种行径使得刚刚可能好转的老挝形势马上就蒙上了阴影。美国不想老挝的事态发展走向极端，国务院命令布朗告诉富米，"梭发那已经以个人的名义保证其回到万象的人身安全"[⑤]，警告富米"美国不会支持分裂主义行为。美国仍然考虑富米参加政府是最为重要的。如果不能做到这一点，共产党对老挝政权的控制就会得到巩固"[⑥]。从中可以看出，美国政府要求富米参加梭发那的政府，目的是贯彻美国的防共意图，使其成为美国在老挝王国政府中的反共代表，执行美国在老挝政策中的扶植目标。梭发那·富马以两天时间为限，要求富

---

① *FRUS*, 1958 - 1960, East Asia-Pacific Region; Cambodia; Laos, Vol. XVI, Washington, DC: United States Government Printing Office, 1992, p. 831. n. 3.

② Ibid., pp. 831 - 832.

③ Ibid., p. 831. n. 2.

④ CharlesA. Stevenson, *The End of Nowhere: American Policy Toward Laos Since* 1954. Boston: Beacon Press, 1973, p. 99.

⑤ DDRS, CK3100081465.

⑥ *FRUS*, 1958 - 1960, East Asia-Pacific Region; Cambodia; Laos, Vol. XVI, Washington, DC: United States Government Printing Office, 1992, p. 832. n. 5.

米返回万象，甚至梭发那允许富米带领一营的卫队，并且将他的人安排在新政府中的重要位置上。[①] 而富米并不满足于此，他要求美国为其安全提供保证。杜勒斯认为，如果不动用武力这点将很难做到。[②] 同时，美国不想让富米的这种行为激怒梭发那，命令布朗通知梭发那·富马，美国的政策是坚持争取富米保留在政府当中，美国也不会支持富米发动的分裂运动和对万象的进攻。[③]

最后，梭发那开始与共产党国家建立联系。老挝新政府成立以后，美国也在密切关注梭发那的外交动向，尤其是其与共产党国家之间的外交活动变化。美国政府注意到，梭发那为了实现他所宣称的中立政策，正在考虑采取如下措施："授权老挝驻巴黎大使前往苏联，同意苏联驻曼谷大使来到老挝。将南越的代表降至公使级别。将联邦德国的领事馆降至商务代表层次。或许与北京和/或河内建立领事关系。"美国政府认为，梭发那的这些措施不会给老挝带来真正的利益，相反"只会刺激共产党国家进一步开展关系的要求（外交、文化、经济及至军事方面）"。而且共产党国家代表在老挝地位的这种变化，将"加强老挝爱国战线的组织，进而加强共产党对老挝的渗透"。美国政府认为，"老挝正走向共产主义道路"，这些将产生更大的危险，"这会刺激共产党国家加强其行动，从而最终实现控制整个老挝的目标"[④]。美国国务院命令驻老挝大使布朗向梭发那澄清其中的利害关系，如果梭发那仍然按照其既定的措施行事，那么布朗也要提醒梭发那，在努力实现国家统一的关键时刻这么做是危险的，不利于其内部问题的解决。甚至美国政府开始考虑以"切断援助"的方式来阻止梭发那的这种外交打算。[⑤]

9月9日，美国国务院、中情局、国防部和参谋长联席会议召开联合会议，讨论老挝的形势进展，最终会议认为，不管富米提出他"返

---

① *FRUS*, 1958 - 1960, East Asia-Pacific Region; Cambodia; Laos, Vol. XVI, Washington, DC: United States Government Printing Office, 1992, pp. 835 - 836.

② Ibid., p. 833.

③ Ibid., p. 837. n. 4.

④ Ibid., p. 834.

⑤ Ibid., p. 835.

回万象的6个条件”[1] 是否能够得到满足，他“返回万象参加老挝政府是关键”，因为“如果老挝发生内战，最大的受益者将是巴特寮。一旦巴特寮与贡勒联合，那么美国将不得不对富米进行‘百分之百’的支持”[2]。

三　富米开始走向公开的分裂道路

为了避免巴特寮在老挝内战中渔翁得利，进而使老挝走上共产主义道路，美国一直致力于避免老挝内战的发生，但是老挝的形势并没有按照美国所希望的方向发展，也超出了美国的控制。9月10日上午，先是富米透露他要进行一场革命[3]，接着在当天下午1点，文翁亲王（Boun Oum，老挝南部查普帕萨克地区的王族）通过沙湾拿吉的广播宣布，他作为革命的领导人宣布解散当前的政府，并取消当前宪法，宣布在老挝全面实行战时法案。[4] 同时，富米也开始公开指责“梭发那受贡勒的指使引诱他前往万象并将其逮捕”“巴特寮为了恢复1957年时的地位，正努力重新占领丰沙里和桑怒两省，这样就可以提高其与梭发那谈判中的地位”。[5] 为了赢得美国的支持，富米声称“他理解美国只是支持合法政府的做法。但是他请求美国放开对他的束缚，等事情有了结果以后再做判断”[6]。面对富米和文翁集团的公开叛乱，梭发那宣布国家处于紧急状态。[7] 至此，老挝开始陷入分裂。不过，老挝内战并没有暴风雨般地马上开始。实际上，梭发那仍旧追求一种和解的政策，他反复要求富米返回万象并参加政府工作。

---

① 富米提出他返回万象的6个条件是“贡勒将第二伞兵营撤出万象；贡勒将提供给巴特寮的武器收回；巴特寮撤出万象；由Staff将军负责万象的安全；巴特寮停止军事行动；在目前情况下，敌对双方不要进一步发动进攻”。具体见DDRS，CK3100089446；*FRUS*，1958 - 1960，East Asia-Pacific Region；Cambodia；Laos，Vol. XVI，Washington，DC：United States Government Printing Office，1992，p. 854. n. 7.

② *FRUS*，1958 - 1960，East Asia-Pacific Region；Cambodia；Laos，Vol. XVI，Washington，DC：United States Government Printing Office，1992，p. 836.

③ Ibid.，p. 840.

④ Ibid.，p. 837. n. 5.

⑤ Ibid.，p. 837.

⑥ Ibid.，p. 838.

⑦ Ibid.，p. 840.

文翁宣布“革命”的当天，国务院命令布朗以最快的速度与老挝国王见面，希望老挝国王萨旺·瓦达纳能够以国王的名义号召停止内战，否则最后的受益者将是巴特寮。“在这种混乱的局面下，巴特寮将毫不费力地实现分裂，并且使其攫取政权的目标进展明显。”① 同时，美国政府公开发表了一份关于老挝问题的声明：“过去美国一直明确支持老挝政府保持独立，一直反对来自外部或内部共产党侵蚀的努力。遗憾的是暴乱破坏了这种团结形势，增加了这种侵蚀的危险。我们坚决支持老挝通过自身努力和平解决这个问题。任何国家及其扶植目标都不应该趁乱直接或间接地攫取对老挝的控制。”② 从表面上看，美国政府的这份声明指向的是富米与文翁的“革命活动”，但此时美国提出这份声明有着“一箭双雕”的目的。一方面，富米不合时宜地发动武装行动，美国固然担心其成功的概率不高，以及巴特寮会乘势发展的可能；另一方面，美国也是在“提醒”梭发那应该停止与巴特寮的继续谈判，并“警告”来自共产党国家方面可能的干预。通过分析不难看出，即使此时美国政府还没有明确宣布其对老挝右翼势力的支持，但是其贯穿其中的反共原则是一目了然的。

9月15日，布朗大使向国务院提出“美国政府应该支持的是合法政府”，而且他相信“胡萝卜加大棒的政策效果明显好于单独使用大棒，尤其是在老挝问题上”。布朗要求美国政府允许他告诉梭发那，如果梭发那能保证“在老挝统一前，其政策中不能有与巴特寮进行谈判的内容，而且巴特寮应该归还9月6日以来所占领的领土。在梭发那的内阁中不包括巴特寮的成员，拒绝承认中国或者越南，如果可能还包括苏联。要求梭发那赦免沙湾拿吉政权及其追随者，在内阁中接受富米”，那么“美国将继续向其提供援助，美国对老挝的所有援助将通过他的政府完成”。布朗

---

① *FRUS*, 1958 - 1960, Vol. East Asia-Pacific Region; Cambodia; Laos, Vol. XVI, Washington, DC: United States Government Printing Office, 1992, p. 839. 不过，老挝国王却拒绝对此进行调解，反映了其早就表现出来的支持富米的倾向。*FRUS*, 1958 - 1960, East Asia-Pacific Region; Cambodia; Laos, Vol. XVI, Washington, DC: United States Government Printing Office, 1992, p. 841. n. 7.

② Press Release 527, September 10, 1960, printed in Department of State Bulletin, September 26, 1960, 43, p. 499. 下载地址 http://www.archive.org/.

还要求美国政府“允许他以个人的名义会见富米，告诉富米美国的这种立场，希望以此表明美国不会对其个人行为进行支持”①。

不过，布朗的建议涉及的问题比较复杂。美国认为其向梭发那提供的是“漏斗似的援助”，因为这将使属于老挝政府军编制下的贡勒部队可以顺理成章地得到美国提供的援助。这并不符合华盛顿的初衷，毕竟贡勒曾经宣布他的目的是要将外国的军事人员赶出老挝，而且一直以来，美国将贡勒看作老挝政局的最大威胁。另外，更重要的是，美国政府将富米看作在老挝抵制巴特寮发展的主力军。美国政府在9月12日的电报中已经命令布朗告诉梭发那的部队司令乌安·拉迪功将军，如果与老挝北部桑怒省和丰沙里省巴特寮的战斗升级，美国将有必要直接向富米的军队提供援助。艾森豪威尔总统表示同意在打击巴特寮方面“美国应该支持富米”。针对“富米所拥有的三架C-47飞机中的两架已经报废”的情况，总统提出应该“额外向富米提供一些C-47飞机”②。第二天，美国国务院通知布朗，已经考虑并拒绝了他的建议，同时向其提出国务院的想法。东南亚事务办公室已经制订了一个计划“建立一个可以为大多数爱国势力接受的新政府”，即由梭发那提出辞职，国王任命一个梭发那和富米都支持的人组建两者都能参加的政府。国务院还通知布朗可以告诉老挝国王，如果形势没能按照这个计划的方向发展，美国将于9月19日暂停对老挝的援助。国务院向布朗强调，此举并不是要放弃老挝，即使形势需要其停止对老挝的援助，也要逐渐实施。另外，国务院还命令

---

① 布朗认为美国在老挝当前形势下面临3种选择。首先，美国可以支持富米和文翁。布朗认为这种选择是不能被接受的，因为如果做出这种选择，那么美国支持的将是公开自称“废除合法政府、议会和宪法”的势力。其次，美国可以采取一种“不作为”的政策，这可能带来梭发那辞职的结果。布朗认为这太危险而加以否定，他认为这会使梭发那在一个相当的时期继续逡巡，是非常危险的，而且富米一方会加大进攻力度，从而巴特寮将利用这个机会一方面分裂老挝的军队，另一方面取得对广大农村的占领。这样就只剩下了最后一种选择：全力支持梭发那，同时“尽最后的努力说服富米”与之合作。布朗认为，梭发那是老挝公众唯一支持的领导人，而富米却由于最近的行动疏远了公众，使其声望日降。相对于此，布朗认为梭发那有着较好的群众基础。如果梭发那从老挝的政治舞台上消失，那么老挝将失去一个很重要的稳定因素。*FRUS*, 1958-1960, East Asia-Pacific Region; Cambodia; Laos, Vol. XVI, Washington, DC: United States Government Printing Office, 1992, pp. 841-845.

② *FRUS*, 1958-1960, Vol. East Asia-Pacific Region; Cambodia; Laos, Vol. XVI, Washington, DC: United States Government Printing Office, 1992, pp. 845-846.

布朗告诉富米，为了使其避免招致老挝国内外的反对，他应该停止其反对万象的破坏性计划和心理战。[①] 从中可以看出，援助只是美国控制老挝政府的工具，不是促进其发展和独立的手段。

尽管国务院一再调整其政策，“国防部和中情局并不十分同意国务院的立场”[②]。海军作战部部长阿莱·伯克向国防部部长汇报道，老挝的军队正有“分裂成几部分的危险，由此会丧失其有效镇压共产党叛乱的能力”。参谋长联席会议建议，“立即并且强势地支持富米”。这包括通过计划评估办公室和中情局的设备向富米的部队提供帮助，鼓励他“即使付出一些流血的代价，也要消灭贡勒的政变力量”，并安排由泰国帮助从沙湾拿吉向万象运送部队。[③] 此时，国防部支持富米的立场仍然是非常明确的。

9 月 18 日，布朗大使回电国务院，表示不同意两天前国务院的指令，认为国务院所提出的建议中存在不可行的因素，如老挝国王并不愿意采取决定性的行动、富米难以驾驭等。相反，面对贡勒对万象政权的控制，梭发那却是最为合理的替代者。[④] 当天，负责远东事务的助理国务卿帕森斯（J. Graham Parsons）以个人的名义给布朗发去了一封电报，表示“对于可能在我们之间要发生的误解多少有些不安”。帕森斯指出，“虽然梭发那处于合法的地位，但一直以来他的政策方向并不符合美国的利益需求，相反对于共产党的压力则很软弱”。而“尽管富米充满野心又非常好战，但他一直以亲美和反共著称。而且，他的‘革命’并不是一般性地反对现政府，相反他得到国王的同情和南方众多政治势力的支持”。我们必须清楚的是，“通过梭发那向老挝的军队提供援助，只会增强贡勒的力量，同时还会严重削弱富米的地位”[⑤]。美国国务院在随后的一封电报中强调指出，“我们目前关心的是保持老挝的政治秩序和稳定”。由于担心

---

① *FRUS*, 1958 - 1960, Vol. East Asia-Pacific Region; Cambodia; Laos, Vol. XVI, Washington, DC: United States Government Printing Office, 1992, pp. 848 - 850.

② *FRUS*, 1958 - 1960, East Asia-Pacific Region; Cambodia; Laos, Vol. XVI, Washington, DC: United States Government Printing Office, 1992, p. 850.

③ Ibid., pp. 846 - 847.

④ Ibid., pp. 850 - 851.

⑤ Ibid., pp. 852 - 853.

万象与沙湾拿吉之间的对峙会给巴特寮造成可乘之机，所以国务院认为“应该确保有能够与巴特寮进行战斗的军队得到援助，而这应该通过富米来实现”。因为在美国看来，“万象的真正权力并不是在乌安手中，而是仍然在贡勒的控制之下。贡勒一直与巴特寮有联系，甚至与他们有着合作”。由此带来的后果是，“梭发那不能保证国家或军队的团结”。美国政府也承认梭发那是目前老挝“唯一一个可以限制贡勒和巴特寮不能公然控制国家政权之人”，但梭发那也是做出了“极大牺牲”的，即“允许巴特寮默默地发展势力，阻止富米返回万象以使梭发那政府运转灵活，造成整个老挝形势的迅速恶化”。尽管如此，美国政府还是不希望老挝内战的升级，指示布朗向富米明确“武力不是解决问题的明智选择，应尽力促成老挝南北双方的和谈”。[①] 显而易见，出于“冷战”的需求，富米—文翁集团是美国在老挝实现其目标的工具。

布朗仍然不同意国务院的观点，回电进行反驳。布朗指出，他不怀疑富米的反共和亲美立场，但是富米的刚愎自用却限制了其影响力的发挥，如富米“在与巴特寮进行作战的时候‘拒绝接受来自万象’的援助，而对分裂老挝的行动（9月10日的“革命宣言”）却毫不犹豫。这是将反共和个人利益哪个放在第一位呢?”[②]

就在美国政府仍然为应该采取何种政策进行争论的时候，富米却不顾正在与巴特寮在老挝北方进行战斗的情况，还同时向万象发动了军事进攻。9月21日晚至22日，富米与贡勒的部队在万象东部90英里远的要地北汕进行了一场战斗。一个月前，富米的军队已经占领了北汕，但是此役人数明显占优的富米部队面对贡勒一方的进攻，几乎没有进行任何的抵抗便迅速溃败。[③] 虽然在这场战斗中富米一方仅损失3人，但这是双方的第一次正式交战，这使富米的战斗力遭到了怀疑，贡勒则声望大增。泰国认为这是美国对富米支持不够造成的结果，萨利特向美国提出强烈的抗议。[④]

---

① *FRUS*, 1958 - 1960, East Asia-Pacific Region; Cambodia; Laos, Vol. XVI, Washington, DC: United States Government Printing Office, 1992, pp. 853 - 856.

② Ibid., pp. 857 - 858.

③ Ibid., p. 859. n. 2.

④ Ibid., p. 859.

面对老挝局势的发展，在美国政府的一再“建议”下，老挝国王决定先行在王都琅勃拉邦召开对峙双方的军事首脑会议，9 月 22 日早晨，致电拉迪功将军和富米，要求他们共同前往琅勃拉邦进行磋商。老挝国王希望通过这种会议“实现老挝军方的统一”“在反共和坚决防御巴特寮方面取得一致”。老挝国王打算在此基础上再召开“由梭发那和文翁共同参加的国家防御委员会会议”[①]。梭发那对于国王的这个建议做出了积极的回应。可是在富米看来，在老挝存在的只是共产党与非共产党之间的政治对立，万象几乎已经被共产党真正占据了，甚至梭发那的实际权力也相形见绌，而且琅勃拉邦早已遭到部分渗透，所以富米认为“这样的会议不会有积极的结果，而且琅勃拉邦也不安全”[②]。美国对富米的这种态度表示不满，认为“富米的这种固执将使美国在联合国会议上遭受被动，而英国、法国甚至澳大利亚和新西兰对富米的疑虑会变为对其指责”[③]。泰国也向富米施压，要求其参加琅勃拉邦的会谈。9 月 25 日下午，萨利特要求富米“必须”前往琅勃拉邦，因为富米不能单独完成与共产党进行斗争的任务，他离不开泰国和美国的支持，而且在这种情况下，泰国是不会支持富米的，“如果富米丢掉这次机会，那么他将丧失一切”[④]。

老挝的局势受到了国际社会的关注。在 9 月 23 日召开的联合国会议上，美国国务卿赫脱、英国外交大臣劳德·霍姆（Lord Home）和法国外交部部长德姆维尔（Couve de Murville）单独讨论了老挝问题。三外长建议成立由美国的帕森斯、法国的卢塞（Charles Lucet）和英国的米勒（Frederick Hoyer Millar）共同组成的一个副外长研究小组，该小组提出关于老挝问题的“一般目标”：避免老挝遭受内外颠覆而崩溃；防止非共产党力量的分裂；保持老挝领土完整与国家统一；保持老挝抵御共产党内外颠覆的能力，以保留其“中立且亲西方的地位”。该小组还一致认为由联合国安理会讨论老挝的这个内部事情是不恰当的。从 8 月份开始，泰

---

① *FRUS*, 1958 - 1960, East Asia-Pacific Region; Cambodia; Laos, Vol. XVI, Washington, DC: United States Government Printing Office, 1992, pp. 860 - 861.

② Ibid. , p. 862.

③ Ibid. , p. 863.

④ Ibid. , p. 865.

国对老挝领土的实际封锁造成了老挝石油的短缺，该小组建议美、英、法三国驻曼谷的大使“共同劝说泰国政府，使其明白老挝的这种石油短缺只能是共产党扩大其活动的理由”①。

面对众多的内外压力，尤其是在北汕的战败，富米同意于 9 月 28 日和文翁前往琅勃拉邦与梭发那政府的代表进行会谈。② 经过短暂的交流，拉迪功将军与富米将军一致同意停火，并在 5 天内召开一次高层政治会议，商讨重新组建可能包括梭发那 · 富马在内的新内阁问题（文翁亲王利用单独与老挝国王见面的机会进一步向老挝国王提出命令梭发那辞职的要求，国王对此表示同意）。杜勒斯对于这次会谈的认识是，“相对于富米和梭发那之间的和解，老挝丢失于共产党的危险更大”③。可是布朗对于这次会谈并不看好，他认为拉迪功与富米之间的“所谓一致”只是一种表象，最后富米和梭发那之间“达成政治解决的希望是渺小的”，因为梭发那与富米各自都以为会获得广泛的政治支持，不但巴特寮与贡勒部队的战斗力仍很强大，而且富米势力所在的沙湾拿吉分裂主义的倾向也表现得比较明显。④

虽然富米前往琅勃拉邦参加国王召集的会谈，但实际上，富米仍然在做着分裂的准备。例如，9 月 29 日，法国驻老挝的大使告诉美国驻老挝的大使，依照惯例，法国文化参赞准备将法国教师派往老挝的南方，同时安排老挝南方的学生到万象参加毕业考试。但是富米只同意法国教师到老挝的南方，不同意老挝南方的学生前往万象。任何想去法国的毕业生必须直接从沙湾拿吉离开。⑤ 10 月 1 日，富米致信老挝国王，表示“沙湾拿吉这边希望国王解散国民议会，命令梭发那辞职。根据临时宪法组建临时政府，新内阁由军人组成，排除左翼分子”⑥。这些都充分表明了南方的分裂主义倾向。

---

① *FRUS*, 1958 - 1960, East Asia-Pacific Region; Cambodia; Laos, Vol. XVI, Washington, DC: United States Government Printing Office, 1992, pp. 864 - 865.

② DDRS, CK3100314139.

③ *FRUS*, 1958 - 1960, East Asia-Pacific Region; Cambodia; Laos, Vol. XVI, Washington, DC: United States Government Printing Office, 1992, p. 867.

④ Ibid. , pp. 873 - 874.

⑤ DDRS, CK3100081612 - CK3100081613.

⑥ DDRS, CK3100081653.

在9月29日召开的NSC会议上讨论了老挝的局势发展情况，杜勒斯尤其重视富米在北汕的战败，他指出，虽然“不清楚越盟对巴特寮的援助程度，但至少得到越盟后勤援助的巴特寮正在占领整个桑怒省”。在杜勒斯看来，该地区“附近唯一的机场在桑怒”，如果丢掉桑怒省则影响巨大，因为“这将造成很难在该省增援反共部队的后果”。副国务卿狄龙对此接着说道：“我们已经授权向包括川圹在内的位于琅勃拉邦和桑怒之间的各个战略据点重新提供了弹药、民用航空公司飞机、粮食等物资。美国比以往更为直接地卷入了老挝的形势。”①

北汕战役对美国的老挝政策产生了重要的影响。一方面，美国仍然继续着以往对老挝政治势力的争取，以实现对老挝局势发展的控制。例如，国务院命令驻老挝大使布朗立即会见老挝国王，请他利用自己的“权威”拯救自己的国家。② 杜勒斯也强调，“如果富米不能与梭发那进行合作，那么老挝丢于共产党的危险将大增”③。另一方面，美国也极力避免老挝与共产党国家建立直接的外交联系。根据情报显示，“梭发那·富马将邀请苏联驻柬埔寨的代表同时担任苏联驻老挝的代表”，美国对此进行了积极的应对，“极力劝告梭发那·富马不要与苏联建立外交关系”④。更为重要的是，美国已经着手进行另一种准备了，即在9月30日召开的参谋长联席会议上第一次讨论了考虑老挝南北分裂的问题，即“改变既有的政策”“向富米提供全部的物资和财政援助，这样可以保证富米对老挝南部的控制”。⑤

根据国务院的指示，10月1日，布朗向老挝国王表明美国将要停止对老挝的军事援助，因为那样可以避免由“美国资助老挝内战双方”的局面。⑥ 美国这么做的目的是“通过控制军队开支与其他援助，来迫使老挝国王和其他的政要立即组建一个新政府”。而当这个“新政府”成立的

---

① *FRUS*, 1958 - 1960, East Asia-Pacific Region; Cambodia; Laos, Vol. XVI, Washington, DC: United States Government Printing Office, 1992, pp. 867 - 868.

② Ibid., p. 869.

③ Ibid., p. 867.

④ Ibid., p. 868.

⑤ Ibid..

⑥ Ibid., p. 871.

时候，美国将一如既往地向其提供援助，“包括向在沙湾拿吉的富米部队在内的那些‘准备并且愿意’与巴特寮进行战斗的部队提供资助”[①]。

9 月 28 日，就在富米与梭发那代表在琅勃拉邦会谈的时候，“根据情报显示，贡勒和巴特寮的联军向富米部队发动了进攻”[②]。对此，10 月 3 日，参谋长联席会议通知太平洋舰队司令费尔特，“为了避免老挝王国政府军的彻底失利”，费尔特应该向富米一方“提供必要的武器和援助，根据需要为富米的其他部队提供空运服务”。另外，参谋长联席会议还建议费尔特应该与驻老挝的计划评估办公室主任“尽最大努力共同劝说拉迪功与富米避免政治因素的影响，放弃他们个人之间的嫌隙，一起努力保持老挝政府军与王国的统一”，要使他们明确“这是避免老挝分裂和最终向共产党屈服的必经之路”[③]。

布朗一直不相信富米，所以此次他又提出了与参谋长联席会议不同的观点。布朗认为在“缺少富米和梭发那协议的情况下，冒然支持富米将会导致进一步的分裂以及发生真正战争的危险”。如果按照参谋长联席会议的意见对富米提供帮助，那么美国将陷入被动，因为“这将被看作是支持富米反对合法政府的一个公开宣言，也是长期以来美国秘密支持富米谣言的证明”。而且，这也“将被看作是对其他国家内部事务的干涉，这有悖于我们的宣传，尤其是最近我们对苏联向卢蒙巴提供支持进行了指责”。美国的这种做法“很可能会由内战转化为一场国际性的战争”。[④] 布朗坚持富米一方不足以实现美国的寄托，他本身还存在许多不足。从根本上看，布朗认为富米的部队由于“刚刚遭受军事和精神上的打击，已经对自己甚至指挥官丧失了信心”。他们心理上的劣势在于“他们不属于合法政府的部队”。即使富米得到了参谋长联席会议计划中的援助，在这种情况下的部队也是“无法取得对贡勒和巴特寮联军战斗胜利

① *FRUS*, 1958 - 1960, East Asia-Pacific Region; Cambodia; Laos, Vol. XVI, Washington, DC: United States Government Printing Office, 1992, p. 872.

② DDRS, CK3100313985.

③ *FRUS*, 1958 - 1960, East Asia-Pacific Region; Cambodia; Laos, Vol. XVI, Washington, DC: United States Government Printing Office, 1992, p. 876.

④ Ibid., p. 877.

的”[①]。相比较而言，在布朗看来，梭发那具有许多优势，除了梭发那是合法政府的部队以外，布朗认为梭发那并不是共产党，他只是在“团结老挝的左翼力量”，而且梭发那也“担心巴特寮力量的迅速增长”，他想“得到足够的支持，这样他会拥有可以与巴特寮进行对抗的实力”[②]。但是，布朗所做的这种努力并没有对美国政府产生多大的影响。艾森豪威尔认为梭发那是贡勒的“同谋或俘虏”，而政府官员则认为梭发那是受共产党欺骗的人。布朗的电报促成了国务院—参谋长联席会议—中情局的另一次会议，与会者决定任何对富米的大量援助超出了既定的数量都需要总统授权，不管怎样，直到布朗大使与国王 10 月 6 日的会谈结果出来时，再做出新的决定。[③]

一直以来，老挝国王对于老挝的局势表现得非常悲观。[④] 10 月 6 日，布朗与老挝国王进行的会谈再次证明了这一点。布朗鼓励老挝国王发挥他的“权力与影响”，促成富米与梭发那之间的和解，但是老挝国王表示自己“没有能力”解决这件事情，他所能做的只是“听命于政府”[⑤]。

诚如布朗所判断的那样，“富米与梭发那无法实现真正的和解”，而且老挝国王又无法发挥他的影响力，美国国务院经过与国防部、参谋长联席会议的联合研究，于 10 月 7 日给驻老挝大使布朗做出指示，“将梭发那 · 富马看作是象征性的合法政府，同时支持富米与其他反共力量作为候选人。不过，需要掌握好的是，对反共力量的支持是在不影响梭发那地位的情况下进行的”“对于富米的援助将由太平洋舰队司令部直接进行”。国务院进一步指示，如果梭发那能够按照美国的意旨行事，那么布朗还需要向梭发那说明，他必须遵守如下几个条件才能够获得美国的信心和支持，即“将政府从万象迁至琅勃拉邦，这样他既可以接近国王又可以免除贡勒的威胁。采取一切可行措施，确保贡勒不再发动向老挝王

---

① *FRUS*, 1958 - 1960, East Asia-Pacific Region; Cambodia; Laos, Vol. XVI, Washington, DC: United States Government Printing Office, 1992, p. 879.

② Ibid., p. 877.

③ Ibid., p. 882.

④ DDRS, CK3100021449.

⑤ *FRUS*, 1958 - 1960, East Asia-Pacific Region; Cambodia; Laos, Vol. XVI, Washington, DC: United States Government Printing Office, 1992, pp. 883 - 886.

国政府军的进攻，停止反对沙湾拿吉的敌意和敌对活动。确保包括所有现金在内的政府资产运往琅勃拉邦。停止目前与巴特寮进行的谈判，直至建立具有可以与巴特寮进行谈判地位的统一政府时为止”[①]。布朗于10月9日在给国务院的汇报中指出“梭发那对此的态度是欣然接受的”[②]。

为了保证梭发那能够更好地配合，国务院将对梭发那的要求同时照会法国、英国和澳大利亚，希望能够在这个问题上取得这几个国家的支持。同时，美国也将这个计划的全部内容通知了泰国的萨利特。[③] 英法等国对于美国争取梭发那的做法表示了支持，只不过在具体方式上还存在分歧。英国认为，梭发那是拯救老挝的唯一人选，应该给予全部的支持。法国则不同意美国要梭发那停止与巴特寮的谈判并前往琅勃拉邦的要求，在法国看来，这对于老挝局势的发展来说是危险的。[④]

在美国向梭发那施压的时候，梭发那也反过来开始向美国施压。10月7日，就在美国切断对老挝援助的当天，梭发那向新闻界公开了美国停止对老挝援助的消息，并且声称如果美国继续这么做，那么他将“采取行动”[⑤]。第二天，梭发那致信美国驻老挝大使，要求美国明确其立场，明确美国对老挝停止的援助是否包括经济方面。如果是这样，梭发那想早做准备以应对早已恶化的形势。并提醒美国，不允许任何国家资助老挝反政府的一方。[⑥]

10月8日，美国国务院召开会议，研究应对老挝局势发展的政策。会议决定派出由助理国务卿帕森斯、负责国际安全事务的助理国防部部长约翰·埃尔文（John Irwin）、太平洋舰队的海军上将赫伯特·莱利（Herbert Riley）组成特别使团前往老挝（亦称“帕森斯使团”）进行实地考察。该使团的任务是弄清楚美国在老挝的工作人员与华盛顿之间的分歧到底在哪儿。该使团还要向老挝国王陈情利害，要其发挥应有的作

---

① DDRS, CK3100240393 - CK3100240394.

② *FRUS*, 1958 - 1960, East Asia-Pacific Region; Cambodia; Laos, Vol. XVI, Washington, DC: United States Government Printing Office, 1992, p. 887. n. 3.

③ Ibid., p. 888.

④ DDRS, CK3100086161.

⑤ DDRS, CK3100081682.

⑥ DDRS, CK3100081692.

用。而且，要向富米表明美国对他的认可，但富米必须按照美国的意旨行事。不过，为了掩人耳目、免遭非议，国务院决定帕森斯使团与富米见面的地点应为琅勃拉邦或曼谷，而不是沙湾拿吉。另外，要由美国驻曼谷外交官詹森（Jantzen）告诉富米，美国会确保对他的支持。① 在10月11日进行的白宫会议上，艾森豪威尔总统最后表示，目前唯一能做的是，“采取包括向梭发那提供资金援助在内的特别举措，尽力将梭发那争取到我们一边，努力使其向我们提出帮助解决问题的要求”②。

帕森斯一行来到老挝以后，分别会见了梭发那和老挝国王，他们发现两者在关于苏联代表将进入老挝的问题上存在分歧。国务院指示帕森斯应该利用这个机会，劝阻老挝国王拒绝苏联的代表进入老挝，要向其说明“苏联代表团成员之一的费德洛夫（Fedorov）是一个危险分子，他在多处组织了颠覆性的活动并以此闻名”③。

10月11日，兰尼兹尔将军在与总统的交谈中表达了对老挝形势的担忧，尤其是对美国所倾力扶植的目标富米的前景并不看好，始终“得不到政府或国王的支持”④。10月15日，帕森斯从曼谷发回电报，指出鉴于“富米所建立的‘革命委员会’的反政府性质，此时的美国不适合向其提供公开的援助”。另外，由于艾森豪威尔总统刚刚在联合国大会上指责了苏联对刚果事务的干涉，使苏联遭到了广泛的指责，而如果此时我们向富米提供援助，则会为苏联对美国进行指责提供机会，同时也将证明我们一直以来对富米提供的秘密帮助。⑤ 为此，美国指示布朗“通知富米解散‘革命委员会’，因为这将改善非共力量之间的关系，有利于促进老挝统一的实现。而且，此举还可以提高富米的声望”“要求富米去掉‘反

---

① *FRUS*, 1958 - 1960, Vol. East Asia-Pacific Region; Cambodia; Laos, Vol. XVI, Washington, DC: United States Government Printing Office, 1992, pp. 889 - 891.

② Ibid., p. 895.

③ *FRUS*, 1958 - 1960, East Asia-Pacific Region; Cambodia; Laos, Vol. XVI, Washington, DC: United States Government Printing Office, 1992, p. 903. 10月5日，万象电台发布新闻称“国王已经同意老挝将与苏联建立外交关系。本周末莫斯科与万象将同时发表正式声明”。梭发那也公开宣称将“接受苏联的使团进入万象”。DDRS, CK3100081665 - CK3100081666.

④ DDRS, CK3100325274.

⑤ *FRUS*, 1958 - 1960, East Asia-Pacific Region; Cambodia; Laos, Vol. XVI, Washington, DC: United States Government Printing Office, 1992, pp. 905 - 906.

叛’的标签”。[①]

“帕森斯使团”在老挝取得了两个“矛盾”的成果。首先，帕森斯向梭发那提出，如果梭发那允许富米从美国接受军事援助，那么将立即开始援助的支付。梭发那同意了这个交易，前提是任何美国的军事设施不能用于反对贡勒军队。10 月 17 日，梭发那正式向帕森斯提出要求美国对其所在的第一军区提供大量的援助，而且如果富米承认他是合法政府所在，他将同意美国直接向其提供援助。[②] 其次，就在国务院努力争取富米放弃斗争与梭发那进行合作的时候，特别使团中的负责国际安全事务的助理国防部长约翰·埃尔文和海军上将赫伯特·莱利却抛开帕森斯，于 10 月 17 日在沙湾拿吉会见了富米、在泰国的乌隆会见了文翁亲王。在这次会谈中，埃尔文和莱利鼓励富米加入一个新的反共政府以提高其地位，而且“美国准备至少是秘密地支持其发动一次向万象的进军”[③]。无疑，日后，富米发动大规模内战与埃尔文和莱利此行有着必然的联系。[④]

10 月 18 日，国务院给布朗发去了新的指令。“鉴于美国不能公开对富米提供援助，免遭国际社会的指责，同时梭发那所在的又是合法政府”，所以还应该继续贯彻 10 月 7 日那封电报的精神，即继续争取梭发那并使其满足美国提出的各种条件。但是，在这次指令中，美国政府也认识到对于梭发那或其他合法政府首脑的争取需要付出相当大的代价，因为“除了必须向老挝王国政府军提供援助外，由于贡勒及其部队的合法身份也会从中得到资助”，不过这可以“赢取时间以培养反共力量”，所以美国政府认为这是“值得的”。此举还可以获得的额外好处是“我们能够得到英、法、澳大利亚等盟友最大程度的认可”。出于以上考虑，国务院指示布朗，“继续向梭发那施压，通过迁往琅勃拉邦或使贡勒离开万

---

① *FRUS*, 1958 - 1960, East Asia-Pacific Region; Cambodia; Laos, Vol. XVI, Washington, DC: United States Government Printing Office, 1992, p. 914.

② Ibid., p. 913.

③ Ibid., p. 914.

④ 埃尔文和莱利向富米所做的这种保证应该得到总统的授权。在 10 月 13 日进行的第 463 次 NSC 会议上，艾森豪威尔便询问刚刚到达老挝的埃尔文和莱利是否已经与富米会面。事实上，埃尔文此时正前往富米所在的沙湾拿吉。总统的询问表明他清楚这个使团将带给富米一个特殊的信息。*FRUS*, 1958 - 1960, East Asia-Pacific Region; Cambodia; Laos, Vol. XVI, Washington, DC: United States Government Printing Office, 1992, p. 897.

象的方式，使其免受贡勒的威慑。如果梭发那不合作，那么要帮助老挝寻找合适的替代者。尽量将万象的财产转移出来备用。尽力控制贡勒或使其中立。阻止梭发那与巴特寮在和谈中达成协议。富米应该解散‘革命委员会’以去掉反叛者的标签”，这样富米就能够以正当的名义得到美国的帮助。[①] 但是直到 10 月 24 日，富米告诉布朗此时解散“革命委员会”的时机还不成熟，因为他觉得“梭发那还会将解散以后的‘革命委员会’成员看作是反叛者”。[②] 不管怎样，为了支持这些政策的落实，美国在这份电报中批准继续对老挝提供援助。[③] 10 月 20 日，布朗将这个消息通知了梭发那。梭发那表示，只要美国的援助不用于反对老挝政府，他将同意接受美国政府向老挝王国的军队提供援助。[④] 国务院通知布朗可以接受这个条件，让其重启对老挝的援助。[⑤] 美国此举的目的非常明确，正如国务院与中情局在向总统的报告中所指出的那样，“由于形势紧迫，我们不得不使宪法保障下的首相梭发那·富马发挥作用”[⑥]。

这个阶段，美国对富米的表现由开始完全的暗中支持到逐渐公开（通过梭发那政府，直接鼓励富米发动军事行动）支持的转变。综观富米宣布“革命”以来美国政府的政策考虑与政策分歧，其根本目的在于如何在老挝建立一个能够实现其“反共”目标的政府。“帕森斯使团”之行所反映出来的两个结果看似矛盾，其实恰恰反映了美国对老挝政策在这种分歧中逐渐趋同、明了的方向。因为帕森斯与梭发那达成的协议，使美国可以“合法地”向富米直接提供援助，埃尔文和莱利向富米的保证也是为美国在老挝扶植反共力量目标服务的。有学者直接指出，“埃尔文和莱利之行为富米向万象进军打开绿灯”，其目的是“弄清楚富米的需求以及富米是否有能力重新夺取万象”。正是帕森斯使团的老挝之行，放开

---

① *FRUS*, 1958 - 1960, East Asia-Pacific Region; Cambodia; Laos, Vol. XVI, Washington, DC: United States Government Printing Office, 1992, p. 921.

② DDRS, CK3100086735.

③ *FRUS*, 1958 - 1960, East Asia-Pacific Region; Cambodia; Laos, Vol. XVI, Washington, DC: United States Government Printing Office, 1992, pp. 915 - 917.

④ Ibid., p. 919.

⑤ DDRS, CK3100505481.

⑥ DDRS, CK3100314968 - CK3100314969.

了富米的手脚，“直到帕森斯使团的到来，我（富米）才有了足够的底气”[①]。正可谓一语中的。

四　老挝危机的发生

贡勒政变发生以后，美国一直在老挝推行的是“双管齐下”的战略，即围绕“反共和防共”这个根本目标，表面上争取与梭发那进行合作，暗地里并没有放弃对富米的纵容和支持。正是在美国这种“双重考虑”的推动之下，老挝局势根本无法得到真正的平稳，反而一步步走向国际化的危机。

对于梭发那，美国采取的是“拉拢与压迫”相结合的策略以谋求他的让步与合作，可是结果却事与愿违。美国政府在考虑争取梭发那的同时，也在考虑为实现其目标而排除其他障碍。10 月 22 日，国务院与国防部联合向布朗下达指令，在争取梭发那与美国实现合作的同时，也要充分考虑贡勒可能在其中的不利影响。除了在舆论上要宣传“国王不信任贡勒”以外，还要尽力做到如下几个方面：“用忠于拉迪功和富米的部队代替贡勒的第二伞兵营所在位置；贡勒与杜安（Duane）中尉必须调离万象；如果贡勒不合作，梭发那必须命令所有忠于老挝王国政府的部队采取控制万象的联合行动，同时向第二伞兵营士兵宣传不要反对政府而成为贡勒利用的工具。”[②] 在推行这些计划的时候，美国政府除了要求把握“多用胡萝卜、少用大棒”“引导”等原则外，还要求注重“在老挝王国政府军中孤立贡勒所在的第二伞兵营”“对其连队干部进行调动，逐渐瓦解其力量”。[③] 国务院还继续向梭发那施压，命令布朗通知梭发那“虽然他有权以老挝王国政府的名义向贡勒的第二伞兵营支付军饷，但是美国也有权收回其向与巴特寮有合作关系的部队支付的军饷”[④]。同时，美国政府还指示布朗向老挝国王施压，让其以老挝国王的名义发布不信任贡

① CharlesA. Stevenson, *The End of Nowhere: American Policy Toward Laos Since* 1954. Boston: Beacon Press, 1973, p. 113.

② *FRUS*, 1958 - 1960, East Asia-Pacific Region; Cambodia; Laos, Vol. XVI, Washington, DC: United States Government Printing Office, 1992, p. 923.

③ Ibid., pp. 924 - 925.

④ Ibid., p. 925. n. 4.

勒的声明。[1]

贡勒政变以来，泰国对湄公河沿岸的封锁使万象的燃料和粮食消耗于10月25日的时候濒临殆尽。“市场上大米等最基本的食物变得越来越少，而物价却是节节飞涨。万象的经济崩溃甚至比老挝的政治情况还要混乱。”[2] 在梭发那看来，美国对他提出的条件过于苛刻，迫于经济上的压力，梭发那于10月27日公开表示老挝准备接受苏联的援助。[3] 为了摆脱美国制造的诸多麻烦所带来的执政困境，11月初，梭发那对巴特寮进行了一次特别的访问，“促成一直反对老挝右翼势力的贡勒部队得到苏联和巴特寮的资助”[4]。梭发那的这些活动“粉碎了美国一直认为梭发那可以抵制共产党侵蚀的希望”[5]，也进一步促使美国增加了对富米的政策倾向。

自10月7日美国确定在老挝的基本方针以后，梭发那对于美国要求的不论是“将政府迁至琅勃拉邦”“结束与巴特寮谈判”，还是“将政府财产从万象转出”，一样也没做。美国政府认为，“梭发那不但不能实现美国的目标，而且会破坏美国这些目标的实现”[6]。根据布朗的汇报，“梭发那告诉他，富米必须从老挝消失，要求美国不要认为富米是不可替代的。如果美国停止对富米的援助，那么富米将‘消失’”[7]。据此，美国认为梭发那正利用美国的帮助将富米从老挝的政治舞台上除掉，并不是像其所宣称的那样，即要富米与其合作共同抵御巴特寮的进攻。[8] 相反，在美国看来，富米则比梭发那做得要好，“没有进行反对梭发那的任何

---

① *FRUS*, 1958 - 1960, East Asia-Pacific Region; Cambodia; Laos, Vol. XVI, Washington, DC: United States Government Printing Office, 1992, pp. 925 - 927.

② Sisouk Na Champasak, *Storm Over Laos: A Contemporary History*, New York: Praeger, 1961, p. 165.

③ DDRS, CK3100081746.

④ Joseph J. Zasloff andMacAlister Brown, *Apprentice Revolutionaries: the Communist Movement in Laos*, 1930 - 1985, Stanford, Calif.: Hoover Institution Press, 1986, p. 76.

⑤ Hugh Toye, *Laos: Buffer State or Battleground*, London: Oxford University Press, 1968, p. 195.

⑥ *FRUS*, 1958 - 1960, East Asia-Pacific Region; Cambodia; Laos, Vol. XVI, Washington, DC: United States Government Printing Office, 1992, p. 934.

⑦ Ibid., p. 935. n. 3.

⑧ Ibid., p. 935.

行动”，而且富米表示，“如果梭发那能够遵从美国的条件，他将支持梭发那；如果国王认可，他将解散其革命委员会”[①]。而在事实上，梭发那和国王都没有达到富米的要求。同时，老挝形势的发展也表明，“梭发那已经失去了老挝主要非共力量的支持”，“老挝国王也对梭发那不满，倾向于在琅勃拉邦建立一个亲国王的军人政府”，“梭发那不能将老挝军队与非共力量团结在一起应对巴特寮的威胁”。[②] 在国防部部长特别助理兰兹代尔（Lansdale）看来，“如果按照布朗所建议的那样支持梭发那，那么我们实际上支持的是在老挝建立一个中立政府。这个中立政府会给美国在老挝的利益带来政治上的威胁。而且，老挝也不会长期坚持中立，尤其是在像梭发那那样摇摆不定的领导人领导之下”，“在老挝应该采取的合理政策应该是支持那些亲美人士，并帮助他们执掌政权”。[③] 10 月 28 日，国务院通知布朗准备调整策略，“进入对老挝政策的新阶段”。

最终使得国务院放弃梭发那的直接原因是，10 月 31 日，梭发那着手成立了“中立与国家统一委员会”，梭发那和苏发努冯任名誉主席，贡勒与贵宁·奔舍那（Quinim Pholsena）等任副主席。[④] 美国认为这个委员会主要由左翼或疑似左翼人士构成，是“典型的共产党组织”。国务院命令布朗告诉梭发那，“其他国家联合政府的相似经验表明，不管其中非共产党的规模如何，最终是由共产党来控制各个政党”[⑤]。考虑到梭发那所宣传的中立主义道路发生了变化，国务院最终放弃了对他的支持。

为了避免梭发那采取极端措施直接反对美国，同时，也为了避免引

---

① *FRUS*, 1958 - 1960, East Asia-Pacific Region; Cambodia; Laos, Vol. XVI, Washington, DC: United States Government Printing Office, 1992, pp. 935 - 936. “10 月 25 日，老挝国王向布朗表明他不愿意以公开承认富米的忠诚以换取他解散革命委员会。”这点倒成了美国为富米“开脱”的借口。*FRUS*, 1958 - 1960, East Asia-Pacific Region; Cambodia; Laos, Vol. XVI, Washington, DC: United States Government Printing Office, 1992, p. 932. n. 5.

② *FRUS*, 1958 - 1960, East Asia-Pacific Region; Cambodia; Laos, Vol. XVI, Washington, DC: United States Government Printing Office, 1992, p. 936.

③ Ibid., p. 939.

④ DDRS, CK3100081791.

⑤ *FRUS*, 1958 - 1960, East Asia-Pacific Region; Cambodia; Laos, Vol. XVI, Washington, DC: United States Government Printing Office, 1992, p. 949.

起巴特寮发动大规模的军事行动，美国对老挝的“新政策”还是比较谨慎的。此时，美国并没有直接将富米推到前台，而是选定前首相培·萨那尼空作为扶植目标。[①] 经过曼谷会谈后，“美国鼓励萨那尼空适时返回琅勃拉邦以决定形势的发展”。另外，美国还为萨那尼空上台寻求法律上的保证，计划“使足够人数的国民议会议员悄悄溜出万象前往琅勃拉邦，建立合法国民议会”。要求梭发那也前往琅勃拉邦接受议会表决。在美国的计划下，老挝新政府几乎包括全部的保守势力。在美国看来，这个新政府“会得到老挝非共力量的支持，也会得到英国、法国和澳大利亚，以及泰国和越南的支持”[②]。

培·萨那尼空所提出的计划核心内容是进行心理战，包括在第二伞兵营驻地散布谣言、制造混乱等手段。[③] 美国政府肯定萨那尼空的计划，并指示布朗美国准备全力支持萨那尼空推行其计划，但美国要尽可能地对此行动保密。[④] 不过，美国准备促使老挝重新组建政府的计划还没有来得及具体实施，奔登（Bountheng）少校的政变却打断了这个计划的进程。第三步兵营营长奔登少校于 1960 年 11 月 10 日下午 5 点左右在琅勃拉邦发动政变。奔登手下全副武装，用汽车封锁飞机跑道，其中一个连包围了王宫。奔登声称，其目标是推翻“共产党控制下的”梭发那政府。国王对此表示支持。[⑤] 奔登政变发生时，正在琅勃拉邦的梭发那乘飞机取道南塔于第二天返回万象。随同梭发那一起离开琅勃拉邦的有老挝军队总司令乌安·拉迪功将军和驻琅勃拉邦的第一军区司令霍姆潘（Houmpanh Horasing）上校。乌安停留在琅勃拉邦的一个军事中心孟赛（Muong Say）。梭发那命令霍姆潘回到琅勃拉邦与奔登进行谈判，避免发生流血

① 此前由帕森斯已经与培·萨那尼空进行了接触，萨那尼空对于美国的想法表示接受，并且建议在国王的同意下新政府应该建在琅勃拉邦。这样的政府在美国的支持下可以集结老挝全部的反共力量。而梭发那的万象政府也就成为反动政府。DDRS，CK3100086738.

② *FRUS*，1958 – 1960，East Asia-Pacific Region；Cambodia；Laos，Vol. XVI，Washington，DC：United States Government Printing Office，1992，pp. 936 – 937.

③ Ibid.，p. 941.

④ Ibid.，p. 949.

⑤ Ibid.，p. 951.

冲突。[①] 根据情报，富米已经派出一支伞兵部队飞往琅勃拉邦“平定”局面。[②] 有言论声称，富米军队向万象的即刻进攻会引发巴特寮对万象的牢牢控制。[③]

在美国政府看来，奔登政变有利于实现由培·萨那尼空出面组建老挝新政府的计划，关键在于“老挝国王愿意采取（召开萨那尼空、梭发那和富米会谈的）行动，梭发那与富米愿意前往琅勃拉邦进行会谈，富米会向萨那尼空的解决方案让步，足够的压力迫使梭发那辞职并且使萨那尼空组建新的老挝政府”[④]。为了保证能够实现这些内容，国务院还有如下特别的考虑：①由太平洋舰队政治顾问柯克兰（Corcoran）让老挝驻曼谷大使卡姆方（Khamphan）向老挝国王转达，他必须抓住这个可能是最后的机会，由国王组建一个都能接受的政府来团结老挝的反共力量，反对巴特寮；②鼓励富米前往琅勃拉邦；③建议富米与萨那尼空伺机在琅勃拉邦召开国民议会；④告知乌安与霍姆潘，我们希望萨那尼空、富米和梭发那在琅勃拉邦的会议是在共同接受政府领导下重新将老挝军队统一的机会；⑤美国的代表要向富米和萨那尼空反复重申，在政府中包括老挝爱国战线代表和考虑重启国际监督委员会都是不明智的选择；⑥不断向富米强调，不要命令他的军队进攻万象，避免使复杂的局势更加扑朔。[⑤]

为了稳住富米，国务院专门发出了一项指令，命令柯克兰前往沙湾拿吉告诉富米，“梭发那越来越孤立于包括万象在内的老挝反共力量。形势迅速向重新团结反共力量反对巴特寮成为可能的方向发展。因此，富米不能发动任何向万象的进攻，因为这样会重新使巴特寮与万象的反共力量站在梭发那一边，而且也必定会使梭发那要求美国停止对沙湾拿吉的援助。这将使我们处于非常不利的局面”。国务院还指示柯克

① *FRUS*, 1958 - 1960, East Asia-Pacific Region; Cambodia; Laos, Vol. XVI, Washington, DC: United States Government Printing Office, 1992, p. 951.

② DDRS, CK3100081823.

③ *FRUS*, 1958 - 1960, East Asia-Pacific Region; Cambodia; Laos, Vol. XVI, Washington, DC: United States Government Printing Office, 1992, p. 951.

④ Ibid., p. 953.

⑤ Ibid., pp. 953 - 954.

兰向富米强调由国王发起，召开梭发那、富米和萨那尼空会议的重要性。①

鉴于梭发那“已经失去了老挝反共力量的支持”，11 月 15 日，美国国务院向布朗发出的电报中指出，老挝形势发展可能出现的场景是“巴特寮支持下的梭发那将向老挝王国部队支持下的国王发动进攻”，而美国的立场是“支持可以团结的所有反共力量的国王与国民议会反对巴特寮”②。在这封电文中，国务院指示布朗分别秘密地向富米和萨那尼空转达美国的立场，即美国坚决反对建立革命政府，要以国王的名义实现新政府的成立。同时，向梭发那施压，迫使其辞职，要向梭发那表明，“他只有辞职才能避免老挝内战的全面发生”。另外，布朗要将老挝的“这种形势”通告英国、法国和澳大利亚，如果梭发那拒绝美国的要求，那么他将在舆论上处于不利的地位。③ 布朗在接受这些指令时，也提请国务院注意，“作为老挝重要势力之一的富米并不完全接受美国的建议。如果没有富米的合作，一切都很难进行”④。

但老挝的形势并未完全按照美国的设想发展。11 月 12 日，梭发那正式要求美国停止对琅勃拉邦的援助，同时表示国王是富米的傀儡，要通过武力夺回琅勃拉邦。⑤ 11 月 18 日，梭发那飞往桑怒，与苏发努冯进行了为期两天的会谈。苏发努冯同意参加一个包括巴特寮和富米势力代表等各方人员在内的联合政府。不过，富米和文翁不能参加内阁，但可以担任其他的非内阁职位。梭发那请求美国致信在琅勃拉邦的国王，要求他出具一份国王保证的安全指令，并召集一次会议来实施这个协议。⑥ 11 月 26 日，老挝国王拒绝了梭发那的请求。⑦

---

① *FRUS*, 1958 - 1960, East Asia-Pacific Region; Cambodia; Laos, Vol. XVI, Washington, DC: United States Government Printing Office, 1992, p. 955.

② Ibid., p. 963.

③ Ibid., pp. 964 - 965.

④ Ibid., p. 970.

⑤ DDRS, CK3100081827; FRUS, 1958 - 1960, East Asia-Pacific Region; Cambodia; Laos, Vol. XVI, Washington, DC: United States Government Printing Office, 1992, p. 958. n. 2.

⑥ *FRUS*, 1958 - 1960, East Asia-Pacific Region; Cambodia; Laos, Vol. XVI, Washington, DC: United States Government Printing Office, 1992, p. 972.

⑦ DDRS, CK3100081894.

11 月 20 日晚，梭发那开始将驻万象的老挝部队大约 3 个连的兵力分乘 20 辆卡车向琅勃拉邦方向调动，另有 500 名巴特寮的士兵离开蓬洪 (Phon Hong)，也前往琅勃拉邦方向参加这次进攻。① 美国认为这是一件"非常危险之事"。对此，11 月 21 日，艾森豪威尔表示同意立即放开对富米的限制，同意直接向其支付军饷，但"应该先支付一半，另一半等到富米'击溃'对方以后再付"。而且同意派遣中情局的飞机帮助富米运送部队。② 这样，美国对老挝的军事援助越过梭发那直接到达富米的手中，再次表明了此时美国政府对争取梭发那政策的放弃。

在国务院的指示下，太平洋舰队政治顾问柯克兰于 11 月 23 日从曼谷飞往沙湾拿吉，与富米进行会谈。柯克兰再次向富米强调，梭发那已经孤立于老挝的非共力量，而富米"革命委员会"的继续存在与活动，只能提高梭发那的合法地位，并使其获得国际社会的支持。这样，美国将不可能对他提供帮助。柯克兰建议富米尽可能地与培·萨那尼空合作，实现老挝政权的和平过渡。③

11 月 30 日，梭发那向布朗提出抗议，他希望美国停止对除了他认为忠于老挝政府的万象、桑怒和丰沙里三省以外地区的"武器和军火"的供应。④ 美国政府并没有理会梭发那提出的这些要求，而富米则利用这个机会扩大了他的军事行动。早在 11 月 14 日，富米就将军队调至南卡丁河 (Nam Ca Dinh) 河边，不过在没有得到美国的允许前，富米也没有轻举妄动。⑤ 11 月 30 日，富米部队向南卡丁河南部的帕卡丁 (Pak Ca Dinh)

---

① DDRS, CK3100081871 - CK3100081872. 11 月 24 日的时候有 10 辆卡车返回万象，在万象至琅勃拉邦之间的 Muong Kassy 还驻留 200 名至 250 名梭发那的部队。DDRS, CK3100315038.

② *FRUS*, 1958 - 1960, East Asia-Pacific Region; Cambodia; Laos, Vol. XVI, Washington, DC: United States Government Printing Office, 1992, p. 974. 一直以来，美国对富米的额外援助是中情局支持下的来自泰国的军事顾问组秘密完成的。这些顾问组，known as Police Aerial Re-supply Units (PARU)，秘密地分派与富米的战斗部队在一起。Roger Warner, *Back Fire: The CIA's Secret War in Laos and Its Links to The Vietnam War*, New York: Simon & Schuster, 1995, pp. 29 - 32.

③ *FRUS*, 1958 - 1960, East Asia-Pacific Region; Cambodia; Laos, Vol. XVI, Washington, DC: United States Government Printing Office, 1992, p. 977.

④ Ibid., pp. 980 - 981.

⑤ DDRS, CK3100081886 - CK3100081887.

发动进攻。[①] 12月1日，富米部队在距离南卡丁河以南12英里处的班索（Ban Sot）击败了梭发那的部队。[②] 经过此役，富米得以在南卡丁河沿岸建立据点，这样，为他向老挝北部各个方向发动进攻奠定了基础。富米的这次进军将老挝危机推向了内战的边缘。杜勒斯在NSC第468次会议上提出，“如果此时老挝国王仍然无动于衷，那么老挝将进入全面内战”。而同时，梭发那·富马积极地与北京和河内进行联系。苏联大使也从柬埔寨来到老挝，同意向老挝提供石油和救济物资。[③]

对于在琅勃拉邦召开新的国民议会，梭发那表现出了相当多的支持。11月29日，梭发那批准由老挝国民议会主席昭·松萨尼特第二天带领7位议员从万象来到沙湾拿吉，与富米商谈在琅勃拉邦召开国民议会的事项。至此，在万象外面已经有28位议员，离国王要求的至少需要30位议员在琅勃拉邦召开新议会的法定人数已经不远了。[④] 梭发那表示愿意继续与富米进行谈判，宣称如果富米同意，他将推迟原定的12月中旬前往北京与河内进行访问的计划。[⑤] 12月1日，富米表示接受梭发那的这个建议。[⑥]

一直以来，“苏联在老挝的兴趣在于使其保持中立，且贯彻日内瓦协议不能在老挝建立美国军事基地的规定”[⑦]。苏联认为，在能够保证这些条件的前提下，莫斯科对于老挝王国政府的西方倾向是能够接受的。为了保证日内瓦协议的贯彻，以及避免美国可能介入老挝的任何借口出现，

---

① DDRS, CK3100115049.

② *FRUS*, 1958 - 1960, East Asia-Pacific Region; Cambodia; Laos, Vol. XVI, Washington, DC: United States Government Printing Office, 1992, p. 981.

③ Ibid., p. 982.

④ DDRS, CK3100081904 - CK3100081905; FRUS, East Asia-Pacific Region; Cambodia; Laos, Vol. XVI, Washington, DC: United States Government Printing Office, 1992, p. 981.

⑤ *FRUS*, 1958 - 1960, East Asia-Pacific Region; Cambodia; Laos, Vol. XVI, Washington, DC: United States Government Printing Office, 1992, p. 981. 梭发那·富马也在进行两手准备，在同意前往琅勃拉邦参加国民议会的同时，他也开始积极与周边的共产党国家接触。原定12月10日开始，他将率领代表团前往北京进行为期三天的访问，接着转道河内访问两天。DDRS, CK3100081905.

⑥ DDRS, CK3100115055.

⑦ Ilya V. Galduk, *Confronting Vietnam: Sovite Policy Toward the Indochina Conflict, 1954 - 1963*, Washington D. C.: Woodrow Wilson Center Press, 2003, p. 123.

苏联甚至不惜做出一定的牺牲。他们不断向巴特寮与北越施压，使其与老挝王国政府共同努力实现日内瓦达成的协议。苏联外交部部长向 1955 年 7 月在莫斯科访问的胡志明指出，苏联坚持“强调在老挝最正确的解决问题方式是王国政府与巴特寮之间的直接谈判和相互让步”[①]。然而，老挝的和解进程并没有如苏联所愿的那样顺利。1958 年，老挝补充选举后建立的培·萨那尼空新政府明显是一个亲美政权。于是，在梭发那提出要求的前提下，苏联开始积极关注老挝政局的发展。与美国政府不同的是，苏联在老挝问题上表现得非常谨慎。在给苏联驻老挝第一任大使同时也是驻柬埔寨的大使亚历山大·阿布拉莫夫（Aleksandr Abramov）第一次前往老挝的指示中，就很好地诠释了这点。苏联政府要求阿布拉莫夫与梭发那会谈的时候，强调莫斯科完全支持新政府的方针，即追求中立、遵守《日内瓦公约》、“无差别地与所有国家”建立联系、通过谈判实现老挝的和平统一。莫斯科还指示其大使，如果老挝正式提出申请，苏联可以向其提供经济援助。对老挝的援助不应该有别于给其他不发达国家提供的援助：贷款要用于紧急项目、用于建设工业和文化目标，还要对其提供食物和物资的援助。[②]

苏联领导人谨慎地按照 1954 年的日内瓦协议行事。莫斯科指示其大使不要在老挝首先提出落实这些内容的问题，但是可以进行暗示，由老挝方面自己提出，这样将会使梭发那·富马更加感兴趣于宣布老挝坚持日内瓦协议的内容。苏联大使可以表示重启国际监察委员会（the International Control Commission），将有助于在老挝产生政治影响并保证中立的政策。[③] 苏联的灵活与美国的僵化产生了各自不同的结果。面对华盛顿的无理要求、富米·诺萨万的军事威胁以及万象经济资源的日益枯竭，“至 10 月末的时候，泰国对湄公河沿岸封锁使万象的燃料和粮食消耗濒临殆尽”[④]。梭发那·富马于 10 月 27 日的一次新闻发布会上宣布他主要接受

---

① Ilya V. Galduk, *Confronting Vietnam: Sovite Policy Toward the Indochina Conflict*, 1954 - 1963, Washington D. C.: Woodrow Wilson Center Press, 2003, p. 123.

② Ibid., p. 139.

③ Ibid., p. 140.

④ DDRS, CK3100081746.

苏联的援助。[①]

根据11月22日的协议[②]，苏联于12月4日开始从河内向万象空运石油与粮食（12月3日，一架苏联飞行员驾驶的飞机试飞万象成功。飞机上并没有货物，而是载有8名飞行员和8名引航员。飞机吸引了许多记者和外交官员的关注[③]）。接下来的几天中，应梭发那·富马政府的请求，苏联飞机空运了其他物资。从12月11日开始，苏联飞机向贡勒部队空运了各种轻重型武器，用于对首都的防御。当天，“两架苏联飞机在万象机场卸下了四门榴弹炮”[④]“12月11日至13日共有25架次的苏联飞机飞抵万象，运送的武器包括4至6门105毫米的榴弹炮和6门以上的120毫米榴弹炮”[⑤]“在万象战役进行期间及之后，共产党国家的这种武器援助仍在继续”“根据可靠数据显示，从1960年12月15日至1961年1月1日，苏联与北越的飞机共出动166架次，向贡勒和巴特寮部队提供物资援助。在12月3日至14日期间另有34架次的飞机进入万象”。[⑥] 苏联对老挝爱国力量的援助被视为“自1917年十月革命以来苏联在和平时期最大的对外援助活动”[⑦]。事实上，也确实是由于苏联的这种大量援助，使以梭发那·富马为代表的老挝爱国力量抵挡住了美国支持下的老挝右翼势力的分裂活动。同时，也正是由于苏联这种援助活动的公开化，将老挝的内部纷争推向了一场国际性的危机。

布朗认为，“老挝形势的发展越来越超出美国的控制范围，朝向军事

---

① Cheng Guan Ang, *Vietnmese Communist's Relations with China and the Second Indochina Conflict, 1956 - 1962*, Jefferson, N. C.: McFarland, 1997, p. 166.

② 11月22日，苏联大使阿布拉莫夫到达万象与梭发那·富马进行会谈，同意从河内与海丰向老挝提供25万加仑的燃料、牛奶、面粉、蔗糖以及其他的食物作为“示好礼物”。阿布拉莫夫离开后，拉丹诺夫（Anatoly Ratanov）留在老挝作为苏联的常任代办，他是苏联驻老挝的首任代表。*FRUS*, 1958 - 1960, East Asia-Pacific Region; Cambodia; Laos, Vol. XVI, Washington, DC: United States Government Printing Office, 1992, p. 982.

③ DDRS, CK3100089495.

④ *FRUS*, 1958 - 1960, East Asia-Pacific Region; Cambodia; Laos, Vol. XVI, Washington, DC: United States Government Printing Office, 1992, pp. 1003 - 1004.

⑤ DNSA, VI00343.

⑥ DDRS, CK3100083097.

⑦ Usha Mahajani, "President Kennedy and U. S. Policy in Laos, 1961 - 1963," *Journal of Southeast Asian Studies*, 2 (1971), p. 88.

解决的途径发展”[1]。事实也正如此，富米始终没有停止向梭发那所在的万象发动进攻的步伐，“在占领帕卡丁以后，朝向北汕活动，开始威胁万象”[2]。在富米的军事压力下，“许多万象的议员也已经到达古乃莫（Chinaimo)，他们可以转道泰国，然后乘飞机前往琅勃拉邦。这样，老挝国王就可以在琅勃拉邦召开新的国民议会，对梭发那投出否决之票”[3]。事实上，“梭发那只是万象表面的统治者”。梭发那曾私下里告诉英国大使，“他没有权力，只要发生战争他就离开老挝”[4]。12 月 9 日上午，梭发那通过老挝电台播出了“和平中立委员会”指责美国和泰国帮助富米的声明。[5] 当天傍晚，梭发那与他的大部分内阁成员从万象飞往金边。[6] 政权交由左翼人士贵宁·奔舍那掌管。[7]

12 月 12 日，老挝国王在琅勃拉邦签署命令解散梭发那政府，老挝政权转至富米在沙湾拿吉的“革命委员会”手中。紧接着，国民议会的代表就在沙湾拿吉对梭发那投了不信任的票，并且选举文翁亲王作为老挝新政府的总理。[8] 贵宁在万象对此表示拒绝。[9]

随着 12 月 13 日至 16 日富米—文翁部队占领万象，老挝危机达到顶点。12 月 13 日，富米向万象发动进攻，与贡勒的部队展开了激战。12 月 15 日，利用战斗的间隙，布朗将妇女和一些工作人员撤至泰国。12 月 16 日，贡勒的部队撤出万象。12 月 18 日，富米、文翁和“革命委员会”的其他成员进入万象。[10] 虽然富米一方攻占了万象，正如右翼领导人所认识

---

① *FRUS*, 1958 - 1960, East Asia-Pacific Region; Cambodia; Laos, Vol. XVI, Washington, DC: United States Government Printing Office, 1992, p. 992.

② Ibid., p. 991.

③ DDRS, CK3100211516; FRUS, 1958 - 1960, East Asia-Pacific Region; Cambodia; Laos, Vol. XVI, Washington, DC: United States Government Printing Office, 1992, p. 998.

④ *FRUS*, 1958 - 1960, East Asia-Pacific Region; Cambodia; Laos, Vol. XVI, Washington, DC: United States Government Printing Office, 1992, p. 1001.

⑤ Ibid..

⑥ Ibid., p. 1002. n. 3.

⑦ Ibid., p. 1003.

⑧ Ibid., pp. 1003 - 1004.

⑨ DDRS, CK3100081919.

⑩ *FRUS*, 1958 - 1960, East Asia-Pacific Region; Cambodia; Laos, Vol. XVI, Washington, DC: United States Government Printing Office, 1992, p. 1005.

的那样："他们取得一次战役的胜利并不意味着整个战争的胜利。困难才真正开始。"[①] 其中，一个重要表现就是万象机场还控制在贡勒部队手里，这样就大大影响了美国向万象地区对富米提供的各种援助物资的直接到达。艾森豪威尔总统对此表示，一方面，要对富米的部队攻占万象进行奖励[②]，以鼓舞其士气；另一方面，要加大力度帮助富米部队，因为现在富米的行动是在"合法政府"领导之下进行的。[③] 参谋长联席会议也认为"老挝反共新政府的成立为美国的行动提供了更大自由"[④]。

富米向万象发动的进攻引起了广泛的关注。美国为了帮助富米军队提高战斗力，12 月 14 日，参谋长联席会议第一次提出提高计划评估办公室地位的要求，认为过去限制了计划评估办公室对老挝军队的训练工作，应该允许计划评估办公室为老挝王国军队提供军事方面的建议。[⑤] 第二天，国务卿赫脱就同意了参谋长联席会议的这个建议，但强调计划评估办公室的工作人员"不能随老挝军队参加具体的战斗"[⑥]。另外，考虑到老挝的这种形势变化，参谋长联席会议认为美国通过民用航空公司直接向老挝提供军事和经济援助"不应该受到限制""要求民用航空公司将物资和部队运至任何老挝政府需要的地方"。[⑦] 为了争取老挝舆论的支持，参谋长联席会议提出应该建立战地医院，通过人员和物资救济等措施向万象提供救济援助，"这样将有利于实现我们的既定目标"[⑧]。这个建议于

---

① Sisouk Na Champasak, *Storm Over Laos: A Contemporary History*, New York: Praeger, 1961, p. 170.

② 具体奖励方式为参加万象战斗的 10 个营的士兵多发了一个月的薪饷，总额为 23.2 万美元。*FRUS*, 1958 - 1960, East Asia-Pacific Region; Cambodia; Laos, Vol. XVI, Washington, DC: United States Government Printing Office, 1992, p. 1008. n. 6.

③ DDRS, CK3100477264 - CK3100477265.

④ DDRS, CK3100240397.

⑤ *FRUS*, 1958 - 1960, East Asia-Pacific Region; Cambodia; Laos, Vol. XVI, Washington, DC: United States Government Printing Office, 1992, p. 1007.

⑥ Ibid., p. 1012.

⑦ Ibid., p. 1006.

⑧ *FRUS*, 1958 - 1960, East Asia-Pacific Region; Cambodia; Laos, Vol. XVI, Washington, DC: United States Government Printing Office, 1992, p. 1007. 事实上，"沙湾拿吉的富米部队也需要额外的医疗援助"。DDRS, CK3100311518.

12月15日得到了赫脱的批准。[①]

富米对万象的进攻发生以后，泰国在其中应该起到的作用的问题也被提上日程。负责远东事务的副助理国务卿斯蒂夫斯指出："从泰国向老挝提供的这种救济，美国应该进行相应的监督，或者配备相应的指导人员。"[②]萨利特已经公开指出："如果在动用泰国的军队的时候泰国遭到中国或苏联的打击，那么他需要得到美国对其保护的承诺。"[③]

12月13日，万象战役刚开始的时候，苏联就公开指责美国和"东南亚条约组织"对老挝内部事务的干涉，抗议美国对富米·诺萨万提供军事援助，表示苏联不会"轻视"因美国对老挝事务的干涉而对东南亚和平带来的威胁。与此同时，北越和中国也向美国施加外交压力，共同号召1954年日内瓦会议的与会国采取"紧急并有效"的措施，来阻止老挝事态的进一步发展。12月14日，北越向驻越南的国际监督委员会控诉南越参加了老挝的冲突，指责这"直接威胁"了北越的安全。[④]

面对苏联等社会主义国家的责难，美国也在考虑进行反击。经过仔细研究，美国政府认为，此时不宜由美国向联合国安理会提出议案，指责苏联向老挝的"叛军"提供武器和弹药，危及了国际安全与和平。如果这么做，只能使美国获得心理上的优势，而不会得到实际的好处。不过，一旦有别的国家提出这样的问题，那么美国可以利用这个机会提出恰当的反对苏联的议案。因此，美国政府认为，目前最好的选择应该是由老挝驻联合国代表西苏克向联合国成员通告老挝的事态发展，公开苏联飞机对老挝"叛军"提供的武器援助问题。[⑤]

国务卿赫脱在巴黎就老挝的形势发展与英国外交部部长和法国外交部部长交换了意见。尽管富米新近取得了胜利，法国大使还是非常

---

① *FRUS*, 1958 - 1960, East Asia-Pacific Region; Cambodia; Laos, Vol. XVI, Washington, DC: United States Government Printing Office, 1992, p. 1011.

② Ibid., p. 1013.

③ Ibid., p. 1009.

④ DDRS, CK3100083097.

⑤ *FRUS*, 1958 - 1960, East Asia-Pacific Region; Cambodia; Laos, Vol. XVI, Washington, DC: United States Government Printing Office, 1992, pp. 1010 - 1011.

抵触富米。赫脱指出，在其离开巴黎的时候，法国仍然没有承认富米政府。[①]

“东南亚条约组织”也密切地关注着老挝局势的发展，尤其是泰国积极要求“东南亚条约组织”采取行动。对此，赫脱认为“在没有外部入侵的情况下，东南亚条约组织不应该首先采取行动”。而且，赫脱还列举了泰国参与富米进攻万象的证据，他认为这容易成为共产党国家指责泰国入侵老挝的口实。[②]

面对苏联不断地向贡勒提供空中援助这一情况，12 月 23 日，美国驻太平洋舰队总司令费尔特认为，老挝新政府应该加强其空中力量建设。费尔特建议，应该促使富米与萨利特签署协议，在泰国培养 T－6 战斗机的飞行员。通过军事援助计划迅速从泰国向老挝拨付 10 架 T－6 战斗机。与“美国航空”签订维修合同。至少完成 5 名飞行员培训以后，以最快的速度宣布老挝不再允许任何外国飞机的进入，否则将予以还击。T－6 飞机也可以用于侦察任务，而且还可以攻击巴特寮的大炮和车辆。[③] 12 月 25 日，在泰国的老挝飞行员开始训练。[④]

为了推动老挝的形势尽快朝向美国的目标发展，12 月 26 日，美国国务院命令布朗，“目前的紧要工作是使老挝新政府的合法性得到一致承认，而这需要梭发那辞职”。另外，“要尽力促使老挝新政府继续走中立主义道路，以获取最大的国际支持，为苏联在老挝的活动制造麻烦”[⑤]。

时至 12 月 28 日，老挝的主要问题是两个政府的存在。当时，梭发那·富马还在金边，西哈努克亲王刚从共产党国家访问回来，带回了他们对梭发那的支持。梭发那拒绝辞去老挝政府首相的职务，苏联也极力支持梭发那·富马。英国和法国也不看好富米，认为以他为代表的老挝右翼势力不足以恢复老挝的统治秩序。甚至英国更倾向于在老挝政府中

---

① *FRUS*, 1958－1960, East Asia-Pacific Region; Cambodia; Laos, Vol. XVI, Washington, DC: United States Government Printing Office, 1992, p. 1015.

② Ibid., p. 1016.

③ Ibid., p. 1017.

④ Ibid., p. 1018. n. 2.

⑤ Ibid., pp. 1018－1019.

接受老挝爱国战线的代表，以恢复老挝的和平。[①] 而此时的富米，也没能在政治上表现出应有的强硬，一直没能召开国民议会承认文翁的合法当选。相反，富米似乎对立法程序不感兴趣，他似乎要建立一个军人独裁的政府。[②] 苏联正式建议英国重启国际监督委员会的工作。[③]

正当国际社会对老挝问题争吵不休的时候，老挝战场形势的发展进一步加深了这种混乱程度。12 月 29 日，一支共产党与中立者的联合部队将右翼势力从战略要地查尔平原（the Plain of Jars）赶出，并缴获了老挝政府军遗弃的无线电设备。这样，巴特寮就可以监听政府军与其各个军区的无线电通信内容。老挝的政府军想要更换密码，但需要一定的时间。[④] 美国驻万象的代表认为富米及其军队“仍然处于一片混乱，而且战斗力极其低下。其中的一个重要原因是在共产党部队进攻之前，富米才匆忙将散乱的部队整合到一起”[⑤]。这种情况也促使文翁采取了激烈的措施，他公开宣称北越的“入侵”正在进行，请求“东南亚条约组织”对王国政府的防御进行援助。[⑥]

富米的撤退使美国政府更加重视老挝的形势。艾森豪威尔总统在 12 月 31 日的白宫会议上指出，“我们不能袖手旁观，也不能任由老挝落入共产党手中”。如果有必要，“可以迅速动用第七舰队的海军力量”[⑦]，艾森豪威尔概括指出美国此时应该采取的策略是：“（1）说服梭发那辞去首相职务并前往法国；（2）说服文翁允许其政府接受国民议会的投票；（3）巩固美国与英国和法国在老挝问题上的立场；（4）提醒‘东南亚条约组织’委员会老挝形势的危险，但不要在此刻采取贸然行动；（5）将

① DDRS，CK3100144170.

② Ibid..

③ Ibid..

④ DDRS，CK3100271228.

⑤ DDRS，CK3100211754.

⑥ Arthur J. Dommen，*Conflict in Laos*：*The Politics of Neutralization*，New York：Praeger，1971，pp. 165 – 170；Bernard Fall，*Anatomy of a Crisis*：*The Laotian Crisis of* 1960 – 1961，New York：Doubleday，1969，pp. 198，203.

⑦ *FRUS*，1958 – 1960，East Asia-Pacific Region；Cambodia；Laos，Vol. XVI，Washington，DC：United States Government Printing Office，1992，p. 1025.

我们的军队做好准备，在需要反对北越干涉的时候发挥最大作用。”[①] 同一天，艾森豪威尔给英国首相麦克米伦去信，在谈论老挝形势的时候，表达了美国对文翁的支持，希望在这方面能够得到英国的支持，同时，希望英国也能同意梭发那·富马应该辞去老挝总理的职位。[②]

遵照老挝政府的命令，老挝驻联合国代表于1960年12月31日向联合国秘书长哈马舍尔德致电，抗议苏联向老挝的空运行为，并要求这封电报在联合国所有成员中传阅。老挝驻伦敦的大使也采取了相同的行为，可是苏联驻伦敦大使却拒绝接受这份抗议，因为苏联不承认文翁政府的合法性。[③] 1961年1月2日，赫鲁晓夫在为古巴大使举行的欢迎会上再次要求1954年日内瓦会议与会国重新召开一次会议，并讨论重启国际监督委员会的问题。赫鲁晓夫警告对于“刚刚开始的战争火苗必须及时扑灭”[④]。

1961年1月1日，富米通知美国，他已经向泰国紧急请求配备泰国飞行员的4架装载武器的T-6飞机用于即将开始的战斗。富米还提到，他也向泰国申请两个伞兵营的援助，并相信他能够得到支持。富米已经代表老挝政府向泰国提出“东南亚条约组织”进行军事干涉的申请。[⑤] 泰国在回复老挝政府前向美国提出要求：“如果他们对老挝采取这种军事行动，美国要确保对其进行支持。”[⑥] 美国对此给予了保证。泰国总理萨利特并不满足，进一步提出如果泰国在老挝采取军事行动，他还要得到“东南亚条约组织”的支持。他尤其不愿意考虑动用RT-33s进行侦察。国防部部长盖茨（Gates）认为，萨利特是“想要得到比已经得到的更多的保障”。[⑦]

1961年年初，尽管美国还没有对老挝问题制定出明确的政策，以及

---

① *FRUS*, 1958 - 1960, East Asia-Pacific Region; Cambodia; Laos, Vol. XVI, Washington, DC: United States Government Printing Office, 1992, p. 1029.

② DDRS, CK3100326610.

③ DDRS, CK3100179399 - CK3100179405.

④ Ibid..

⑤ DDRS, CK3100211753.

⑥ *FRUS*, 1961 - 1963, Laos Crisis, Vol. XXIV, Washington, DC: United States Government Printing Office, 1994, p. 4.

⑦ Ibid., p. 5.

老挝战场的形势也仍未明了的时候，美国还是推行了一些具体的措施来帮助文翁—富米政府。至1961年1月3日，太平洋舰队司令部已经批准通过泰国空军部队为老挝的空军进行T-6飞机的训练。[①] 太平洋舰队司令部还命令计划评估办公室担当起“富米军事顾问”的责任，并且“要在老挝国民军的军事行动中发挥最大的作用”[②]。太平洋舰队司令部向计划评估办公室主任提出了T-6和B-26的任务目标，主要是为了对梭发那一方的阵地、车辆以及人员进行打击或封锁。[③] 1月7日，参谋长联席会议向太平洋舰队司令部做出指示：“如果中情局所属的民用航空公司不够，那么可以动用美国军方飞机向老挝王国政府提供后勤供给。”[④]

1961年，“这一年开始的时候，老挝的前景看来已坏到尽头”[⑤]。1月1日，查尔机场和川圹落入巴特寮之手。对于机场和川圹的占领可以使苏联的IL-14飞机在老挝的心脏着陆，并向巴特寮的部队提供补给，这使巴特寮和中立主义者部队为攻取万象和琅勃拉邦占据了有利位置，也使得老挝的战场形势陷入一种胶着局面。

老挝国内的形势发展使得老挝危机进一步深化。1月5日，老挝国民议会以41票对0票（有11票弃权）的绝对优势通过文翁政府合法的决议。[⑥] 但是，老挝国民议会的这个决议并没有得到国际社会的完全认可。印度与苏联继续承认梭发那的流亡政府，北越、中国和波兰也认为梭发那是合法首相，即使这些国家中没有一个国家与老挝建立正式的外交关系。[⑦]

1月7日，文翁—富米政府对巴特寮在查尔平原的据点发动了新的进

---

① DDRS，CK3100422109.

② DDRS，CK3100422112.

③ DDRS，CK3100422113.

④ DDRS，CK3100313108.

⑤ ［英］瓦特编著：《国际事务概览1962年》，上海市政协编译工作委员会译，上海人民出版社1983年版，第421页。

⑥ *FRUS*，1961-1963，Laos Crisis，Vol. XXIV，Washington，DC：United States Government Printing Office，1994，p. 7.

⑦ Arthur J. Dommen，*Conflict in Laos：the Politics of Neutralization*，New York：Praeger，1971，pp. 165-170；Bernard Fall，*Anatomy of a Crisis：The Laotian Crisis of* 1960-1961，New York：Doubleday，1969，p. 175.

攻，但是在经过大约4个小时的激战以后，南薄（Nam Bac）落入巴特寮手中，这为巴特寮的部队沿湄公河向琅勃拉邦的进攻创造了条件。文翁—富米一方制订了新的作战计划，川圹是通往琅勃拉邦与万象的交通要道，他们在此处增加了一个营（338人）的兵力，其中，大部分为苗族成员，计划从北汕向北发动夺取查尔平原的反攻。[①] 这些以前一直与巴特寮作战的苗族人员比老挝正规军更有战斗热情。如果能够给予其恰当的领导与充分的装备，他们将成为贡勒—巴特寮武装的重大威胁。[②] “美国海外使团”向参加万象战斗的老挝政府军特批了一个月的军饷。[③] 同时，美国也表现得非常谨慎。“除了出现特殊情况，已经进驻泰国的B－26将不会参加战斗。参加向老挝运送物资的T－6飞机将不装载炸弹。”[④] 所有这些又进一步推动了国际局势的复杂化。

关于是否重启国际监督委员会对于老挝内战中交战对象进行调查的认识，再次暴露了美国对老挝的政策本质。在1月7日进行的军情分析会上，太平洋舰队司令部表达了对于重启国际监督委员会的看法。太平洋舰队司令部认为，国际监督委员会不啻为政治解决的手段，但是会带来重大的军事影响。第一，很难界定国际监督委员会的职能。共产党国家对巴特寮、贡勒和越盟提供充分的军事援助之后，重启国际监督委员会会限制我们对老挝政府军的支持。而且，共产党国家会继续不受监控地向反政府武装秘密提供援助，而我们的行动却受到制约。经验表明，国际监督委员会不能或没有兴趣对共产党违约的行为进行监控。第二，如果“东南亚条约组织”或美国在老挝的干涉都不可行，支持老挝政府军就成为可以抵制近来共产党国家对反政府武装援助的唯一手段。这种手段会受到国际监督委员会的限制。泰国与美国在其他方面的努力将显得无力。第三，国际监督委员会将限制目前我们采取单边军事行动的灵活性，也会阻止“东南亚条约组织”进行干涉的可能，会解除对共产党国家的束缚。第四，由于如上原因，太平洋舰队司令部认为重启国际监督

① *FRUS*, 1961－1963, Laos Crisis, Vol. XXIV, Washington, DC: United States Government Printing Office, 1994, p. 9.

② DDRS, CK3100422160.

③ DDRS, CK3100422161.

④ DDRS, CK3100422162.

委员会会带来一些好处，但是不符合美国的国家利益。[①] 总统助理办公室主任艾森豪威尔也持相同的看法。他在1月9日给总统的一份报告中指出，目前“重启国际监督委员会似乎是最大的问题。印度已经对苏联进行了指责，英国也认为我们应该进行配合。我们在这个问题上的外交立场为，在特定的条件下应该重启国际监督委员会，这些条件主要是停止巴特寮的军事行动以及结束共产党的军事援助”[②]。1月12日，英国驻美国大使卡西亚（Caccia）转交霍姆（1月11日）给赫脱的信中表达了英国在老挝重启国际监督委员会以结束这次冲突的建议。[③] 赫脱于1月13日的回信中首先分析了老挝国内的政治形势，认为“问题的核心在于国际监督委员会的职能是判断谁干涉了老挝的内部事务，以及这种干涉是否更加合适。此时重启国际监督委员会的目的是在不合时宜的时候停火，这会给叛乱者提供占据领土事实的认可。我们认为这是不恰当的，因为苏联认为梭发那·富马是合法政府，国际监督委员会应该与梭发那政府进行联系”[④]。

与之相对的是，1月10日，“印度主席与波兰代表在越南的国际监督委员会会上指责了美国对老挝事务的干涉。印度代表列举了一长串共产党的指责内容，与波兰代表一起投票搁置考虑南越对苏联向河内运送物资的指责”[⑤]。

美国政府尽力推迟在老挝重启国际监督委员会活动的同时，积极帮助文翁政府取得军事上的优势。太平洋舰队司令部已经命令计划评估办公室指示富米，他必须至少准备10名T－6飞机的飞行员，因为萨利特已经同意向老挝调配10架T－6飞机。计划评估办公室还得到指令，要尽快提交提高富米空军战斗力必备条件的报告。[⑥] 由于“富米实际上只有10名一线飞行员，其中4名正在驾驶T－6飞机，对于其所拥有的8架

---

① DDRS, CK3100481025.

② *FRUS*, 1961－1963, Laos Crisis, Vol. XXIV, Washington, DC: United States Government Printing Office, 1994, pp. 9－10.

③ Ibid., p. 11. n. 1.

④ DDRS, CK3100489358－CK3100489359.

⑤ DDRS, CK3100422204.

⑥ DDRS, CK310048108.

C－47飞机却只有6名飞行员”，所以计划1月12日使富米派出更多的预备飞行员前往泰国接受T－6的飞行训练。① 也正是由于有着美国的支持和保障，“1月10日，老挝政府军的4架T－6飞机向飞往万象的苏联IL－14飞机进行了进攻”②。

驻曼谷大使约翰逊在报告中提到，萨利特于1月9日派出两架RT－33飞机对老挝进行侦察拍照，目标是万荣、查尔平原、川圹和丰沙万(此处未拍照)。与此相配合的，太平洋舰队司令部命令驻泰国的联合军事援助委员会主任和太平洋空军司令，在曼谷建立一个照片分析中心，配备必要的设备与人员，准确地分析侦察照片。③ 1月11日，泰国空军报告显示，泰国边界不明身份的飞机开始增多。泰国空军计划在乌隆空军基地建立一个战斗预警中心。驻美国泰国联合军事援助委员会主任建议，太平洋舰队司令部最好考虑泰国6.4万英镑购买C－124飞机实施这项计划的请求。这可以为美国增加战情报告，提高乌隆空军基地24小时待命的能力，进而证明美泰关系的价值所在。④ 第二天，太平洋舰队司令部就批准了这个请求。⑤

1961年1月14日，美国国务院在给所有驻外使节的指令中，分别从老挝的国内政治、军事以及国际3个层面明确指出了美国在老挝问题上的立场。在老挝国内政治方面，美国一直致力于文翁政府的“合法化”，使其在国内外事务中处于有利位置，实现老挝的中立。这样可以巩固老挝的国际地位，为美国在老挝的进一步行动创造条件，指责共产党国家的干涉是非法的。此时美国只是部分实现了这个目标。⑥ 在军事方面，“我们一直致力于防止老挝落入共产主义阵营，应老挝政府的要求向富米军队提供援助。对此，我们既要向共产党国家表明我们保护老挝的决心，也要避免使自由世界由于担心我们要采取鲁莽的军事行动而反对我们的

① DDRS，CK3100422214.

② DDRS，CK310048107.

③ DDRS，CK310048108.

④ DDRS，CK310048108 – DDRS，CK310048109.

⑤ DDRS，CK3100422206.

⑥ DDRS，CK3100366754 – CK3100366755.

政策与行动”[①]。在国际层面，“美国的目标是通过多种途径实现老挝和平并且继续西方与亚洲国家对老挝的支持。对此，通过各种国际调查与谈判来解决老挝危机的方式的选择上必须谨慎，以免使反叛武装巴特寮获得与老挝王国政府平起平坐的身份和机会，这样就会结束西方对老挝王国政府的援助。在目前的国际监督委员会问题上，我们希望英国—印度的提议遭到失败，最好将责任推给苏联。我们更倾向于通过‘东南亚条约组织’或部分‘东南亚条约组织’成员国采取渐进的政策，这将有利于老挝危机的最终解决”[②]。最后，国务院指出，“我们不希望匆忙解决老挝危机，我们能够接受通过各种已经提议的或可能实现的国际行为来共同解决这次危机。其衡量标准为这些手段是否可以进一步实现阻止共产党国家的干涉，并且继续援助老挝王国政府以实现其统一与领土独立”。[③]国务院的这份指令既明确了美国在老挝的近期目标，更暴露了其在老挝的政策本质。

1月18日，在艾森豪威尔任期的最后一次新闻发布会上，其拒绝了柬埔寨西哈努克亲王举行多国会议来解决危机的建议——包括英国、苏联、印度、波兰、加拿大、缅甸、泰国、北越、法国、美国和中国。他还宣布，除非国际监督委员会承认文翁是合法的首相，经过由苏联和英国共同建议重启的国际监督委员会才可以恢复活动。[④]

从1954年日内瓦会议以后，美国便开始了对老挝的政策关注，尤其是从1958年5月老挝进行补充选举以来，美国政府更加致力于建立一个团结并且反共的国民阵线。而通过对老挝1960年选举的操纵，美国新扶植目标的富米·诺萨万得以上台，这使得老挝形势进一步复杂。这不仅立刻使新建立的老挝政府失信于国际社会，而且也使美国与其欧洲盟友在这个问题上的关系更加紧张，因为美国的这些欧洲盟友不想卷入一场“东南亚条约组织”对老挝的干涉中。当1960年10月助理国防部部长约

---

① DDRS，CK3100366755 - CK3100366756.

② DDRS，CK3100366756 - CK3100366757.

③ DDRS，CK3100366757.

④ U. S. Department of State，*American Foreign Policy*：*Current Documents* 1961，Washington，D. C.：Government Printing Office，1965，p. 920；Bernard Fall，*Anatomy of a Crisis*：*The Laotian Crisis of* 1960 - 1961，New York：Doubleday，1969，pp. 211，205.

翰·埃尔文给富米开绿灯同意其进攻万象的时候，美国将贡勒的部队推向了巴特寮一方，并导致了老挝内战的发生。经过老挝保守阵营的分裂、对选举的操纵以及老挝内战开启等过程，艾森豪威尔政府将老挝推入了一场重大的危机中。艾森豪威尔认为他至少应该对老挝危机承担部分责任。在其回忆录中，他坦承对于给老挝留下的"争吵与混乱"感到"非常后悔"。①

在整个老挝危机发生的过程中，除了美国的积极推动以外，几个相关的其他国家的作用也不容忽视。北越一直关注老挝事态的发展，并在一定程度上对巴特寮提供了相当大的帮助。胡志明一直在老挝和柬埔寨从事秘密活动，他的目标是在越南成立印度支那的共产党联盟。② 在反对法国统治的过程中，胡志明主要活动于老挝北部，那里既是越盟"人力和自然资源"所在地，也是一条防御战线。胡志明还重视老挝包括阿速坡（Attopeu）省大部分的东南边境，1951 年以来，这里一直为巴特寮所控制。1959 年春天，胡志明宣布对吴庭艳的西贡政府进行无限的游击战争。这个决定一方面使胡志明领导下的越南共产党在南越的中央高地建立了一个革命根据地；另一方面，北越开始通过老挝向南越发展一条快速通道，以便他们向盟友输送人员、武器和装备。③ 由各种公路、小路和水路构成的这条路线称为著名的胡志明小路。通过老挝南部的车邦到阿速坡，迅速成为河内向南越渗透的主要路线。④

1954 年，日内瓦会议召开前，莫斯科通过向越盟提供军事援助而间接支持巴特寮。⑤ 但是，当时的老挝在苏联的外交政策中并不重要。赫鲁晓夫上台后开始关注第三世界问题，老挝开始进入赫鲁晓夫的视野。赫鲁晓夫指责卡岱·索萨里特和培·萨那尼空坚定的亲西方制度，并赞扬了万象协议所建立的联合政府。富米·诺萨万的上台更是引起了苏联的

---

① Dwight, D. Eisenhower, *Waging Peace*: 1956 - 1961, New York: Doubleday and Company, 1965, p. 612.

② William J. Duiker, *Ho Chi Minh*: *A Life*, New York: Hyperion, 2000, p. 439.

③ George McT. Kahin, *Intervention*: *How American Became Involved in Vietnam*, New York: Doubleday & Co. , 1986, pp. 101 - 109.

④ *FRUS*, 1955 - 1957, Vietnam, Vol. I, Washington, DC: United States Government Printing Office, 1985, p. 808. ibid, pp. 361 - 362; ibid, p. 510; ibid, pp. 541 - 543; ibid, p. 742.

⑤ Dommen, *Laos*, p. 121.

关注，尤其是国家利益防御委员会与美国的密切联系所引起的不安。赫鲁晓夫建议重启国际监督委员会的活动，并号召一个国际会议作为恢复万象协议的手段。[①] 苏联以向巴特寮提供物资援助的方式来抵制美国对老挝事务的干涉。从某种程度上，也正是由于 1960 年 12 月苏联援助物资的到达，才将老挝危机从一场内部战争推向了一次国际化危机。

不管怎样，艾森豪威尔给其继任者留下的是一个棘手的外交问题。1961 年 1 月 20 日就任伊始，肯尼迪总统就发现，艾森豪威尔没有重视通过国际社会共同努力解决老挝问题的重要性，尤其是忽视了美国与苏联在老挝问题上进行合作的可能。而且美国在对老挝政策方向上没能协调好政府内部的争斗。肯尼迪上台后，开始积极寻求与赫鲁晓夫的合作，来达到通过谈判解决老挝冲突的目的。作为寻求与苏联建立缓和关系的一部分，他朝向这一目标的努力成为美国对老挝政策的一个主要转折点。

---

① Charles B. McLane, *Soviet-Asian Relations*. New York：Columbia University Press，1973，p. 94.

第三章

肯尼迪政府初期美国的老挝政策

老挝危机的“国际性”特征主要表现在肯尼迪的任期内。自从苏联公开向老挝提供空中援助以后，老挝危机便成为以美国和苏联为首的东西方势力瞩目的一个焦点。美国对老挝的政策不再仅仅停留于美国政府的内部争论层面，尤其是肯尼迪上台以后，如何取得与苏联在这个问题上的主动和优势地位成为美国政府新的主要方向。而老挝危机也由此不单是一场老挝内部的政治事件，围绕老挝危机发展及其解决过程中呈现出的冷战特征越发明显。

第一节　肯尼迪上任初期美国对老挝政策基本原则的确定

老挝问题是肯尼迪上任以后的首个外交难题。1959 年 12 月，在与艾森豪威尔的一次会谈中，肯尼迪提出，他认为“当时国际问题重要性的次序为老挝、刚果、古巴、多米尼加共和国、柏林、核试验与裁军问题谈判、阿尔及利亚”[①]。确定解决老挝问题的基本原则便成为肯尼迪上任初期的首要任务。

一　艾森豪威尔政府遗留的老挝问题

肯尼迪入主白宫的时候，美苏两国关系正处于紧张时刻。在艾森豪

---

① Robert Dallek, *An Unfinished Life: John F. Kennedy, 1917 - 1963*, Boston: Little, Brown and Company, 2003, p. 303.

威尔政府时期，曾有着不同的机会来相互改善关系，特别是1954年的日内瓦会议与1959年的戴维营会谈，但这些许的成绩随着1960年巴黎峰会的取消而消失了。肯尼迪在作为参议院议员的时候就发表了应该改善美苏关系的评论。在肯尼迪看来，所有国家达成的武器控制协议，将是解决其他“西方与共产主义世界冲突”的一个关键步骤。[①] 而在实际行动中，肯尼迪甚至在就职前就开始了与苏联政府之间的联系。在肯尼迪当选总统以后，“赫鲁晓夫先生马上于1960年11月10日发出私人贺电，并且表示愿意同他就一切未决问题进行谈判”[②]。肯尼迪的弟弟罗伯特·肯尼迪于12月初告诉苏联的情报部门，当选总统想探讨“解决最重要的国际问题”[③]。同时进行的其他非正式谈判也在苏联驻美国大使梅尼希科夫（Menshikov）与美国政府的其他官员间展开。[④] 梅尼希科夫通过布鲁斯（David K. E. Bruce）向美国政府传递的信息是赫鲁晓夫想“尽快”与肯尼迪开始讨论。[⑤] 不过，在就职前夜，肯尼迪对苏联的意图仍不明确。[⑥]

不仅长期关注美苏外交，而且肯尼迪很早就表现出对越南的兴趣。1951年，在肯尼迪作为众议院议员的时候，就对远东进行了一次访问，并对法国在印度支那的殖民政策进行了口头批评。肯尼迪认为，东南亚的独立运动是未来的发展趋势，反对派出美国的地面部队与越盟作战。不过，肯尼迪并没有忽视东南亚大陆的战略价值。1954年年初的奠边府危机期间，肯尼迪便指出印度支那“将是所有亚洲防御的关键所在”。但是，考虑到如果美国为支持法国而介入的话，中国将会派出部队援助北

---

① Allan Nevins, ed., *The Strategy of Peace*, New York: Harper & Co., 1997, pp. 26 – 30.

② ［英］瓦特编著：《国际事务概览1961年》，于树生等译，上海译文出版社1988年版，第276页。

③ Aleksandr Fursenko and Timothy Naftali, "*One Hell of a Gamble*": *Khrushchev, Castro, and Kennedy, 1958 – 1964*, New York: W. W. Norton & Co., 1997, pp. 80 – 82.

④ Michael Beschloss, *The Crisis Years: Kennedy and Khrushchev*, 1960 – 1963, New York: Harper Collins, 1991, pp. 40 – 42.

⑤ *FRUS*, 1961 – 1963, Soviet Union, Vol. V, Washington, DC: United States Government Printing Office, 1998, pp. 9 – 13.

⑥ Arthur M. Schlesinger, Jr., *Robert Kennedy and His Times*, Boston: Houghton Mifflin, 1978, pp. 439 – 440.

越，他提醒艾森豪威尔政府不要卷入这个冲突。[①] 奠边府战役以后，肯尼迪更加认识到西方在印度支那地区胜利的机会并不明显，妥协应该是最现实的选择。1954 年，在日内瓦会议召开的时候，肯尼迪就提出“美国可能必须接受在越南成立一个联合政府或分裂该国”的现实[②]，一个符合美国利益要求的谈判似乎是推迟一场亚洲大陆战争最好的选择。[③]

不过，在肯尼迪通往白宫的路上，他并没对老挝事态的发展给予足够的重视。虽然肯尼迪批评了美国对印度支那的政策，但明显的是，在其当选总统前后，老挝并不是他主要考虑的领域，“肯尼迪对老挝王国政府与巴特寮冲突的兴趣源自 1960 年 12 月中旬苏联空运的报告”[④]。苏联对贡勒部队的空运援助迫使肯尼迪严肃地对待老挝的形势，但没有促使他设计一个有效的战略来处理危机。在就任前三周的 1961 年 1 月初，他告诉曼斯菲尔德（Mansfield），他还不清楚应该采取什么措施来解决问题。[⑤] 就任前不久，肯尼迪告诉索伦森，“不管在老挝的结果如何——一个美国的入侵，共产党的胜利还是其他什么，我希望在我们上台之前发生”[⑥]。

不管怎样，老挝在事实上成为肯尼迪入主白宫前的一个重要问题。1961 年 1 月 19 日上午，肯尼迪与艾森豪威尔在白宫会面。肯尼迪指出他的目的主要为：“一是可以向公众表明政府的交接是和谐的。二是因为我非常想从即将卸任政府里了解他们是如何处理老挝问题的。尤其是他们在军事干预方面是如何准备的，这对我们是有益处的。”[⑦] 由此可见，老挝既是艾森豪威尔政府遗留的难题，又是肯尼迪政府即刻需要解决的

---

① Herbert S. Parmet, *Jack: The Struggles of John F. Kennedy*, New York: Dial Press, 1980, pp. 227 - 228, pp. 282 - 287.

② Ronald J. Nurse, "*American Must Not Sleep: The Development of John F. Kennedy's Foreign Policy Attitudes, 1947 - 1960*," (Ph. D. dissertation, Michigan State University, 1971), pp. 124 - 125.

③ Herbert S. Parmet, *JFK: The Presidency of John F. Kennedy*, New York: Penguin Books, 1986, pp. 227 - 228, p. 287.

④ Hugh Sidey, *John F. Kennedy: President*, New York: Crest, 1964, p. 76.

⑤ Gregory A. Olson, *Mansfield and Vietnam: A Study in Rhetorical Adaptation*, East Laning: Michigan State Univerisity Press, 1995, p. 90.

⑥ Theodore Sorensen, *Kennedy*, New York: Harper & Row, 1965, p. 640.

⑦ *FRUS*, 1961 - 1963, Laos Crisis, Vol. XXIV, Washington, DC: United States Government Printing Office, 1994, p. 19.

问题。

国务卿赫脱在这次会上从政治和军事两个方面向与会者分析了老挝的形势。赫脱指出,“不要在老挝政府中接受任何共产党成员,因为这最终会使共产党控制整个政府”。关于重启国际监督委员会的问题,由于苏联与美国分别承认不同的合法政府存在,所以,赫脱认为在老挝重启国际监督委员会并不能解决实际问题。肯尼迪向赫脱提出如果老挝政府请求“东南亚条约组织”进行干涉美国是否会出兵的问题,赫脱直接回答“会的”。因为在赫脱看来,“老挝是东南亚的瓶塞。如果老挝失去,接下来就会是泰国、菲律宾,还有蒋介石政权”①。艾森豪威尔也持这种观点,他认为如果老挝这个“瓶塞”失去了,那将是大部分东亚地区的陷落。②肯尼迪询问国防部部长盖茨,美国对此是否有足够的军力,盖茨认为“政治形势并不乐观,如果我们进行干涉,则完全可以掌控军事局面”③。而且,“如果配之特殊的飞机,运送 1.2 万士兵及其装备前往太平洋的时间从 17 天削减至 12 天是有可能的”④。不过盖茨进一步强调,“最好的办法是通过‘东南亚条约组织’采取行动,但这必须由老挝提出请求,而迄今为止老挝拒绝这么做”⑤。英国与法国两大盟友在“东南亚条约组织”上表现出的不合作态度使得泰国、菲律宾等小国认为“东南亚条约组织”为“纸老虎”,并怀疑“签约大国是否会承担相应义务”。⑥艾森豪威尔指出,“如果允许共产党在这样的国家参与政权,他们必将取得对这个国家的完全控制”⑦,不过“动用美国军事力量进行单独干涉是挽救老挝的最后选择”⑧。这次会议以后,肯尼迪告诉还未上任的国务卿腊斯

---

① *FRUS*, 1961 - 1963, Laos Crisis, Vol. XXIV, Washington, DC: United States Government Printing Office, 1994, pp. 19 - 20.

② Ibid., p. 21.

③ Ibid., p. 22.

④ Ibid., p. 20.

⑤ Ibid., p. 22.

⑥ Ibid., p. 25.

⑦ Robert Dallek, *An Unfinished Life: John F. Kennedy, 1917 - 1963*, Boston: Little, Brown and Company, 2003, p. 305.

⑧ *FRUS*, 1961 - 1963, Laos Crisis, Vol. XXIV, Washington, DC: United States Government Printing Office, 1994, p. 21.

克（Dean Rusk），老挝问题是“艾森豪威尔政府留给我最糟糕的东西”①。

相对于古巴以及稍后的柏林问题，实际上，对占据肯尼迪政府的大部分时间而言，老挝的重要性还远远不够。上任初期的肯尼迪认识到“美国没有力量动用常规武装同时干涉东南亚与欧洲事务，尤其是随着柏林问题的日益紧张，他一定会想办法在欧洲保证有足够的力量”②。尽管如此，老挝问题却在肯尼迪上任的前两个月中优先于其他所有问题。正如总统助理施莱辛格所说的那样，老挝是肯尼迪“自己全神贯注考虑之事”③。肯尼迪在最初的几个月里对老挝比其他领域投入了较多的时间和特别的研究。④ 在肯尼迪举行就职典礼的时候，老挝似乎是白宫日程上最紧急的事情。⑤ 不管怎样，肯尼迪上台以后适时调整了艾森豪威尔政府时期美国在老挝问题上的僵硬立场，具有一定的灵活性。“何时、何地以及何种方式与共产党进行斗争，肯尼迪的老挝政策是一种更为现实的政策选择。”⑥

二　肯尼迪政府对老挝的新政策

1月20日，肯尼迪就职的当天就成立了一个专门研究老挝问题的特别工作组（the Laos Task Force），组长为帕森斯（J. Graham Parsons），其成员包括白宫代表罗斯托（Walter Rostow）、国防部代表尼采（Paul Nitze）、中央情报局代表毕塞尔（Richard Bissell）、国务院远东行动办公室主任谢泼德（William J. Sheppard）。⑦ 后来，肯尼迪从美苏关系的角度考虑老挝问题，把没有东南亚事务经验的波伦（前驻苏联大使，当时是

---

① Thomas J. Schoenbaum, *Waging Peace and War: Dean Rusk in the Truman, Kennedy and Johnson Years*, New York: Simon & Schuster, 1988.

② Thomas G.. Paterson, *Kennedy's Quest for Victory: American Foreign Policy, 1961 – 1963*, New York: Oxford University Press, 1989, p. 229.

③ Arthur S. Schlesinger, *A Thousand Days: John F. Kennedy in The White House*, Boston: Houghton Mifflin, 1965, p. 329.

④ Theodore Sorensen, *Kennedy*, New York: Harper & Row, 1965, p. 640.

⑤ Hugh Sidey, *John F. Kennedy*: the President, New York: Atheneum, 1964, p. 76.

⑥ Nigel John Ashton, *Kennedy, Macmillan, and the Cold War: The Irony of Interdependence*, New York: Palgrave Macmillan, 2002, p. 46.

⑦ *FRUS*, 1961 – 1963, Laos Crisis, Vol. XXIV, Washington, DC: United States Government Printing Office, 1994, p. 26, n. 2.

肯尼迪对苏事务顾问）也安排进了老挝问题特别工作组。[①]

老挝问题特别工作组于 1 月 23 日向肯尼迪总统提交了第一份报告。老挝问题特别工作组在这份报告中分析了当前老挝的形势、美国在老挝的目标与政策等内容。老挝问题特别工作组的报告首先分析了在实现美国对老挝政策目标的过程中存在的不利因素。第一，富米—文翁政府军的战场形势日益恶化，而共产党国家却一直向巴特寮提供援助，其国内势头正盛。第二，《东南亚集体防御条约》没能发挥应有的作用，英国和澳大利亚等盟国不愿意支持“东南亚条约组织”采取有效行动，法国更不愿意支持老挝现政府，甚至还是我们在老挝推行有关政策的障碍。自由世界的许多国家，尤其是东南亚的一些国家，都不愿意接受老挝现政府以及与其进行交往。第三，老挝自身的地理位置不适合美国直接开展地面军事行动，尤其是其没有出海口和灌木丛生的多山地形，没有铁路、公路与飞机跑道匮乏等情况，会更加限制美国机动部队的调动。由此，老挝问题特别工作组认为，“美国在老挝任何有效战略的实现”都要求“同时从政治和军事的立场进行考虑”。“在目前军事和政治环境下”，取得“决定性军事胜利”仍不可能。“毕竟，巴特寮拥有着他们的优势，即通过对查尔平原的控制，以及在其他地方的继续胜利”，并且“他们不会放弃其已经取得的地位，如果他们在军事上取胜，他们就不会再进行谈判了”。[②]

老挝问题特别工作组在这份报告中尤其提出了关于《东南亚集体防御条约》的问题。老挝问题特别工作组认为，“东南亚条约组织”的模糊立场是当前的一个棘手问题。英法与其他国家不愿意配合“东南亚条约组织”采取行动，使他们在老挝的努力受到了质疑。如果将来《东南亚集体防御条约》不再发挥作用，那么美国将采取单独的行动替代之，即通过与泰国的双边条约采取相应的行动。这不仅表明了美国对泰国的继续支持，还表明了美国不允许老挝落入共产主义阵营的决心。不过，老

---

① Charles Bohlen, *Witness to History*, 1929 - 1969, New York: Norton, 1973, p. 476; Arthur S. Schlesinger, *A Thousand Days*: *John F. Kennedy in The White House*, Boston: Houghton Mifflin, 1965, pp. 426 - 427.

② *FRUS*, 1961 - 1963, Laos Crisis, Vol. XXIV, Washington, DC: United States Government Printing Office, 1994, pp. 28 - 29.

挝问题特别工作组也认识到，如果真在老挝发生直接的军事冲突，美国的正规部队在老挝的恶劣条件下会处于不利地位。①

在认识到“军事手段不能马上解决老挝问题”以后，老挝问题特别工作组分析了通过政治途径解决老挝危机的可能性。老挝问题特别工作组认为，通过如下几个政策的实施，可以促使共产党国家接受谈判，解决老挝危机。第一，向共产党国家表明美国不允许老挝落入共产主义阵营的决心。这可以通过目前向老挝王国政府提供军事援助的种类与程度，以及表明还会继续增加这种援助来证明。如果有必要，也可以通过调遣美国海军、空军和地面部队进行直接的干涉来证明。第二，支持世界舆论的观点，尤其是东南亚中立国家通过政治途径解决老挝危机的要求，这是共产党国家不能拒绝的。第三，苏联还不确定通过共产党军队的行动中国会在老挝取得怎样的地位。苏联担心这可能破坏苏中两国之间力量的平衡。苏联担心在未来的进一步行动中，中国会取得更大的独立地位。第四，苏联已经表现出将与新任政府进行更多合作的态度。除此以外，新政府还有一个优势，即对于上一任政府进行的许多批评为新政府采取新措施提供了一个平台。②

通过以上的分析可以看出，老挝问题特别工作组对于美国在老挝最终政治目标的确定，相对于艾森豪威尔政府时期做出了重大的改变：美国可能必须支持一个包括共产党在内的老挝新政府。因为苏联“不可能同意”一个“真正亲西方的政府”在老挝出现，美国不得不“在确定老挝将不会落入共产党统治时，放弃原有目标”。鉴于这种形势，老挝问题特别工作组提出，美国可以“在政府中不重要职位上接受‘老挝’巴特寮”的代表。在这个前提下，美国将“愿意在老挝接受独立于任何大国之外的真正中立的政府”。③ 老挝问题特别工作组的这个建议为肯尼迪所

---

① *FRUS*, 1961 – 1963, Laos Crisis, Vol. XXIV, Washington, DC: United States Government Printing Office, 1994, pp. 30 – 32.

② *FRUS*, 1961 – 1963, Laos Crisis, Vol. XXIV, Washington, DC: United States Government Printing Office, 1994, pp. 29 – 30. 腊斯克也认为在老挝的问题上苏联有所保留，“或许苏联不想在老挝取得完全的胜利，因为这会扩大中国在这一地区的影响”。见 *FRUS*, 1961 – 1963, Laos Crisis, Vol. XXIV, Washington, DC: United States Government Printing Office, 1994, p. 27. n. 3.

③ *FRUS*, 1961 – 1963, Laos Crisis, Vol. XXIV, Washington, DC: United States Government Printing Office, 1994, p. 32.

采纳。“肯尼迪在竞选过程中一直批评艾森豪威尔的老挝政策，声称美国的援助都投向了军方而不是其国内经济。”① 老挝问题特别工作组的这份报告为肯尼迪政府奠定了后来通过谈判方式解决老挝危机的基础。

根据 1 月 21 日汤普森大使从莫斯科给国务院发回的电报，赫鲁晓夫在与汤普森的会谈中明确指出，虽然“在老挝存在敌对的双方，一方是以梭发那·富马为首的合法政府，一方是美国与泰国支持下的文翁政府”，但“老挝对于苏联和美国都不重要”。② 老挝问题特别工作组从中捕捉到相对于艾森豪威尔政府，苏联更愿意与肯尼迪政府进行合作的信息，认为老挝危机是美苏“可以通过谈判解决”的一个完美检验场所。老挝问题特别工作组在报告中指出，“令人费解的是，为什么共产党国家不利用这个机会，通过其在老挝的扶植目标建立傀儡政府，至少可以在老挝北半部建立，这样他们可以继续向泰国和南越进攻”③。于是，老挝问题特别工作组据此进一步认为，此时的苏联“既不希望将此事推向冲突边缘，也不想取得在老挝的彻底胜利”。所以，老挝问题特别工作组提出在目前情况下，不能对苏联进行直接的指责，这样会遭到苏联的断然回击。美国可以采取措施进一步巩固文翁政府已经取得的军事地位，争取取得“东南亚条约组织”同意美国与泰国在老挝采取联合行动。④

老挝问题特别工作组建议在富米军事地位没有改善的前提下，美国最好不要就这个问题与苏联政府进行正式的外交谈判，在未来则可以考虑成立一个“中立国委员会”来取得这方面的突破。而且，老挝问题特别工作组并不主张向老挝派遣美国军队，但是为了改善富米的军事地位，老挝问题特别工作组建议可以采取两套方案进行。首先，应该采取一些行动，“增加在泰国对老挝政府的军事人员或部队进行训练”“利用计划评估办公室（如果有必要可以增加人数）对老挝政府军的训练顾问角色实施战术顾问的作用”“在泰国建立一个小规模的美国后勤补给队”“建

① Charles A. Stevenson, *The End of Nowhere: American Policy Toward Laos Since* 1954, Boston: Beacon Press, 1973, p. 129.

② DDRS, CK3100179868.

③ *FRUS*, 1961 - 1963, Laos Crisis, Vol. XXIV, Washington, DC: United States Government Printing Office, 1994, pp. 29 - 30.

④ Ibid., p. 33.

立一个1000万美元的‘特需账户’，以便紧急行动之需”。其次，考虑采取额外适当的军事行动。虽然这部分内容解密的更少，但我们根据解密的少量内容还是可以看出美国不会轻易放弃老挝的决心，提出“如果中国战斗机开始为苏联的空运护航，那么美国的空运也应该升级”，在对抗中“取消对AT6飞机使用炸弹和凝固汽油弹的限制”。除了这两套方案以外，老挝问题特别工作组还建议，“如果形势仍然允许”，可以考虑在泰国政府的请求下，向泰国派驻美国战斗部队。不过，老挝问题特别工作组仍谨慎地指出，“根据老挝交通不便，供给困难以及巴特寮更好地熟悉地形和善于游击战等情况，对我们来说出动美国的军队是非常不利的”。这么做将“不仅产生后勤问题，还将冒刺激中国增加对巴特寮援助的危险”①。肯尼迪对于老挝问题特别工作组的这个建议表现得比较谨慎，基本同意第一套方案的内容，但是“不主张计划评估办公室在老挝军队中起到战术顾问的角色”。肯尼迪对于第二套方案的决定则是“暂时搁置”。

总统特别助理麦乔治·邦迪在致肯尼迪的备忘录里分析了东南亚大陆的形势不容乐观，南越、新加坡、印度尼西亚和缅甸国内的共产党都有了一定的发展，而美国在老挝并没有占据优势，“如果不及时制订一份详细改变这种局面的计划，那么第二次世界大战以来的这种局面将继续恶化”。麦乔治·邦迪进一步强调，“这个问题的关键并不是老挝，而是最终对印度洋地区控制的问题。无论是谁能够控制印度洋，最终将能控制整个东南亚。共产党正通过外交与经济和游击战等方式来实现这个目标。而太平洋舰队司令海军上将费尔特将军一年前就提出了这个重要问题，可是一直未受重视”。麦乔治·邦迪提出，“我们不应该从老挝自身的价值来考虑政策的制定，而应该在更广阔的背景下完成”②。

美国驻苏联大使汤普森（Llewelyn Thompson）也通过几封电文向肯尼迪强调了谨慎制定对老挝政策的意义。虽然汤普森1月21日的电报表明赫鲁晓夫在与其进行交谈的过程中，透露出老挝不是苏联和美国应该

---

① *FRUS*, 1961 - 1963, Laos Crisis, Vol. XXIV, Washington, DC: United States Government Printing Office, 1994, pp. 35 - 36.

② DDRS, CK3100266153 - CK3100266154.

发生冲突的地方，而且也表示愿意在这个问题上与肯尼迪进一步合作，莫斯科与华盛顿都应该“扑灭由老挝王国政府—巴特寮冲突引起的火焰”①。但是在两天后的另一封电报中，汤普森又提醒肯尼迪总统“不要因为赫鲁晓夫的这个态度而低估苏联会在老挝问题上所做出的反应”。在汤普森看来，由于我们缺少盟友对文翁政府的支持，“赫鲁晓夫相信新任政府不会愿意一开始就卷入韩战那样的形势”。所以，“对于我们所要采取的直接或间接军事行动，苏联都会采取针锋相对的措施”②。

肯尼迪明确地表明他倾向于对老挝问题的政治解决。1月25日，新闻发布会上的评论表明他可以接受老挝的中立化。面对记者的提问，肯尼迪声明他“急切地”想看到一个“独立”“和平”的老挝的出现。即使这些并没有表明美国是否支持梭发那作为首相或允许巴特寮进入一个联合政府，但这揭示了肯尼迪政府政策的一般方向。尤其是肯尼迪在新闻发布会上谈及包括释放被捕的美国飞行员在内的美苏关系等问题时，却没有提及苏联在老挝的空运情况。③ 这点明显与艾森豪威尔政府的相关政策有着巨大的不同，因为艾森豪威尔政府的最后几天公开了苏联向老挝运送物资的详细报告。④

在1月25日举行的参谋长联席会议上，军方代表向新任总统提出美国应该采取强硬立场的观点，他们认为美国也具有自身的优势，且应该将之发挥出来。海军上将伯克指出，“我们并不是日内瓦协议的签约国，但是我们却在遵守，而作为日内瓦协议签约国的苏联违背有关协议，却没有受到世界舆论的指责”。肯尼迪对此表示，“他会尽其所能完成在老挝所能做的一切。但是在没有做好充分准备前他不会轻易动手”“动用美

---

① *FRUS*, 1961 - 1963, Laos Crisis, Vol. XXIV, Washington, DC: United States Government Printing Office, 1994, pp. 28 - 29.

② DDRS, CK3100366758.

③ *Public Papers of the Presidents of the United States*: *John F. Kennedy*, *1961*, Washington D. C.: Government Pringting Office, 1962, pp. 9 - 17. 下载地址为 http://quod. lib. umich. edu/cgi/t/text/text-idx? c = ppotpus; cc = ppotpus; view = toc; idno = 4730886. 1961. 001, 下载时间为2010年8月29日。

④ U. S. Department of State, *American Foreign Policy*: *Current Documents 1961*, Washington, D. C.: Government Printing Office, 1965, pp. 983 - 984.

国的军队进入老挝是最后的选择”。[①] 在讨论结束前，肯尼迪要求参谋长联席会议提交一个备忘录，内容为“如果我们决定对老挝采取直接的军事行动，30天的时间我们能准备到何种程度，这其中要考虑越盟会对此做出多快的反应”。兰尼兹尔将军马上给出的回答是，“不论越盟的行动如何迅速，我们都可以切断他们的供给线，限制他们的行动”[②]。这次参谋长联席会议既反映了军方在老挝问题上的强硬立场，也反映了肯尼迪的谨慎。肯尼迪就任之初，在美国政府内部就面临如何解决老挝危机的分歧，这是他日后所不得不面对的问题。从这个角度也反映了老挝危机最终解决的复杂性。

肯尼迪反对介入老挝的决定，进一步得到了美国驻万象大使布朗的支持。被召回华盛顿进行讨论的布朗，在2月3日的一次白宫会议上，提出了他关于老挝问题的看法。布朗认为，虽然文翁政府的军队新近取得了一些暂时的胜利，但是在他们军队内部存在致命的问题，即“军队的领导层派系林立，而且也严重缺少优秀军官”[③]。布朗在这次会谈中仍然坚持向肯尼迪建议通过“中立国委员会”来解决老挝危机，不同意向泰国派驻美国的军队。他指出，这样的一种行动将被盟友看作对苏联或中国的“过度刺激”，将可能迫使共产党国家增加对危机的介入程度。[④]

布朗在这次谈话中尤其突出了他对盟国关系在老挝危机中的影响的认识。布朗认为，弥补美国与英法两国在老挝问题上的分歧是个巨大的难题，尤其是与英国之间的分歧，因为“不仅是盟友之间在解决问题具体方式上的观点方面不同，而且英国开始对我们的目的产生怀疑，认为

---

① *FRUS*, 1961 - 1963, Laos Crisis, Vol. XXIV, Washington, DC: United States Government Printing Office, 1994, p. 43.

② *FRUS*, 1961 - 1963, Laos Crisis, Vol. XXIV, Washington, DC: United States Government Printing Office, 1994, p. 44. 一个月以后的2月16日，国防部向肯尼迪汇报了30天的时间共产党国家可以向老挝投入的最大军力可能。报告认为根据目前的后勤条件，在30天的时间里北越与中国分别从东面和西面可以进入老挝的陆军与空军规模巨大（原文有具体数字）。不过，这只是一种理论上的分析，在这个时间内是不可能出现上述情况的。因为，出于国内安全的需求，越南不可能将15个师的兵力一下子投入老挝的战场。见 DDRS, CK3100242761 - CK3100242762.

③ *FRUS*, 1961 - 1963, Laos Crisis, Vol. XXIV, Washington, DC: United States Government Printing Office, 1994, p. 45.

④ Ibid., pp. 46 - 47.

我们在行动和目标方面对他们有所保留。这是最严重的问题”[①]。肯尼迪询问布朗美国与英法两国的根本区别所在，布朗认为是他们“对于中立的认识与对梭发那·富马和富米更为明确的态度。在一个中立的老挝方面他们走得更远，即他们认为一个中立的老挝可以从苏联接受援助，可以在政府中接受巴特寮代表参加，在反共立场上不比我们强硬。他们认为团结老挝的唯一希望是支持梭发那·富马，至少英国同意在政府中接受巴特寮代表。他们承认这是一次冒险，但是他们认为只要足够谨慎与引导正确，在政府中有一至两名共产党代表不会有什么危害。相反，则会发生内战，在他们看来这种危害更大”。接下来，布朗对于这种情况的发生，从英法两国的角度进行了简单分析。他认为“英法两国不是太平洋国家，对于我们利益重大的地区却对他们没有真正的利益影响。他们更加看重的是可能对其欧洲地位所产生的影响，所以会产生与我们不同的意见”[②]。

当时，国际社会对于通过政治手段解决老挝危机有着几种不同的主张。1961 年 1 月，西哈努克亲王提议召开解决老挝危机的 14 国会议。西哈努克亲王的这个提议得到了苏联、中国、印度和法国的支持，但是美国却认为“国际会议的召开将使问题公开化”[③]，更担心在国际会议上美国对老挝的政策会使其成为众矢之的，同时这也将给苏联、中国等社会主义国家提供发言权的机会，不利于美国在老挝目标的实现，所以美国极力反对。除此以外，作为 1954 年日内瓦会议两主席之一的英国，也于 1961 年 1 月提议恢复 1958 年开始休会的国际监督委员会，重启在老挝的工作。美国政府担心国际监督委员会会“迫使文翁政府作出让步”[④]，所以艾森豪威尔拒绝了英国的这个提议。

在老挝问题特别工作组的第一份报告中所提议的“中立国委员会”（Neutral Nations Commission）的计划则得到了肯尼迪政府的肯定。1 月 18

---

① *FRUS*, 1961 - 1963, Laos Crisis, Vol. XXIV, Washington, DC: United States Government Printing Office, 1994, pp. 45 - 46.

② Ibid., p. 46.

③ Ibid., p. 57.

④ ［英］瓦特编著：《国际事务概览 1961 年》，于树生等译，上海译文出版社 1988 年版，第 428 页。

日，布朗大使在给国务院的电报中曾提出成立一个“中立国委员会”的建议，但没有将之形成具体内容。[①] 由于美、苏、英、法等大国之间不能在东南亚条约组织、国际监督委员会以及召开一次相关国家参加的国际会议等议题上达成一致，老挝问题特别工作组将布朗大使的这个建议具体化，提出由老挝国王提议创建一个以西哈努克亲王为主席，包括柬埔寨、缅甸和马来亚三国在内的“中立国委员会”，监督符合各方利益需求的协议的有效实施，以“保证美国在老挝最低目标的实现”[②]。老挝问题特别工作组提出，“中立国委员会”的任务应该主要包括监督停火、根据日内瓦协议老挝的交战双方各自退回到原来的地方、停止外部军事供应、扩大老挝政府以及进行自由选举等方面。显而易见，美国成立“中立国委员会”更为重要的目的在于为文翁政府的合法性取得国际社会的承认。老挝问题特别工作组在对老挝的形势分析中已经深刻认识到文翁—富米集团所建立的政府只是得到了美国及少数盟国的承认，为大多数国家所抵制，极为孤立。美国试图通过老挝国王提出要求实现“老挝中立”的声明，以及通过邀请一些中立国家进行“监督”，以取得盟国、中立国以及苏联等社会主义国家对文翁政府的承认，造成否认梭发那·富马政府合法性的事实。在这个建议下，柬埔寨、缅甸和马来亚三国政府将按照1954年日内瓦协议规定的那样，确保停止武器“非法”流入老挝。这将允许美国通过拥有合法地位的法国军事使团向老挝运送援助物资。“中立国委员会”将努力安排停火，并建立一个机制来监督和加强这一安排，直到政治形势好转并且老挝可以恢复其国内的稳定为止。[③] 肯尼迪政府认为“柬埔寨与缅甸在国内是反共的，都不希望老挝成为社会主义国家”，而“亲西方的马来亚也可以根据美国的意见行事”，最终会使美国在老挝的利益得到最大程度的维护，所以“中立国委员会”的计划得到了肯尼迪的青睐。

2月6日，富米发动了一次重新攻取查尔平原的战役。两天后，美国

---

① DDRS，CK3100054379 - CK3100054388.

② *FRUS*，1961 - 1963，Laos Crisis，Vol. XXIV，Washington，DC：United States Government Printing Office，1994，p. 35.

③ Ibid.，pp. 53 - 54.

政府在关于向富米的行动提供援助方面做出了两个决定。其一，批准利用 C-130 飞机向富米运送其进攻所需的物资。兰尼兹尔将军声称“这个运输关乎其是否能取得成功”。至于苏联将对此做何反应，会议也进行了讨论。大家一致认为这充其量只能与苏联一直向巴特寮提供的空运相当。波伦认为这并不重要，“重要的应该是随着富米对查尔平原的重新占领给苏联带来的影响，而这是肯尼迪向赫鲁晓夫提出和平解决老挝危机的最好时机”①。其二，批准额外向老挝派出 9 个训练小组（每个月 3 组）。这 9 个小组共 72 人，每营老挝王国政府军派驻一组。这主要是因为法国大规模地削减了他们的军事训练人员。美国的这个决定尤为重要，超过法国削减之前的人数。② 肯尼迪政府一方面力图在军事上向富米提供援助，努力扭转其不利军事局面，从而可以增加政治谈判资本，以“建立起对美国有利的谈判基础”③；另一方面，努力促成“中立国委员会”计划。

在 2 月 8 日召开的白宫会议上，美国政府通过了实施“中立国委员会”计划的决议。至 2 月 14 日，美国已经将“中立国委员会”的计划向有关国家进行了通告，其中巴基斯坦、加拿大、澳大利亚、英国和泰国表示支持。法国也同意，只是担心这个提议太晚以至于无法推行。国王萨旺和富米也支持这个提议。不过，当时并未确定与苏联进行沟通的时间和基本内容。④ 在美国的推动下，老挝国王于 2 月 19 日正式向国际社会提出“中立国委员会”计划的声明，强调要建立一个中立的老挝，要求缅甸、马来亚和柬埔寨组建一个目的为停止“外国在老挝干涉”的委员会，宣告将继续限制老挝王国政府参加任何军事联盟，并禁止在老挝领土上驻扎外国部队和建立军事基地，但也明确指出老挝将继续接受来自法国和美国的军事援助。⑤

但是，“中立国委员会”计划提出以后，并没有收到美国的预期效

---

① *FRUS*, 1961 - 1963, Laos Crisis, Vol. XXIV, Washington, DC: United States Government Printing Office, 1994, p. 48.

② Ibid., p. 49.

③ Ibid., p. 60.

④ Ibid., p. 55.

⑤ Charles A. Stevenson, *The End of Nowhere: American Policy Toward Laos Since* 1954, Boston: Beacon Press, 1973, p. 138.

果。在美国所提议的“中立国委员会”的构成中，只有马来亚较为积极，缅甸和柬埔寨都拒绝承担保证老挝安全的责任，他们更倾向于重启国际监督委员会或者召开国际会议。巴特寮的领导人苏发努冯与梭发那·富马分别发表声明，严厉谴责了美国与老挝的叛乱集团裹挟老挝国王发表这个声明，以掩盖美国对老挝的武装干涉。苏联公开指责老挝国王的这个声明是受美国指使的，美国的目的在于抛弃日内瓦协议的束缚，以“中立国委员会”代替国际监督委员会，使文翁政府摆脱政治上的孤立状态。[①] 中国、北越等社会主义国家也都反对这个“中立国委员会”计划。[②]

在“中立国委员会”计划遭受挫折的形势下，美国政府也对之进行了相应的调整。腊斯克认为“中立国委员会”计划受挫的“主要障碍在于老挝现政府的构成狭隘，这使许多国家都质疑它的合法性，也使共产党国家继续以此为借口支持梭发那政府”。于是，美国国务院开始考虑“扩大老挝现政府的构成基础”，建立一个包括梭发那·富马在内的新政府。腊斯克指出，这个新计划“既能打动柬埔寨和缅甸两国参加‘中立国委员会’，又能消除以梭发那为首相的老挝政府，还能接触文翁政府的合法性危机”[③]。但美国政府的这个打算也遭到了梭发那与苏联的拒绝。

三　美国开始正式与苏联进行沟通

肯尼迪继任以来，美苏两国通过各自的大使向对方传递了能够在老挝问题上进行沟通的信息，双方真正的谈判始于2月20日美国国务卿腊斯克正式约见苏联驻美国大使梅尼希科夫商讨有关老挝的问题。

腊斯克首先向梅尼希科夫表明“老挝是新任政府不得不立即面对的一个重要问题”，新政府希望老挝实现“独立、真正不结盟的中立，自由行使主权以保证国家统一”。腊斯克告诉苏联大使，肯尼迪相信找到一个

---

① *FRUS*, 1961 - 1963, Laos Crisis, Vol. XXIV, Washington, DC: United States Government Printing Office, 1994, pp. 63 - 67.

② 世界知识出版社编：《印度支那问题文件汇编》，第三册，世界知识出版社1961年，第166—168页。

③ *FRUS*, 1961 - 1963, Laos Crisis, Vol. XXIV, Washington, DC: United States Government Printing Office, 1994, pp. 67 - 68.

"合理解决冲突的途径"是可能的，因为肯尼迪总统渴望实现一个"独立和中立"的老挝，并"准备以此作为合作解决此事的起点"。

腊斯克非常希望苏联能够支持老挝国王通过东南亚国家实现中立的想法，这样可以减少争执并迅速解决问题。腊斯克指出目前不适合召开国际性的会议，"这样的一次会议将是公开的，会引发公开的争论，不利于通过更低调的方法解决"。因此，希望苏联同意"由老挝国王提议的缅甸、马来亚和柬埔寨东南亚三国来完成这项任务"①。对此，梅尼希科夫询问腊斯克是否有正式的文本照会，腊斯克告之可以随后附上，同时表示"我们将就国际监督委员会问题进行沟通"。梅尼希科夫表示，从1954年日内瓦会议以来，苏联一直认为老挝的中立是最佳解决方案，"在文翁亲王和富米将军将梭发那·富马逐出政府之前，梭发那已经朝这个方向做了许多。遗憾的是，有人想在老挝建立一个亲西方的政府。他个人的立场是仍然希望能够召开一次国际会议"。因为，在梅尼希科夫看来，"召开这样的一次会议是较好的办法，可以更加客观彻底地解决问题。如果两个月前就提出这个建议，那么现在问题应该已经解决了"。对于老挝国王的宣言，梅尼希科夫指出，老挝国王"在一定程度上是一些人的傀儡"②。腊斯克对此进行辩解道，"老挝国王寻求的不仅是老挝的中立，而且还有国家的统一。避免破坏东南亚的和平是东南亚国家的关键利益所在。我们担心召开国际会议会带来最大程度的公众关注，其结果会退回到多年以前令人不安的局面。最后，没有什么可以保证一次国际会议能够较好地解决问题，很可能比国王的提议更糟"③。梅尼希科夫再次以个人的身份强调，老挝国王所提议的"中立国委员会"只是"单方面考虑的结果"。他认为，"如果不从单方面考虑，那么目前许多问题都可以得到相对容易的解决。例如刚果与老挝问题。而且，一次由所有相关国家参加的国际会议，可以在合理的基础上建立国际性机制"。梅尼希科夫坚持这种讨论必须包括中国和所有有关国家都要参与谈判解决，否则老挝

① *FRUS*, 1961 - 1963, Laos Crisis, Vol. XXIV, Washington, DC: United States Government Printing Office, 1994, p. 57.

② Ibid..

③ Ibid., pp. 57 - 58.

将是“半中立的”。[①]

腊斯克与梅尼希科夫的这次会谈没有产生什么具体的结果。尽管如此，肯尼迪还是继续进行着与莫斯科会话的努力。2 月 22 日，肯尼迪在给赫鲁晓夫的信中声明，两国领导人“对于重大问题应该更多地利用外交渠道进行沟通”。这可以在美苏两国之间“去除误解和不必要的分歧”。但是，肯尼迪还想超越正规的外交联系方式，表达他想与赫鲁晓夫“非正式地交换观点”的愿望。虽然肯尼迪没有列出他想谈的问题，只是提到“双方直接关注的问题”和“可以影响我们关系的重要国际问题”，但是他明确表示，计划中的峰会应该带来“和平与安全”的效果。由汤普森大使转交的这封信证明了肯尼迪通过华盛顿—莫斯科峰会建立缓和关系的愿望。[②]

在肯尼迪等待赫鲁晓夫的回信期间，波伦于 2 月 24 日会见了梅尼希科夫和公使米哈伊尔·斯莫诺夫斯基（Mikhail Smirnovsky）。与 4 天前腊斯克与梅尼希科夫的会谈一样，这次会谈主要也是体现了双方的分歧。梅尼希科夫反复重申，“中立国委员会”的建议只是“一厢情愿”之事，并再次力争召开一次国际会议。斯莫诺夫斯基表示，莫斯科要求在联合政府中有巴特寮的代表。波伦通过再次强调长期以来华盛顿在这个问题上的立场，声称“任何共产党控制或影响下的政府都不是中立的政府”。尽管有这些分歧，但是波伦和梅尼希科夫都同意双方承认“老挝中立的紧迫”，并且在汤普森返回莫斯科的时候与苏联领导人商讨此事将是“有价值的”。[③]

富米在战场上所取得的成果将直接影响美国的谈判结果。肯尼迪的军事顾问们曾向其保证富米将在 21 天内重新夺取查尔平原。[④] 然而，在这段时间里，右翼军队并没有取得进展。2 月 28 日，罗斯托向肯尼迪报

① *FRUS*, 1961 - 1963, Laos Crisis, Vol. XXIV, Washington, DC: United States Government Printing Office, 1994, p. 58.

② Edward B. Claflin, ed., *JFK Wants to Know: Memos From the President's Office, 1961 - 1963*, New York: William Morow & Company, 1991, pp. 50 - 51.

③ *FRUS*, 1961 - 1963, Soviet Union, Vol. V, Washington, DC: United States Government Printing Office, 1998, pp. 84 - 85.

④ Arthur S. Schlesinger, *A Thousand Days: John F. Kennedy in The White House*, Boston: Houghton Mifflin, 1965, p. 330.

告了坏消息："富米被卡住了。"[①] 这使得美国在与苏联进行谈判时越发被动。

根据苏联政府的指示，梅尼希科夫在2月28日与腊斯克的会谈中，就美国在老挝问题上的一些做法表明了苏联的立场。梅尼希科夫首先肯定了美国与苏联在老挝最终目标上的一致，即实现老挝的独立与中立，停止老挝的敌对活动。但是，梅尼希科夫又指出了苏联与美国在一些具体问题上的不同意见。苏联认为日内瓦会议的条款仍然有效，还认为是美国对文翁—诺萨万反叛势力反对梭发那·富马合法政府的支持才造成了老挝局面的混乱。如果美国与苏联的最终目标一致，那就应该支持梭发那政府，否则将带来更大的危险。苏联认为，西哈努克亲王建议召开的国际会议对于解决老挝问题是极为重要的。这样的国际会议将研究解决老挝问题的一般程序，对于国际监督委员会制定新的指导原则，国际监督委员会能够并且应该对解决老挝问题做出有价值的贡献。为了使国际监督委员会完成恢复和平的任务，它必须从这样的国际会议上获得额外的权力。苏联已经对此向英国和印度提出在新德里重启国际监督委员会的建议，印度已经对此表示支持。现在解决老挝问题的关键是召开一次国际会议和重启国际监督委员会。有关的14个国家大多数已经接受了这个邀请或者表现出"积极的态度"，只有美国与南越没有表示对这次会议的支持。梅尼希科夫还对美国支持老挝国王提议组织成立一个"中立国委员会"的做法做了正式拒绝。苏联认为，美国政府的这种做法是在事实上建议放弃日内瓦会议条款，用一个并不合法的新委员会代替国际监督委员会。作为联合主席之一的苏联显然不会同意这种将会使老挝形势恶化的解决方案。美国这个建议的目的是加强文翁—诺萨万政权，这将导致放弃政治解决途径，而目前需要的是所有国家的合作。梅尼希科夫表示，希望美国能够立即采取措施与苏联进行合作，他也相信美苏两国能共同满意地解决老挝问题。[②]

腊斯克表示要认真对待梅尼希科夫的观点，但他也强调了美国的立

---

① *FRUS*, 1961 - 1963, Laos Crisis, Vol. XXIV, Washington, DC: United States Government Printing Office, 1994, pp. 62 - 63.

② Ibid., pp. 64 - 65.

场。第一，美国政府认为老挝王国政府是老挝的唯一合法政府。目前在老挝宪法下得到承认的文翁首相具有管理该国的合法权力。第二，美国政府认为老挝国王的建议（中立国委员会）具有真正的价值。因为他们认为，在符合美苏两国需求、减少未来的冲突方面，老挝与其邻居可以通过自身努力来解决这个问题。第三，如果他们召开一次不能解决重要问题的国际会议，那么这样的国际会议将成为增加紧张和阻止满意解决问题的根源。[①] 梅尼希科夫指出，老挝国王是受制于文翁—诺萨万政府的，他对于同一个问题在不同场合常常表现出不同的观点。腊斯克再次强调，他们认为老挝国王是自由的，一个多国会议“将对分歧产生公开争论，特别是在那些想搅乱和扩大现有分歧的与会国代表之间”。腊斯克警告道，“如果出现这样的事情，那么美苏在核武器试验与其他问题上的合作希望将变得渺茫”。这次会谈没有产生双方满意的结果，但也没有结束于相互的指责中。在会谈结束前，梅尼希科夫坚称苏联和美国共同参加的国际会议可以“共同”确保一个“采取恰当程序”的国际会议走向一个相互接受的结果。[②]

3 月 1 日，腊斯克向肯尼迪汇报了关于梅尼希科夫所阐明的苏联的立场。在这份报告中，腊斯克也向肯尼迪汇报了“中立国委员会”计划事实上已经流产的情况，因为“在邀请成立中立国委员会的 3 个国家中只有马来亚欣然接受。缅甸拒绝了老挝国王的邀请，柬埔寨声言不能接受这个委员会，因为它是一个单方面的建议，除非已经召开一次国际会议并且认为有必要这么做，否则这个委员会是不能成立的”。腊斯克向总统建议，应该继续支持“中立国委员会”计划，并将谈判失败的责任推向共产党方面，同时也认为扩大老挝现政府的执政基础是实现这些目标的关键所在。[③] 事实上，国务院早已开始考虑这个问题了。早在 2 月 13 日，布朗大使曾指示富米“尽一切可能”说服梭发那接受万象政府中的一个“恰当位置”。不过在这个问题上，美国政府的目标不是接受梭发那作为

---

① *FRUS*, 1961 - 1963, Laos Crisis, Vol. XXIV, Washington, DC: United States Government Printing Office, 1994, pp. 65 - 66.

② Ibid., p. 66.

③ Ibid., p. 67.

首相，而是劝告中立主义者要与富米合作，并组建一个以右翼势力为中心的联合政府。与此同时，肯尼迪也从不同方面收到了美国应该全力支持梭发那的建议。驻联合国大使阿莱·斯蒂文森、副国务卿鲍尔斯(Chester Bowles)、参议员曼斯菲尔德都曾建议与梭发那进行必要的和解，建立一个中立的老挝。[①] 作为肯尼迪的忠实朋友的英国外交官大卫·奥姆斯比戈尔（David Ormsby—Gore）也建议支持梭发那。[②] 可是，由于梭发那早就公开其憎恨美国对老挝内部事务进行干涉的政治立场，以及美国政府一直对梭发那也不感兴趣，所以肯尼迪上任以来，美国政府一直没有与其进行接触。而此时梭发那的立场亦很明确，宣布解决冲突的唯一途径是从老挝撤出“美国军队”，召开一个国际会议，并组建一个老挝王国政府—巴特寮的老挝联合政府。

至此，美国解决老挝危机的双管齐下战略进展得并不顺利。一方面，美国依靠富米军队能够取得战场上的胜利，这样就可以使美国在谈判中占据有利位置，可是至2月末的时候，仍然没有实质性进展；另一方面，腊斯克与梅尼希科夫进行的谈判也没能带来实质性的突破，这使美国不得不认真考虑双管齐下战略的有效性。

四　肯尼迪政府对老挝政策基本原则的确定

进入3月初，富米仍然在战场上延续着失利的态势。贡勒和巴特寮在琅勃拉邦与万象公路交会处的富昆（Phou Khoun）发起了一次对右翼军队的重大进攻，迫使富米军队在慌乱中撤退。[③] 3月7日，罗斯托在向

---

① 曼斯菲尔德的建议见 William Conrad Gibbons, *The U. S. Government and the Vietnam War: Executive and Legislative Roles and Relationships*, Part 2: 1961 - 1964, Princeton: Princeton University Press, 1986, p. 10. 1月26日，斯蒂文森曾在肯尼迪的第一次内阁会议上建议在老挝接受一个中立的政府，见 John Bartlow Martin, *Adlai Stevenson and the World*, Garden City, N. Y.: Doubleday & Co., 1977, p. 600. 在肯尼迪竞选过程中，鲍尔斯也提出过相似的建议，见 Chester Bowles, *Promises to Keep: My Years in Public Life, 1941 - 1969*, New York: Harper Colophon, 1971, p. 334.

② Arthur S. Schlesinger, *A Thousand Days: John F. Kennedy in The White House*, Boston: Houghton Mifflin, 1965, p. 335.

③ Bernard Fall, *Anatomy of a Crisis: The Laotian Crisis of* 1960 - 1961, New York: Doubleday, 1969, p. 206.

肯尼迪的汇报中指出，右翼军队“没有经过多大战斗”就撤退了。[①] 富米不仅在战场上表现得不够强大，反而也开始表现出自己的野心，并不完全听命于美国的指令。美国已经同意资助老挝的警察数量是3200人，可是富米在没有与美国商量的情况下将警察的数量增至1.2万人。[②] 这迫使肯尼迪政府不得不认真考虑其老挝政策。

罗斯托的汇报进一步加强了肯尼迪认为美国外交可以解决冲突的信念。当天的晚些时候，在与国会领导人讨论即将开始的禁止核试验谈判（计划3月21日在瑞士日内瓦召开）时，肯尼迪说道，一份禁止试验的协定可以使莫斯科和华盛顿“进一步在其他类似于柏林和老挝等东西方问题上进行谈判”。相反，如果不能在核试验方面达成一个协议，“将使柏林和老挝问题上的谈判变得更加困难”。肯尼迪已经在可以影响苏联政策的各种相关问题上考虑了复杂的联系战略，即肯尼迪将禁止核试验、老挝和柏林问题联系在一起，作为未来美苏关系发展的基础。[③]

3月9日召开的白宫会议，对肯尼迪上任以来美国的老挝政策进行了总结，指出“美国面临新的政策选择”。根据布朗大使1月18日的电报，他们开始决定在中立的基础上寻求外交手段解决老挝危机。为了取得谈判中的有利地位，富米·诺萨万于2月6日至27日发动了对查尔平原的攻势，但没有取得预期的战果。在美国的外交努力下，老挝国王于2月19日宣布要求由“中立国委员会”监督实现老挝和平与中立，至2月末的时候，因缅甸和柬埔寨的拒绝而实际上流产。巴特寮方面极力要求重启国际监督委员会，富米又没能证明自己的能力。[④] 虽然“英国对我们的态度还不清楚，法国却明确反对富米以及我们的政策”，“戴高乐的期望是随着我们的失败，法国可以通过在老挝的这次行动重建他们在东南亚

---

① *FRUS*, 1961 – 1963, Laos Crisis, Vol. XXIV, Washington, DC: United States Government Printing Office, 1994, p. 71.

② Ibid., pp. 70 – 71.

③ Glenn Seaborg, *Kennedy*, *Khrushchev*, *and the Test Ban*, Berkeley and Los Angeles: University of California Press, 1981, pp. 46 – 48.

④ DNSA, "Evolution of Our Policy in Laos," VI00363.

的地位”。[①]

在这次会议上，与会各方一致认为目前美国在老挝的政策目标应该进行调整。“在此之前，我们在老挝寻求的是一个亲西方的‘中立’老挝。而现在我们在老挝争取的目标，应该是既使其反共又使其中立。”[②]对此，根据3月3日肯尼迪的要求，参谋长联席会议提出了重新占领查尔平原的计划。参谋长联席会议建议利用飞机与苗族武装来实现这些目标。其前期准备应该由富米军队从东面和南面同时发起进攻，以能够将两部分部队连接起来的空中打击作为最后的结束。[③] 该计划的一个关键是代号为“蓄水池行动”（Operation Millpond）的一系列隐蔽空中打击行动。根据中情局的安排，“蓄水池行动”应该由“美国航空”和那些延长服役与“新近复员”的美国空军飞行员完成。这些飞行员驾驶从泰国的秘密基地塔克里（Takhli）起飞的没有标志的B－26轰炸机，将对查尔平原的班班（Ban Ban）和川圹附近的农村与连接通往北越地区的7号公路进行轰炸。[④]

肯尼迪非常关心的是，如果美国推行参谋长联席会议所提出的军事计划，苏联将会有的反应以及苏联在老挝问题上越过中国的原因。兰尼兹尔将军认为，“如果我们采取这个计划，由于距离远而导致的交通不便，苏联近期不会增加运输”。虽然有着兰尼兹尔的这种分析，肯尼迪还

---

① 兰尼兹尔将军向会议介绍了时任美国驻万象PEO主任Brigadier General Boyle和驻沙湾拿吉的Wood上校。伍德上校介绍说，大约有1000名法军在塞诺，但这些只是要塞驻军，他估计大约有150名的法国“训练军官”分布在各地。波义尔将军说道，1960年8月份贡勒政变以后，法国没有与美国驻老挝的代表进行过会谈。他认为法国正在袖手旁观。泰国对此已经进行了指责，泰国指责法国想看着亲西方的势力失败，这样他们就可以单独控制局面。通过10天前他与法国公使克劳德·勒贝尔（Claude Lebel）的会谈，国务院的斯蒂夫斯认为，法国与文翁—富米政府没有联系，希望这个政府垮台。*FRUS*，1961－1963，Laos Crisis，Vol. XXIV，Washington，DC：United States Government Printing Office，1994，p. 75.

② *FRUS*，1961－1963，Laos Crisis，Vol. XXIV，Washington，DC：United States Government Printing Office，1994，p. 78.

③ JCS的计划见FRUS，1961－1963，Laos Crisis，Vol. XXIV，Washington，DC：United States Government Printing Office，1994，p. 72，n. 1.

④ Roger Warner，*Back Fire*：*The CIA's Secret War in Laos and Its Links to The Vietnam War*，New York：Simon & Schuster，1995，pp. 56－57. 查尔平原是老挝的交通要道。老挝的公路并不多。7号和13号公路是老挝境内的两条主要公路。*FRUS*，1961－1963，Laos Crisis，Vol. XXIV，Washington，DC：United States Government Printing Office，1994，p. 74.

是怀疑这个计划的可行性。肯尼迪援引了参谋长联席会议于 2 月 16 日向其提交的一份报告，该报告认为“如果我们在老挝发动地面战争，那么共产党方面将会以 5∶1 的兵力与我们进行战斗”[①]。所以，肯尼迪认为还是应该谨慎行事。对此，肯尼迪要求“如果我们在这个地区采取军事行动，必须保证拥有能够控制老挝局面的能力”[②]，“如果得到允许，我们可以从曼谷提供援助（原文未完全解密）；计划中的特殊飞机可以由美国空军退役的飞行员驾驶”[③]。国务院认为，即使重新占领查尔平原的计划能够取得成功，他们也只能恢复到 1954 年日内瓦会议协议的局面。肯尼迪指出，作为政治目标，这还远远不够，因为这种形势（事实上承认巴特寮对老挝北部的控制）会使我们继续面临痛苦的局面。[④] 美国驻万象军事援助咨询委员会主任波义尔（Boyle）将军从富米的能力方面对这个计划表示了质疑。波义尔向肯尼迪介绍了富米军队战斗力的有关情况，认为虽然“富米有一部分优秀的军官”，不过富米“并没有将这些优秀的军官用于战场，而是任命他们为各个地区的长官，以便他们可以为富米提供政治上的支持”。在波义尔看来，富米这么做的结果反而“降低了他在战场上的战斗力”[⑤]。综合以上考虑，肯尼迪总统最后决定暂时搁置参谋长联席会议所提出的这个军事计划。

3 月 10 日，赫鲁晓夫邀请美国大使汤普森进行了一次会谈，表明苏联以一种积极的态度考虑通过与美国进行谈判共同解决老挝的问题。[⑥] 尽管在会谈中，赫鲁晓夫认为文翁是一个“酒鬼和行为放荡者”，称赞梭发那是一个“西哈努克似的严肃的人”，以及再次表明他支持召开一个 14 国的会议，但他又提到，苏联将欢迎一个以奥地利为榜样的“中立”的老挝，这将是一个双赢的结果。赫鲁晓夫认为美苏两国是可以实现这个目标的，因为一个中立的老挝是符合美苏两国共同利益的，即苏联在老

---

① *FRUS*, 1961 - 1963, Laos Crisis, Vol. XXIV, Washington, DC: United States Government Printing Office, 1994, p. 77.

② Ibid., p. 79.

③ Ibid., p. 77.

④ Ibid..

⑤ Ibid., p. 78.

⑥ DDRS, CK3100366763.

挝从来没有“领土”或“经济上的”利益，“除了名义上以外，美国也没有实际利益”。赫鲁晓夫提醒汤普森，“梭发那控制着老挝三分之二的领土，由于他追寻的是实现老挝中立的政策，在老挝深得人心”，“如果美苏两国在老挝发生正面的军事冲突，除了文翁政府注定失败以外，他也不清楚最终的结局将会怎样”。[①] 不过，赫鲁晓夫又强调指出，“即使梭发那上台，美国也没有损失，因为他既不是而且也不会是共产党的扶植目标，他更像是西哈努克和尼赫鲁那样的人。老挝并没有共产党，只是或许有些同情者”。至于未来的老挝政府构成等具体问题，赫鲁晓夫建议，可以由正在纽约的葛罗米柯和腊斯克共同商讨。[②]

虽然赫鲁晓夫与汤普森的会谈透露了苏联愿意与美国共同解决老挝危机的信息，可是腊斯克对此却并不完全认同。除了指示布朗告诉富米继续加强军事斗争以外，腊斯克也对苏联的动机进行了分析。腊斯克指出，“利用讨论国际监督委员会可行性问题的机会，以及赫鲁晓夫与汤普森会谈时所表现出的轻松氛围，实质上是苏联正在使用拖延战术”，因为“在这个过程中富米的军队在战场上不断遭受失利”。所以，“这种形势要求我们必须做好准备迎接共产党在老挝发动的任何重大进攻”[③]。3 月 11 日，腊斯克给美国驻老挝大使做出指示，告诉富米“在这个关键时刻，老挝王国政府仍要坚持政治解决危机，美国会一如既往地支持老挝的独立与领土完整。当共产党危及老挝国家自由的时候，老挝王国政府不要做出任何让步”。腊斯克在强调政治解决是首要目标的同时，并没有放弃武装斗争，他指示布朗告诉富米“军事斗争的情况如何是决定任何政治谈判的条件”，“不能允许任何老挝王国政府军事地位的削弱是关键”。[④] 在第二天的白宫会议上，腊斯克再次强调了军事斗争的重要性，他指出“有必要加强政府军在战场上的地位，以利于取得政治谈判的胜利”。腊斯克要求加强情报工作。以往老挝情况的汇报是每 12 小时至 24 小时更新一次，腊斯克认为这个速度不够快，“每次应该不超过 8 小时，而且每第

① *FRUS*, 1961 - 1963, Laos Crisis, Vol. XXIV, Washington, DC: United States Government Printing Office, 1994, pp. 80 - 81.

② Ibid., pp. 81 - 82.

③ Ibid., p. 86.

④ Ibid., p. 85.

三份报告应该是分析性的”。麦克纳马拉也认为这对于形势的准确掌握是最为重要的。[①]

在与苏联谈判、要求富米做好战场准备的同时，腊斯克也向梭发那·富马抛出了橄榄枝。3 月 12 日，腊斯克指示美国驻柬埔寨大使莫尔（Moore）寻求机会与梭发那·富马单独见面，向其传递如下信息：“美国在老挝没有利益和野心，美国的目的是想实现老挝的真正和平与独立”，“是共产党不理解或不愿意接受这种真正的中立”，“梭发那应该参加服务于老挝国王的合法政府。梭发那应该返回老挝，为国家做出贡献”，“老挝人民与东南亚各国一样，都不希望由外部势力支持下的少数共产党武装分子控制国家”。梭发那拒绝了腊斯克的这些说教，声称“他不会以文翁政府成员的身份返回万象。他表示成立中立国委员会和召集一次关于老挝问题的 14 国或 13 国的会议可以同时进行”。[②] 不过，随着 3 月 16 日梭发那与富米之间的谈判的破裂，梭发那宣布一个国际会议是解决老挝问题的“唯一方式”。梭发那随即离开金边去环球旅行，因此进一步关闭了与右翼政府讨论的可能性。[③]

美国政府在 3 月 20 日的白宫会议上讨论了关于向湄公河流域派出一小支部队阻止巴特寮前进，并以此作为国际会议上关于老挝问题谈判筹码的相关内容。参谋长联席会议对此表示反对，认为北越会因此派出大量的部队，而且很可能与中国发生正面冲突。参谋长联席会议建议，如果想取得干涉的成功，最好准备有空军支援的 6 万名军队，甚至动用核武器，或者彻底放弃干涉。[④] 在经过激烈的争论之后，会议得出的结论认为，最好的办法是在争得萨利特同意的情况下，尽可能多地向泰国派驻部队。这样，根据形势的需要，他们就可以随时随地地将军队派入老

---

① *FRUS*, 1961 - 1963, Laos Crisis, Vol. XXIV, Washington, DC: United States Government Printing Office, 1994, p. 86.

② Ibid., pp. 89 - 90.

③ Dommen, *Conflict in Laos*, p. 187.

④ Arthur S. Schlesinger, *A Thousand Days: John F. Kennedy in The White House*, Boston: Houghton Mifflin, 1965, pp. 332 - 333; Roger Hilsman, *To Move A Nation: the Politics of Foreign Policy in The Administration of John F. Kennedy*, Garden City, NY: Doubleday, 1967, pp. 127 - 132.

挝。[①] 在第二天进行的白宫会议上，接着讨论关于老挝的问题。国务卿腊斯克指出，即使他们向老挝派出军队，其目标也并不是进行一场大规模的战争，而是为谈判建立一个基础，采取谈判与行动并行的“双轨战略”(two—stringed)。一方面，与英国、苏联以及老挝政要展开积极的外交，谋求通过政治途径解决老挝的政府构成问题；另一方面，肯尼迪同意开始实施3月9日白宫会议上讨论的军事行动计划，并且为了取得这种外交和军事行动双管齐下战略的成功，建议3月22日将这些考虑通知国会领导人，总统于3月23日举行一次新闻发布会。[②]

3月21日，腊斯克向驻老挝的大使发出指令，此时，美国在老挝问题上的目标是通过谈判的方式实现老挝危机的政治解决，但同时要做好政治和军事上的双重准备。而且，要使老挝国王与富米明白，美国在寻求通过政治途径和平解决老挝问题的过程中，会保证老挝的独立，并不会因此降低军事上的准备。[③] 这份指令成为此后相当长一段时期内美国对老挝政策的基本原则。正是由于美国没有放弃对老挝事务的干涉，才使得老挝危机的解决过程充满了曲折。

肯尼迪马上采取行动表明他在老挝的决心和进行谈判的准备。3月21日，美国政府通过决议，“为了阻止巴特寮在万象或在琅勃拉邦的乘胜追击，可以在老挝动用美国战斗机采取攻击行动”[④]。当天晚上，美国驻太平洋舰队接到命令，“随时准备在介入不可避免的时候采取行动”[⑤]。同

---

① *FRUS*, 1961 - 1963, Laos Crisis, Vol. XXIV, Washington, DC: United States Government Printing Office, 1994, p. 95.

② 在外交方面需要做的是，a. 告诉英国调整其当前的立场。b. 通知苏联美国的立场，如果苏联准备使巴特寮停止前进，进而实现停火，那么英国将愿意以上次日内瓦会议联合主席的身份与苏联在新德里进行会谈，商讨召开一次美国将参加的14国会议的问题。同时，老挝的政治精英们也应该商谈解决方案。在具体行动方面，应该采取的措施是使英国同意此时向泰国而不是老挝派出“东南亚条约组织”的部队。这表明此时的肯尼迪在老挝问题上所准备采取的行动是非常谨慎的，继续拒绝批准利用B-26轰炸机袭击。*FRUS*, 1961 - 1963, Laos Crisis, Vol. XXIV, Washington, DC: United States Government Printing Office, 1994, pp. 95 - 96.

③ *FRUS*, 1961 - 1963, Laos Crisis, Vol. XXIV, Washington, DC: United States Government Printing Office, 1994, pp. 98 - 99.

④ DNSA, “U. S. Military Courses of Action in Laos in Order of Increasing Severity”, VI00372.

⑤ Edward J. Marolda and Oscar P. Fitzgerald, *The United States Navy and the Vietnam Conflict*, 1959 - 1965, Washington D. C.: United States Government Printing Office, 1986, p. 61.

时，国务院于当天命令正在印度的哈里曼与梭发那以其作为老挝“前首相”的身份进行会谈，向梭发那表明美国希望老挝中立与独立，并且希望和平解决老挝问题的立场。[①] 美国政府在这封电报中强调对梭发那的接触一定是以“前首相”的身份，而不是现任首相，这表明此时美国政府虽然开始考虑接触梭发那，但仍然是有相当大的限度的。不过，由于通信方面的耽搁，在梭发那前往巴黎以后哈里曼才接到这封电报。而在事实上，3 月 21 日下午，哈里曼在没有请示国务院的情况下已经与梭发那进行了会谈。[②] 在这次会谈中，哈里曼向梭发那表明美国在老挝的目标是实现其独立，并且不受任何外部势力的影响与控制。美国认为巴特寮是受共产党影响的力量。梭发那则认为大部分巴特寮并不是共产党，而是真正的爱国组织。梭发那告诉哈里曼，他曾经向肯尼迪和曼斯菲尔德分别致函，但都没有得到回复，这表明梭发那也想通过与美国的联系来解决问题。而且，梭发那仅是向哈里曼表示他希望美国停止对富米集团的军事援助，不用停止经济和金融援助。[③] 梭发那以老挝现任首相的身份向哈里曼提出了他对于解决老挝危机的想法：首先，重启国际监督委员会来实现停火，停止外部的军事援助；其次，召开包括缅甸和泰国在内的 14 国会议；再次，同时进行组建老挝人民自己选举的政府；最后，国际会议应该保证选举后老挝的中立。[④] 由于梭发那的这种想法与美国的要求相距甚远，再加上通信方面的耽搁，他与哈里曼的这次会谈内容没能及时在美国政府的议事日程上发挥影响。

按照两天前的决定，在 3 月 23 日的电视新闻发布会上，肯尼迪首次从美苏对抗的角度公开谈论了他上任以来一直模糊的老挝政策。[⑤] 肯尼迪在三幅反映巴特寮在不同阶段对老挝领土的占领过程的地图面前，指出去年 12 月以来“共产党”已经在老挝获得了相当多的领土，巴特寮的成

---

① *FRUS*, 1961 - 1963, Laos Crisis, Vol. XXIV, Washington, DC: United States Government Printing Office, 1994, pp. 96 - 98.

② Ibid., pp. 97. n. 2.

③ DDRS, CK3100112608 - CK3100112609.

④ DDRS, CK3100112610 - CK3100112611.

⑤ Kai Bird, *The Color of Truth: McGeorge Bundy and William Bundy: Brothers in Arms*, New York: Simon and Schuster, 1998, p. 201.

功得益于“外部的支持与指导”。肯尼迪首次公开揭露了莫斯科在老挝进行的空运：“我非常遗憾地说，苏联飞机一直明显地向战区空运大量物资。”苏联和北越正在以“军事行动破坏”老挝的中立。现在仍然有机会实现老挝的中立。为此，肯尼迪宣布美国“强烈并坚定地”支持老挝“实现中立并且独立的目标”，支持老挝“努力排除外部势力的干涉，不威胁任何国家，摆脱任何束缚”。“依靠外部共产党支持发动武装进攻的”巴特寮必须停止进犯，否则美国和“东南亚条约组织”国家将“考虑他们的行动”。肯尼迪接着指出，美国支持开展“建设性谈判”，支持英国发起一个停战和召集一个关于老挝问题的国际会议。[①]“在美国同意的情况下”，3月23日，英国向苏联提交了一份正式建议，“作为日内瓦会议的联合主席，两国应该建议老挝马上停火，并由国际监督委员会来进行检查。只要国际监督委员会证明已经实现停火，西哈努克亲王所建议的国际会议将召开”[②]。肯尼迪表示支持英国的建议，老挝（三倍于奥地利的领土）“虽然远离美国”，但却是美国国家安全的关键。肯尼迪宣布，他在老挝的目标：“和平，不是战争；一个真正中立的政府，不是冷战的玩物；一个谈判桌上而不是战场上的解决”。[③]

肯尼迪与赫鲁晓夫在不同场合都表示要将奥地利作为老挝中立的榜样，而奥地利实际上也确实可以说是到那时为止美苏合作的最好例子。所以肯尼迪的这次电视讲话不只是对河内与莫斯科的警告，也应该看作肯尼迪寻求与苏联缓和的开始。

与此同时，新闻发布会结束以后，肯尼迪通过在远东的一系列军事行动来支持其声明。这些军事行动主要有命令“驻扎在冲绳，用于东南亚作战的116特遣队受命做好准备，以攻取拥有机场等战略地位的马哈赛（Mahaxay）和车邦两个地区”“驻扎日本的海军陆战队也受命做好战斗准备”“美国的第七舰队已调入暹罗湾”“一支500人的部队进入邻近老挝

---

① *Public Papers of the Presidents of the United States*: *John F. Kennedy*, 1961, Washington, DC: United States Government Printing Office, 1964, pp. 212 - 220.

② CAB 128/35, p. 113. 下载地址为 http://filestore.nationalarchives.gov.uk/pdfs/large/cab-128-35.pdf. 下载时间为2009年9月1日。

③ *Public Papers of the Presidents of the United States*: *John F. Kennedy*, 1961, Washington, DC: United States Government Printing Office, 1964, pp. 213 - 220.

边境地区的泰国乌隆机场建立了一个直升机维修基地”。另外，“在老挝一侧的泰国边境地区迅速增加了老挝战争可能用到的各种军事物资的囤积”。更有甚者，“在美国军事代表在场的情况下，国民党与富米·诺萨万的代表已经签署了军事协议”，拥有美军装备的蒋介石国民党部队开始公开参加老挝的战斗。① 不过，美国并不想因这些军事调动“激怒”共产党国家，所以，大部分行动都是在秘密状态下完成的。但是，为了能够起到所谓的“警示”作用，美国将对于第七舰队的调遣故意“泄露”给共产党国家，以使他们谨慎行事。②

总体而言，肯尼迪上台以后就表现出通过政治解决的愿望，于是提出了一些具体的政策，同时也根据形势发展的需要进行了适当的调整。在这个过程中，肯尼迪逐渐清晰了美国在老挝的政策目标。正如 2 月末肯尼迪与腊斯克曾经向加拿大的总理约翰·迪芬贝克（John Diefenbaker）解释的那样，美国政府已经决定“实现老挝的真正独立，不至于因亲西方而烦扰其共产党邻居”③。为此，肯尼迪需要告知赫鲁晓夫他急切地希望老挝远离冷战。不管怎样，在肯尼迪 3 月 23 日新闻发布会后，花费了 6 周的时间进行一项更加艰难的任务——说服巴特寮与北越停火并开始谈判。

第二节　肯尼迪政府对老挝政策目标的实施

肯尼迪总统 3 月 23 日的新闻发布会明确地提出了美国政府在老挝的政策目标，即通过谈判的方式实现一个独立、中立且不受冷战对峙影响的老挝。同时，肯尼迪也使美国远东部队处于战备状态，来表明美国并不会轻易放弃老挝，在形势需要的时候，会“被迫”动用武力。于是，这次新闻发布会以后，美国政府便开始朝着这个目标努力。

从 3 月 23 日肯尼迪公开提出美国在老挝的政策目标开始，美国政府

---

① Arthur J. Dommen, *Conflict in Laos: The Politics of Neutralization*, New York: Praeger, 1971, pp. 189 - 190, 193.

② Theodore Sorensen, *Kennedy*, New York: Harper & Row, 1965, pp. 510 - 511.

③ *FRUS*, 1961 - 1963, Western Europe and Canada, Vol. XIII, Washington, DC: United States Government Printing Office, 1994, p. 1141.

便开始积极地通过谈判解决老挝问题。但是，在5月3日富米与巴特寮同意停止敌对活动之前，老挝的冲突一度达到了紧张的顶点，这使美国的这个政策目标面临考验。尤其是在实现停火前的最后一周，老挝危机的紧张程度与日俱增，迫使肯尼迪认真衡量在东南亚进行军事干涉的风险。不过，这期间的两个问题也在一定程度上降低了在老挝引发大规模军事冲突的危险。一个是由中情局一手导演的“入侵古巴”计划，另一个是肯尼迪与苏联领导人赫鲁晓夫建立实质性对话的努力。在2月22日肯尼迪给赫鲁晓夫的信中开始了他个人与苏联改善关系的努力，表明这是新政府寻求与苏联缓和冷战紧张的开始。虽然汤普森大使已在3月9日将此信送交赫鲁晓夫，而且赫鲁晓夫也表示“这将是一个良好的开端”，但是两周后，肯尼迪举行关于老挝的新闻发布会时还没有收到苏联的正式答复。[①] 尽管如此，美苏双方已经在多个场合表示了通过谈判解决老挝危机的意向，只是在一些具体环节上还存在分歧而已。在“入侵古巴”计划不断地修订的过程中，肯尼迪也经常将其与老挝危机联系在一起进行考虑。根据总统助理施莱辛格所记载，肯尼迪认为“入侵古巴”计划的实施“可能损害与苏联在老挝问题上达成协议的机会”，老挝与古巴是“紧密联系在一起的，虽然很难分清一个是如何影响另一个的”。[②] 这两个看似“明显矛盾”的事情极大地影响着肯尼迪政府在老挝问题上的决定，既坚定了肯尼迪通过谈判解决老挝危机的决心，又加强了他反对向印度支那派出战斗部队的基本立场。

一　美国政府寻求谈判解决老挝危机的努力

在公布对老挝危机政策的基本原则以后，肯尼迪马上着手寻求英国和法国在这个问题上的支持。3月26日，肯尼迪飞往佛罗里达的基韦斯特与来访的英国首相麦克米伦（Harold Macmillan）会面。在会谈中，肯尼迪向麦克米伦强调他的主要目标是使苏联同意谈判，也不想老挝成为

① Michael Beschloss, *The Crisis Years: Kennedy and Khrushchev*, 1960 - 1963, New York: Harper Collins, 1991, p. 81.

② Arthur S. Schlesinger, *A Thousand Days: John F. Kennedy in The White House*, Boston: Houghton Mifflin, 1965, p. 249.

美英联盟中的一个楔子。肯尼迪强调美国不想在老挝单独行动，如果没有英国的合作，美国对老挝事务的干涉（不论是单边还是通过“东南亚条约组织”）将是“非常困难的”。[①] 肯尼迪在飞回华盛顿的途中告诉英国大使哈罗德·卡西亚（Harold Caccia），除了共产党对老挝的彻底占领，他“将接受任何可能出现的结果”。如果苏联阻挠这个有限目标的实现，他将采取军事行动“来保护老挝领土上的重要据点”，而且行动“仅限于此”。由于担心陷入亚洲大陆的长期战争中，肯尼迪明确表达了不想卷入老挝的“马来亚行动”（Malayan operation）。[②]

3月25日，肯尼迪曾致信戴高乐，一方面表示美国准备尽力通过和平手段解决老挝问题；另一方面表明如果这种和平努力失效，肯尼迪希望戴高乐支持其“不能允许老挝落入共产主义阵营”的立场。3月26日，肯尼迪从基韦斯特返回的当天，在安德鲁斯空军基地会见了法国大使阿尔房，阿尔房将戴高乐的复信交给肯尼迪。戴高乐在信中表示，法国同意“老挝不能落入共产主义阵营”的原则，但是又指出目前法国“不准备”利用《东南亚集体防御条约》“作为西方干涉老挝的外衣”。[③] 接着，阿尔房又向肯尼迪指出，法国和美国在解决老挝危机的总体目标上是一致的，但在具体操作过程上存在不同的意见。美国要求先实现停火，然后重启国际监督委员会会议，最后才是召开14国会议。在“先实现停火，然后再召开国际会议”的顺序上，法国与美国的意见相同，但是法国认为应该先重启国际监督委员会，然后再要求停火的实现。阿尔房还向肯尼迪表明了法国在老挝问题上的具体立场。法国仍然坚持支持梭发那·富马作为老挝政府首脑的最佳人选。大约只有9000人的巴特寮部队虽然没有军饷，但比老挝政府军的战斗力要强很多。所以，法国认为老挝危机必须通过政治途径解决。[④] 在这次会谈中，肯尼迪向阿尔房强调了

---

① DNSA, “British Prime Minister Macmillan's Instructions,” VI00330.

② Harold MacMilan, *Pointing the Way: 1959 - 1961*, . New York: Harper & Row, 1972, pp. 337 - 338.

③ DDRS, CK3100487530 - CK3100487531; FRUS, 1961 - 1963, “Memorandum of Conversation,” Vol. XXIV, p. 101. n. 1. n. 2; CAB 128/35, p. 128. 下载地址为 http://filestore. nationalarchives. gov. uk/pdfs/large/cab - 128 - 35. pdf. 下载时间为2009年9月1日。

④ *FRUS*, 1961 - 1963, Laos Crisis, Vol. XXIV, Washington, DC: United States Government Printing Office, 1994, pp. 102 - 103.

不管美国与法国在解决老挝危机的具体方式上存在怎样的区别，但是在“东南亚条约组织”国家行动方面，美、英、法三国应该保持一致，不能允许老挝落入共产主义阵营。①

在美国积极寻求英法两国支持的同时，苏联也表现出了“积极”的一面。3 月 25 日，外交部部长葛罗米柯请求美国驻联合国大使斯蒂文森安排一次他与肯尼迪总统的会面。正在纽约参加联合国会议的葛罗米柯通知斯蒂文森，苏联“想要的是一个中立且独立的老挝”，并且“希望以这种方式解决”。葛罗米柯还表示，要“晚几天”返回莫斯科以等待与肯尼迪的会晤。3 月 27 日，肯尼迪在白宫会见了葛罗米柯，葛罗米柯表示苏联会认真考虑英国的建议。② 葛罗米柯告诉肯尼迪，虽然苏联对于 3 月 23 日英国的建议还没有提出其官方的立场，但将“很快”做出回应。苏联认为，“英国的建议应该成为和平解决老挝问题的基础，所以有必要耐心等待以免造成不必要的麻烦。作为超级大国的美国和苏联能够而且必须对于解决老挝问题施加积极的影响，也能够并必须采取避免冲突扩大的措施”。葛罗米柯还表达了赫鲁晓夫希望实现“一个真正独立和中立老挝”的愿望。肯尼迪表示莫斯科应该接受英国的建议，而且肯尼迪强调必须在召开会议前实现停火。肯尼迪警告道，如果在谈判开始前双方都没有放下武器，如果“苏联供给继续，而且我们的供给也将继续”，这样就会出现“一个越来越紧张的军事形势”。为了尽早使苏联对英国的建议做出答复，肯尼迪提醒葛罗米柯，拖延将会导致老挝的“敏感”形势进一步“恶化”。③

葛罗米柯接着提出了一个与老挝相关的问题进行讨论，他告诉肯尼迪，苏联希望看到大约 3000 人的中国国民党部队立即放下武器并撤出老挝。副国务卿鲍尔斯指出，“这支队伍的半数已经通过空运方式撤出了老挝，而且这种撤出仍在继续”。虽然如此，肯尼迪还是承认他们的存在是一种“不安定因素”，并且他们的存在应该“真正取消”。葛罗米柯高度

---

① *FRUS*, 1961 - 1963, Laos Crisis, Vol. XXIV, Washington, DC: United States Government Printing Office, 1994, p. 103.

② DDRS, CK3100318984.

③ *FRUS*, 1961 - 1963, Soviet Union, Vol. V, Washington, DC: United States Government Printing Office, 1998, pp. 110 - 111.

赞扬了肯尼迪的态度是一种“良好的发展趋势”。他指出，这些国民党部队的撤离“将有利于解决老挝问题”。转至美苏关系的问题上，葛罗米柯保证道，莫斯科将在这个问题上“继续争取”积极的进展。肯尼迪对此表示赞同，并进一步指出，尽管美苏在政治制度上存在明显的不同，在老挝和其他方面直接对抗的危险使得有必要“建立一种可以不通过军事形式而得到解决的环境”。肯尼迪列出老挝、刚果和古巴等作为必须通过苏美外交解决的问题。葛罗米柯表示同意，进而指出双方都不要“做可能导致战争边缘的任何事情”①。

在会谈结束前，肯尼迪邀请葛罗米柯与阿莱·斯蒂文森和梅尼希科夫大使一起来到白宫的草坪上继续进行私下讨论。肯尼迪首先强调“阻止老挝形势继续恶化”的必要性。肯尼迪还警告葛罗米柯，莫斯科不要试图在涉及美国声望方面挑战新政府。肯尼迪还强调，“为了保证问题的解决，有必要保持双方联系渠道的畅通，这样可以重新认识双方的利益，以更准确地判明形势”。会议结束以后，梅尼希科夫立即告诉斯蒂文森和葛罗米柯没有透露的：赫鲁晓夫对英国建议的回复“将在三天内给出”。②

与葛罗米柯的会晤使肯尼迪确信苏联真的想要平息老挝危机，同时，也坚定了他通过政治途径解决老挝危机的信心。会谈结束后，肯尼迪通知正在曼谷参加“东南亚条约组织”理事会议的国务卿腊斯克，赫鲁晓夫似乎在老挝问题上与他一样采取了克制的态度。即使肯尼迪也认为直到莫斯科发布其对英国建议的回复后才能判断苏联的意图，但是他认为葛罗米柯的态度是“严肃的”，并且“全无那种”在3月18日与腊斯克进行的外长会议上所表现出的“回避”的态度。肯尼迪命令腊斯克，对于“东南亚条约组织”的决议“应该强硬到足以团结东南亚条约组织在一起，但不能强硬到似乎在我与葛罗米柯会谈后就立即向苏联进行挑战”③。

---

① *FRUS*, 1961 - 1963, Soviet Union, Vol. V, Washington, DC: United States Government Printing Office, 1998, pp. 112 - 113.

② Ibid., pp. 114 - 115.

③ *FRUS*, 1961 - 1963, Laos Crisis, Vol. XXIV, Washington, DC: United States Government Printing Office, 1994, pp. 105 - 106.

虽然美国与苏联在解决老挝问题的基本原则上逐渐一致，但在具体细节方面还存在许多分歧，所以得到盟友的支持便尤为重要。腊斯克按照肯尼迪的命令，与英法两国外长展开了积极的沟通，但是没能获得盟友对于集体行动的一致同意。泰国、巴基斯坦和菲律宾已做好派出军队进行干涉的准备。澳大利亚和新西兰虽然也指责文翁政府，但是同意会在需要的情况下派出军队。不过，霍姆不愿发表评论，德姆维尔拒绝任何军事行动的合作，这使美国向泰国派驻一支“东南亚条约组织”的部队或采取某种联合军事行动的希望破灭。不过，在这次“东南亚条约组织”会议上，美国还是取得了一定的收获的，即使英国不愿意“东南亚条约组织”采取行动干涉老挝的内部事务，但是一旦形势表明老挝将必定落入共产主义阵营的时候，英国表示将与美国一道防止这种事情的发生。[①] 3 月 30 日，“东南亚条约组织”发布决议，宣布支持“停火”并通过“和平谈判实现一个不结盟的、独立的老挝”，但又宣布“东南亚条约组织”国家准备“采取任何必要行动”来阻止“一个试图控制老挝的军事行动”。根据肯尼迪的指示，这个方案没有体现对莫斯科的直接挑衅，因为它“没有提到苏联的空运，没有限定停火的最后期限”[②]。

肯尼迪在国际上积极寻求通过和平手段解决老挝危机的时候，当时的美国政府内部也存在不同的意见。其中，军方一直没有停止对老挝问题的参与。例如，3 月 23 日，在老挝王国政府的“批准”下，美国的一架侦察机在对查尔平原进行侦查的时候，被巴特寮部队击落，同时，一名跳伞逃生的飞行员贝利（L. B. Bailey）少校也被擒获。[③] 时任副国务卿的鲍尔斯于 3 月 25 日致信腊斯克指出，他认为目前的主要威胁在于中国对老挝的占领以及中国对整个东南亚的威胁。如果美国或“东南亚条约

---

① DDRS，CK3100112613.

② U. S. Department of State，*American Foreign Policy*：*Current Documents* 196，pp. 940 – 943. 会上亚洲国家的代表主张应该使用“不结盟的”一词而不应该代之以“中立的”，因为后者对于东南亚非共产党国家具有消极的含义，见 *FRUS*，1961 – 1963，Southeast Asia，Vol. XXIII，Washington，DC：United States Government Printing Office，1994，pp. 4 – 6.

③ *FRUS*，1961 – 1963，Laos Crisis，Vol. XXIV，Washington，DC：United States Government Printing Office，1994，p. 109. n. 1.

组织”对老挝进行了军事干涉，那么北越或中国必定会出兵。所以，他建议通过联合国安理会来解决老挝危机。[①] 可见，美国政府内部意见的不统一，仍然是在不违背其在老挝根本目标的基础上的具体操作方式的分歧而已。

3 月 28 日，中情局在一份名为“东南亚大陆分析”的国家情报评估中更新了其对老挝形势发展的评估。该文件介绍了共产党近期发展所带来的东南亚政治、军事危机，包括对吴庭艳在南越地位的评估和反共部队在老挝的前景。对于老挝，该文件认为，尽管在人数和装备上都比巴特寮占优势，但是文翁—富米集团越来越腐化而不能扩大其对老挝领土的控制。在苏联稳步增加的援助的帮助下，巴特寮已经表现出在老挝北部巩固其军事和政治地位的意图。而且，巴特寮随时可以升级其军事行动，并可能取得一系列胜利。[②] 该文件从一个国际社会的视角对老挝的形势发展进行了分析。文件认为，该地区的其他国家将老挝危机看作西方国家与共产党国家之间意志与实力的检验，其结果在一定程度上会影响自己国家的命运。因此，对于美国而言，老挝政策如何将有着重要的意义。正如这份文件所总结的那样：“老挝之落入共产党手中，或者即使是出现分裂的结果，也必定会使泰国屈服于共产党在东南亚的统治。一个共产党实际控制下的老挝，将在事实上威胁南越的独立——将极大地扩大共产党与南越的边界……总之，失去老挝将严重损害美国在泰国和南越的地位与影响。”[③] 中情局与情报评估的认识支持肯尼迪必须在老挝持反共立场的决心。

老挝的两个邻国南越与泰国也在向美国施加压力。4 月 13 日，中情局的情报显示，南越吴庭艳政权非常关注老挝的局势发展，尤其担心梭发那上台执政。在吴庭艳看来，“如果梭发那出任首相，那么老挝最终必将落入共产党手中”。南越更担心这将“危及南越的安全”，因为“共产

---

① *FRUS*, 1961 - 1963, Laos Crisis, Vol. XXIV, Washington, DC: United States Government Printing Office, 1994, p. 104. n. 1.

② Central Intelligence Agency, *Outlook in Mainland Southeast Asia*, *28 March 1961*, SNIE 50 - 61, DDRS, CK3100365305.

③ Central Intelligence Agency, *Outlook in Mainland Southeast Asia*, *28 March 1961*, SNIE 50 - 61, DDRS, CK3100365314.

党一直通过老挝南部向其进行渗透"。4 月 21 日，美国驻越南大使致电国务院，指出南越政府不愿意召开新日内瓦会议，因为南越政府担心会"削弱越南军队的战斗意志，助长失望与悲观的情绪"①。与此同时，泰国政府也有着同样的担心，在边境地区调遣部队进行防卫准备。萨利特认为老挝不会实现中立，甚至公开声称"联合政府必将最终落入共产党手中"②。

为了挽回老挝王国政府军日益恶化的军事形势和保证老挝王国政府的形象不遭到彻底的破坏，同时，也为了避免美国在与苏联的交涉中完全处于下风，肯尼迪同意了参谋长联席会议授权太平洋舰队司令命令美国驻老挝计划评估办公室人员和老挝训练顾问团（Lao Traning Advisory Group）穿上军装并参加老挝政府军的战斗。这样，美国的这些军事人员就可以公开参与老挝政府军的行动，并对其提供指导，"实际上进行的是军事援助咨询委员会的活动"③。4 月 14 日，腊斯克还命令美国驻老挝大使，要其通知泰国的萨利特立即调派两个 105 毫米的炮兵连进入老挝。④美国政府认为自己的这些决定既可以"巧妙地避开"1954 年日内瓦协议的束缚，同时这些又是对苏联和其他共产党国家正在进行的"大规模违背"行为的平衡手段。⑤

从表面上看来，美国政府内部对于如何解决老挝危机存在着较大分歧，南越和泰国也不满于美国政府相关政策的"保守"。但实际上，这种"分歧"与"不满"都指向的是一个共同的目标：在老挝防止共产党势力发展，遏止外部共产党势力对老挝局势发展的影响。而美国也在努力地

① DDRS，CK3100272271.

② DDRS，CK3100225393 - CK3100225394.

③ *FRUS*，1961 - 1963，Laos Crisis，Vol. XXIV，Washington，DC：United States Government Printing Office，1994，p. 130. 美国第 18 空降部队司令特拉普内尔（Trapnell）将军在 3 月 27 日的 LTF 会议上建议应该向老挝政府军提供援助，"在老挝政府军进攻查尔平原前动用 B - 26 轰炸机是非常必要的"。特拉普内尔还建议"应该将计划评估办公室提升至军事援助委员会的地位，允许他们穿上军装"，而且"还要将对老挝政府军的顾问下延至连级单位"。肯尼迪拒绝了特拉普内尔的这个建议。DDRS，CK3100354825.

④ *FRUS*，1961 - 1963，Laos Crisis，Vol. XXIV，Washington，DC：United States Government Printing Office，1994，p. 131.

⑤ Ibid.，p. 132.

弥合这种“分歧”与平息这种“不满”，不但在实际行动中继续扶植富米反共势力，还在舆论上力图将“不合作的责任”推给苏联一方，这一切仍然服务于其遏制共产党势力发展的冷战战略。

二 美苏谅解的进展

老挝危机发生以来，苏联一直没有表现出将苏联军队派进老挝与美国进行一场地面战争的想法。在面对肯尼迪“一手拿箭，一手拿橄榄枝”的策略时，苏联的态度也趋于缓和。

4 月 1 日，苏联发布了其对英国 3 月 23 日和平建议的答复。在这份交给英国驻苏联大使弗兰克·罗伯茨（Frank Roberts）的回复备忘录中，苏联表明接受英国 3 月 23 日的建议，但是赫鲁晓夫打算在条件成熟的时候再停火，而且建议马上在金边召开一次会议，劝告老挝的各方势力“开展与停火有关的谈判”，建议国际监督委员会“尽快”在新德里开会，并向日内瓦会议的联合主席英国与苏联递交其报告。苏联还指出，即使国际监督委员会公布一个立即并经过核实的停火解决方案，那么也必须召开一次国际会议。①

当天下午，赫鲁晓夫会见了美国驻苏联大使汤普森（Thompson），并将一份苏联回复英国 3 月 23 日建议备忘录的副本交给汤普森。在接下来的会谈中，汤普森指出，这份文件包含了几点肯尼迪政府“不能同意的内容”，但仍然将其看作“一个积极的回复”。赫鲁晓夫再次表明他要通过谈判解决老挝危机的立场：“如果我们都真正地想要一个中立且独立的老挝出现，我们能够克服困难并实现解决。”② 双方除了在梭发那应该尽快回到老挝国内的问题上达成了一致以外，赫鲁晓夫告诉汤普森，他希望在 5 月末的时候与肯尼迪进行一次会晤。③ 赫鲁晓夫的这种主动态度为后来召开日内瓦会议奠定了积极的基础。汤普森在给华盛顿的电报中指出，赫鲁晓夫与肯尼迪都希望减少紧张；美国与苏联必须

---

① DDRS，CK3100264904 - CK3100264906.

② DDRS，CK3100266452 - CK3100266453；*FRUS*，1961 - 1963，Vol. XXIV，p. 111.

③ Aleksandr Fursenko and Timothy Naftali，“*One Hell of a Gamble*”，p. 88.

“表现克制”并努力“避免对抗”。[①] 汤普森在与英国驻苏联大使罗伯茨商谈后，他们共同认为，苏联不想无限期地推迟关于老挝的会议。他们建议除了在召开国际会议之前保证实现停火以外，“不要破坏这种良好的氛围”[②]。

西哈努克亲王建议召开国际会议的计划需要苏联同意美国和英国的条件，即需要停火的真正实现。腊斯克指出，“很明显，在即将取胜的时候，巴特寮是不会放弃战斗的。1961 年老挝的雨季在 3 月初就到来了，这意味着到 4 月末的时候，地面将非常泥泞以至于根本无法运输可以有效抵制巴特寮进攻的重型武器”[③]。4 月 6 日，美英两国代表在讨论关于老挝形势的时候，双方一致认为，“如果老挝政府可以再多抵抗一个月的进攻，它将取得一个较好的谈判位置”。除了停火以外，美英双方的另一关注点在于巴特寮在新联合政府中可以有多少席位。腊斯克认为，一到两个将是可以接受的，但“我们不希望政府中共产党的数量达到可以想当然的程度”“而且也不能担任重要的职务”。[④] 美国总统国家安全特别助理邦迪则进一步提出，除了关于老挝政府的构成、国际监督委员会的作用等老问题以外，美英两国还需要关注新的问题，即“老挝的有效中立，必须积极实行避免卷入任何一方的政策。允许任何外部势力进行渗透的中立，最终会出现像 1946—1947 年捷克斯洛伐克那样不稳定的局面，而不是奥地利那样的中立”[⑤]。英国政府对此表示同意，并提出“目前解决这个问题的出路在于苏联接受我们的建议，实现停火并召开一次国际会议”[⑥]。

英国驻苏联大使罗伯茨于 4 月 5 日向苏联负责东南亚事物的外交部副

---

① *FRUS*, 1961 – 1963, Soviet Union, Vol. V, Washington, DC: United States Government Printing Office, 1998, p. 116.

② *FRUS*, 1961 – 1963, Laos Crisis, Vol. XXIV, Washington, DC: United States Government Printing Office, 1994, p. 111. n. 2.

③ Ibid., p. 114.

④ Ibid., p. 119.

⑤ Ibid., p. 114.

⑥ CAB 128/35, p. 136. 下载地址为 http://filestore.nationalarchives.gov.uk/pdfs/large/cab-128-35.pdf. 下载时间为 2009 年 9 月 1 日。

部长普希金（Georgi M. Pushikin）提出实现老挝停火的建议。[①] 由于苏联没有迅速给出答复，4 月 12 日，腊斯克指示汤普森寻找机会与葛罗米柯单独会面，向其表明美国要和平解决老挝问题的立场，同时提醒葛罗米柯在巴特寮试图颠覆老挝王国政府时，美国不会“袖手旁观”。腊斯克还要求汤普森利用与葛罗米柯会谈的机会向其强调在寻求谈判解决老挝危机的过程中，美国并不是不清楚苏联非法地、持续不断地由苏联飞行员驾驶苏联飞机向巴特寮提供援助，而且美国利用直升机向老挝王国政府提供援助的事实是有着法律依据的。所以，腊斯克要汤普森敦促葛罗米柯完成日内瓦会议联合主席的工作，与英国早日“号召停止敌对活动；尽快在新德里重新召开国际监督委员会会议；发起召集 14 国会议，尤其要确定具体时间和地点”。葛罗米柯表示“苏联将尽快给出答复”。[②]

虽然在 4 月 7 日的时候苏联外长就通知美国驻莫斯科大使，赫鲁晓夫暂定于 6 月初在奥地利的维也纳举行峰会[③]，形势似乎马上就会有所转变。但是，苏联对于英国的建议迟迟未做明确答复。在美国政府看来，这是一种拖延的战术，他们担心巴特寮利用这个间隙，不断地采取行动以取得突破的有利地位。美国总统国家安全特别助理罗斯托（Walt Rostow）指出，巴特寮军队已经做好准备向湄公河沿岸为右翼军队所控制的北汕和塔赫克（Takhek）发动进攻，“如果这两个地方陷落，老挝将被切为两部分，万象与琅勃拉邦将在老挝狭长的地带上彼此孤立”，“巴特寮通过在老挝中部地区的这种进攻，造成既成事实，以利于在谈判中提高其政治和军事地位”。在预见这种危险后，老挝问题特别工作组指出，实施“东南亚条约组织”第 5/61 计划向老挝派驻军队应该是一种选择。但是又认为，“东南亚条约组织”第 5/61 计划的实行“不足以稳定军事和政治形势并为我们在谈判时提供筹码”。所以，老挝问题特别工作组建议应该与英国进一步沟通，争取由老挝国王向我们提出这个行

---

① *FRUS*, 1961 - 1963, Laos Crisis, Vol. XXIV, Washington, DC: United States Government Printing Office, 1994, p. 124. n. 1.

② Ibid., pp. 124 - 125.

③ Aleksandr Fursenko and Timothy Naftali, "*One Hell of a Gamble*": *Khrushchev, Castro, and Kennedy, 1958 - 1964*, New York: W. W. Norton & Co., 1997, p. 90.

动的要求。①

英国并不同意美国对老挝局势的这种认识。② 腊斯克强调指出，苏联迟迟没有对英国的建议给出明确答复，却利用这个间隙不断地加大对巴特寮的援助，致使巴特寮不断改善军事地位。具体表现在巴特寮已经将1000 人的部队调至容马拉（Nhommarath）5 英里的地方，对塔赫克造成了直接的威胁，就连富米也认为形势"严峻"。如果形势日益恶化的塔托姆—北汕（Tha Thom-Paksane）公路失去，那么老挝将被拦腰截断。孟卡塞（Muong Kassy）的形势也不容乐观，进而琅勃拉邦也遭到威胁。③ 尽管如此，美国对于苏联不断地加大对巴特寮援助的行为却表现得相当克制，美国并不想对苏联提出"公开警告"，以免影响事态的良好发展趋势。④

4 月 16 日，苏联对英国的建议做出明确答复，号召实现停火并重启国际监督委员会的工作。这个新答复比 4 月 1 日苏联的那次答复有着很大的进步。苏联 4 月 1 日的答复，明确表明老挝停火与召开国际会议必须同时进行；新答复则表示，"可以" 在国际会议召开之前实现停火。不过，英国也指出了苏联这个新答复的"不足"，"虽然苏联同意可以在国际会议召开前实现停火，但是却没有指明这应该作为召开国际会议的前提条件。而且，苏联只是提出在新德里召开国际监督委员会会议，并没有按

---

① *FRUS*, 1961 - 1963, Laos Crisis, Vol. XXIV, Washington, DC: United States Government Printing Office, 1994, p. 126. 关于"东南亚条约组织"第 5/61 计划，应该见 *FRUS*, 1961 - 1963, Laos Crisis, Vol. XXIV, Washington, DC: United States Government Printing Office, 1994, p. 103。但是这份文件没有解密。不过，根据"东南亚条约组织"第 5/59 计划以及对相关内容的讨论可以推断，第 5/61 号计划仍然继续第 5 号计划的精神，即"东南亚条约组织国家要非常规性地准备应对老挝突发事件，可以出兵老挝占据万象与塞诺，同时还要占领湄公河沿岸的重要据点，既方便向老挝王国政府提供各种援助，也可以使老挝王国政府军放手在其他地区与巴特寮和贡勒部队作战"。而"东南亚条约组织"的第 1、2、3、4、6 号文件则为常规性的防御计划。参见 Damien Marc Fenton, *SEATO and the Defence of Southeast Asia*, 1955 - 1965, Ph. D. University of New South Wales, 2006, pp. 191 - 198.

② 英国的不同意见见 *FRUS*, 1961 - 1963, Laos Crisis, Vol. XXIV, Washington, DC: United States Government Printing Office, 1994, p. 132. n. 1.

③ *FRUS*, 1961 - 1963, Laos Crisis, Vol. XXIV, Washington, DC: United States Government Printing Office, 1994, p. 133.

④ Ibid..

照西方的要求使国际监督委员会立即进入老挝监督停火的实现”[①]。三天后，腊斯克通知英国，华盛顿将接受苏联4月16日的建议。不过，腊斯克强调，在老挝敌对活动停止前，美国将不受限制地“开展各种活动”。[②]同一天，老挝问题特别工作组的研究报告指出，“我们还应该向英国和苏联表明，美国并不是日内瓦会议签约国，所以不受该条约限制。美国有权指责巴特寮的违约行为，但会与英国和苏联进行有利于问题解决的合作”[③]。

与此同时，一件表面上与之不相关的事情——猪湾入侵的失败——打断并深刻地影响了美国政府对老挝危机的认识。缺少援助以及卡斯特罗军队人数上的压倒性优势，使流亡军队在4月19日下午就开始投降。[④]这次“猪湾惨败”给肯尼迪的决策造成了重要影响。首先，肯尼迪失去了对参谋长联席会议和中情局的信任，认为他们应该对这次事件负有主要责任。[⑤] 其次，肯尼迪开始认真考虑美国军队介入老挝事件可能发生的结果。[⑥] 在这种情况和考虑之下，肯尼迪不得不在老挝更加谨慎地行事。诚如肯尼迪后来所说的那样，“猪湾事件发生得正是时候，要不然我们现在就得卷进老挝了，那会比猪湾事件糟糕一百倍”[⑦]。参谋长联席会议主席兰尼兹尔将军后来也不得不承认：“如果不是猪湾事件的发生，那么我们现在一定是陷入了在老挝的地面战争。”[⑧] 肯尼迪与艾森豪威尔于4月22日在戴维营进行的会谈中表示，受猪湾失利的影响，他更加寄希望于通过谈判解决老挝问题。[⑨] 随后，富米—文翁集团在与巴特寮战斗中的失

---

① *FRUS*, 1961 - 1963, Laos Crisis, Vol. XXIV, Washington, DC: United States Government Printing Office, 1994, p. 135.

② Ibid., p. 137. n. 1.

③ Ibid., p. 138.

④ Michael Beschloss, *The Crisis Years: Kennedy and Khrushchev*, 1960 - 1963, New York: Harper Collins, 1991, p. 123.

⑤ Arthur S. Schlesinger, *Robert F. Kennedy and His Times*, p. 466; Kai Bird, *The Color of Truth*, p. 201.

⑥ Hugh Sidey, *John F. Kennedy*: the President, New York: Atheneum, 1964, p. 138.

⑦ Sorensen, *Kennedy*, p. 644.

⑧ KaiBird, *The Color of Truth*: McGeorge Bundy and William Bundy, Brothers in Arms: A Biography, New York: Simon&Schuster, 1998, p. 202.

⑨ DDRS, CK3100436241.

利，更加坚定了肯尼迪通过政治途径解决老挝危机的信心。

三　老挝危机从紧张到停火的转变

4 月 24 日，作为日内瓦会议联合主席的英国，与苏联共同发布要求老挝实现停火的声明。同时，英国和苏联还共同建议印度政府在新德里重启国际监督委员会，召开一次关于老挝问题的国际会议。第二天，一位国务院发言人随即宣布，美国接受英国和苏联的这份联合声明，但指出在国际会议召开前实现停火是“首要的必需条件”，并且应该给予国际监督委员会检查停火的权力，而且国际监督委员会应该“能够以最快的速度进入老挝”①。

就在英国与苏联这份联合声明发出的两天后，老挝形势骤然紧张，老挝危机在其国内达到了顶点。至5 月 3 日日内瓦会议召开前，美国决策层一直处于高度紧张态势之中。虽然苏联已经公开号召实现老挝停火，但是富米—文翁集团与巴特寮之间的战斗并未停止。在巴特寮占领了孟赛以后，美国驻老挝军事援助咨询委员会代表在 4 月 26 日提交的报告中指出，“南里克（Nam Lik）北部的西河（Siho）形势也不妙，也已经遭到炮火的轰炸。如果这两处也陷落，那么通往万象的大门将洞开”②。面对这种情况，一直主张通过和平手段解决老挝危机的美国驻老挝大使布朗建议美国政府批准动用 B－26 轰炸机向不断发动进攻的巴特寮部队进行轰炸。尽管布朗也清楚地认识到“这样的行动将关闭已经敞开的停火谈判之门，并很可能马上出现美国与‘东南亚条约组织’军队介入”的现实，但是布朗更认为，如果巴特寮通过不断进攻取得更多的领土，那么美国所剩的谈判资本就更少。③ 同一天，副国务卿鲍尔斯也向肯尼迪指出，随着孟赛的陷落以及军事形势的进一步恶化，万象、琅勃拉邦和北汕等地将相继失去，湄公河流域将落入巴特寮手中，继而泰国和越南就会遭到威胁。如果不改变这种形势，那么梭发那与其共产党支持者所主

---

① U. S. Department of State, *American Foreign Policy: Current Documents* 1961, Washington, DC: United States Government Printing Office, 1965, pp. 999 – 1001.

② *FRUS*, 1961 – 1963, Laos Crisis, Vol. XXIV, Washington, DC: United States Government Printing Office, 1994, p. 139.

③ Ibid., pp. 139 – 140.

张召开的 14 国参加的国际会议，将成为共产党的“庆功会”。[①] 波义尔将军也在同一天的报告中提到，富米军队处于“绳索之中”，“使用 B－26 轰炸机和美国或东南亚条约组织的干涉”似乎是挽救老挝的唯一办法。[②] 中国的立场也逐渐强硬起来，要求美国先从老挝撤出军事人员和设备作为老挝停火的前提条件，并表示中国不会再继续“置若罔闻”。[③] 老挝的形势不容乐观。对此，美国政府继续寻求英国与法国的合作，要求英法两国在联合国内支持老挝政府关于立即实现停火的请求。如果 48 小时内不能实现停火，美国还要求英法两国同意老挝政府提出的要求“东南亚条约组织”军队进行干涉的申请。另外，美国政府还对中国进行了防范考虑，提出“为了阻止红色中国的干涉，要轰炸北越的中转基地，如果有必要，也可以轰炸红色中国境内援助老挝的基地”[④]。

4 月 26 日，肯尼迪在白宫会议上向与会者转达了来自波义尔、布朗和鲍尔斯对老挝形势的认识。与会者一致同意此时“大规模卷入老挝冲突将是不正确的，即使老挝陷落也是必须接受的”。不过，肯尼迪认识到“美国的强硬反应”似乎是他要求实现停火的“最后一张牌”。因此，肯尼迪“明确拒绝此时做出反对干涉的决定”。最终，所有与会者都同意“如果老挝的形势彻底崩溃”，向南越和泰国派出美国军队将是“必要的”。[⑤]

肯尼迪继续执行一个政治和军事两方面双管齐下的政策，以此来表明美国对东南亚事务的关注。肯尼迪明确拒绝了布朗大使轰炸共产党目标的请求[⑥]，但他同时又批准向中国南海和暹罗湾部署美国海军，肯尼迪还根据“东南亚条约组织”第 5/61 号计划，使美国处于战斗戒备中的部

---

① *FRUS*, 1961 – 1963, Laos Crisis, Vol. XXIV, Washington, DC: United States Government Printing Office, 1994, pp. 140 – 141.

② DDRS, CK3100385246; *FRUS*, 1961 – 1963, Laos Crisis, Vol. XXIV, Washington, DC: United States Government Printing Office, 1994, p. 142. n. 1.

③ *FRUS*, 1961 – 1963, Laos Crisis, Vol. XXIV, Washington, DC: United States Government Printing Office, 1994, p. 141; ibid, p. 143.

④ DDRS, CK3100399289.

⑤ *FRUS*, 1961 – 1963, Laos Crisis, Vol. XXIV, Washington, DC: United States Government Printing Office, 1994, pp. 143 – 144.

⑥ Ibid., p. 143.

队做好随时进入老挝的准备。在外交方面，肯尼迪通知英国和法国表明他“不能允许”万象陷落①，并命令鲍尔斯与梅尼希科夫进行进一步的交涉。

根据肯尼迪的指示，副国务卿鲍尔斯随即与梅尼希科夫进行了交涉。不过，此次会谈除了相互指责以外，并没有取得别的效果。在这次会谈中，鲍尔斯首先向梅尼希科夫进行了“抱怨”，一方面，巴特寮在苏联已经同意停止老挝的敌对活动以后，继续发动进攻；另一方面，中国要求结束美国、泰国和南越对老挝反叛力量的援助，要求在老挝的国民党部队放下武器，撤出老挝领土，这明显违背了苏联与美国已经达成的“停火不涉及政治问题”的共识。梅尼希科夫以巴特寮还没有收到停战的号召为借口进行回复，并要求所有国民党的军队撤出老挝。至于中国对美国的指责，梅尼希科夫认为“这是中国的自由”。鲍尔斯强调，大约 5000 名的国民党剩余部队已经撤出了老挝领土，所余的大约 1500 名国民党士兵由于已在当地安家，现也携带家眷撤入缅甸境内。鲍尔斯又指出，现在大约有 7000 名到 10000 名的越南士兵是巴特寮部队的主力，梅尼希科夫以“毕竟没有证据”进行了反驳。后来，鲍尔斯将老挝冲突置于美苏正在出现的缓和背景下考虑，作为支持莫斯科保证在停火方面合作的最后努力。鲍尔斯指出，肯尼迪政府“一直寻求与苏联建立较好的关系”，因此要寻求苏联的合作“帮助矫正老挝的各种事情”。鲍尔斯请求苏联“尽其所能”地阻止形势恶化到“大家都不想的战争局面”。不过，梅尼希科夫还是坚持强硬的立场。虽然梅尼希科夫保证向莫斯科转达美国在这个问题上的立场，但他告诉鲍尔斯“不要谈及战争”，苏联也“已经做好战争的准备”。②

肯尼迪仍然希望苏联在保证老挝实现停火方面的合作。第二天，美国驻苏联大使汤普森会见葛罗米柯，对实现这个目标又进行了另一次的尝试，不过仍然没有取得进展。葛罗米柯严厉指责了美国政府向老挝派遣“军事顾问”的行为，继续要求从老挝撤出国民党的残余部队。汤普

---

① Edward J. Marolda and Oscar P. Fitzgerald, *The United States Navy and the Vietnam Conflict, 1959 - 1965*, pp. 67 - 68.

② DDRS, CK3100316273 - CK3100316274.

森表示美国政府已经做了这样的安排，只是还没有来得及“落实”而已。汤普森向葛罗米柯强调指出，一个“及时的停火”可以证明两个超级大国都想实现一个“中立的老挝”。汤普森要求苏联“利用他们的影响”结束这种敌对活动。葛罗米柯强调，“最重要的是不采取任何可以恶化形势的行动”，但是也没有做出立即停火的保证。汤普森认为，葛罗米柯此举仍然是一种帮助巴特寮继续扩大战果的拖延战术。①

4 月 26 日的晚些时候，国务院在其对老挝形势的分析报告中认为，此时不适合将老挝冲突扩大，尤其着重分析了中国对老挝形势的态度，而且也设想了如果中国真的介入老挝问题，那么即使“在盟友的全力支持下，美国还需要出动 25 万—30 万军队，在老挝需要克服的供给困难远大于朝鲜战争”。而苏联也会采取相应的措施进行支持，“如果我们宣布要对中国动用核武器，那么苏联也会采取同样行动，而且苏联也会给英国和法国制造麻烦”②。哈里曼认为，此时的当务之急是在老挝实现停火，并重启国际监督委员会，而这有赖于肯尼迪与赫鲁晓夫进一步的沟通。肯尼迪应该通过这种沟通，弄清楚赫鲁晓夫在老挝中立问题上的真实意图。③ 正在安卡拉进行访问的腊斯克指出，老挝的形势发展不允许美国立即派军队进行直接干涉，否则将出现韩战的场景。④

4 月 29 日，赫鲁晓夫的私人特使波尔沙科夫（Georgi Nikitovich Bolshakov）开始与肯尼迪建立一个“秘密渠道”关系，这对于双方以对话的方式解决老挝问题起了一定的推动作用。波尔沙科夫是苏联驻华盛顿大使馆负责情报工作的官员，他告诉《纽约先驱论坛报》（*New York Herald Tribune*）的记者霍尔曼（Frank Holeman），他希望与司法部部长罗伯特·肯尼迪会晤，因为“他是苏联大使馆中唯一可以直接与赫鲁晓夫通话的人”“他与总统的弟弟会谈能够取得重要成果”。在接到这种对话的信息后，肯尼迪同意他的兄弟与这位苏联密使见面。由于其上级军事情

① *FRUS*, 1961 - 1963, Laos Crisis, Vol. XXIV, Washington, DC: United States Government Printing Office, 1994, pp. 145 - 146.

② DDRS, CK3100262881 - CK3100262882.

③ DDRS, CK3100320074 - CK3100320075.

④ *FRUS*, 1961 - 1963, Laos Crisis, Vol. XXIV, Washington, DC: United States Government Printing Office, 1994, pp. 148 - 149.

报机构的拒绝批准，波尔沙科夫取消了这次会晤，但是肯尼迪兄弟注意到赫鲁晓夫希望保持联系渠道畅通。到4月末的时候，广泛地讨论包括老挝在内的国际问题的前景并不明朗，但也并不是不可及的。①

5月1日，腊斯克向肯尼迪提出了他对老挝局势的分析。腊斯克认为，针对目前老挝的局势发展，美国可以有两种政策考虑。其一，尽早并有效实现停火。贡勒已经以“老挝政府军最高总司令”的名义，要求交战双方各派代表以休战的名义前往距离万荣以南11英里处的13号高速公路附近的班纳孟（Ban Na Mon）开会，“讨论并决定停火日期和地点，以及关于老挝的停战安排”。梭发那·富马也提出建议在班纳孟召开一次三方会谈，讨论“停火安排、未来政府构成以及参加14国会议的老挝代表问题”。虽然贡勒和梭发那提出的谈判地点为巴特寮控制区，美国已经通过布朗建议富米接受这个邀请。一旦停火能够实现，那么美国需要做好国际监督委员会和14国会议的准备。其二，如果无法实现停火，那么就要考虑通过联合国或“东南亚条约组织”介入老挝问题，以实现停火。腊斯克进一步指出，无论以哪种方式实现中立，老挝面临的下一个问题将是未来的政府构成。一旦巴特寮掌权，那么老挝将成为共产主义的一个卫星国。如果是这样，美国宁愿接受老挝的分裂。解决这个问题的根本在于老挝缺少“第三党”来平衡和协调对立双方的利益，最好的结果应该是由联合国完成这项工作。不过，腊斯克最后建议，应该与“东南亚条约组织”的成员国商议采取联合行动。②

前往东南亚各国了解形势的无任所大使哈里曼5月1日从老挝发回电报，表达了对老挝形势的担忧。哈里曼在经过与老挝国王、文翁和富米的会谈以后，认为“老挝的形势已不是老挝自身所能控制的了”。老挝右翼势力坚持认为，“他们不只是在与巴特寮战斗，还与中国和苏联支持下的越南人作战。除非‘东南亚条约组织’采取相应行动，否则巴特寮可以攻取湄公河流域任一重要据点。老挝形势的发展要求‘东南亚条约组

① Michael Beschloss, *The Crisis Years: Kennedy and Khrushchev*, 1960 - 1963, New York: Harper Collins, 1991, pp. 152 - 153.

② *FRUS*, 1961 - 1963, Laos Crisis, Vol. XXIV, Washington, DC: United States Government Printing Office, 1994, pp. 159 - 162.

织’采取措施。至少应该将‘东南亚条约组织’的军队派至泰国。甚至也应该考虑‘东南亚条约组织’第五号计划”①。

5月2日，国防部也向肯尼迪提出了他们的观点。在国防部看来，“军事行动应该为政治目标服务”。可是，老挝的政治形势发展很难令人满意，而且“老挝所处的地理位置和环境是世界上最不适合美国直接进行军事干涉的地方。那里的地形和气候非常糟糕，后勤供给非常困难”。美国面临的军事选择有两种，第一，一旦老挝现政府倒塌以后，在泰国和南越政府的请求下，将美国军队派进泰国和南越（不是进入老挝），最好是与“东南亚条约组织”的他国军队一起。这么做一方面可以达到的效果是，在老挝政府倒塌的冲击下，可以增强这两个国家抵抗共产党颠覆的信念与力量；另一方面，可以避免因为老挝政府的倒塌无所作为而使美国蒙羞，也可以保持“东南亚条约组织”及美国其他联盟的活力。第二，进入老挝，最好在目前的战线附近限定48小时实现停火的期限，如果超过48小时仍然没有停火，那么在老挝政府的请求下，将美国军队调入老挝境内，以保护重要的交通枢纽和人口中心。此举一方面可以完成“东南亚条约组织”的义务，另一方面，可以控制老挝仍未实现停火的形势。对此，美国还要做最坏的打算，即这么做也没实现停火，而且巴特寮将继续发动攻势；美国的军队深陷其中；北越、中国和苏联对巴特寮提供大量的援助。所有这些是美国必须面对的困难。麦克纳马拉接着又分析了美国这两种选择的利弊。如果不将美国的军队派进老挝，那么老挝将最终落入共产党手中；南越和泰国的防御将成问题，因为两国无法抵挡通过边界渗透的问题；美国将失信于“东南亚条约组织”；苏联与共产党国家会因此受到鼓舞，在伊朗、巴基斯坦、柏林、韩国以及其他地方施加更大的压力；美国的盟友会怀疑他们此举的正确性；一旦老挝陷落，将更难阻止共产主义在东南亚的席卷之势。相反，如果将美国军队派进老挝，也将面临诸多困难。老挝军队进行抵抗的信心与作战能力都不强；老挝的锅柄形地带适合游击战争，西方军队的行动与后勤补给施展不开；冲突升级是一定的；即使采取这样的行动，能否阻止共产

① *FRUS*, 1961 - 1963, Laos Crisis, Vol. XXIV, Washington, DC: United States Government Printing Office, 1994, p. 165.

党对老挝的占领也是未知数；美国对老挝的直接干涉会招致国内外的指责，而且也必定会与共产党的军队进行交锋。所有这两种选择都将导致美国的军队长期陷入东南亚事务中，会严重占用美国的人力和资源。麦克纳马拉在经过这种详细对比分析以后，建议采取第二种方式。①

国防部其他官员也随部长麦克纳马拉递交了他们的意见。陆军参谋长德克尔（George Decker）建议，给共产党发出48小时内停火的最后通牒，同时将“东南亚条约组织”的军队调至泰国境内邻近老挝万象、北汕和沙湾拿吉等重要据点的地方，并且经土伦（Tourane）进入南越。另外，德克尔还建议，将空军调入泰国与越南，同时在邻近老挝边界处派驻运输部队，这样，一旦不能实现停火，“东南亚条约组织”部队就可以轻而易举地直接进入老挝。② 空军司令怀特（Thomas White）将军的建议更为强硬，如果不能在48小时内实现停火，就应该动用美国空中力量打击巴特寮的供给中心和军事中心。如果这样也不能奏效，那么就应该通过海上和空中向河内与中国南部施压。最后，如果美国不想在东南亚再次发生朝鲜战争那样的错误，怀特建议对河内进行打击，甚至与中国开战。③ 参谋长联席会议主席兰尼兹尔经过与南越和泰国领导人会谈后，从西贡发回电报，建议“东南亚条约组织”不要再等联合国安理会的决议，应该立即进入老挝，并尽可能多地占领领土。④ 海军司令伯克将军建议马上将美国军队派进泰国和南越，并在48小时内进入老挝，保护重要据点。如果遭到攻击，美军可以进行还击。如果不能实现停火，那么应该对巴特寮进行空中打击。如果北越和红色中国进行干涉，美国应该将战争升级。海军陆战队司令肖普（David Shoup）将军不主张直接进行干涉，但是同意如果无法实现停火，美国可以对其进行空中打击，同时将美国和“东南亚条约组织”的军队调至老挝的重要地点。⑤

---

① DDRS，CK3100149285 - CK3100149288；*FRUS*，1961 - 1963，Laos Crisis，Vol. XXIV，Washington，DC：United States Government Printing Office，1994，pp. 166 - 169.

② DDRS，CK3100107983 - CK3100107984.

③ DDRS，CK3100111661 - CK3100111663.

④ DDRS，CK3100019951.

⑤ *FRUS*，1961 - 1963，Laos Crisis，Vol. XXIV，Washington，DC：United States Government Printing Office，1994，p. 170.

肯尼迪在综合研究了各部部长的意见以后，提出了他反对在老挝进行战争的理由。第一，英国与法国不会支持“东南亚条约组织”的干涉，其他的马尼拉条约组织国家只会向老挝提供象征性的军事力量。第二，富米军队缺乏为其国家战斗的意志。第三，向东南亚派出美国军队会激起北越和中国的干涉，同时增加与苏联发生直接战争的危险。第四，在老挝的军事行动会耗尽美国在柏林或其他地方的常规力量。第五，参谋长联席会议已经制订了详细的老挝防御计划，但是还没有制订出军事目标完成后的撤出战略。这些考虑，再加上经历了猪湾惨败之后，肯尼迪拒绝在老挝立即采取行动的建议。① 因此，肯尼迪要求国务院和国防部“迅速地”给他“一份关于美国在老挝行动的联合建议”。②

就在美国政府还在为老挝问题大伤脑筋之时，老挝的形势出现了转机。老挝时间5月3日上午8点，巴特寮号召实现停火。巴特寮的停战号召立刻缓解了老挝的紧张局面。腊斯克指示布朗劝说老挝政府接受这个号召，且不要在细节问题上制造麻烦。③ 根据这个停火协议，贡勒命令巴特寮在万荣地区停止进攻，要求富米派代表前往班纳孟与巴特寮的代表进行谈判。④ 这个停火协议在事实上使万象与琅勃拉邦之间公路沿线的战斗结束，但是没有对老挝其他地方的军事活动做出约束；结果，老挝王国政府军队与巴特寮仍然在老挝的其他地方进行着争夺。国际监督委员会宣布其已经做好离开新德里的准备，并进入老挝行使其使命。⑤ 同一天，哈里曼（在西贡与老挝王国政府和其他东南亚国家领导人进行一系列会谈之后）通过电报对此向肯尼迪提出了他的看法。哈里曼指出，虽然现在在老挝的一个地区实现了停火，但是其他地区停火的实现还需要时日，而共产党则可以利用这个间隙巩固他们的地位。而且，哈里曼还担心即使国际监督委员会进入万象以后，北越的援助物资也会源源不断

① Theodore Sorensen, *Kennedy*, New York: Harper & Row, 1965, pp. 644 - 645.

② *FRUS*, 1961 - 1963, Laos Crisis, Vol. XXIV, Washington, DC: United States Government Printing Office, 1994, p. 171.

③ Ibid. .

④ Ibid. , p. 174.

⑤ Arthur J. Dommen, *Conflict in Laos: the Politics of Neutralization*, New York: Praeger, 1971, p. 193.

地运进老挝各地。这样，美国在谈判桌上的地位就会遭到削弱，一旦谈判破裂，战场上的形势将会更加被动。[①]

虽然老挝的形势仍然不够明了，但是通过政治途径解决老挝问题已经成为肯尼迪政府追求的目标。不过，美国政府在追寻这个目标的过程中，一直没有放松对老挝右翼势力的军事扶植，如同施莱辛格所说的那样，肯尼迪巧妙地掌控了“介入和撤出”之间的分寸。[②]

---

① *FRUS*, 1961 - 1963, Laos Crisis, Vol. XXIV, Washington, DC: United States Government Printing Office, 1994, p. 172. n. 2.

② Arthur S. Schlesinger, *A Thousand Days: John F. Kennedy in The White House*, Boston: Houghton Mifflin, 1965, p. 332.

第四章

第二次日内瓦会议召开与美国的老挝政策

经过3个月的紧张应对，肯尼迪政府确定了通过政治途径解决老挝问题的基本原则。1961年5月3日，老挝停火的实现为肯尼迪政府在解决老挝问题的过程中实现这个原则提供了机会。美国政府一方面在保证实现自己目标的前提下积极推动日内瓦会议的进展，另一方面，通过与苏联代表在莫斯科、华盛顿、万象和贝尔格莱德等不同场所进行对话，寻求既定目标的实现。同时，肯尼迪明确拒绝对老挝进行军事干涉，并开始采取措施接受一个包括巴特寮在内的联合政府，开启与中立主义领导人梭发那合作的、新的政策方向。

第一节　第二次日内瓦会议召开与维也纳峰会

在实现美国对老挝政策目标的过程中，肯尼迪政府采取了比艾森豪威尔政府时期更为灵活的外交政策。第二次日内瓦会议与美苏维也纳峰会的召开，便是肯尼迪政府这种灵活外交战略的重要体现。

一　日内瓦会议召开的背景

梭发那·富马、巴特寮与富米—文翁集团之间的停火是老挝冲突进入新阶段的标志，尤其是在美国和苏联的积极推动之下，关于解决老挝危机的日内瓦国际会议得以开始。

美国为日内瓦会议的召开进行了一系列的准备。1961年5月3日，在老挝宣布停火的当天，美国便为即将召开的日内瓦会议专门制定了一份文件。该文件分析了这次会议召开的背景，明确了美国在这次会议上准备达成的目标，以及会议召开前应该做的准备工作和会议以后对于各种结果的应对策略等内容。文件指出，即将召开的14国会议，对于自由世界而言并不是一个最理想的结果，而老挝王国政府在军事上又没有任何优势，不过，美国仍然拥有可以仰仗的地方来最大限度地实现其目标，如老挝王国政府还是老挝的“政治中心”“精神象征”等方面。美国在这次会议上的目标为“a）使我们的盟友和中立主义者确信，共产主义不是‘未来的发展方向’，美国一定会保证东南亚的独立；b）建立一个符合历史事实和东南亚要求的统一、独立和免受煽动的老挝；c）使我们的亚洲盟友和中立主义者积极主动地参与我们的战略；d）阻止共产党从老挝、南越、美国以及自由世界取得心理、政治或军事上的成就”。[①]

文件指出，鉴于老挝王国政府军事地位的衰微，美国在日内瓦会议开始前需要做的军事准备是“必须采取军事措施，如果可能便与东南亚条约组织一起行动，但至少要与泰国和南越密切合作”，以便“a）保护从中缅边界到柬埔寨边界处的湄公河盆地，这样就可以保证泰国的边界安全；b）阻止共产党分裂老挝的企图实现；c）封锁从老挝北部到南部进入南越的通道”。[②] 此外，还要在政治、心理、经济与社会发展等领域为老挝王国政府制造声势和提供条件。

对于会议的过程，美国在这份文件里提出了自己的预期结果，但也清醒地认识到共产党一方不会完全接受自己的想法。其主要的阻力来自共产党方面想要“1）保证巴特寮继续控制他们现在的军事占领地区；2）坚持建立一个巴特寮有很大影响的政府，甚至要求承认梭发那政府；3）消除美国的影响；4）提出额外没有关联的问题，如‘东南亚条约组织’，国民党军队问题等”。对于这些问题，美国可以做出一些让步，但必须坚持如下基本立场：“1）不承认受共产党控制或明显受其影响的梭发那政府与临时政府；2）不同意在一年内进行选举；3）巴特寮和贡勒的部队

---

① *FRUS*，1961 – 1963，Laos Crisis，Vol. XXIV，Washington，DC：United States Government Printing Office，1994，p. 176.

② Ibid.，p. 177.

必须放下武器，只允许一小部分并入老挝王国政府军；4）控制负责老挝全境安全的警察机构；5）必须保证美国在老挝的安全与经济领域以最大的行动自由和影响"[①]。

文件预测可能出现四种结果，即共产党方面接受美国的计划、共产党方面不接受美国的计划、谈判破裂、共产党方面不承认会议的结果。文件认为美国应该未雨绸缪。在军事方面，如果会议失败或共产党方面采取军事行动，美国必须在泰国和南越增加军事力量，准备在老挝采取直接的军事行动。美国还必须向泰国和南越提供双边安全条约，在两国遭受共产党进攻时，可以向其提供全面保护。至于"东南亚条约组织"不应该再继续充演一个象征性的角色，如果谈判破裂或共产党方面发起进攻，"东南亚条约组织"应该采取相应的军事措施，而且现在就应该着手准备。如果"东南亚条约组织"仍然不能完成这项任务，美国应该对其组织进行改革或者考虑以其他的组织替代。在政治方面，美国应该在老挝全国范围内，组建一个可以赢取选举全面胜利并且符合美国需求的政治组织。在经济方面，会议结束伊始，美国应该马上向老挝提供大量经济和技术援助以消除共产党在一些重要领域的影响。美国还应该准备向符合美国需求的老挝政治人物提供足够资金，帮助其组建政治组织以赢得广泛支持。[②]

与此同时，苏联也与美国一样，为即将召开的日内瓦会议营造氛围。虽然赫鲁晓夫已经通知美国，他可以在 6 月初参加维也纳会谈，但还没有讨论关于这次会谈的具体安排。不过，苏联仍然不断向美国传递着相关信息。5 月 4 日，赫鲁晓夫通过葛罗米柯与汤普森的会谈，透露了对最近古巴和老挝"事件"引起的华盛顿与莫斯科之间的"不和谐"，向肯尼迪表示遗憾，并再次强调他希望"解决适当的问题和建立我们的关系"。通过这种沟通，赫鲁晓夫想知道肯尼迪高层会谈的建议是否仍然有效。葛罗米柯的这个信息，传递了赫鲁晓夫想通过一次峰会寻求"相关问题"

---

① *FRUS*, 1961 - 1963, Laos Crisis, Vol. XXIV, Washington, DC: United States Government Printing Office, 1994, pp. 180 - 181.

② Ibid., pp. 181 - 182.

解决的愿望，他认为这对“两个国家都有益处”①。

与苏联的这个信息密切相关的另外一件事是“猪湾惨败”之后，肯尼迪除了加重对参谋长联席会议的不信任以外，也更加坚定了反对向东南亚派出美国部队的决心。5 月 5 日召开的国家安全委员会会议结束后不久，肯尼迪告诉《纽约时报》的克洛克（Arthur Crock），他已经对参谋长联席会议丧失了信心。肯尼迪强调，通过政治手段解决老挝冲突，仍然是对待这次危机的核心内容。正如肯尼迪告诉克洛克的那样，在一个中立的万象政府内接受共产党代表，将面临公众批评的危险，但是似乎在这个问题上“没有比这更好的选择了”。② 第二天，汤普森向葛罗米柯转达了肯尼迪仍想与赫鲁晓夫进行会谈的态度。汤普森说到，目前总统不能在这个问题上做出一个“肯定性的答复”，但是会在 5 月 20 日前给出“一个明确的决定”。这使得保证与莫斯科在通过谈判解决老挝问题上合作的机会迅速增加。国务院通知汤普森，肯尼迪之所以不愿意对峰会做出一个“明确的答复”，主要是出于对“老挝形势”的考虑：如果在期望中的日内瓦会议上，老挝问题从属于太平洋谈判，这会使峰会变得简单。如果日内瓦会议没能召开并且老挝的形势再次恶化，总统将不愿意与赫鲁晓夫举行会谈。不管怎样，肯尼迪已经清楚地认识到“增加美国军队在老挝的投入会堵塞通往峰会之路，并妨碍美苏关系的积极发展”③。

除了美苏两国在老挝寻求一个契合点的努力以外，美国对越南局势关注的增加也是推动美国进一步放弃在老挝采取军事行动的重要因素。尽管在肯尼迪就任初期两个月的大部分时间里，南越只是一个“次要”问题，但是来自越南“悲观的”形势报告越发引起了肯尼迪对“民族解放战线”活动的关注。虽然不像老挝那样每一天都处于危机之中，但是猪湾入侵之后，越南问题在美国政府东南亚战略中的重要地位明显开始提高。肯尼迪政府在 4 月 20 日建立了一个单独的“越南特别工作组”，

① *FRUS*, 1961 - 1963, Soviet Union, Vol. V, Washington, DC: United States Government Printing Office, 1998, pp. 120 - 121.

② *FRUS*, 1961 - 1963, Western Europe and Canada, Vol. XIII, Washington, DC: United States Government Printing Office, 1994, pp. 1159 - 1160.

③ *FRUS*, 1961 - 1963, Soviet Union, Vol. V, Washington, DC: United States Government Printing Office, 1998, pp. 132 - 133.

由副国防部部长罗斯维尔·吉帕特里克（Roswell Gilpatric）负责，任务是对于“阻止共产党在越南的统治”提出建议。“越南特别工作组”于4月27日提交了题目为“一个对越南行动计划”的研究报告。两天后，肯尼迪批准了其中的几条建议，包括提高越南共和国军队（the Army of the Republic of Vietnam）的战斗力和增加美国在越南共和国军队中的军事顾问人数。不过，肯尼迪没有批准另外要求的派遣更多美国军队帮助越南共和国军队训练的建议。①

一直以来，南越就努力促使美国出兵解决老挝问题，这也在一定程度上推动了肯尼迪政府对越南问题考虑的增多。5月4日，吴庭艳向来访的兰尼兹尔将军表示，他并不看好日内瓦会议会产生令人满意的结果，建议美国“通过东南亚条约组织立即采取保护性行动占领万象，并占领湄公河的5个战略要地和老挝东部边界的3处要地，这样至少可以保住老挝的南部”②。

相对于南越而言，老挝在美国政府整个东南亚战略中的地位逐渐下降。其中的原因主要有如下三点。首先，南越的地理环境比老挝更适合美国开展行动。其次，南越（与老挝不同）没有领土与中国接壤。最后，南越人民似乎比老挝人民更愿意为他们的自由而战。③ 因此，肯尼迪在寻求谈判解决老挝问题时，增加了对南越的关注度。事实上，北越利用老挝境内的“胡志明小路”向南越进行渗透，也是老挝问题与越南问题联系密切的重要因素。④ 在老挝宣布停火的几小时后，随着巴特寮对沙湾拿吉孟法兰（Muong Phalane）地区的占领，“胡志明小路”的问题就开始占据美国政策考虑的重要地位。“车邦是紧邻控制通往胡志明小路北纬17度线附近的村庄，而孟法兰的失去使车邦直接面临巴特寮的威胁”⑤ “严

---

① Lewis Gould ed, *Documentary History of the John F. Kennedy Presidency*. Vol. 3, LexisNexis, 2005, pp. 185 - 209, p. 228.

② DDRS, CK3100354859.

③ William J. Rust, *Kennedy in Vietnam: American Vietnam Policy, 1960 - 1963*, New York: Da Capo, 1985, p. 34.

④ W. W. Rostow, *The Diffusion of Power: An Essay in Recent History*, New York: Macmillan, 1971, p. 265.

⑤ Arthur J. Dommen, *Conflict in Laos: the Politics of Neutralization*, New York: Praeger, 1971, p. 198.

重增加了越南安全形势的紧迫性”[①]。

随着事态的发展，肯尼迪政府继续加强寻求改善与苏联的关系。5月9日，弗兰克·霍尔曼再次安排罗伯特·肯尼迪与波尔沙科夫会谈。这次，赫鲁晓夫的私人特使接受了这个邀请，并在当晚与司法部部长进行了会面。在这次私人会面上，罗伯特·肯尼迪强调新政府在寻求与莫斯科合作基础的时候不应该遭到威胁。鉴于最近古巴、老挝和南越的事件，总统认为，“苏联领导人低估了美国政府和总统的能力”，如果赫鲁晓夫继续低估“美国的力量”，“美国政府将不得不改变其政策来采取正确行动”。司法部部长解释到，这样将会促使总统将艾森豪威尔时代“僵化与软弱的”外交政策转向“更符合国家利益的”一个“新的进攻性政策”。[②]

对于预期的峰会，罗伯特·肯尼迪强调，总统希望在日内瓦会议上陷入僵局的禁止核试验的谈判上有所突破，并且在与赫鲁晓夫会谈前就老挝问题取得进展。虽然罗伯特·肯尼迪提到“古巴和老挝事件的遗憾，多少影响了总统寻求正常发展美苏关系的热情”，但总统可以在禁止核试验的谈判上做出让步。他解释到，只要苏联（曾经坚持每三年检查一次）提出一个大家都能接受的折中方案，肯尼迪总统将放弃美国政府每20年检查一次到每10年检查一次的公开立场。对于老挝，罗伯特·肯尼迪暗示美国可以做出相似的让步。在会谈结束前，罗伯特·肯尼迪告诉波尔沙科夫，他希望保持这种秘密渠道的畅通，并建议在不久的将来进行另一次“非正式的”会谈。[③]

第一次日内瓦会议以后，艾森豪威尔政府将老挝看作美国在东南亚遏制共产党势力发展的一个滩头阵地，因而打着“和平与中立”的旗号，为将老挝政府打造成一个亲西方的政府，以大量间接和隐蔽的手段对老挝事务进行了大量的干预。在美国的这种干预之下，老挝不但没能完全

---

① U. S. Department of State, *American Foreign Policy*: *Current Documents* 1961, Washington, DC: United States Government Printing Office, 1965, pp. 1042 - 1043.

② Aleksandr Fursenko and Timothy Naftali, “*One Hell of a Gamble*”: *Khrushchev*, *Castro*, *and Kennedy*, *1958 - 1964*, New York: W. W. Norton & Co., 1997, pp. 112 - 114.

③ Aleksandr Fursenko and Timothy Naftali, “*One Hell of a Gamble*”: *Khrushchev*, *Castro*, *and Kennedy*, *1958 - 1964*, New York: W. W. Norton & Co., 1997, pp. 112 - 114. 肯尼迪兄弟没有将具体细节告诉腊斯克、汤普森和邦迪，见 Michael Beschloss, *The Crisis Years*: *Kennedy and Khrushchev*, 1960 - 1963, New York: Harper Collins, 1991, p. 156.

走上独立发展的道路，相反，却造成老挝政局的动荡不安，最终引发老挝危机。老挝问题随即纳入美苏全球冷战的战略中来。肯尼迪继任总统以后，更是从全球冷战的战略高度对待老挝危机。苏联也表现出了相同的外交立场。老挝危机越发朝向一种和平解决的趋势发展。

二　美国与日内瓦会议的召开

5月9日，在罗伯特·肯尼迪与波尔沙科夫会谈几个小时后，肯尼迪总统对准备参加日内瓦会议的代表团作出指示，命令作为代表团团长的腊斯克在“得到国际监督委员会确认老挝停火或其他令美国满意的情况下，再参加5月12日召开的日内瓦会议。否则，腊斯克可以拒绝参加会议的开幕式，并要求会议推迟至老挝形势明了的时候为止”。对于仍然没有达成一致的老挝代表团问题，肯尼迪指出，“美国仍然支持老挝现政府，并要求其作为老挝参加日内瓦会议的正式代表。如果这个方案行不通，那么可以考虑接受老挝现政府和梭发那共同参加，而且，如果有必要，巴特寮的代表可以以观察员的身份参加”①。

根据肯尼迪的指示，这次会议的最终目标是“实现一个中立、独立、和平并且社会与经济充满活力的老挝”。为此，美国代表团应该要求“一个中立且政治上独立的老挝，在反对外部入侵方面得到强大的国际保证”。将老挝军事力量削减至能够保证其国内安全需求的最低程度，而且最好是在联合国安排的“中立和平保证委员会”的监督下从老挝领土“分阶段撤出外国军事人员”；阻止“新的军事人员与设备”进入老挝（除了保证训练和国内安全的最低需求），以及“防止从外部向老挝的渗透与内部的颠覆活动”。② 一旦在国际组织保证下的老挝实现了中立，美国需要面对的问题将是老挝政府的构成。对此，肯尼迪指出，美国将支持一个“包括除了极右和极左势力外的、老挝全部主要政治势力”组成的政府。如果愿意，梭发那可以作为一个“成员”参加政府，但“不是作为首相”。不过肯尼迪也认识到这个结果似乎是不可能的。于是，美国

---

① *FRUS*, 1961－1963, Laos Crisis, Vol. XXIV, Washington, DC: United States Government Printing Office, 1994, p. 185.

② Ibid., pp. 185－186.

将面对的情况为接受“一个由梭发那任首相，并包括至少两个巴特寮代表任部长的政府”。因而，肯尼迪表示“可以接受这个结果”，但是强调指出“一年内在老挝进行选举不符合我们的利益”。[①] 肯尼迪在这份文件中指明了美国政府在日内瓦会议上可以接受的底线的同时，并没有放弃军事方面的准备。他指出，如果不能与共产党方面达成满意的协议，美国代表团也应该做好会议失败或推迟的准备，“我们应该计划帮助老挝政府在老挝南部巩固其政治和军事地位”。而且，肯尼迪认为“共产党方面会接受这种实际的分裂”。如果共产党方面在会议后发动进攻，美国应该考虑决定是否通过“东南亚条约组织”或“东南亚条约组织”国家中想要参与的成员国采取相应行动。为了做好应对准备，“驻老挝军事援助咨询委员会应该利用停战的间隙，加强对老挝政府军的训练和重组”[②]。如果能够实现上述既定目标，“就东南亚地区而言，美国除了实现保证老挝领土统一与独立的任务以外，实际上可以避免更多的领土落入共产党手中，这既保持了美国的声望，也保护了南越、泰国、柬埔寨和缅甸”[③]。

5 月 11 日，沃尔特·罗斯托向肯尼迪分析了日内瓦会议的可能结果与其对美苏关系产生的影响。罗斯托指出，老挝和越南是美苏两国之间比较紧张的问题，如果这两个问题处理不好，将使美国在这个地区承担过多的军事义务，那么东南亚的形势会骤然紧张。另外，如果日内瓦会议能够达成双方满意的成果，那么将会为美苏两国在禁止核试验、裁军、德国以及美国的海外军事基地等问题上营造出良好的氛围。[④] 在同一天召开的 NSC 会议，研究了越南特别工作组重新修订的行动计划。在这次会议上，肯尼迪没有采纳参谋长联席会议的建议，即为“防止越南沦落到目前老挝那种形势的命运”，应该立即“向南越派遣一定数量美军”。肯尼迪坚持他 4 月 29 日批准的提升越南共和国军队的军事实力和扩大在南越的军事援助咨询委员会，并批准额外的可以提高西贡政府保持国内安全能力的措施。在肯尼迪看来，“在美国代表参加日内瓦谈判的时候，这

---

① *FRUS*，1961 - 1963，Laos Crisis，Vol. XXIV，Washington，DC：United States Government Printing Office，1994，p. 187.

② Ibid.，p. 186.

③ DDRS，CK3100257527.

④ DDRS，CK3100409027 - CK3100409328.

种行动可以证明其决心——关于老挝的日内瓦会议将在没有强迫因素的作用下召开，以增强西方谈判的资本或阻止共产党的进一步前进”①。

考虑到日内瓦会议上可能出现的包括与盟友之间的分歧在内的种种困难，肯尼迪于5月11日命令已经到达日内瓦的腊斯克掌握谈判的一个原则是“橄榄枝与箭不可偏废任何一方”②。

按照美国政府5月9日的指示，当腊斯克到达日内瓦的时候，他宣布只要国际监督委员会证明停火已经实现，他就可以随时参会。老挝王国政府的代表与巴特寮—中立主义者联盟之前在纳门（Namone）进行的停战谈判，使这个目标实现的希望似乎变得明朗起来。③ 因此，几天前刚从新德里来到老挝的国际监督委员会出具的报告证明“存在一个实际上的停火”。该报告也指出，虽然仍有“违背”停火的事件发生，但主要是由于“误会”或是“双方军队所处位置地形的规则与不规则”造成的。④ 这些“违规行为”主要发生在矗立于查尔平原旁的帕东（Padong）山附近，几周以来，当地中情局支持下的苗族武装每天都在抵抗共产党的“侵袭”。尽管如此，国际监督委员会的报告将使日内瓦会议在5月12日如期举行。⑤

不过，5月12日，由于作为会议两主席的苏联与英国代表团团长葛罗米柯与霍姆关于老挝的代表之争，阻碍了日内瓦会议的如期举行。葛罗米柯要求梭发那的中立派代表、富米—文翁集团和巴特寮的政治代表——“老挝爱国战线”都应该坐到谈判桌前，因为这三方都参加了在纳门的停战谈判。考虑到这样会否定富米政府的合法性，霍姆建议在谈判桌前摆上一把空椅子，当涉及老挝三方势力中的任何一方时再将其召进，进行讨论。结果双方的争论没能达成一致。在与腊斯克和法国外交

① Lewis Gould ed, *Documentary History of the John F. Kennedy Presidency*, Bethesda, MD: LexisNexis, 2005, p. 228.

② *FRUS*, 1961 - 1963, Laos Crisis, Vol. XXIV, Washington, DC: United States Government Printing Office, 1994, p. 186.

③ Arthur J. Dommen, *Conflict in Laos: the Politics of Neutralization*, New York: Praeger, 1971, p. 206.

④ Ibid., p. 207.

⑤ Roger Warner, *Back Fire: The CIA's Secret War in Laos and Its Links to The Vietnam War*, New York: Simon & Schuster, 1995, pp. 64 - 67. 中情局对苗族武装支持的开始，见 p. 55.

部部长德姆维尔磋商之后，霍姆告诉葛罗米柯，希望会议延期至 5 月 16 日召开。霍姆强调，利用这个间隙，可以以拖延时间的方式使抗议苏联建议的泰国、南越和老挝王国政府的代表到达会场，并使代表席位问题得到讨论。①

5 月 13 日，腊斯克与葛罗米柯围绕老挝代表席位问题进行了一次会谈。葛罗米柯强调，苏联提出的关于老挝代表席位的立场是唯一正确选择，因为老挝三方势力在纳门的讨论中并没有组建成一个联合政府，所以无法派出一个“唯一的代表”。腊斯克表示可以做出一定的让步，美国将允许老挝爱国战线的代表在会议进行时发言，但拒绝其作为合法的代表。腊斯克建议按照霍姆的提议不给老挝三方代表留参会的固定席位，所有三方代表只是以“观察员”的身份参会，并且只有在需要时才参加进来。然而，葛罗米柯仍然坚持其“三方代表席位”的立场。对此，腊斯克向华盛顿进行了汇报，指出葛罗米柯在这个问题上态度非常“强硬”，已经“明确地拒绝”同意老挝三方代表以“观察员”身份参会的提议。腊斯克说到，葛罗米柯的表现似乎表明他已经坐在了日内瓦会议“驾驶员的座位上”。②

这种僵持的局面引起了苏联与中国的公开抗议，双方都认为是美国在有意妨碍日内瓦和平谈判的正常进程。面对苏联和中国的指责，肯尼迪政府在这个问题上做出了让步。5 月 15 日，腊斯克通知霍姆，美国将“以与会国各自的名义”而不是以“代表团的名义”接受老挝三方势力代表参会，即参加日内瓦会议的每一个国家都可以提出自己关于参会的老挝代表，也就是说美国可以提议老挝王国政府是日内瓦会议的正式代表，其他国家也可以提议梭发那或巴特寮是日内瓦会议的正式代表。随后，葛罗米柯表示同意美国的这个提议。尽管只是在用词上进行了处理，最

---

① *FRUS*, 1961－1963, Laos Crisis, Vol. XXIV, Washington, DC: United States Government Printing Office, 1994, pp. 190－191. 泰国、南越和 RLG 代表拖延参加日内瓦会议的原因是“不满意日内瓦代表席位问题和不相信停火实现的问题”，具体见 *International Conference on the settlement of the Laotian question* 1961－1962, Canberra: Department of International Relations Research School of Pacific Studies the Australian National University, 1962, p. 9。

② *FRUS*, 1961－1963, Laos Crisis, Vol. XXIV, Washington, DC: United States Government Printing Office, 1994, pp. 191－193; ibid., pp. 193－195.

终使得老挝爱国战线和中立主义者与老挝王国政府一起出现在谈判桌前。① 英国与苏联以其日内瓦会议联合主席的身份表示，会议将在 5 月 16 日召开。不过，老挝王国政府表示坚决反对，认为老挝政府是参会的唯一合法代表，也没有符合身份的“观察员”可代表老挝参会。② 第二天，富米更是对美国的这些行为进行了公开指责。③ 尽管如此，通过日内瓦国际会议解决老挝问题已是大势所趋。

在克服了种种困难之后，解决老挝问题的扩大的日内瓦国际会议于 5 月 16 日在万国宫正式开幕。参加会议的有柬埔寨、缅甸、北越、中国、印度、波兰、苏联、美国、英国、法国、加拿大等国家代表团，另外有梭发那·富马和巴特寮代表共 13 个代表团参加。文翁政府的代表因为不满美国在老挝代表席位问题上的让步而拒绝出席会议。④ “在日内瓦召开的有关老挝问题的第二次国际会议，与其说是解决老挝内部的分歧，还不如说是公开讨论各国之间的不满。因此文翁代表团一时没有出席会议也无关紧要。”⑤

从肯尼迪上台以来解决老挝问题的决策过程来看，其与艾森豪威尔政府时期相比有了较大的转变。一方面，肯尼迪政府根据国际形势的发展与变化不断地研究并调整美国对老挝的政策，“顺应新的潮流而采取了新的尝试”⑥，并最终同意通过召开国际会议的方式以政治手段解决老挝危机。另一方面，继续延续前任政府对老挝保守势力支持的立场，即使在文翁政府的表现并不好的情况下，仍然采取一定的军事行动以示美国的决心与态度。诚如阿瑟·施莱辛格所总结的那样，“1961 年的老挝危机

---

① *FRUS*, 1961 - 1963, Laos Crisis, Vol. XXIV, Washington, DC: United States Government Printing Office, 1994, p. 197.

② Arthur J. Dommen, *Conflict in Laos: the Politics of Neutralization*, New York: Praeger, 1971, p. 209; *FRUS*, 1961 - 1963, Laos Crisis, Vol. XXIV, Washington, DC: United States Government Printing Office, 1994, p. 197.

③ *FRUS*, 1961 - 1963, Laos Crisis, Vol. XXIV, Washington, DC: United States Government Printing Office, 1994, pp. 198 - 199.

④ Martin E. Goldstein, *American Policy Toward Laos*, Rutherford: Fairleigh Dickinson University Press, 1973, pp. 247 - 248.

⑤ [英] 瓦特编著:《国际事务概览 1961 年》，于树生等译，上海译文出版社 1988 年版，第 442 页。

⑥ 资中筠:《战后美国外交史》，世界知识出版社 1994 年版，第 267 页。

在某些方面似乎有些是1962年古巴导弹危机的一次彩排”，他们都在某种程度上体现了“战争边缘政策”。[①]

日内瓦会议召开伊始，苏联和美国代表便展开了针锋相对的争夺。腊斯克在5月17日举行的第二次全体会议上提出了美国的基本政策。腊斯克首先提出，保证实现一个“真正中立老挝”的关键在于“实现真正的停火”，为此，应该从老挝撤出所有外国军事人员（1954年日内瓦协议规定的法国驻军除外），并停止向老挝输入外国军事设施。为实现这些目标，腊斯克强调，国际监督委员会必须可以不受限制地来往于全国各地，而无须取得任何国家或地方的官员的同意。国际监督委员会必须拥有自己足以执行任务的交通和通信设备，这些设备必须随时准备好并且只听从于监督机构的命令。国际监督委员会必须能够对来自任何负责方面的指控采取行动，这些负责方面包括监督机构本身的人员、老挝的军政负责官员、老挝邻国和参加这次会议的各国政府。考虑到国际监督委员会中波兰代表的社会主义国家身份，担心其很可能会尽其所能阻止国际监督委员会的活动，腊斯克建议，国际监督委员会“应该采取多数票通过制，而不是一票否决制”的原则，但是可以保留多数意见和少数意见各自提出不同报告的权利，国际监督委员会不应因否决权而瘫痪。[②] 美国的这一立场成为贯穿日内瓦会议始终的难题。

随即，葛罗米柯便提出了苏联的中立宣言草案作为回应。葛罗米柯强调，老挝问题应该“从国内和国际两个方面”来看。老挝国内问题应该“由作为主权国家的老挝政府自行解决，其他国家无权干涉”，日内瓦会议应该着重“从国际方面解决老挝危机”，“这两者之间应该划清界限”。[③] 针对美国关于国际监督委员会权限的提案，葛罗米柯提出，“国际监督委员会应该根据老挝交战双方的共同请求，对老挝的停火情况进行监督和检查，严格遵守老挝三方政治力量签订停火协议，在与老挝现政府合作的情况下开展工作”，并且“国际监督委员会要接受1954年日内

---

① Arthur S. Schlesinger, *A Thousand Days: John F. Kennedy in The White House*, Boston: Houghton Mifflin, 1965, p. 318.

② *International Conference on the Settlement of the Laotian Question 1961 - 62*, pp. 42 - 43. 腊斯克还提出向老挝提供一个广泛的技术和经济援助计划。Ibid., p. 43.

③ *International Conference on the Settlement of the Laotian Question 1961 - 62*, p. 44.

瓦会议两主席的共同领导与监督”。同时，“国际监督委员会负责监督与检查外国军队和军事人员的撤离”。最重要的一点在于，“国际监督委员会除了有关属于程序性的问题由多数票决定通过以外，其他一切决议必须采取全体一致的原则”①。

虽然在会场上针锋相对，但是美苏两国并没有放弃通过沟通寻求老挝问题的解决。当天晚上，腊斯克便与葛罗米柯进行了一次私人会谈。在这次会谈中，双方除了进一步探讨国际监督委员会的权限问题以外，还讨论了其他几个仍然存在并可能影响会谈正常进行的问题。首先，腊斯克指出“国际监督委员会在其报告中没有提到的在帕东仍然进行的实质战斗，这将导致形势恶化，并影响谈判进程”。其次，腊斯克认为国际监督委员会的工作开展程序应该修改，原来“必须经过交战双方同时申请国际监督委员会进行的调查，相当于不会进行任何调查”。葛罗米柯对此表示坚决拒绝，并提醒腊斯克不要“在放大镜下看问题”，这样会导致问题复杂化。再次，腊斯克指责了葛罗米柯在老挝代表问题上的“顽固”，认为这会影响美苏关系改善的进程。而葛罗米柯则强调，“巴特寮是老挝政治舞台上的主角”。最后，双方在“苏联对老挝的空运虽然减少但却没有停止”“国民党的残部仍然没有完全撤出老挝”等问题上也进行了交涉。腊斯克在向华盛顿的汇报中指出这次会谈比5月13日与葛罗米柯的会谈“在某种程度上是放松且非正式的”，但“对于所希望的事有着重要的意义”。②

美国的人员调整也在一定程度上推动了日内瓦会议的发展。5月20日，肯尼迪命令无任所大使哈里曼代替腊斯克作为美国参加日内瓦会议代表团团长。一方面，腊斯克对在老挝冲突问题上达成一个满意协议的希望持越来越悲观的态度。在腊斯克向哈里曼转交代表团领导权前，腊斯克在给肯尼迪的报告中指出了当前需要面对的三个问题。首先，强化老挝停火的问题。在这一点上，西方国家已经取得了一致。不过，以苏联为首的共产党国家则会制造障碍，同时通过不断的军事胜利来向日内

① *International Conference on the Settlement of the Laotian Question 1961 - 62*, pp. 46 - 47.

② *FRUS*, 1961 - 1963, Laos Crisis, Vol. XXIV, Washington, DC: United States Government Printing Office, 1994, pp. 200 - 202.

瓦会议施加压力。其次，在老挝建立长期而广泛的监督与控制机制的目标会遭到苏联拒绝。最后，正在纳门进行谈判的老挝三方代表似乎要建立一个包括巴特寮代表在内的联合政府，这将导致日内瓦协议会“没有意义或甚至是一种欺骗行为”。因此，腊斯克预言“这次会议不会产生一个可以接受的协议”。另一方面，哈里曼有着丰富的与苏联打交道的经验，曾任驻苏联大使，并与赫鲁晓夫交往较多。肯尼迪决定派哈里曼任代表团团长，反映了美国政府要在日内瓦实现谈判解决的决心。早已在老挝等候哈里曼的兰尼兹尔将军见到哈里曼以后，立即劝说哈里曼与其一起致电美国政府要求派遣小规模的美军进入老挝。但是，“哈里曼并不是一个传统的冷战斗士。到达东南亚以后的哈里曼便确定了通过政治途径解决老挝问题的立场”①。与肯尼迪相同的是，哈里曼相信赫鲁晓夫真正希望出现奥地利一样的中立的老挝，并能够与美国合作实现这个目标。② 对于具体谈判过程中的许多细节问题，“哈里曼更是将国务院视为一个服务性部门而非决策性机构，并直接向肯尼迪进行汇报”③。后来的事实证明，哈里曼对于通过政治途径解决老挝问题起到了相当大的作用。诚如希尔斯曼所说的那样：“从那个时候开始，哈里曼在日内瓦的建议便是政府的决定。”④

可是，老挝的局势并没有完全按照美国的设想而发展。首先，自从5月初老挝交战双方宣布停火以后，文翁政府并没有停止向巴特寮控制地区空投部队的行动，巴特寮与贡勒军队一直以战斗的方式抵制富米军队的这种行为。在美国对巴特寮进行指责的同时，参加日内瓦会议的巴特寮代表富米·冯维希则针锋相对地反驳了美国的指控纯粹是一种诽谤，并谴责真正的挑衅活动是文翁政府方面挑起的，直接造成了5月25日至31日休会的局面。其次，老挝王国政府派代表前往纳门参加三方会谈的

① Walter Isaacson and Evan Thomas, *The Wise Men: Six Friends and the World They Made*, New York: Simon & Schuster, 1986, p. 607.

② Norman B. Hannah, *The Key to Failure: Laos and the Vietnam War*, Lanham, MD: Madison Books, 1987, p. 37.

③ James N. Giglio, *The Presidency of John F. Kennedy*, Lawrence: University Press of Kansas, 1991, p. 68.

④ Roger Hilsman, *To Move A Nation: the Politics of Foreign Policy in The Administration of John F. Kennedy*, Garden City, NY: Doubleday, 1967, p. 135.

时候，表达了其对美国与西方国家的不满。老挝王国政府认为，缺少强大的西方国家的一致支持，使其不得不在巴特寮军事压力下参加纳门会谈，而这注定了参加会谈的老挝王国政府代表在谈判中处于弱势地位。在老挝王国政府代表到达纳门的时候，巴特寮与梭发那的代表表现出一种“征服者与被征服者”进行交谈的气势。而事实上，富米也没有真正地想通过纳门的三方会谈解决老挝问题，因为富米并没有给予其代表多大的权限，致使在许多问题上老挝王国政府的代表都表示“要向富米请示”。[①] 最后，正当哈里曼来到日内瓦接任代表团团长开始考虑违背停火协议行为的时候，苗族武装与北越—巴特寮的部队仍然在帕东交战，这在某种程度上支持了西方代表与老挝王国政府（还没有将其代表派往日内瓦）立即实现停火的要求。然而，巴特寮军队拒绝允许国际监督委员会检查组进入“解放区”去调查违反停火的行为。共产党国家的会议代表坚持采取苏联对于中立问题的宣言草案。由于不确定其责任与权限，国际监督委员会要求会议的联合主席给予另外的指示。[②]

5 月 24 日，英国代表团提出，命令国际监督委员会立即对“实质上违反停火”的地点进行调查。苏联外交部副部长普希金（葛罗米柯离任后苏联代表团团长）强调国际监督委员会最初的职责已经完成得较好，拒绝考虑此事。[③] 根据 5 月 25 日的情报显示，巴特寮一直没有放弃对位于查尔平原西南的帕东地区苗族武装根据地的炮轰。[④] 5 月 27 日，哈里曼在给国务院的报告中指出，这足以证明苏联在老挝再次使用了“拖延战术”。而且他认为，苏联已经在美苏双方的较量中占据了先机，因为莫斯科已经达到了在老挝实现停火前使美国参加这次会议的目的，这是肯尼

---

① *FRUS*, 1961 - 1963, Laos Crisis, Vol. XXIV, Washington, DC: United States Government Printing Office, 1994, p. 204.

② Martin E. Goldstein, *American Policy Toward Laos*, Rutherford: Fairleigh Dickinson University Press, 1973, pp. 207 - 208.

③ *International Conference on the settlement of the Laotian question* 1961 - 1962, Canberra: Department of International Relations Research School of Pacific Studies the Australian National University, 1962, p. 57. 英国的建议见 FRUS, 1961 - 1963, Laos Crisis, Vol. XXIV, Washington, DC: United States Government Printing Office, 1994, p. 206, n. 1.

④ DDRS, CK3100494504.

迪政府“最初拒绝接受的”。[①] 哈里曼认为老挝停火与国际监督委员会的工作权限问题是当务之急，他准备与英国一起向苏联施压。而同时，英国首相麦克米伦给肯尼迪的信中也明确表达了这个认识。麦克米伦指出，苏联与中国一直坚持国际监督委员会“只有在交战双方同意的情况下，才能对违背停火或其他问题的指责进行调查”，共产党强调的是“全体一致”原则下的国际监督委员会。麦克米伦要求肯尼迪在与赫鲁晓夫进行会谈时强调这个问题。麦克米伦表示无论与苏联的谈判多么艰难，日内瓦会议的谈判都会坚持到肯尼迪与赫鲁晓夫会谈结束。[②] 肯尼迪随即在复信中对于英国在这个问题上的积极表现给予了肯定。肯尼迪在信中表示，国际监督委员会问题是“关键”，而且不能回避，否则将对泰国和越南产生负面影响。肯尼迪也强调，无论如何，“此时”西方代表不能撤出日内瓦会议。[③]

三　美苏维也纳峰会

肯尼迪打破日内瓦僵局的决定表明了在老挝冷战紧张氛围的松弛。[④] 美苏两国之间进一步缓和的希望也在 5 月 16 日得到加强。就在日内瓦会议即将开幕的时候，梅尼希科夫大使拜见肯尼迪，并递交了一份赫鲁晓夫的信件。这封信是对肯尼迪 2 月 22 日请求进行峰会的首次官方正式答复。[⑤] 赫鲁晓夫在信中表示，希望“在苏美关系方面建立和扩大谅解之桥”，将正式接受肯尼迪 6 月 3 日或 4 日在维也纳进行一次私人会晤的邀请。这封信提出三个需要注意的“问题”，分别是老挝、裁军与“西柏林问题”。关于老挝，信里要求美苏双方相互克制，以免冲突的“扩大”。为强调实现和平谈判的必要，赫鲁晓夫在信中建议，如果在日内瓦的“全部与会者表现出建立一个真正中立的老挝的真实愿望”，那么在维也

---

① *FRUS*, 1961 - 1963, Laos Crisis, Vol. XXIV, Washington, DC: United States Government Printing Office, 1994, p. 209.

② Ibid., pp. 210 - 211.

③ Ibid., pp. 211 - 212.

④ Edward J. Marolda and Oscar P. Fitzgerald, *The United States Navy and The Vietnam Conflict, 1959 - 1965*, Washington, DC: United States Government Printing Office, 1986, p. 74.

⑤ DDRS, CK3100432836.

纳峰会上解决这个问题将成为一种现实。[①]

由于一直怀疑与赫鲁晓夫会谈的前景，肯尼迪告诉梅尼希科夫，他还没有决定峰会是否应该如期举行。肯尼迪还明确表示，双方都应该避免公开声明有希望在日内瓦“关于老挝或禁止核试验方面达成一致”。肯尼迪解释到，因为到6月初，在这两个问题上达成任何协议都是“值得怀疑的”，所以不要增加“对精确的结果产生错误的期盼”。因此，最好是强调这个峰会只是“提供一个一般性地交换彼此观点的机会”。由于不确定对他自己的建议是否能够得到支持，肯尼迪告诉梅尼希科夫“在给出最终答复之前”，他要与腊斯克进行磋商。[②] 腊斯克在日内瓦汇报说，会议形势从美苏关系的角度看“并不乐观”，但建议肯尼迪应该“参加”峰会。肯尼迪5月18日宣布打算在6月3日至4日的时候与赫鲁晓夫在维也纳进行一次峰会。[③]

虽然日内瓦会议召开后出现了一些不尽如人意的情况，但并没有影响肯尼迪与赫鲁晓夫进行峰会的信心。罗伯特·肯尼迪在5月21日与波尔沙科夫的会面伊始就指出，“改善美苏关系是肯尼迪政府的首要工作”，对于即将召开的维也纳会议，总统对他的秘密渠道“寄予很高期望”。罗伯特·肯尼迪还告诉波尔沙科夫，总统愿意与赫鲁晓夫就老挝的中立继续努力，但是没有对苏联在日内瓦的不妥协和巴特寮在帕东的进攻进行抗议。[④] “美国认为苏联非常重要，苏联与巴特寮有着密切联系，同时又是日内瓦会议的两主席之一，这种身份有助于与巴特寮沟通解决老挝的停火问题。”[⑤] 5月26日，空军部长尤金·朱科特（Eugene Zuckert）的建议更加肯定了肯尼迪与赫鲁晓夫进行和谈的信心。朱科特认为，现在考

---

① *FRUS*, 1961 - 1963, Kennedy-Khrushchev Exchanges, Vol. VI, Washington, DC: United States Government Printing Office, 1996, p. 20.

② DDRS, CK3100432836 - CK3100432836.

③ *FRUS*, 1961 - 1963, Soviet Union, Vol. V, Washington, DC: United States Government Printing Office, 1998, p. 137. 第二天公开了这个计划，见 U. S. Department of State, *American Foreign Policy: Current Documents* 1961, Washington, D. C.: Government Printing Office, 1965, pp. 569 - 570.

④ Aleksandr Fursenko and Timothy Naftali, "*One Hell of a Gamble*": *Khrushchev, Castro, and Kennedy, 1958 - 1964*, New York: W. W. Norton & Co., 1997, p. 122.

⑤ DDRS, CK3100358531 - CK3100358532.

虑对老挝进行军事干涉已经太晚，应该通过政治手段解决问题。[①]

在肯尼迪动身前往维也纳之前，哈里曼提出了他的建议。哈里曼强调，在老挝的首要问题是实现停火，否则，日内瓦会议将不会取得任何进展。他建议肯尼迪在与赫鲁晓夫交谈的时候应把握如下五个方面：第一，老挝不应该与任何一方结盟；这牵涉双方的军事撤退——包括越盟和中国共产党；第二，老挝不能为任何一方所利用；第三，老挝必须由真正追求中立的人领导，不能落入倾向于共产党或美国利益的人手中，这点应该向老挝的各派势力说明；第四，必须建立能够互相确保的机制；第五，当务之急是解决停火问题。[②]

5 月 31 日，肯尼迪在从巴黎转道维也纳的途中与戴高乐总统谈论了老挝问题，不过没能得到法国的完全支持。法国在实现“老挝中立”方面的目标与美国一致，但是在具体做法上并非完全支持美国。戴高乐指出，老挝的这种形势是由美国一手造成的，“是美国在老挝的干预引起了苏联的干预”。由于“苏联在老挝的宣传，以及扶植目标等方面做得较好”，所以“斗争结果必然是苏联占有优势”。戴高乐表示，无论情况怎样，“法国不会介入老挝”。同时，他建议应该由梭发那带头组建一个联合政府，这将是一个“基本中立的政府”。他认为，在老挝的这个政府中可包括共产党的代表，但并不会出现“全部是共产党”的局面。这样，西方国家就可以按照 1954 年日内瓦协议的有关规定来恢复老挝的秩序。肯尼迪指出，虽然梭发那不是最好的选择，但可能“是最佳的解决方案”。肯尼迪表示他一直“非常不愿意”干涉老挝，但坦承美国现在已经无法抽身。现在美国面临的主要问题是根据《东南亚集体防御条约》，美国要承担相应的义务。美国的声誉已经与老挝的冲突“联系在一起”，所以一个共产党在老挝的胜利将会对远东和印度、巴基斯坦、伊朗和土耳其产生“严重影响”。[③] 肯尼迪的言外之意是美国的信用正在面临考验，而且他也清楚老挝问题不会通过军事手段得以解决。虽然肯尼迪相信只

---

① DDRS，CK3100019953.

② *FRUS*，1961 - 1963，Laos Crisis，Vol. XXIV，Washington，DC：United States Government Printing Office，1994，p. 224 - 225.

③ Ibid.，pp. 215 - 216.

要巴特寮能够继续保持军事优势，那么“苏联就没有进行干涉的必要”，不过他仍然强调“东南亚条约组织”必须保持进行军事干涉的威胁，这样才可以保证实现一个有利于美国谈判的目标。因此，肯尼迪告诉戴高乐，现在的主要问题“是如何以最好的可能方式从老挝脱身”。在肯尼迪看来，要实现这个目标，正在日内瓦的西方代表团的任务应主要集中于两个方面：一方面是加强国际监督委员会的作用，这不仅是为现在，更是为了以后；另一方面是确保实现国际监督委员会放弃“全体一致原则”的目标，这是长期进行监督和控制的中心问题。肯尼迪认为，没有一个强力的国际监督委员会，任何政治解决都会留下隐患。①

在回答记者关于建立一个真正老挝的可能性是否取决于“苏联和中国在日内瓦的代表”的问题时，肯尼迪坦承“前景并不乐观”，但保证美国“只要有成功的希望，将一直参加会议到最后”。肯尼迪指出，苏联曾经宣称对“一个中立和独立老挝”的支持，但强调关键问题应该是“对于这些内容恰当并准确的含义上达成一致”。并且，出于谨慎，肯尼迪没有对美苏会在维也纳峰会上对老挝问题产生一个实质的进展做出承诺。②他担心日内瓦会议谈判的失败可能带来可怕的危险。正如当天肯尼迪对《纽约时报》的苏兹伯格（C. L. Sulzberger）所说的那样，由于失误而可能给老挝带来的“内战”将导致美苏的直接对抗。③

肯尼迪期望与赫鲁晓夫进行的这次峰会，可以有助于日内瓦会议取得进展，不过他仍然不明了赫鲁晓夫在老挝的目标。④ 虽然苏联卷入老挝冲突的目标还不确定，但是来自共产党方面的证据显示，苏联领导人是带着努力实现一个中立与独立老挝的愿望前往维也纳的。根据波尔沙科夫与罗伯特·肯尼迪的秘密渠道所得到的信息，莫斯科将老挝看作艾森豪威尔遗留给肯尼迪的问题。苏联领导人积极响应肯尼迪实现老挝中立

---

① *FRUS*, 1961 - 1963, Laos Crisis, Vol. XXIV, Washington, DC: United States Government Printing Office, 1994, pp. 217 - 218.

② *Public Papers of the Presidents of the United States*: *John F. Kennedy*, *1961*, Washington D. C.: Government Pringting Office, 1962, pp. 433 - 436. 下载地址为：http://name.umdl.umich.edu/4730892.1962.001，下载时间为：2010 年 8 月 29 日。

③ C. L. Sulzberger, *The Last of the Giants*, New York: MacMillan, 1970, p. 761.

④ *FRUS*, 1961 - 1963, Laos Crisis, Vol. XXIV, Washington, DC: United States Government Printing Office, 1994, p. 220.

的号召。波尔沙科夫早已得到指示，在维也纳达成一个将老挝从冷战的战场上移出的协议，这有助于日内瓦协议的完成，这次危机的成功解决将是美苏关系正常发展的开始。[①]

莫斯科也对肯尼迪明显准备在东南亚动用军事力量有所警觉。老挝停火前一周，普希金曾经告诉一些共产党国家的外交官，苏联在老挝问题上“尽量避免被迫与美国发生军事对抗”。根据普希金所说，赫鲁晓夫“担心老挝的地方冲突会演变成一场世界大国间的战争”。为防止这种危险的发生，苏联在日内瓦的政策将集中于在“牺牲左派的基础上”向中立主义者“让步”，进而获得一个“政治解决”。尽管赫鲁晓夫倾向于以政治解决老挝问题，但因为“猪湾事件”使其认为肯尼迪是一个“软弱总统”。所以，他打算在维也纳向肯尼迪施加“最大的压力”，希望其能够按照苏联的要求做出让步。[②]

6 月 3 日和 4 日，肯尼迪与赫鲁晓夫在美国驻维也纳大使馆进行了接连两天的会谈。虽然在这次会谈中，肯尼迪首先向赫鲁晓夫反复表示希望两国能够在涉及安全的问题上寻找到合作的途径，赫鲁晓夫也对此表示认同。[③] 但是，两人仍然没能解决在柏林危机与核试验等问题上的分歧，而对于古巴、刚果、中国台湾和其他问题也只是进行了简单的交流。相对而言，老挝危机成为这次会谈中唯一被深入讨论的问题，并且在解决途径上逐渐趋于一致。

在第一天的讨论中，赫鲁晓夫向肯尼迪指出，首先应该得到正视的是美苏两国都在向老挝提供武器，不过更应该清楚的是，由于美国政府对老挝事务的参与，导致了梭发那·富马政府的倒台。赫鲁晓夫接着以中国为例，进一步指出苏联所支持的一方将最终与中国的毛泽东一样取得胜利，而美国的结果将是与其在中国所支持的蒋介石那样彻底失败。如果美国继续在老挝支持腐朽的反动政权，那么将可能发生国际性的干预，尤其是美苏两国之间的直接冲突，这是苏联所不愿意看到的。肯尼

① Aleksandr Fursenko and Timothy Naftali, “*One Hell of a Gamble*”: *Khrushchev*, *Castro*, *and Kennedy*, *1958 - 1964*, New York: W. W. Norton & Co., 1997, pp. 118 - 119.

② Vladislay Zubok and Constantine Pleshakov, *Inside the Kremlin's Cold War*: *From Stalin to Khrushchev*, Cambridge: Harvard University Press, 1996, pp. 236, 242 - 243.

③ DDRS, CK3100307187.

迪承认，“美国在这个地区的政策并不总是很明智”。不过，又接着指出应该“在不影响我们两国各自声望与利益的前提下”，为老挝冲突“找到一个解决方案”。他以缅甸和柬埔寨作为他“中立”和“独立”概念的代表，赫鲁晓夫对此表示同意。[①] 取得了共同的谅解后，肯尼迪强调在日内瓦的下一个任务应该是“如何保证实现停火”，以及“为保证停火建立一个机制”，这样，国际监督委员会就能够对违反停火的行为进行调查。如果国际监督委员会判定错误一方在于“美国所支持的军队”，肯尼迪表示将“承担责任”。肯尼迪说到，一旦国际监督委员会获得权力通过强制手段实现停火，“那么下一步应该是建立一个中立和独立的老挝”。他警告政治手段解决这次冲突的失败将产生可怕的后果。因为现在美苏两国在老挝分别支持不同的势力，“问题是如何既能解决问题又能让双方满意”。赫鲁晓夫对此表示赞同，指出苏联的目标也是实现老挝中立和独立，表示“苏联将尽其所能解决老挝问题”，具体细节留给腊斯克与葛罗米柯商讨。赫鲁晓夫接着强调，苏联不会允许国际监督委员会成为“一个超国家机构来管理老挝”。对于老挝停火的实现，不仅是美苏两国之间的事情，更是需要取得老挝三方势力的一致认可。肯尼迪仍然建议美国与苏联“利用他们对与其有联系势力的影响”，允许国际监督委员会在老挝全境自由出入，“这样国际监督委员会就可以有效发挥其作用”。在这个问题上，赫鲁晓夫只是同意可以对老挝的交战双方发挥他们的各自影响，仍然不同意国际监督委员会成为一个超国家的机构。[②]

第二天，肯尼迪与赫鲁晓夫继续讨论这个问题。肯尼迪首先询问苏联对老挝感兴趣的原因。赫鲁晓夫回答道，“苏联原来对老挝并不感兴趣，但是，因为是美国制造了老挝危机”。肯尼迪随即表示，即使不会对这次峰会中的所有内容都能达成满意的协议，但他相信“在老挝问题上也将会有所收获”。肯尼迪指出，前一天他与赫鲁晓夫在“老挝对于美国或苏联没有战略作用”的认识上已经达成了一致，紧接着下一步应该是保证停火。肯尼迪强调，恢复在老挝的和平“是一件双赢之事”，因为这

---

① *FRUS*, 1961 – 1963, Laos Crisis, Vol. XXIV, Washington, DC: United States Government Printing Office, 1994, pp. 225 – 228.

② Ibid. , pp. 228 – 230.

将允许在老挝建立像缅甸与柬埔寨那样的中立国家。与这个过程相符的，肯尼迪要求赫鲁晓夫与英国一起向国际监督委员会提出新的任务，对老挝交战双方进行检查。肯尼迪相信，“美国希望减少其卷入并希望苏联也有同样的愿望”。保证一个“双方都能支持的”稳定政府，将允许华盛顿和莫斯科“进行其他的事情”。肯尼迪强调，老挝“并不值得使我们卷入如此之深”。①

赫鲁晓夫同意老挝不值得美苏两国发生直接对抗的观点。赫鲁晓夫指出，苏联在老挝并没有承诺义务，苏联现在不会这么做，以后也不会。苏联帮助老挝是应代表老挝唯一合法政府的梭发那·富马请求的结果。而梭发那政府正是被美国支持的力量颠覆的。这是苏联不能承认老挝其他政府的原因所在。苏联不会对老挝产生兴趣，无论是经济上、政治上还是其他方面。美苏两国都没有权力随意干涉别国事务。虽然肯尼迪一再强调老挝问题是前任政府的“遗留问题”，但是赫鲁晓夫毫不客气地指出，肯尼迪批准美国在老挝的军事顾问可以穿上军装，而且他还命令美国的海军在老挝登陆，虽然随即又收回了这个命令。赫鲁晓夫提出，两人不要再讨论此事，应该将腊斯克与葛罗米柯“锁在一个屋子里”来找到解决老挝问题的方法，这样他与肯尼迪就可以马上继续讨论核试验、裁军和德国问题了。肯尼迪要求赫鲁晓夫利用他的影响来使葛罗米柯在停火问题上进行合作，并使国际监督委员会可以完成检验停火的使命。赫鲁晓夫承认“应该实现一个停火”，但强调在日内瓦的“其他问题不应该因为没有停火而耽搁”。他相信“停火问题优先于一切问题，但从根本上要得到老挝三方势力的一致认可，尤其要得到交战双方的同意”②。肯尼迪与赫鲁晓夫在柏林和核试验问题上继续交流，但是肯尼迪离开会议时没有得到关于国际监督委员会权限或全面停火的有力保证。

维也纳峰会没有在核试验与裁军问题上取得进展，相反，实质上埋

---

① *FRUS*, 1961 - 1963, Laos Crisis, Vol. XXIV, Washington, DC: United States Government Printing Office, 1994, pp. 231 - 232.

② Ibid., pp. 232 - 236.

下了美苏在中欧对抗的种子。[①] 尽管如此，美苏两国于 6 月 4 日发表了一个联合公报，宣布两个领导人在老挝问题上达成的协议："总统与主席再次肯定他们对一个中立并独立、由老挝人民自己选择的政府的支持，保证中立与独立的国际协议，共同认识到有效停火的重要性。"[②] 虽然这个联合公报在表面上看来并没有什么实质性的具体内容，但其重要意义在于美苏两国在实现老挝中立与独立的问题上达成了共识，也为日内瓦协议的最后签订奠定了坚实的基础。

在其就任总统的最初 3 个月里，肯尼迪决定老挝危机应该通过外交而不是军事手段解决。根据他的观点，老挝可以作为华盛顿与莫斯科合作的检验案例，并可以铺平双方走向缓和的道路。哈里曼是一个以愿意与莫斯科建立更加合作关系闻名的苏联事务专家，肯尼迪将其任命为美国在日内瓦代表团的团长可以表明，肯尼迪从美苏关系的角度看待巴特寮与老挝王国政府之间的斗争。另外，在 5 月 18 日决定动身前往欧洲参加峰会之前，肯尼迪做出了重要的让步，使老挝问题取得进展成为可能。首先，即使国际监督委员会确认确实存在违背停火协议的行为，肯尼迪还是批准腊斯克参加日内瓦会议的开幕式。其次，他在实质上接受共产党作为老挝的代表参加日内瓦会议。最后，尽管巴特寮占领了帕东以及西方与共产党的代表在强制停火方面存在分歧，但他决定参加峰会。并且，肯尼迪还尽量避免在 5 月份发起任何挑衅性的军事行动。虽然在日内瓦会议进行时，不向泰国或南越派驻美国军队的决定可能削弱了美国的谈判地位，但是也避免了美国与苏联关系的进一步恶化。

所有这些，使日内瓦会议和维也纳峰会得以如期举行。

第二节　第二次日内瓦会议的最初进展与美国的老挝政策

日内瓦会议的召开为解决老挝问题迈出了关键的一步，"虽然会议并

① 肯尼迪与赫鲁晓夫在维也纳关于柏林问题谈判的细节可以参见 Michael Beschloss, *The Crisis Years: Kennedy and Khrushchev, 1960 - 1963*, New York: Harper Collins, 1991, pp. 211 - 220.

② U. S. Department of State, *American Foreign Policy: Current Documents 1961*, p. 574.

不能完全制止战争，但在 1961 年的整个下半年的形势发展却有理由可以假定，老挝政府政治问题的解决将通过谈判而不是通过战争”。这种谈判主要围绕美苏两国展开，“美苏之间的协议是取得解决的必要条件”，“事实上，1961 年老挝问题出现了一个重大变化。在那一年开始时，老挝问题具备了在大国之间引起一场重大冲突的一切因素；而到年底，一个和平解决的办法已经在望了”。[①]

一 美苏在日内瓦会议上的交锋

肯尼迪将《维也纳公报》看作与苏联缓和的重要里程碑。他从维也纳返回后就表达了这些认识。6 月 5 日，肯尼迪与麦克米伦会谈后，美国政府官员宣称，肯尼迪总统已经将老挝作为对赫鲁晓夫峰会认识的“检验案例”，因为美国与苏联在这个问题上的立场比任何其他重要问题都要接近。第二天，肯尼迪便公开表达了他在这个问题上的认识。6 月 6 日，肯尼迪在有国会领导人参加的会议上指出，他与赫鲁晓夫“已经一致认为老挝应该像柬埔寨和缅甸一样中立”，并且共同希望维也纳峰会能够产生“某些可能的结果”。[②]

不过，日内瓦会议谈判的进展并没有立刻“拨云见日”。6 月 5 日，在日内瓦会议休会四天后重新开始的时候，普希金首先热情地赞扬了维也纳峰会，但同时普希金也严厉指责了西方代表只是围绕国际监督委员会问题进行讨论，而不考虑将近三周前苏联的中立草案与撤出外国军队的提议。普希金指责道，美国及其盟友努力给国际监督委员会“无障碍地干涉老挝国内事务创造更大的机会”。第二天，法国代表团又提出一个关于国际监督委员会的建议草案。哈里曼与麦克唐纳德一起表达了对法国建议草案的支持。法国的这个建议草案与苏联的建议针锋相对：它明确提出国际监督委员会应该在老挝王国政府或任何国际监督委员会成员的要求下，可以不受限制地进入老挝全境，这样国际监督委员会的检查

---

① ［英］瓦特编著：《国际事务概览 1962 年》，上海市政协编译工作委员会译，上海译文出版社 1983 年，第 458 页，第 459 页。

② *FRUS*, 1961 - 1963, Soviet Union, Vol. V, Washington, DC: United States Government Printing Office, 1998, p. 232.

小组就可以对违反停火的行为进行调查。[1]

老挝的局势也没有按照肯尼迪与赫鲁晓夫在维也纳所设想的方向顺利发展。6 月 6 日，巴特寮攻占了帕东地区。[2] 一方面，这使得刚刚向其民众通告已经与赫鲁晓夫达成了关于老挝的协议的肯尼迪陷入了窘境。[3] 另一方面又促使在日内瓦的西方代表团要以退会的方式进行抗议。[4] 哈里曼对于这次帕东战役表达了强烈的不满。哈里曼指出，除非真正实现停火，否则美国代表团将拒绝对任何提交的报告进行讨论。哈里曼要求维也纳公报“在日内瓦和老挝迅速地转化为行动”。他要求会议联合主席对国际监督委员会给予“足够的指示”，以及国际监督委员会成员的“全面合作”。[5]

根据维也纳会谈中赫鲁晓夫的提议，哈里曼与普希金开始了频繁的私下接触，商讨解决老挝危机的具体方案。6 月 7 日，哈里曼与普希金进行了第一次私下交流。哈里曼将这次帕东战役看作五周前停火宣言发布以来“最无情的进攻”，并指出美国认为苏联对此负有责任。因此，哈里曼要求普希金向莫斯科转达他的意见，建议赫鲁晓夫应该“马上采取行动”来阻止进一步的违反停火行为，并在安排国际监督委员会对此事的调查方面进行合作。普希金强调，其政府不只是将维也纳公报“当作一纸空文”，并且指出哈里曼所说的只是“一面之词”。根据苏联掌握的情报显示，梭发那的代表早就宣布巴特寮对帕东地区的占有，是老挝王国政府在宣布停火以后不断地向该地区空运士兵制造摩擦的结果。这是一

---

① *International Conference on the settlement of the Laotian question* 1961 – 1962, Canberra: Department of International Relations Research School of Pacific Studies the Australian National University, 1962, pp. 61 – 64.

② *FRUS*, 1961 – 63, Laos Crisis, Vol. XXIV, Washington, DC: United States Government Printing Office, 1994, p. 239.

③ *FRUS*, 1961 – 63, Laos Crisis, Vol. XXIV, Washington, DC: United States Government Printing Office, 1994, p. 239; Michael Beschloss, *The Crisis Years: Kennedy and Khrushchev*, 1960 – 1963, New York: Harper Collins, 1991, p. 231.

④ Marek Thee, *Notes of A Witness: Laos and The Second Indochinese War*, New York: Random House, 1973, p. 114.

⑤ *International Conference on the settlement of the Laotian question* 1961 – 1962, Canberra: Department of International Relations Research School of Pacific Studies the Australian National University, 1962, p. 64.

个“需要双方共同面对的问题”。尽管美苏两国对于这次帕东战役的认识截然相反，但这并没有影响哈里曼与普希金两人关于老挝问题的进一步沟通。哈里曼指出，富米已经同意以停止继续空运士兵的方式接受国际监督委员会的检查，普希金对此表示赞同。哈里曼坚持强调，肯尼迪与赫鲁晓夫已经在维也纳“达成的共识”，即必须允许国际监督委员会发挥其作用。虽然普希金没有对国际监督委员会做出承诺，但是他保证将哈里曼的观点转至莫斯科。① 哈里曼与普希金的这次会谈为日后美苏双方代表的多次单独交流奠定了良好的基础。

虽然肯尼迪政府认为苏联应该对帕东战役负有责任，但是对于既成事实，国务院强调应该以不超过外交部部长的级别来讨论此事，以免“这种公开指责挑战赫鲁晓夫在维也纳公报中表达的良好愿望”，进而造成破坏未来与苏联合作的结果。腊斯克命令哈里曼就此事与英国和法国联合，以搁置日内瓦会议进行的方式向苏联施加压力，直到苏联同意利用其联合主席的身份发挥国际监督委员会的作用时为止。因此，哈里曼需要向葛罗米柯表明的内容是，美国所坚持的是必须实现老挝的有效停火，而不是破坏会议的进行。② 肯尼迪在同一天的白宫会议上，也表达了谨慎的态度，“他不想因为小事破坏日内瓦会议”“在维也纳会议精神还没有传达到老挝交战部队的时候，现在就下结论还为时过早”。③

肯尼迪谨慎避免在帕东陷落问题上与苏联引发冲突的同时，也明确认识到美苏关系的正常改善依赖于老挝危机的成功解决。诚如肯尼迪 6 月 5 日在英国海军部与麦克米伦的会谈中所指出的那样，美国非常看重解决老挝问题的日内瓦会议，如果不能在日内瓦会议取得满意的结果，那么在德国和柏林问题上的谈判也将遭遇困难。④ 肯尼迪在 6 月 8 日的新闻发布会上表达了他的看法。当一个记者询问他是否认为赫鲁晓夫已经

---

① *FRUS*, 1961 - 1963, Laos Crisis, Vol. XXIV, Washington, DC: United States Government Printing Office, 1994, pp. 239 - 241.

② *FRUS*, 1961 - 1963, Laos Crisis, Vol. XXIV, Washington, DC: United States Government Printing Office, 1994, pp. 241 - 242. 腊斯克最初命令驻莫斯科大使汤普森来提出这个声明，但是在汤普森发出这个声明前葛罗米柯已经前往日内瓦了。Ibid, p. 241, n. 2; p. 242, n. 4.

③ DDRS, CK3100325112.

④ DDRS, CK3100165155.

“违背了其在维也纳的承诺”时，他没有对这个问题进行正面回答，而是指出：“我认为我们应该继续留在日内瓦，并且看看是否可以实现一个中立和独立的老挝……如果我们不能在这个问题上达成一致，那么在其他问题上也不可能取得突破。”肯尼迪继续强调，停火对于在日内瓦取得“有成果的”谈判是必要的。不过，关键问题在于肯尼迪想通过老挝冲突的解决来在其他重要问题上取得进展。①

肯尼迪口中的“其他重要问题”明显指向的是柏林问题，因为“这是1959年以来肯尼迪一直公开评论的主要危机”。② 1961年3月初，赫鲁晓夫已经通知汤普森，他想与美国、联邦德国共和国以及民主德国共和国签订一个协议来解决这个问题。虽然赫鲁晓夫保证一个这样的协议将包括之前保证西方向西柏林的通过权，但是这是肯尼迪主要担心的问题，汤普森也曾经强调美国不会同意任何可以导致德国“永久分裂”的合法化的行动。③ 在维也纳峰会期间，赫鲁晓夫告诉肯尼迪，如果在1961年12月前柏林的形势得不到改观，莫斯科将与东德签署单独的和平协议。而且，这样将结束所有西方的“机构、占领权和包括进入柏林的通道”。肯尼迪的回答是，柏林与老挝不同，“是美国最重要的考虑”，但是赫鲁晓夫并未做出让步。④ 事实上，在接下来的几个月中，柏林代替老挝成了逐日关注的危机，占据了肯尼迪的大部分时间和精力。

哈里曼在6月9日与葛罗米柯的会谈中，向其转交了6月7日国务院的备忘录，并指出美国认为一个“有效的”和“经过检验的”停火是日

---

① Harold W. Chase, and Allen H. Lerman, eds., *Kennedy and the Press: The News Conference*, New York: Thomas Y. Crowell, 1965, p. 87.

② 肯尼迪的相关言论见 Allan Nevins, ed., *The Strategy of Peace*, New York: Harper, 1960, p. 212. 1960年总统竞选过程中，他也预言赫鲁晓夫将在1961年在柏林问题上遭遇美国的挑战，见 Arthur S. Schlesinger, *Robert F. Kennedy and His Times*, Boston: Houghton Mifflin, 1978, p. 346.

③ *FRUS*, 1961 - 1963, Laos Crisis, Vol. XXIV, Washington, DC: United States Government Printing Office, 1994, pp. 18 - 20. 2月初，肯尼迪曾经告诉西德的领导人，一个单独的和平协议的签署会影响西方在柏林的权益。

④ *FRUS*, 1961 - 1963, Soviet Union, Vol. V, Washington, DC: United States Government Printing Office, 1998, pp. 216 - 225. 赫鲁晓夫的针锋相对言辞详见 DDRS, CK3100307192 - CK3100307193.

内瓦会议正常进行的前提条件。在美国政府看来，帕东的陷落正是对维也纳协议精神的违背。因此，肯尼迪政府期望苏联与英国在日内瓦的代表能够合作，对国际监督委员会提出新的要求，并号召双方停止敌对行动。哈里曼询问葛罗米柯，如何能“使离轨的火车返回轨道”时，葛罗米柯明确表示，苏联将在老挝问题上与柏林一样不会让步。葛罗米柯接着反问哈里曼，西方国家准备什么时候结束日内瓦的这种“静坐罢工”？葛罗米柯指责帕东战役是“叛乱者”文翁一方挑起的。对于哈里曼要求国际监督委员会进行检查的建议，葛罗米柯再次坚持这应该得到老挝三方势力的认可。①

虽然葛罗米柯没有与英国代表团在加强国际监督委员会的力量方面进行合作，但 6 月 11 日，他与英国霍姆共同发表一个联合主席的声明，再次强调了他们在 4 月 24 日关于停火并号召“相关势力”进行合作的呼吁。第二天，哈里曼赞扬了这个声明，但要求国际监督委员会立即调查帕东事件。他说道，一个经过检验了的停火是在日内瓦“取得进展以及我们必须处理的其他事情的前提”②。葛罗米柯与霍姆的这份宣言，并没有解除谈判桌上的紧张态势。6 月 13 日，葛罗米柯明确表态，苏联不同意法国对于国际监督委员会的建议草案，并指出法国的建议草案将通过使国际监督委员会成为“国中之国”而侵犯老挝的主权。③

赫鲁晓夫在两天后的一个讲话中支持了葛罗米柯的立场。赫鲁晓夫指出，在维也纳峰会开始前，美苏在老挝问题上的合作有“足够基础”，并且他在维也纳与肯尼迪达成了共识。赫鲁晓夫强调，必须允许在没有

---

① *FRUS*, 1961 - 1963, Laos Crisis, Vol. XXIV, Washington, DC: United States Government Printing Office, 1994, p. 242. n. 2.

② *International Conference on the settlement of the Laotian question*1961 - 1962, Canberra: Department of International Relations Research School of Pacific Studies the Australian National University, 1962, pp. 65 - 67. 当天国际监督委员会便提交了其对于这个问题的调查报告。这份报告虽然认为帕东事件是 5 月 3 日发布停火宣言以来“当地最严重的敌对行为”，但是该报告还是指出“一般来说停火还是有效的”。Marek Thee, *Notes of a Witness: Laos and The Second Indochinese War*, New York: Random House, 1973, p. 54.

③ *International Conference on the Settlement of the Laotian Question* 1961 - 1962, Canberra: Department of International Relations Research School of Pacific Studies the Australian National University, 1962, pp. 68 - 70.

外部干涉的情况下，使老挝的“三方政治势力组建一个持独立与中立原则政府”的同时，也承认超级大国的带头责任。他引用了肯尼迪的建议，即华盛顿与莫斯科都应该发挥他们对老挝战斗双方的“影响”，以此作为解决问题的“理智”方法。接下来他强烈指责了美国在老挝的军事存在，美国政府“通过美国的军官与军事顾问”对老挝国内事务进行了“公开的干涉”。赫鲁晓夫号召肯尼迪停止这种“干涉”，并警告其对老挝右翼军队持续的“纵容”，“将产生严重的后果”。他还明确提出反对美国军队在老挝的介入：“那些想尝试这么做的要自己衡量后果。”赫鲁晓夫提醒在日内瓦的西方代表放弃他们通过对违背停火进行指责来确保在谈判桌上“迅速胜利”的想法，这表明了他仍然相信政治解决将是最谨慎的方法。即使赫鲁晓夫在讲话的结尾处保证，“我们应该继续为确保和平解决老挝问题的努力”，但他也反复表明，超级大国在国家利益上的争夺将使这个任务很困难。[①] 赫鲁晓夫的这次讲话突出了美苏对抗的危险。

同一天，哈里曼也公开表达了美国的立场。他再次要求实现全面停火，并要求给予国际监督委员会恢复和平“合理的职权”。另外，哈里曼还建议组建一个工作组来研究苏联和法国的建议草案，这个工作组可以配合并推动谈判的进程。[②] 哈里曼的这个建议表明，他想在老挝问题上取得进展。正如印度代表拉尔（Arthur Lall）后来所评论的那样，这表明美国代表团已经放弃其“停火的不确定性”是开会前主要问题的立场，“现在开始愿意参加谈判”[③]。哈里曼在6月16日给华盛顿的电报中指出，美国在停火问题上的继续抗议以及共产党代表对于给予国际监督委员会新的职责的拒绝都没有什么意义。一旦真正的谈判开始，“我们可以使会议朝有利于我们的方向发展”。他强调，这么做“会带来许多合作，并有时

---

① ［英］瓦特编著：《国际事务概览1961年》，于树生等译，上海译文出版社1988年版，第375—395页。即使这个讲话包含了对抗性的信息，它还表达了明显探索与美国改善关系的愿望。这个讲话号召解决“突出的国际问题”并移除“持久和平道路上以及苏美良好关系中的障碍”。用赫鲁晓夫的话说，苏美关系的正常改善将“对国际形势产生积极的影响”。

② U. S. Department of State, *American Foreign Policy*: *Current Documents* 1961, Washington, D. C.: Government Printing Office, 1965, pp. 1015 - 1016.

③ Arthur Lall, *How Communist China Negotiates*, New York: Columbia University Press, 1968, p. 83.

会自动地消除那些与这种会议不相符的顽固的观念"[①]。

虽然日内瓦会议没有立即组建哈里曼所建议的工作组，但是哈里曼表示他将继续努力。6 月 20 日，他提出 10 条内容作为法国国际监督委员会建议草案的补充，用来加强国际监督委员会长期控制和监督能力的这些条款，比起法国的建议草案，为国际监督委员会检查组提供了更多的"工作中心"，以及对于军事人员、武器装备和军火进入老挝进行更严格的限制。他还建议所有外国军队必须在现在还没有确定的时间内撤离老挝，这要在国际监督委员会对所有外国军队的位置进行确定，并可以监督其撤离后进行。相反，苏联的建议草案只是规定所有外国军队应该在谈判完成后 30 天内实现撤离，这带来的将是没有监督和证明的撤离。如果会议采纳了美国代表的补充条款，那么将停止外国军队在老挝的介入(除了 1954 年日内瓦会议允许的法国驻军与训练团外)，并确保老挝的独立与中立。[②]

二　老挝局势的发展与美国在日内瓦会议上的多方努力

美国政府在积极寻求与苏联合作解决老挝问题的同时，也在进行着多手准备，以便更好地实现其目标。

6 月 11 日，哈里曼与梭发那·富马进行了一次会谈。哈里曼首先向梭发那表明美国的真正目的在于实现老挝的中立和独立。梭发那表示他的目标也是如此。梭发那认为，"他自己与贡勒以及老挝政府 80% 的成员都是反共的"。至于哈里曼问及的共产党在政治上的压力情况，梭发那表示他将"组织一个大党与老挝爱国战线进行对抗"。不过，梭发那还指出，"苏发努冯与富米·冯维希特以及老挝爱国战线/巴特寮并不是共产主义者，充其量只能算是社会主义者"。在会谈即将结束的时候，哈里曼向梭发那表明，"美国将继续支持老挝现政府，但也接受梭发那作为一个

---

① *FRUS*, 1961 - 1963, Laos Crisis, Vol. XXIV, Washington, DC: United States Government Printing Office, 1994, pp. 247 - 249.

② Arthur Lall, How *Communist China Negotiates*, New York: Columbia University Press, 1968, pp. 141, 218 - 220.

一定会在老挝未来起到重要作用的、有影响的政治人物”[①]。这至少表明，美国开始接受梭发那·富马在老挝政治中的重要地位。

日内瓦会议开始以后，美国国务院曾命令美国驻日内瓦谈判代表团将美国的会议原则通告给美国驻曼谷、西贡和万象的大使，令其促使所在国政府能够更好地支持美国在日内瓦的政策。6月16日，哈里曼在给美国驻泰国大使的电文中概括了美国在日内瓦的基本原则。总体原则上，美国在老挝追求的目标是实现一个有一定安全保证的、独立且中立的老挝。但是在追求这个目标的过程中，美国会遭遇到军事上的挑战。既然已经选择了通过会议解决问题的道路，那么他们必须接受不能每一个问题都寻求完美的结局，除非他们准备选择军事解决问题的道路。[②] 言外之意，在有些问题上是可以做出让步的。另外，也表明此时美国想通过谈判解决问题的打算。至于具体问题，哈里曼认为，在老挝的代表席位问题上是美国做出了一定的让步才使得日内瓦会议得以顺利召开。而在停火和国际监督委员会的问题上，哈里曼则认为是美国的不断努力才取得了一定效果，“我们已经在这个问题上赢得了世界的支持”“相对于一个月前巴特寮进攻的时候，老挝王国政府在谈判中的地位有了很大的改善”。而美国也应该借此机会考虑其他的一些具体问题，如对老挝军事力量的限制、中立宣言以及对老挝的经济援助，等等。[③] 对于哈里曼的这些分析，腊斯克给予了肯定。[④]

6月17日，哈里曼曾向腊斯克单独提出要在日内瓦与中国代表团团长陈毅接触，进行关于老挝问题的讨论。哈里曼强调，中国与苏联关于老挝问题的立场有着“些许不同”。[⑤] 腊斯克在6月23日给哈里曼的答复中表示，现在还不是公开与中国代表团进行接触的时机。腊斯克指出，此时美国主动与中国进行接触，并不能在保密的状态下进行，因为中国会利用这个机会来抬高自己的声望，会将美国主动与中国接触之事公之

---

① *FRUS*, 1961 - 1963, Laos Crisis, Vol. XXIV, Washington, DC: United States Government Printing Office, 1994, pp. 243 - 244.

② Ibid., p. 248.

③ Ibid., pp. 248 - 249.

④ Ibid., p. 249. n. 2.

⑤ Ibid., p. 253. n. 1.

于众。这样，就会在“东南亚条约组织”的亚洲盟友与亚洲的分裂国家中产生消极影响。再加上考虑到此时与中国进行接触能否达到既定目标还是未知数，所以腊斯克要求哈里曼在此事上要谨慎。不过，腊斯克进一步指示哈里曼，可以在日内瓦营造一些与中国关系的良好氛围，如在公开场合对中国采取一种“正确的”态度，甚至可以让斯蒂夫斯制造与中国的大使王炳南“偶然相遇”的机会，进行非正式的接触，以试探中国的态度。[①] 哈里曼随即回复腊斯克，他与夫人以及斯蒂夫斯已经在6月25日晚上的时候，在一个社交场所经过介绍，认识了当时负责美中华沙谈判的王炳南大使。双方并没有谈及实质内容，不过王炳南大使指出，无论是在日内瓦还是在华沙，中美关系都在改善，他希望美国首先采取行动进行实质性的改变。哈里曼还与陈毅握手并寒暄了几句。[②]

日内瓦会议在曲折中进行的时候，老挝的政治局势也有所改善。6月19日，梭发那·富马、苏发努冯和文翁与富米在苏黎世召开会议，讨论统一后老挝政府的构成问题。早在6月14日，在美英两国的代表进行会谈的过程中，霍姆对老挝三方势力将在苏黎世进行的谈判寄予了希望。但腊斯克指出，对于在苏黎世不能达成满意的结果也应该有所考虑。首先，如果在老挝政府的内部安排会导致共产党的全面控制，我们将不能承认这样的中立政府；其次，如果老挝不是真正的中立的政府，我们将不再为其提供援助。换句话说，我们不能在我们并不满意的协议上签字。霍姆则认为，如果老挝内部达成一致，并且老挝国王同意成立这样的政府，我们也没有别的选择，但是我们可以拒绝向其提供援助。霍姆进一步指出，如果日内瓦会议不能达成满意的结果，那么英国和美国将被迫实施《东南亚集体防御条约》计划5。我们还应该使世人明白，是共产党的拒绝合作导致了谈判的破裂。[③]

在苏黎世会谈中，梭发那对文翁和富米的态度表现得比较强硬，“甚至超过了苏发努冯的态度”，而且延续了他与哈里曼会谈中所表现出来的

---

① *FRUS*, 1961－1963, Laos Crisis, Vol. XXIV, Washington, DC: United States Government Printing Office, 1994, pp. 253－254.

② Ibid., p. 254. n. 2.

③ Ibid., pp. 245－247.

那种自认为“他一定会当选首相”的自信状态。对此，哈里曼建议梭发那“（A）按他所说的那样实现中立；（B）明白苏联的真正目的在于控制那些接受他们援助的国家；（C）尽可能多地与非共产党人士接触，并接受这些非共产党人士，以使其摆脱对巴特寮的依赖”。哈里曼进一步指出，“为了使老挝避免为巴特寮完全控制而有实现独立的希望，梭发那必须接受老挝非共产党人士的强烈支持以抵消苏联和其他共产党国家的压力；强大的国际监督委员会是其保证独立的关键”[①]。另外，哈里曼认为，法国与梭发那有着良好的密切关系，应该充分利用这个条件，说服梭发那接受法国在日内瓦的建议草案。英国的麦克唐纳德也赞同哈里曼的这个想法。可是法国的肖维尔（Chauvel）认为，老挝的统一政府成立以后，法国的影响才能发挥作用，哈里曼认为“这太晚了”。[②]

6月23日，老挝三方代表在苏黎世发布了一份联合公报，相对于之前在纳门进行的会谈，取得了较大进展。苏黎世公报通过了关于未来老挝的国内外政策，一致同意通过例外程序组建一个临时政府，不过对于临时政府的构成，还需要进一步谈判。这个临时政府由老挝国王任命，而不是由国民议会生成。临时政府给予老挝人民以充分的民主自由权利，承认1957年的选举法有效，这点是接受巴特寮的政治代表、老挝爱国战线参加老挝政治事务的重要前提。由临时政府指派一个代表团参加日内瓦会议，以解决老挝问题。废除那些所有违反和平与中立的协议与条约，这表明这三个领导人放弃《东南亚集体防御条约》规定扩至对老挝的安全保证的打算。[③] 在负责远东经济事务的副国务卿助理彼得森（Peterson）看来，“文翁和富米在重要问题上做出了让步”[④]。

《苏黎世公报》极大地增加了梭发那返回老挝出任首相的可能性，迫使哈里曼与肯尼迪不得不面对这种现实。6月25日，哈里曼在日内瓦再

---

① *FRUS*, 1961 - 1963, Laos Crisis, Vol. XXIV, Washington, DC: United States Government Printing Office, 1994, p. 250.

② Ibid., p. 251. n. 2.

③ 公报内容见 Arthur J. Dommen, *Conflict in Laos: the Politics of Neutralization*, New York: Praeger, 1971, pp. 425 - 427. 在纳门的谈判见 ibid., pp. 205 - 209.

④ *FRUS*, 1961 - 1963, Laos Crisis, Vol. XXIV, Washington, DC: United States Government Printing Office, 1994, p. 257.

次约见了梭发那，美国政府再次努力争取使梭发那重回美国的怀抱。在这次会谈中，梭发那表示他不想在即将成立的政府中有军方人士，只要富米辞掉军职，那么他可以接受富米加入新政府。对于老挝的各派军事力量，梭发那指出，他想将三方的军事力量整合到一起，组建一支号令统一的部队，而且政府也可将多余的部队进行复员。对于哈里曼强调国际监督委员会作用的提议，梭发那指出，1958 年，是他让国际监督委员会离境的，此时他也希望国际监督委员会可以重新开始工作，但国际监督委员会的活动必须听从于老挝政府的安排。国际监督委员会的工作人员必须根据万象或老挝政府的要求，对具体地点进行调查。根据 1954 年日内瓦会议的协议，当时可以随意出入老挝全境的国际监督委员会的工作并不令人满意。梭发那还向哈里曼保证，老挝中立政府建立以后，可以终止“越盟从老挝的通过”。但是梭发那还向哈里曼进行了抱怨，他指出，相对于“胡志明小道”而言，他更担心的是与泰国之间的紧张关系。泰国东北部境内 800 万的老挝人民无法重新回归老挝。由于最近以来一直受共产党事件的影响，所以这件事就一直没有被公开提出。一旦老挝的中立政府得以成立，这将成为下一个重要问题。哈里曼并没有马上对此进行回应。梭发那强调，他“在老挝是反对共产主义的”，并且可以接受美国的经济援助。哈里曼告诉华盛顿，相对于以前的情况，梭发那“对于他正面临的困难来说显得更加现实”。① 不过，梭发那拒绝了哈里曼对他访问华盛顿的邀请。由于仍然不满于 4 月份美国官员对他的怠慢，梭发那强调他的日程“太满”，再次拒绝了肯尼迪的邀请。②

虽然《苏黎世公报》表示要使老挝王国摆脱“东南亚条约组织”的保护，但至少其表现出了老挝实现统一的希望。不过，在哈里曼看来，事情并非如此简单。6 月 22 日，哈里曼从日内瓦致电国务院，再次抱怨

① *FRUS*, 1961 – 1963, Laos Crisis, Vol. XXIV, Washington, DC: United States Government Printing Office, 1994, pp. 261 – 263. 梭发那曾经告诉哈里曼，苏发努冯是一个“社会主义者”，而不是一个“共产主义者”，巴特寮将接受一个“柬埔寨似的老挝”。这些言论迫使哈里曼警告华盛顿梭发那“荒谬的自信”。*FRUS*, 1961 – 1963, Laos Crisis, Vol. XXIV, Washington, DC: United States Government Printing Office, 1994, pp. 24 – 244; Ibid, p. 250.

② Bernard Fall, *Anatomy of a Crisis*: *The Laotian Crisis of* 1960 – 1961, New York: Doubleday, 1969, p. 227; *FRUS*, 1961 – 1963, Laos Crisis, Vol. XXIV, Washington, DC: United States Government Printing Office, 1994, p. 265. n. 1.

苏联在停火与国际监督委员会问题上的“不合作”。哈里曼在电文中指出，苏联正“试图削弱和破坏‘有效停火’的意义”。他指出，苏联代表团一直强调必须将仍在共产党后方活动的老挝政府军“清理干净”，并且巴特寮的军队一直拒绝国际监督委员会检查组进入他们的控制区。哈里曼推测符合莫斯科愿望的这些情况会使巴特寮在没有国际监督委员会干涉的情况下，“继续加强和巩固他们的军事地位”。为了避免“使停火成为一个没有意义的闹剧”，哈里曼建议与葛罗米柯或赫鲁晓夫直接联系，以使“苏联取消其这种不良打算”。①

6月26日，肯尼迪与赫鲁晓夫的代表《消息报》（*Izvestia*）记者阿列克谢·阿朱别伊（Aleksei Adzhubei）和波尔沙科夫会谈时，表达了其对苏联“在事实上不合作”的抱怨。而且，在这次会谈中，肯尼迪表达了“美国可以与苏联和平共处”的愿望，并且在柏林引发紧张的问题上提出了一个相互克制的请求。肯尼迪以“没有美国军队进入老挝和古巴”的事实来进一步说明他一直尽力避免与苏联发生冲突。作为回应，阿朱别伊也指出了赫鲁晓夫在这个问题上的谨慎态度，“苏联也没有向老挝派出军队”②。

在苏黎世会谈中，富米的态度比以前有所缓和。在富米看来，自从肯尼迪上台以后，美国似乎一直在对苏联和中国“让步”，这使得富米对美国的立场非常困惑。于是，为了摸清美国的真正意图，文翁和富米于6月27日前往哈里曼处进行了一次会谈。富米指出，在苏黎世谈判中，梭发那与苏发努冯依仗其政治和军事上的实力，态度非常强势，甚至提出未来的政府构成要以2/3对1/3的比例分配双方的职位，还要求终止与非共产党国家的联系。在富米看来，这简直是“放弃中立”。富米进一步强调，他之所以没能在苏黎世与梭发那和苏发努冯进行针锋相对的对抗，其中一个重要原因是他不清楚美国的真正立场。这也是他此行与哈里曼进行会谈的主要目的。在富米看来，梭发那完全受巴特寮控制，未来的

① *FRUS*, 1961 - 1963, Laos Crisis, Vol. XXIV, Washington, DC: United States Government Printing Office, 1994, pp. 251 - 252.

② *FRUS*, 1961 - 1963, Soviet Union, Vol. V, Washington, DC: United States Government Printing Office, 1998, pp. 264 - 266.

老挝政府必定落入巴特寮手中。哈里曼邀请富米前往华盛顿进行进一步的商谈，富米欣然接受。[①] 随即，哈里曼便先于富米返回华盛顿。美国政府态度的转变发生在6月29日的NSC会议上。哈里曼认为“梭发那将很可能成为”下任首相。肯尼迪同意哈里曼的这个认识，并命令美国驻法国大使加文（James Gavin）努力劝说梭发那“访问”美国。[②]

虽然梭发那拒绝了哈里曼的邀请，但是富米如约来到了华盛顿，他意图摸清美国的真实态度。6月29日，富米首先与美国的军方人士进行了会面。富米继续“夸大”北越想在老挝南部的南卡丁实现画线而治的军事企图，要求美国马上向其提供更多的后勤援助，希望美国能够实施“东南亚条约组织”计划。富米还表示，“他的部队在七月底的时候应该比现在的情况有所好转”。对于这种情况，负责国际安全事务的助理国防部部长尼采向国防部部长麦克纳马拉建议，在稍后进行的NSC会议上应该使总统明确：“目前还要继续保持西方国家对日内瓦会议的原则；关键的政治问题是建立一个能够保证老挝独立的联合政府；美国将坚决支持老挝独立，但是现在还不是决定美国是否通过军事手段对富米提供帮助的时候。”[③]

在随后进行的NSC会议上，腊斯克向与会者提出“老挝问题与柏林问题一样都是一个国际问题，美国必须持强硬立场”。兰尼兹尔将军介绍了老挝的军事情况，指出“在停火期间，富米并没有放松对其军队的训练，最近有两个营刚从泰国完成训练”。哈里曼表示，国际监督委员会的谈判结果堪忧。他认为梭发那将很可能成为老挝的首相。肯尼迪对此表示认同，并让腊斯克告诉美国驻法国大使加文邀请正在巴黎访问的梭发那访美。[④] 会议还一致认为，应该向富米表明美国保持老挝独立的信心，至于美国是否出兵对其提供帮助，取决于美国对形势发展的判断，而不是听从富米的一面之词。另外，会议还决定，命令布朗大使能够做到使

---

① *FRUS*, 1961 - 1963, Laos Crisis, Vol. XXIV, Washington, DC: United States Government Printing Office, 1994, pp. 264 - 266.

② DDRS, CK3100021927.

③ *FRUS*, 1961 - 1963, Laos Crisis, Vol. XXIV, Washington, DC: United States Government Printing Office, 1994, pp. 273 - 274.

④ Ibid., pp. 274 - 275.

富米与其进行紧密联系。[1] 这次 NSC 会议上的这些内容，在富米与腊斯克和肯尼迪分别进行的会谈中得到了很好的体现。

6 月 29 日的稍晚些时候，富米又与腊斯克进行了会谈。腊斯克谨慎地避免谈论任何可以促使富米放弃与梭发那合作或者引起老挝冲突扩大的内容。腊斯克首先向富米解释了“美国在老挝采取直接军事行动的困难”：“肯尼迪政府与中苏集团正面临全球性的对抗，老挝问题已经不单纯是老挝自身的问题，已经从属于这种全球性对抗的一部分。”并且认为“一个对老挝的决定，甚至是意味着一个关于第三次世界大战的决定”。他继续说道：“华盛顿或莫斯科的决定关乎老挝的命运。”由此，他拒绝给予富米任何美国军事干涉的保证。同时，他建议富米不要向巴特寮“投降”，或在建立一个联合政府的时候允许国王向巴特寮“过早让步”。富米对腊斯克的言论表示困惑。由于不清楚美国的政策方向，富米告诉腊斯克，“这种模糊态度，他很难做出决定”。腊斯克告诉富米，“美国的这个做法是保护老挝，不想老挝变成坟墓”。而且，为了不使富米丧失信心，腊斯克强调“美国的兴趣不仅仅是老挝，而是整个东南亚，不能因为老挝的事情影响到泰国、柬埔寨和南越。进而，不能因为东南亚事务的失败影响整个世界的形势。美国对世界事务的关注，并不意味着美国会忽视老挝的问题，恰恰相反”[2]。

富米从美国军方和国务院都没有得到“预想中的支持”，于是第二天，他在与肯尼迪的会谈中加大了措辞力度。富米首先表达了对将来可能建立的老挝联合政府的担忧，目前发展趋势下的联合政府将带来的“必定是共产党在老挝的渗透”，他强调“和平手段”不能解决老挝冲突。同时，富米也为自己的失败进行了辩解，强调北越对巴特寮的帮助是他战场失利的主要原因，希望能够得到美国在情况需要时出兵的保证。最后，富米还询问肯尼迪美国是否会支持一个以梭发那为首脑的政府，但是肯尼迪并没有正面回答，而是强调“他将等到中立派领导人和未来内阁各部部长分配完以后再发表意见”。肯尼迪向富米明确了他将保留外交

---

① DDRS, CK3100021927.

② *FRUS*, 1961 - 1963, Laos Crisis, Vol. XXIV, Washington, DC: United States Government Printing Office, 1994, pp. 276 - 282.

的途径解决老挝问题的立场，指出“在老挝我们不能得到想要的每一件事”“因此我们必须根据我们能得到的信息进行最佳的安排”。此时的肯尼迪不愿意向富米给予军事干涉的保证或他可以接受的联合政府具体构成方面的信息。肯尼迪进一步强调，“老挝与柏林是他现在面临的两个主要问题”“美国现在不能匆忙表态，美国政策的未来方向应该取决于日内瓦的谈判以及梭发那、文翁和苏发努冯的讨论结果”。①

包括总统在内的美国政府各部门在与富米会谈时所使用的这种外交辞令实际上表明了老挝从属于美国的全球冷战战略。另外还表明，在必要的时候，美国会牺牲老挝的利益以保全其他更为重要的利益。

美国政府在尽力安抚富米的同时，继续加大外交活动的力度，以更好地实现自己的目标。7 月 2 日，美国国务院命令哈里曼前往巴黎与梭发那进行会谈，指示哈里曼主要弄清梭发那关于中立的真实态度。第二天，哈里曼在巴黎与梭发那进行了会谈。哈里曼主要与梭发那在三方面问题上进行了交流，不过都没能得到后者的认同。哈里曼首先警告梭发那，不要轻易相信苏联，指出他的经验表明赫鲁晓夫与其他小国的交往常常“背信弃义”。但在梭发那看来，是“共产党方面认为西方国家不会接受一个亲共的老挝，同样西方也认为共产党不会容忍一个亲西方的老挝出现”，所以“他们都希望老挝实现中立”。不过，梭发那也表示，虽然“他对共产党方面充满信心”，但是“他也不会轻易相信他们，除非他能够看见事情有一定的结果”。跟以往一样，哈里曼仍然向梭发那强调一个强大的国际监督委员会将有助于老挝实现独立和中立。虽然梭发那也肯定了国际监督委员会能够起到积极作用，但他认为，国际监督委员会应该在人员和物资的配备，如直升机等方面得到加强。而且国际监督委员会也不应该直接派往全国各地，而应该驻扎在万象，根据老挝政府的指示前去调查外国的进犯情况。国际监督委员会不应该擅自行动，否则将

① *FRUS*, 1961 - 1963, Laos Crisis, Vol. XXIV, Washington, DC: United States Government Printing Office, 1994, pp. 283 - 286. 此时关于美国在老挝的军事行动问题肯尼迪想保持其自由。在前一天的 NSC 会议上，肯尼迪与其顾问们“同意今年夏天美国有介入阻止建立一个共产党老挝的理由”，但是“这些理由必须由美国决定而不是富米”。见未归档的这次会议摘要记录，ibid. , p. 275. 这表明富米在得到美国介入的保证后，可能在某种程度上破坏和平进程并使日内瓦会议破裂。这将引起巴特寮的进攻，进而美国有采取军事行动的必要。

是对老挝主权的破坏，所以，梭发那不同意法国的建议。另外，梭发那也认为日内瓦会议联合主席的职责应该仅限于根据形势的发展组织会议的召开，不应该控制国际监督委员会的活动。对于老挝未来的联合政府，哈里曼强调美国的支持取决于中立主义者领导人对其内阁人员所选择的“类型”。梭发那表示明白哈里曼的意思，并表示苏发努冯可能“不会”在新政府中任职，国防部、外交和内政部等关键的部长职位不会给予巴特寮代表。虽然如此，哈里曼在给华盛顿的电报中却指出，梭发那提出的具体内阁候选人显得与巴特寮“相当密切”。① 这也正如迪恩·腊斯克所说的那样，梭发那“明显是苏联的候选人而不是我们的”②。不管怎样，美国政府开始积极与梭发那接触并接受梭发那作为老挝首相候选人，是其政策方向上的一个明显变化。

与此同时，随着日内瓦会议的进行，美国日益感受到应该考虑来自各方面的压力，同时，也继续寻求多种途径以达到其目的。美国驻日内瓦会议的代表也开始增加与中国的交往，而且进展显得比较顺利。7 月 6 日，国务院指示哈里曼，在日内瓦与中国代表团进行“谨慎的接触”，但不要进行具体问题的谈判，这种接触仅限于会议内容。7 月 10 日，斯蒂夫斯在向国务院的汇报中指出，在他与王炳南的另一次简短交谈中，获知中国非常希望会议能够取得进展。王炳南建议，应该首先商讨老挝中立的问题，如果这个简单问题能够得到解决，那么其他难题也会得到解决。③ 美国与苏联的交往也有进展。在得到美国和法国的同意之后，麦克唐纳德于 7 月 8 日向普希金建议，老挝“中立”与“监控”停火的问题每天交替进行讨论，但是普希金不同意这个建议。④ 不过，事隔两天之后，在哈里曼与普希金的一次非正式会晤之中，苏联的态度有所转变。普希金表示仍然不同意麦克唐纳德的建议，但是他认为可以将这两个问题“合二为一”“交替”进行讨论，即“在讨论完中立问题以后，即使

① *FRUS*, 1961 – 1963, Laos Crisis, Vol. XXIV, Washington, DC: United States Government Printing Office, 1994, pp. 286 – 288.

② Dean Rusk, *As I Saw It*, New York: W. W. Norton, 1990, p. 429.

③ *FRUS*, 1961 – 1963, Laos Crisis, Vol. XXIV, Washington, DC: United States Government Printing Office, 1994, p. 289. n. 1.

④ Ibid., p. 295. n. 1.

存在分歧，也先不要讨论解决这个分歧，接着进行讨论的应该是监控停火的问题。这样我们就可以探讨如何解决这两个问题的分歧”。在哈里曼看来，至少苏联的态度有所改变。[①] 在考虑与中国就老挝问题进行谨慎接触之后，美国也开始考虑争取获得印度在国际监督委员会问题上的合作。7月23日，腊斯克指示美国驻印度大使向尼赫鲁表明美国在国际监督委员会问题上的关注，认为印度应该在国际监督委员会问题上做得更好。如果国际监督委员会不能很好地完成其使命，那么将很可能造成日内瓦会议失败的局面。所以，美国希望印度能在实现老挝中立的过程中担当起重要责任。[②]

不过，日内瓦会议召开以及老挝三方势力苏黎世会谈所营造出来的缓和气氛并没有很好地持续下去。7月18日，布朗大使向国务院汇报苏黎世会谈之后老挝政局的情况。在布朗看来，虽然老挝三方势力在苏黎世达成了一些协议，但是当前的形势日益朝向两极化发展。一方面，巴特寮与梭发那坚持梭发那应该担任首相，而且联合政府内大多数职位将由梭发那的支持者和巴特寮的代表担任。并且巴特寮也在物资囤积、军队训练、宣传以及其他巩固其地位方面加强了措施。另一方面，富米从华盛顿返回以后大受鼓舞，认为美国准备向其提供军事支持。他正重新组织军队，并且已经制订了具体的军事计划。富米的军事计划“将在11月份分两个阶段进行。首先，由老挝政府军单独进行战斗。其次，由美军参加的‘东南亚条约组织’部队与其共同作战”。由此，富米打算在与梭发那和苏发努冯的谈判中采取强硬的立场。布朗进一步指出，富米强调梭发那“必定会落入共产党手中”，他真正反对的是梭发那担任首相。[③] 当天晚些时候，国务院就给布朗发回了指示。腊斯克指出，富米明显误解了总统和腊斯克与他谈话的精神，而且从其表现来看，富米在有意识地破坏与梭发那进行的谈判。这样，他可以“有借口”挑起争端，进而引起越盟的反应，美国也将被拖入这场争端中。腊斯克强调指出，他们

① *FRUS*, 1961 - 1963, Laos Crisis, Vol. XXIV, Washington, DC: United States Government Printing Office, 1994, pp. 295 - 296.

② Ibid., pp. 309 - 311.

③ Ibid., pp. 297 - 298.

的初衷是使富米采取强硬的立场，但不是鼓励他草率地采取行动。因此，腊斯克命令布朗应该向富米明确：并没有任何证据可以证明富米所宣称的北越有25—30个营的兵力参加巴特寮战斗。他这样做只能使老挝政府的声明降低信用。虽然他们也承认北越在巴特寮行动中所起的重要作用，但是老挝政府军自身也有问题需要解决，如缺乏训练、缺少领导以及斗志等。此时的富米应该耐心并且诚心地进行谈判，不能采取军事行动，他应该集中精力改善内部管理与提高军队的战斗力，努力赢得广大人民对老挝政府的支持。[①] 后来的事实表明，富米的这种行为恰恰证明了布朗的判断："富米在等待雨季结束以后采取军事行动。"[②]

三　美国在日内瓦会议以外所取得的外交进展

日内瓦会议开始以后，美国在围绕日内瓦会议的开展进行多方努力的同时，也积极寻求和把握有助于老挝危机解决的各种机会。

8月4日至9日，腊斯克与英法两国的外长在巴黎召开会议，讨论柏林问题，期间，也讨论了三国对老挝问题的认识。8月7日，腊斯克发回电报指出，三国一致同意由梭发那担任未来老挝中立政府的首相，法国和美国分别与梭发那和文翁—富米进行了磋商。对于未来老挝中立政府的构成，三国一致认为，不应该给予巴特寮代表或支持巴特寮的梭发那手下以重要的内阁职位，应该突出富米在政府中的重要地位，不应该过早进行选举。对于国际监督委员会，应该给予其监督和控制停火的权限，监督外国军事人员和军事设施撤出老挝，监督外国军事人员和军事设施不再进入老挝，监督老挝的选举。可以根据老挝政府、国际监督委员会或国际监督委员会的任何成员的要求，对老挝的每一个地方进行检查（梭发那·富马私下里表示他可以适当同意这个要求）。国际监督委员会必须有足够的人员与自己的交通和通信设备，以保证其工作的展开，老挝政府必须保证国际监督委员会的安全。对于老挝军队和巴特寮军队，保留一小支忠于中央政府的军队，所有其余部队全部解散，将巴特寮的

---

① *FRUS*, 1961 - 1963, Laos Crisis, Vol. XXIV, Washington, DC: United States Government Printing Office, 1994, pp. 304 - 305.

② Ibid., p. 365.

影响降至最低。对于法国存在的问题，希望梭发那能够在满足法国条件的基础上同意法国的军事存在。①

在这次关于柏林问题的三方会谈上，只是简短地提及了老挝问题是可以理解的，因为柏林危机相对于老挝问题已经占据了肯尼迪的大部分日程。为了应对东德占领西柏林的可能性，肯尼迪已经批准了 32.5 亿美元的额外军费支出，并在 7 月 25 日的电视讲话中要求国会批准 3 倍于往年的征兵，以及号召在役军人继续服役。赫鲁晓夫对此曾公开宣布他要坚持与东德签订一个和平协议。3 天后，赫鲁晓夫警告道，如果帝国主义国家纵容一场战争，苏联将被迫应对西方世界的这种“摧毁性的打击”。②事实上，此时美苏之间在柏林问题上有必要交换一些意见，因为危机似乎接近爆发的边缘。8 月 13 日，赫鲁晓夫通过同意东德封锁柏林东西方之间的分界线而降低大国冲突的危险。几天以后，东德政府就建立了柏林墙这个德国分裂的象征物，这是柏林危机期间美苏关系紧张的一个主要根源。③

与此同时，赫鲁晓夫也明确表示他可以在老挝问题上做出让步。8 月中旬，哈里曼在报告中指出，日内瓦会议已经结束了关于中立宣言的讨论，并刚刚开始起草关于国际监督委员会的文件。哈里曼在给华盛顿的电报中指出，共产党的代表，尤其是苏联代表团，在过去的几天里，令人费解地表现出了一种“不太尖刻的态度”。④ 在万象发生的另外一件事更加反映了这种趋势。8 月 19 日，苏联大使亚历山大·阿布拉莫夫(Aleksandr Abramov)约见了布朗大使。在会谈伊始，阿布拉莫夫就提出“让我们给这个国家带来和平”。他告诉布朗，老挝冲突的“和平解决”，将有助于美国和苏联解决包括柏林在内的全球范围内的所有“难题”。布朗谨慎地强调，美国将坚持一个强大的国际监督委员会，并且要撤出全

---

① *FRUS*, 1961 - 1963, Laos Crisis, Vol. XXIV, Washington, DC: United States Government Printing Office, 1994, pp. 351 - 353.

② Richard Reeves, *President Kennedy: Profile of Power*, New York: Simon & Schuster, 1993, pp. 185 - 208.

③ McGeorge Bundy, *Danger and Survial*: Choices About the Bomb in the First Fifty Years, New York: Random House, 1988, p. 362.

④ *FRUS*, 1961 - 1963, Laos Crisis, Vol. XXIV, Washington, DC: United States Government Printing Office, 1994, pp. 368 - 369.

部外国军队，包括在老挝的“越盟与每一个俄国人”，以此作为任何谈判解决的一部分内容。布朗还强调，华盛顿与莫斯科必须共同研究“中立”的内涵。不过，布朗的报告中指出，在这次会谈中，阿布拉莫夫“流露出殷勤与友好”，并留下了老挝形势“可以很容易地在较小牺牲的情况下解决”的印象。

在日内瓦会议以外，美国更加看重和依赖的是美苏两国的会外秘密接触。贝尔格莱德便是其中的一个重要渠道。应苏联驻贝尔格莱德大使阿列克谢·叶皮舍夫（Aleksei Yepishev）的邀请，美国驻南斯拉夫大使乔治·凯南在8月22日与叶皮舍夫进行了一次会谈。在这次会谈中，凯南与叶皮舍夫都同意以讨论重要的国际问题的方式作为有利于美苏开始合作的一个途径。凯南“明显地感觉”苏联领导人已经批准了这个新的沟通渠道，他告诉叶皮舍夫，美国希望“在一个合理的基础上”解决老挝问题，但强调肯尼迪政府“不能只是将问题局限于巴特寮的军事征服”。因此，凯南询问叶皮舍夫是否莫斯科“对于老挝问题已经有了关于如何不影响双方利益前提下的更有效的解决方法”。叶皮舍夫强调，苏联政府“急切地想解决老挝问题”，并建议他与凯南应该在老挝与柏林问题上开始会谈。即使怀疑苏联在老挝问题上“有多大妥协的可能”，凯南还是告诉肯尼迪，老挝与柏林问题上的联系会产生积极的结果。凯南说道，“如果有证据可以显示柏林问题正在取得进展”，赫鲁晓夫可能会“在老挝问题上缓和他的政策”。

美国政府对于凯南和叶皮舍夫的这次会谈给予了进一步的行动支持。8月30日，凯南接到了他与叶皮舍夫会谈的命令的电报。在这封电报中，腊斯克向凯南明确了美国的立场。首先，美国不会接受与巴特寮联系密切的中立主义者在梭发那即将组建的政府中出现。其次，包括北越军事人员在内的所有在老挝的外国军队必须是“经过证实的撤退”。最后，国际监督委员会必须足够强大，且能够独立阻止任何“破坏”老挝中立的企图。腊斯克告诉凯南，不能简单地将柏林问题与老挝联系在一起考虑，对于这种考虑必须“应该警惕”，凯南不应该向叶皮舍夫表示美国会“以在老挝问题上的让步来换取柏林的让步，因为在两个毫不相干的问题上这是难以想象的”。不过，腊斯克告诉凯南必须清楚的是，“如果我们不能在这个相对简单的老挝冲突的问题上达成一致”，那将很难在“复杂而又僵硬的”柏林问题上“取得任何建设性进展”。他强调，肯尼迪政府认为老挝问题是避免美苏对抗的“恰当场所”。美国政府在这个问题上的考虑是“不是哪一方赢得战争，而是如何避免战争的发生”[①]。美国对于贝尔格莱德渠道所确定的这个立场应该说是比较强硬的，但从整个形势发展来看，这又是比较恰当的。因为首先，无论是凯南还是叶皮舍夫，他们的地位都不足以在老挝问题上做出关键性的决定。其次，在日内瓦无法突破僵局的时候，新渠道的开通无疑会增加良好的氛围，会推动问题的解决。后来的事实证明，贝尔格莱德渠道恰到好处地完成了这个任务。

凯南于9月1日在贝尔格莱德再次会见了叶皮舍夫。叶皮舍夫转达了赫鲁晓夫热心于通过这个新渠道进行信息沟通，并告诉凯南他关于谈话的信息会直接送达赫鲁晓夫。凯南表明了美国的立场，强调国际监督委员会必须有“足够完成任务的交通与通信设备”，并且“必须免受任何可以阻止其发挥作用政府的控制”。凯南还强调了老挝形势的“紧迫性”，坚持这个问题“在再次发生大规模敌对活动之前”解决。叶皮舍夫声称，莫斯科与美国一样都有在“尽可能早的时候”“和平地”解决这个问题的愿望，并随即提出了苏联的要求：“撤出所有外国军队以及军事顾问”“终止相对的供应安排”，建立一个“中立的老挝政府”。他指责“老挝的某些因素”正在阻止那个老挝目标的实现，要求美国通过其“影响”来配合和平的进程。他在会谈结束前向凯南保证，一份关于莫斯科观点的书面陈述将很快送达。

叶皮舍夫第二天便向哈里曼送交了苏联的官方文件。这表明了赫鲁晓夫对凯南—叶皮舍夫渠道的重视。凯南在其给华盛顿概括这份文件（包括老挝与柏林）的电报中指出，关于柏林问题，这部分内容表明只要美国同意给予柏林“自由城市”的地位，赫鲁晓夫可能对保证“无限制地”进入西柏林感兴趣。凯南还指出，叶皮舍夫已经告诉他，他已经“做好准备”向莫斯科传递任何关于柏林的美国的建议。这份文件表明莫斯科对于凯南在老挝立场上的“满意”，要求通过谈判承认老挝的“独立与中立”，并号召美国利用其影响来保证这个目标的实现。根据叶皮舍夫

---

① *FRUS*, 1961 - 1963, Laos Crisis, Vol. XXIV, Washington, DC: United States Government Printing Office, 1994, pp. 400 - 401.

的解释，华盛顿与莫斯科在老挝问题上“显得已没有太大的分歧”。因此，苏联认为继续对话是“有用的”。

9月4日和5日，凯南从贝尔格莱德分别发回两份电报，指出他已经为肯尼迪和赫鲁晓夫与苏联驻南斯拉夫大使叶皮舍夫建立了一条关于柏林和老挝问题的联系渠道。通过交往，凯南认为，苏联希望这个通道成为维也纳峰会的继续，这是一个没有任何约束的双边谈判场所。苏联表示愿意与美国在老挝中立的问题上进行合作，暗示苏联可以向巴特寮施加压力结束对抗，也暗示美国应该对老挝的保守派做相同的工作。[①] 9月5日，腊斯克指示凯南继续保持这种沟通渠道的畅通，但同时也提醒凯南关于苏联解释的两点不足，既没有具体指出苏联是否同意“所有的外国军队和军事顾问”应该撤离老挝，也没有提到以任何监控设施来证明外国军队的撤离。9月6日，凯南就国务院的这些指示中提到的事情与叶皮舍夫进行沟通。叶皮舍夫表示，按照他个人的理解，他相信苏联政府会支持包括北越和中国在内的所有外国军事人员的撤离，但是坦承明确的回答必须等待莫斯科的指令。这次会谈又以另一次不确定性的回答结束了。叶皮舍夫询问凯南，美国是想让国际监督委员会拥有有限的任务，还是在老挝永远存在下去？凯南回答他需要与华盛顿讨论此事。[②]

美苏会外秘密接触的另一个重要渠道是哈里曼与普希金之间的沟通。9月12日，在苏联方面宴请美国代表团后，普希金又邀请哈里曼到二楼他的书房进行了一次两个半小时的单独会谈。这次会谈为最终达成日内瓦协议奠定了基础。普希金告诉哈里曼，莫斯科现在已经准备在一个“中立的”和“独立的”老挝的基础上“完成协议”。在会谈过程中，普希金强烈地表明苏联是真心寻求老挝独立，不仅同意建立梭发那领导下的中立政府，而且支持老挝在选举之后继续走中立主义道路。普希金在答复哈里曼时表示，苏联能够而且准备控制北越的行动，并继续支持梭发那反对巴特寮在政治上或军事上可能进行的攻击。同时，普希金还进一步指出，苏联所指的中立是“美国式的中立”，是“芬兰”那样的中

① *FRUS*, 1961 - 1963, Laos Crisis, Vol. XXIV, Washington, DC: United States Government Printing Office, 1994, p. 402. n. 1.

② Ibid., pp. 402 - 403.

立。普希金强调，“老挝是最后一个实现共产主义的国家”。哈里曼反驳道，“赫鲁晓夫曾经在纽约公开说美国将是最后一个”。普希金接着微笑解释道，“老挝应该是倒数第二个”。正是在这种轻松的氛围中，哈里曼与普希金继续交谈着。普希金强调苏联会“监督”“共产党国家”，来确保执行关于老挝的最后协议。反过来，美国应该对泰国和南越等非共产党国家的违规负责任。普希金强调，“联合主席应该补充完成国际监督委员会的工作，这样才能使国际监督委员会真正起到作用”。①

哈里曼与普希金进一步讨论了外国势力对老挝介入的问题。普希金指出，莫斯科“能够和愿意控制北越”，并且将支持一个梭发那领导下的中立联合政府，帮助其“反对可能来自巴特寮的政治或军事压力”。他还指出，泰国与南越将会给老挝实现这些目标带来困难。哈里曼则指出，苏联方面也有这样的问题，即东德领导人乌布利希（Walter Ulbricht）和“打算利用老挝作为向南越和泰国渗透的”胡志明。尽管存在一些认识上的分歧，但哈里曼与普希金在会谈结束前达成了两方面的共识。首先，他们都认为巴特寮的战斗部队与富米的部队应该整编为一个听命于梭发那的国民军。其次，他们都同意即将成立的联合政府应该由“能够胜任的中立主义者”组成。而且，普希金向哈里曼明确了莫斯科“和平解决”老挝问题的愿望，强调苏联“不管柏林的事态发展如何，都想要老挝问题的解决”。②

虽然 1961 年 9 月 12 日的“哈里曼—普希金”协议“并没有公开也没有成为日内瓦会议官方记录的一部分”，但是这个非正式协议的实质应该写入 1962 年 7 月的日内瓦协议中。③ 哈里曼认识到在没有与美国盟友磋商的情况下达成一个这么重要的协议可能会引起争议，尤其会引起来自“东南亚条约组织”的亚洲成员和南越政府的抗议。在向华盛顿汇报他与普希金这次会谈的电报中，哈里曼要求，“此时不要与外国政府进行

① *FRUS*, 1961 - 1963, Laos Crisis, Vol. XXIV, Washington, DC: United States Government Printing Office, 1994, p. 411.

② Ibid., p. 412.

③ Chester L. Cooper, *The Lost Crusade*: *America in Vietnam*, New York: Dodd, Mead & Co., 1970, p. 190.

关于这次谈话的讨论"①。不管怎样，哈里曼与普希金的这次会谈为日内瓦协议的最后顺利达成奠定了坚实的基础。9 月 18 日，凯南从贝尔格莱德发回电文指出，哈里曼—普希金会谈"充分表明，苏联已经做好准备在相互能够接受的基础上寻求老挝问题的解决"。凯南认为，美苏两国直接的双边联系已经建立，他与苏联大使之间的贝尔格莱德通道已经完成了使命，没有必要再继续存在下去。9 月 19 日，汤普森大使在莫斯科发回的电报中也指出，哈里曼—普希金会谈表明苏联解决老挝问题的愿望，而且苏联强调，中国支持苏联的这个做法。②

哈里曼与普希金的这次非正式会晤也证明了肯尼迪政府与莫斯科想要取得实质性进展的愿望。在接下来的几个月中，老挝还是肯尼迪努力改善与苏联关系的重要筹码。

第三节 美国对老挝政策的调整

随着美苏全球对抗以及老挝形势的发展，美国政府日益将老挝冲突作为与苏联恢复关系的一个重要筹码。哈里曼—普希金协议在恰当的时候为解决老挝冲突建立了进一步谈判的基础。③ 后来的事实表明，哈里曼还利用他与普希金的这种协议作为美苏两国进一步合作的起点，最终达成关于解决危机的互相能够接受的政治协议。此外，在 1961 年 9 月末开始的肯尼迪与赫鲁晓夫之间特殊的私人会晤中，老挝扮演着重要的角色。这些秘密沟通也给肯尼迪与赫鲁晓夫提供了一个探寻解决重要问题和缓解国际紧张形势的机会。

---

① *FRUS*, 1961 - 1963, Laos Crisis, Vol. XXIV, Washington, DC: United States Government Printing Office, 1994, p. 412.

② Ibid., p. 412. n. 1.

③ 在 9 月 18 日从贝尔格莱德发回的电报中，凯南告诉华盛顿，哈里曼—普希金之间的交流是"苏联真正准备好在相互接受的基础上寻求解决老挝问题可喜的证明"，并且没有必要与叶皮舍夫进行关于老挝的进一步会谈。第二天，汤普森注意到哈里曼—普希金会谈坚定了莫斯科想通过谈判解决老挝问题并且表明共产党中国会同意这个协议。见 *FRUS*, 1961 - 1963, Laos Crisis, Vol. XXIV, Washington, DC: United States Government Printing Office, 1994, p. 412.

一　美国对老挝政策调整的原因

帕东战役以后的老挝局势一直比较平稳。根据国际监督委员会的报告显示，老挝的军事形势“相当平静”，不过国际监督委员会的报告还认为这种停火显得“脆弱并不长久”，因为如果交战双方没能达成一个“具体的”停战协议，那么这种停火情况可能“迅速恶化”。①

在华盛顿，柏林危机仍然占据了肯尼迪的大部分时间与精力。赫鲁晓夫威胁要与东德签订单独的协议，并且切断了通往西柏林的通道，这始终烦扰着美国政府。认识到柏林的形势“充满危险”，9 月 13 日，肯尼迪曾经建议国务卿腊斯克与苏联外交部部长葛罗米柯之间进行一次“关于德国问题的严肃会谈”。肯尼迪指出，其目的应该是探讨“缓解紧张局势的建设性措施”。第二天，苏联宣布对此谈判已经做好准备。② 9 月 21 日、27 日和 30 日，腊斯克与葛罗米柯连续进行 3 次会谈，10 月 6 日，肯尼迪又亲自与葛罗米柯进行了一次会谈。不过，这些会谈都没有取得进展。

在日内瓦，谈判的方式也开始发生变化。美国、苏联、英国、中国、法国和印度 6 个最有影响力的国家决定取消全体与会国进行大会讨论的方式。从 9 月中旬开始，这些国家的代表们开始进行私下的集会。更多的是在英国与苏联别墅而较少在万国宫进行的这些会谈，给这 6 个国家提供了尽可能的空间与机会，他们在进餐、喝鸡尾酒和其他社交场合进行着交流。由于是在秘密状态下进行的，这些代表们（从此以“六大国”著称）开始了他们没有其他国家代表参加的对话。“六大国”的会议安排集中于 5 个重要问题：国际监督委员会投票与报告程序；国际监督委员会的权限，特别是是否应该给予国际监督委员会检查组在老挝全境的出入权；外国力量对老挝领土的利用；老挝政府与“东南亚条约组织”的未来关系。即使“六大国”的会议结果仍然按照要求必须提交全体会议

① Marek Thee, *Notes of a Witness: Laos and The Second Indochinese War*, New York: Random House, 1973, p. 54.

② U. S. Department of State, *American Foreign Policy: Current Documents 1961*, Washington, D. C.: Government Printing Office, 1965, pp. 655 - 656.

通过，但正如印度代表拉尔所指出的那样，这种“新办法”成为“讨论老挝问题中的难题时常用的手段”[①]。

形势一方面朝向有利于老挝危机解决的方向发展，另一方面要求尽早解决老挝危机以缓解美苏在柏林危机等问题上的对抗。

在苏联等社会主义国家的坚定支持下，梭发那无论是在战场上还是在国内政治方面的地位都得到了不断的巩固和提高。面对这种情况，8 月末的时候，美国政府决定直接与梭发那就未来老挝的政治情况进行对话，但是一直到 9 月 6 日，梭发那才表示接受美国的建议。哈里曼在缅甸仰光（Rangoon）与梭发那进行了为期 3 天的会谈，于 9 月 18 日向华盛顿汇报了有关情况。哈里曼指出，梭发那已经接受了由美国、英国和法国一个月前所拟定的巴黎计划中的两项内容，即梭发那表示同意法国军队在老挝的继续存在，承认巴特寮和富米的右翼军队必须解散，并同意组建一个统一的国民军。梭发那还做出了两个符合美国利益的承诺。首先，他“有资格承担责任”关闭老挝狭长地带的“通道”，以阻止北越军队向南越的渗透。其次，他向哈里曼保证他愿意在遭到北越入侵时号召“友好国家”的援助，以此作为他努力撤出“东南亚条约组织”协议的补偿。[②] 不过，梭发那与哈里曼在未来老挝联合政府的构成上仍然存在分歧。梭发那建议的内阁由 4 个巴特寮的政治代表老挝爱国战线成员、8 个中立主义者和 4 个右翼分子组成。为了奠定中立政策的坚实基础，梭发那强调其中 6—7 个核心职位必须给予川圹的代表，尤其是国防部与内政部两个职位。哈里曼警告道，除非有 3 个或 4 个不与富米—文翁势力结盟的万象“温和派”政治代表包括进内阁，否则肯尼迪是“不会支持梭发那”的。[③] 非常明显，此时，梭发那的要求与美国政府的希望差距甚远。不管

---

① Arthur Lall, *How Communist China Negotiates*, New York: Columbia University Press, 1968, pp. 129 - 131.

② *FRUS*, 1961 - 1963, Laos Crisis, Vol. XXIV, Washington, DC: United States Government Printing Office, 1994, pp. 419 - 421. 8 月 29 日肯尼迪命令哈里曼直接与梭发那进行会谈，FRUS, 1961 - 1963, Laos Crisis, Vol. XXIV, Washington, DC: United States Government Printing Office, 1994, pp. 399 - 400. 巴黎计划见 *FRUS*, 1961 - 1963, Laos Crisis, Vol. XXIV, Washington, DC: United States Government Printing Office, 1994, pp. 351 - 353.

③ *FRUS*, 1961 - 1963, Laos Crisis, Vol. XXIV, Washington, DC: United States Government Printing Office, 1994, p. 422.

怎样，这次会谈是美国政府接受梭发那的真正开始。哈里曼与梭发那会谈结束以后，美国政府并没有对梭发那的这种“不合作”给予公开的评论。[①]

除了美国政府开始真正考虑接受梭发那以外，老挝国王在 9 月 19 日与哈里曼的交谈中也表示同意由梭发那出任老挝首相，但是必须由老挝三亲王共同提议。[②] 相比较而言，英国在这个问题上走得较远，它直接与梭发那讨论的是未来老挝政府的构成问题。9 月 22 日，英国驻老挝大使阿迪斯（Addis）与梭发那进行会谈，试图说服梭发那扩大其政府构成范围，他提出了一个新的“4—4—4—4”模式，即 4 位巴特寮代表、4 位梭发那或川圹“温和派”的代表、4 位非川圹的“温和派”代表、4 位富米—文翁代表。梭发那对此并没有多大热情，不过他表示，如果国王要求增加 4 个非川圹的代表进入政府，那么他可以考虑这个建议。[③]

与此相对的是，富米在老挝的表现越来越远离美国政府的要求。斯蒂夫斯认为，“富米不愿意接受通过政治手段”解决老挝问题[④]，英国和法国也有着同样的判断。[⑤] 在离开华盛顿前往仰光的时候，哈里曼曾经与美国中央情报局局长艾伦·杜勒斯谈及为这个顽固的右翼将军找一个“代替者”的可能性。[⑥] 9 月 19 日，哈里曼与富米和文翁在琅勃拉邦进行了一次两个小时左右的会谈，结果进一步印证了哈里曼对富米的这种担心。哈里曼首先向富米和文翁指出，在老挝，只有通过“和平谈判解决问题与进行武装斗争”这两种选择。由于肯尼迪倾向于前者，富米和文翁必须停止军事活动的打算，并与梭发那和苏发努冯探讨组建一个联合

---

① *FRUS*, 1961 - 1963, Laos Crisis, Vol. XXIV, Washington, DC: United States Government Printing Office, 1994, p. 420.

② 此时的老挝国王并非完全支持由梭发那担任首相，因为在这次谈话中老挝国王还表示他个人倾向由培·萨那尼空担任老挝的首相。*FRUS*, 1961 - 1963, Laos Crisis, Vol. XXIV, Washington, DC: United States Government Printing Office, 1994, p. 433.

③ *FRUS*, 1961 - 1963, Laos Crisis, Vol. XXIV, Washington, DC: United States Government Printing Office, 1994, p. 434.

④ Ibid., p. 413.

⑤ Ibid., p. 416.

⑥ Rudy Abramson, *Spanning the Century: The Life of W. Averell Harriman, 1891 - 1986*, New York: William Morrow & Co., 1992, p. 586.

政府的有关问题。他还明确指出，肯尼迪不会支持右翼军队发动的进攻。在他看来，富米仍然非常顽固。虽然富米打算第二天向纳门派出一个谈判代表团，但是仍声称他不会对和平进程“产生满意结果抱有希望”。哈里曼认识到富米“不会与梭发那进行认真的谈判”①。他告诉腊斯克，“与富米交往越多，我越不相信现在或以后，他可以完成美国在老挝既定政策与目标的代理人任务”②。事实证明，哈里曼的担心是正确的。9 月 21 日，老挝王国政府在纳门参加谈判的代表将梭发那的名字从首相候选人中划掉了。③

10 月 1 日，美国驻太平洋舰队司令费尔特访问老挝，与富米和文翁进行了一次会谈。哈里曼对此表示担忧，他担心富米会因此放弃与梭发那进行谈判的努力。事实上，富米也在“利用这个机会”向费尔特宣扬自己的实力。富米表示，老挝政府军已经做好发动攻势的准备，富米还向费尔特列举了他拟定的 3 个阶段的军事计划：第一，重新攻取其军队原来的控制地区；第二，在敌占区加强老挝政府打击游击队的作战活动；第三，重新占领敌人的领土。一同出席这次会谈的布朗大使警告富米，“不要在停火期间发动进攻”，费尔特也劝告富米继续加强与梭发那的谈判。会后，富米私下里向费尔特表示，他对梭发那没有信心。④ 对此，国务院指示布朗“以最强硬的措辞向富米传达我们希望他与梭发那·富马进行诚挚的谈判，使富米同意参加三亲王的会谈”⑤。不过，哈里曼表现得比较谨慎，他指出，由于梭发那并没有完全答应美国所提出的条件，所以还不适合立即做出对其进行全面支持的决定。⑥

在梭发那的问题上，南越总统吴庭艳的表现也证明了哈里曼将面临

① *FRUS*, 1961 - 1963, Laos Crisis, Vol. XXIV, Washington, DC: United States Government Printing Office, 1994, pp. 421 - 424.

② Rudy Abramson, *Spanning the Century: The Life of W. Averell Harriman*, 1891 - 1986, New York: William Morrow & Co., 1992, p. 586.

③ Marek Thee, *Notes of a Witness: Laos and The Second Indochinese War*, New York: Random House, 1973, p. 174.

④ *FRUS*, 1961 - 1963, Laos Crisis, Vol. XXIV, Washington, DC: United States Government Printing Office, 1994, pp. 437 - 438.

⑤ Ibid., p. 431. n. 1.

⑥ Ibid., p. 432.

一项艰巨的任务。吴庭艳与富米一样，也相信梭发那受控于巴特寮。他还极力突出北越通过胡志明小道向南越进行渗透的问题。[①] 吴庭艳在 9 月 20 日与哈里曼会谈时强调，共产党是不会在日内瓦达成任何协议的。哈里曼不但不为所动，而且认为莫斯科在老挝没有重大利益，因此会在相互接受的政治协议上合作。正如三天前哈里曼告诉美国驻印度大使加尔布雷斯（John Kenneth Galbraith）的那样，“苏联打算忘记这个地方”[②]。事实证明，吴庭艳的这种“伎俩”恰恰将梭发那推进了美国的政治视野内。

二　苏美在关键问题上的频繁接触

正在这个时候，赫鲁晓夫提出与肯尼迪进行直接的联系，这一方面使解决老挝危机的方案具体化，另一方面，进一步加强了美国对梭发那的考虑。

9 月 24 日，苏联外交官米哈伊尔·卡马洛夫（Mikhail Kharmalov）和军事情报官员同时也是赫鲁晓夫在华盛顿的私人特使波尔沙科夫通知白宫的新闻秘书皮埃尔·塞林格（Pierre Salinger），苏联领导人正打算考虑美国解决柏林危机的建议，并且希望举行另一次峰会来讨论此事。肯尼迪表示在他同意另一次高层会谈前，必须“可以证明苏联在老挝问题上的信用”。即使肯尼迪的信息并不能准确地表明什么样的行动或让步可以证明莫斯科的“良好信用”，但是正如塞林格所指出的那样，它表明了肯尼迪相信一个关于老挝冲突早期谈判协议的达成，将在“更困难的”德国问题上“很可能产生重大的影响”。[③]

在塞林格告诉卡马洛夫和波尔沙科夫之后，肯尼迪就在联合国的讲

---

① Edward J. Marolda and Oscar P. Fitzgerald, *The United States Navy and the Vietnam Conflict*, 1959 - 1965, Washington D. C. : United States Government Printing Office, 1986, p. 75.

② 乔治·凯南与汤普森同意哈里曼的这个认识。在 9 月 18 日从贝尔格莱德发回的电报中，凯南告诉华盛顿，哈里曼—普希金之间的交流是“苏联真正准备好在相互接受的基础上寻求解决老挝问题可喜的证明”，并且没有必要与叶皮舍夫进行关于老挝的进一步会谈。第二天，汤普森注意到哈里曼—普希金会谈坚定了莫斯科想通过谈判解决老挝问题并且表明共产党中国会同意这个协议。这些内容摘录于 *FRUS*, 1961 - 1963, Laos Crisis, Vol. XXIV, Washington, DC: United States Government Printing Office, 1994, p. 412.

③ Pierre Salinger, *With Kennedy*. Garden City, N. Y. : Doubleday, 1966, pp. 191 - 193.

话中明确了他对赫鲁晓夫的期望。肯尼迪认为，东南亚和柏林危机是“和平的威胁”，他要求停止共产党在东南亚的进攻以及结束老挝的冲突。肯尼迪强调，美国“在这个地方没有基地、没有领土、没有特别的战略地位需求”，他宣布支持继缅甸和柬埔寨之后出现“一个真正中立和独立的老挝”。虽然肯尼迪没有提到日内瓦谈判的问题，但是在这次会上，他简短地概括了两个问题：在老挝的外国武装势力和北越向南越的渗透。肯尼迪宣布，老挝人民必须“免受外部干涉”并且“保证他们的领土不能用于对他国的进攻”①。肯尼迪的这次讲话，可以看作在日内瓦谈判桌上向苏联谋求在老挝恢复和平进行合作的紧急要求。

9月29日，普希金在日内瓦与哈里曼进行的一次私人会晤中表示莫斯科可以在一个迅速且相互接受的协议方面进行真正的合作。普希金指出，苏联不会接受西方代表所提出的国际监督委员会投票程序的多数票原则，但是很可能会放弃“严格的全体一致”原则，进而制定出一个折中方案。普希金还对老挝王国政府否定国际监督委员会行动的苏联立场做出了让步。他告诉哈里曼，国际监督委员会将不需要在进行每一项调查的时候都得到老挝王国政府的允许。关于老挝武装部队的问题，他同意富米军队和巴特寮应该整合成一支小规模的国民军，“其余的”部队应该解散。不过他仍然强调，为了实现这个目标的任何安排都应该由梭发那、文翁和苏发努冯三亲王来制定和完成，而不是由国际监督委员会进行。普希金和哈里曼没有在“北越利用老挝领土向南越渗透”的问题上达成共识。前者认为，南越人民对吴庭艳的反暴动活动远比这种渗透严重得多，哈里曼则反驳道，正是由于这种渗透的存在，才造成了南越广大农村地区人民的不断起义。虽然存在如此分歧，但是哈里曼在向华盛顿汇报这次会谈情况的时候指出，他们的这次会谈一直“是放松且处于良好氛围中的”②。通过会谈内容不难看出，普希金已经表明苏联将在一

① *Public Papers of the Presidents of theUnited States*：*John F. Kennedy*，1962，Washington D. C.：Government Pringting Office，1963，p. 624. 下载地址为 http：//quod. lib. umich. edu/cgi/t/text/text-idx？c = ppotpus；cc = ppotpus；view = toc；idno = 4730892. 1962. 001，下载时间为 2010 年 8 月 9 日。

② *FRUS*，1961 – 1963，Laos Crisis，Vol. XXIV，Washington，DC：United States Government Printing Office，1994，pp. 435 – 437.

些关键问题上做出让步。

第二天，波尔沙科夫向塞林格转交了一封赫鲁晓夫给肯尼迪的信。如塞林格后来所指出的那样，这封信在两个领导人之间开创了一个特别的“秘密通信”的渠道。① 赫鲁晓夫在信中提醒肯尼迪，他们在维也纳已经就解决老挝冲突“建立了一个良好的基础”，再次强调他对一个“真正中立”和“独立”的老挝的支持。不过，赫鲁晓夫在这封信中还指责了美国关于未来老挝联合政府构成上的立场，认为美国政府将川圹集团 8 个内阁职位中的 3 个或 4 个给予“万象的代表”将是对老挝冲突一次没有保障的干涉。无论是来自华盛顿还是莫斯科，这样的干涉都将破坏梭发那“对于老挝进行有效统治和实施中立政策”的努力。赫鲁晓夫指出，美国必须接受“不干涉老挝内部事务的原则”，这样梭发那才“能够迅速建立一个政府”。赫鲁晓夫还肯定了他与肯尼迪都认为需要从老挝撤出外国军队的共识，这是实现老挝真正中立的一个“关键条件”。他告诉肯尼迪，苏联在日内瓦的代表团已经“接到上面所述内容精神的命令”，要求肯尼迪给美国的代表团“同样的指示”，这么做“会促进日内瓦会议迅速达成协议”，以及“老挝形势的正常化”。

肯尼迪对赫鲁晓夫的这种主动联系也进行了积极的应对。10 月 6 日，肯尼迪在华盛顿会见了葛罗米柯，表达了普希金与哈里曼在日内瓦 10 月 9 日会谈的时候关于老挝冲突问题能够“达成一致”的希望。肯尼迪向葛罗米柯强调美苏应该在如下四个问题上加强合作：第一，在老挝建立一个中立政府；第二，撤出所有外国军队；第三，取消全部非政府武装的存在；第四，老挝不应该成为反对越南的基地。② 葛罗米柯对于肯尼迪想要尽早解决老挝问题的愿望表示理解，但是在具体问题上，他有着不同的看法。他指出，之所以老挝在政府构成方面迟迟未能达成一致，其主要原因在于美国对老挝内部事务的干涉，美国始终不同意梭发那提议的政府构成。如果肯尼迪与哈里曼接受梭发那关于联合政府的建议，那么“在日内瓦将会达成协议”，美国与苏联就可以将“不需要的负担”老

---

① Pierre Salinger, *With Kennedy*, Garden City, New York: Doubleday, 1966, p. 198.

② *FRUS*, 1961 - 1963, Laos Crisis, Vol. XXIV, Washington, DC: United States Government Printing Office, 1994, pp. 454 - 455.

挝放置一边。肯尼迪对此表达了强硬的立场，他认为他早已在接受梭发那作为首相方面做出了重大的让步。肯尼迪指出梭发那所提名的川圹代表都“极度地同情苏联”，看不出来是“真正的中立主义者”。他进一步强调，老挝问题的“早日”解决，“将有利于所有的国际形势”。葛罗米柯没有接受肯尼迪对于改变老挝联合政府构成的要求，但是他也强调苏联政府也希望“迅速解决”老挝的问题。①

肯尼迪与葛罗米柯会谈结束以后，国务院就命令哈里曼返回日内瓦以后立即与普希金进行“双边讨论”。虽然国务院表示允许哈里曼在谈判过程中拥有“广泛的自由裁量权”，但是仍然建议他主要集中于如下四方面的内容。首先，关于老挝军队的复员与重组。国务院指示哈里曼，要尽力弄清楚苏联的真实意图及其在解散和将巴特寮整编进老挝政府军所能承担的责任程度。老挝军事力量的解散与重组应该主要由老挝内部自行解决。其次，关于利用老挝作为向南越进行渗透通道的问题。国务院要求哈里曼要尽力使苏联接受的一个现实是，北越持续向南越的这种渗透将极大地破坏他们正在达成中的关于老挝的协议。再次，关于老挝的政府构成。要向普希金表明，除非老挝能够建立一个“真正中立”的政府，否则美国将继续这种争论。力争使苏联发挥其对梭发那和巴特寮的影响，建立一个能够包括川圹代表之外的“温和派”代表进入政府以平衡各方的力量。最后，关于日内瓦会议联合主席的责任。希望苏联能够像英国监督西方国家那样承担起监督社会主义国家遵守有关协议的责任，目标是实现符合美国利益且日内瓦的“所有与会国都能接受的”政治解决。②

带着国务院的这些指示，哈里曼与普希金于10月9日在日内瓦进行了一次长达4个小时的对话。普希金表示赫鲁晓夫非常赞同之前普希金与哈里曼之间的谈话，他强调，苏联政府认为“熄灭老挝战争的火苗”是避免在老挝引起更大对抗的关键，“美国与苏联之间的相互谅解将有助于最终协议的达成”，而且“会上的所有努力与最后的协议必须保证老挝

① *FRUS*, 1961 – 1963, Laos Crisis, Vol. XXIV, Washington, DC: United States Government Printing Office, 1994, p. 455.

② Ibid., pp. 456 – 458.

的中立与独立”。苏联相信“老挝会在《苏黎世公报》原则的基础上建立一个统一的国民政府”。但是他指出，由于“美国支持下的文翁和富米对于老挝政府所提出的各种要求将不利于取得目标的成功”。他认为“如果美国和苏联在老挝问题上共同努力，那么将会使日内瓦协议的最后达成起到决定性作用。这不仅会缓解在老挝和东南亚对抗的紧张局势，而且在一定程度上也会对整个世界形势的发展产生良好的影响”①。

哈里曼在这次交谈中再次提出老挝应该封锁北越向南越渗透的通道，而且要求国际监督委员会在老挝南部建立固定的检查组和活动中心，以监视北越向南越的渗透。普希金对此做了坚决地拒绝，表示美国在这个问题上的坚持将使会议进入一个“死胡同”，不但北越会拒绝这样一个条款，而且中国也已经明确表态反对建立这种固定的检查组。普希金进而要求美国取消《东南亚集体防御条约》对老挝承担“保护”的责任，“中国尤其不相信《东南亚集体防御条约》，并与苏联一起坚持帮助老挝摆脱《东南亚集体防御条约》的保护”。在国际监督委员会的投票程序问题上，普希金仍然坚持“全体一致”的原则，反对美国提议的“多数票通过”原则。双方没能在这个问题上取得进展。但是，两人都同意继续保持通话。②

在哈里曼看来，日内瓦会议的形势日益朝着一个良性的方向发展。哈里曼指出，虽然普希金和中国一直要求《东南亚集体防御条约》解除对老挝的“保护”，但是在其他方面，苏联的要求明显“降低”。在国际监督委员会的投票程序方面，普希金表示苏联可以在一定程度上接受“多数票通过”的原则。普希金表示同意国际监督委员会的固定检查组停留在“有问题”的地区并对之进行检查。另外，在老挝政府的构成与各种军事力量的整合方面，普希金在立场上也有所放松。苏联一直坚持认为这两个问题是老挝的内政，美国和苏联不应该进行干涉。现在普希金表示国际监督委员会可以监督老挝的停火，并且如果老挝再发生交战的情况，那么国际监督委员会应该拥有进行检查的权力。在哈里曼看来，

---

① *FRUS*, 1961－1963, Laos Crisis, Vol. XXIV, Washington, DC: United States Government Printing Office, 1994, pp. 459－460.

② Ibid., pp. 461－462.

他感到“最受鼓舞的事情”是普希金主动提出作为日内瓦会议的联合主席，苏联与英国应该承担起督促与会国遵守相关协议的责任，其言外之意在于“苏联可以使越南和中国进行合作”。另外一件事情也很好地诠释了苏联想通过谈判解决老挝问题的态度。普希金原定于10月9日要返回莫斯科参加共产党代表大会，可是葛罗米柯指示普希金继续留在日内瓦加速与哈里曼的谈判。普希金强调指出，“日内瓦会议已经到了美国和苏联决定一切的关键时刻”。哈里曼对此表示认同，此时，日内瓦会议“已经到了能否取得重大突破的边缘”。双方一致认为，当下需要解决的关键是“国际监督委员会投票程序与东南亚条约组织”的问题，而且“主要取决于老挝三亲王之间的谈判”①。哈里曼希望国务院能够继续推动这个进程向前发展。

肯尼迪也继续着与赫鲁晓夫之间的秘密通信。应赫鲁晓夫的要求，两人之间的这种联系一直在非常秘密的状态下进行着，涉及的人员范围非常小。9月29日，赫鲁晓夫致信肯尼迪，希望美国不要干涉老挝内政，“主要问题由老挝自己决定”。如果美国同意梭发那关于政府构成的计划，那么梭发那将很快建立一个政府。另外，赫鲁晓夫也表示同意美国“将全部外国军队撤出老挝”的建议。② 10月16日，肯尼迪在复信中指出，“目前世界形势比较复杂，老挝危机便是其中之一”。虽然“老挝及其邻近地区的问题不必一定在德国和柏林谈判开始前解决，但是其解决一定会改善紧张氛围”。就老挝的具体问题而言，肯尼迪主要强调的是关于未来老挝政府的构成、国际监督委员会权限与北越通过老挝领土向南越渗透等问题需要苏联的进一步合作。肯尼迪强调，如果在梭发那政府中的8个职位“都是支持一方或另一方的代表”，这将不符合“中立的标准”。而根据苏联要求撤出老挝所有外国军队的提议，肯尼迪要求给予国际监督委员会以保证实现这个目标的“权力”与“灵活性”。最后，为阻止在东南亚产生“新一轮的斗争与反斗争”，肯尼迪呼吁赫鲁晓夫停止共产党

---

① *FRUS*, 1961 - 1963, Laos Crisis, Vol. XXIV, Washington, DC: United States Government Printing Office, 1994, pp. 470 - 472.

② DDRS, CK3100085570 - CK3100085572.

对南越的进攻。[①]

肯尼迪10月16日的信件，明显对赫鲁晓夫产生了积极的影响。赫鲁晓夫第二天在共产党代表大会上的讲话，收回了他关于柏林的最后通牒。这个举动缓和了危险但没有完全解决德国危机。[②] 即使肯尼迪的信件并没有促使苏联立即在老挝未来联合政府方面做出让步，但哈里曼继续对能够满意解决老挝问题持乐观态度。哈里曼在10月26日的一封电报中告诉肯尼迪，在日内瓦"和平解决"老挝问题"几乎在我们的掌握之中"。为了强调阻止在老挝重新爆发一场新的对抗的重要性，他指出，"现在最关键的决定在老挝"。哈里曼力劝总统要顶住"在老挝采取军事行动"作为挽救"越南危机"手段的全部压力。哈里曼强调，一个"可以接受的"联合政府与日内瓦最终协议的达成将涉及南越的安全，因为梭发那和苏联"已经承诺他们将不再利用老挝领土"向南越的吴庭艳政府发动进攻。哈里曼断言，"如果所有力量都积极地朝这个目标努力"，那么一个"和平解决"的结果就指日可待了。他进一步强调，实现了这个目标，美国将在和平解决柏林问题上处于一个有利的位置。[③]

美苏双方都表现出通过谈判早日解决老挝问题的想法。首先是苏联在国际监督委员会投票问题上做出了原则上的让步。为了加强国际监督委员会的工作效率，普希金在国际监督委员会问题上提出了一个折中的方案，可以将国际监督委员会的工作分为三方面：进行调查、提交报告

---

① DDRS，CK3100085572 - CK3100085581；*FRUS*，1961 - 1963，Kennedy-Khrushchev Exchanges，Vol. VI，Washington，DC：United States Government Printing Office，1996，pp. 38 - 44. 在这封信中，肯尼迪指出一个关于柏林的峰会应该推迟，"直到能够在积极解决老挝的问题上达成一个谅解"，*FRUS*，1961 - 1963，Soviet Union，Vol. V，Washington，DC：United States Government Printing Office，1998，p. 43.

② Richard Reeves，*President Kennedy*：*Profile of Power*，New York：Simon & Schuster，1993，p. 246.

③ *FRUS*，1961 - 1963，Laos Crisis，Vol. XXIV，Washington，DC：United States Government Printing Office，1994，pp. 481 - 482. 哈里曼发出这封电报后的第二天，柏林形势就变得高度紧张。随着美国在西柏林的大使莱特纳（Allan Lightner）卷入关于进入东柏林的争吵，美国与苏联的坦克在东西柏林严阵以待。正如贝希洛斯所描述的那样，这次事件"是历史上美国和苏联坦克第一次如此面对"。在罗伯特·肯尼迪—乔治·波尔沙科夫渠道的沟通下，第二天，肯尼迪继赫鲁晓夫之后撤走了美国的坦克。Michael Beschloss，*The Crisis Years*：*Kennedy and Khrushchev*，1960 - 1963，New York：Harper Collins，1991，pp. 333 - 335.

和提出建议。前两方面只要多数票通过即可进行，而最后一方面则应遵守全体一致的原则。具体而言，国际监督委员会可以在老挝王国政府的要求下，或国际监督委员会 3 个委员的多数票通过情况下，开始其调查工作。对于调查结果，普希金认为，可以接受国际监督委员会成员在个别问题上的报告存在分歧，但是最后的建议方案应该遵守“全体一致”的原则进行提交。10 月 31 日，哈里曼致电国务院，请求美国政府接受普希金的这个建议。可是，哈里曼的这个提议遭到了美国政府内部的一些反对。巴特尔（Battle）认为普希金的这个建议如果不写进日内瓦会议的最后协议中，那么就“毫无意义”。[①] 斯蒂夫斯认为，从日内瓦会议谈判开始，美国在逐渐进行退让，与苏联进行折中冒险的合作，不是对相互利益的承认，而是对莫斯科的投降。由此，斯蒂夫斯建议在做出最后决定前召回哈里曼进行全面的磋商。[②] 虽然遭到美国政府内部不同声音的质疑和反对，但肯尼迪还是对哈里曼表示了支持，同意哈里曼接受这样一个安排。[③]

11 月 10 日，赫鲁晓夫通过秘密通信渠道致信肯尼迪。他首先回顾了美苏两国在维也纳峰会上共同制定的实现“老挝独立与中立”的目标，强调美苏两国不应该干涉老挝的内政事务。美国应该尊重梭发那提出的“4—8—4”组建政府的建议，不应该支持文翁和富米反对梭发那的这个建议。肯尼迪这么做，实际上是想将文翁和富米的代表安排进老挝政府，这无助于老挝联合政府的早日建立，只能束缚梭发那的手脚。赫鲁晓夫接下来对文翁集团向川圹地区发起的进攻进行了指责，他指责他们的这种行为破坏了老挝谈判与日内瓦会议的和平进程，希望肯尼迪能够利用他的影响停止这种进攻。否则，将使日内瓦所取得的众多成就“变得一

---

① *FRUS*, 1961 - 1963, Laos Crisis, Vol. XXIV, Washington, DC: United States Government Printing Office, 1994, p. 480.

② *FRUS*, 1961 - 1963, Laos Crisis, Vol. XXIV, Washington, DC: United States Government Printing Office, 1994, pp. 485 - 488. 在这份备忘录中，斯蒂夫斯写道：国务院“正面临做出决定的需要，即我们是否应该向苏联坚持的国际监督委员会全体一致的投票原则让步”。Ibid., p. 485. 这份备忘录后面的附件断言接受普希金的建议“将是完全接受苏联的议案并放弃几乎所有美国的最初立场”。Ibid., p. 488.

③ *FRUS*, 1961 - 1963, Laos Crisis, Vol. XXIV, Washington, DC: United States Government Printing Office, 1994, pp. 493 - 495.

无所有”，也会使老挝“陷入几乎是长期的动荡之中”。为了避免出现那样的结果，他要求肯尼迪尽力发挥他的“影响”，来“阻止上面提到的可能出现的不愉快结果”。至于南越，赫鲁晓夫指责吴庭艳对越盟实施了“残忍的恐怖政策”。对于肯尼迪在新闻发布会中所保证的已经做好准备“向南越派出美国军队”一事，赫鲁晓夫强调，这样的行动不仅不能“对改善东南亚的形势做出贡献”，反而，只会“加剧东南亚形势的复杂”。赫鲁晓夫在信的结尾处表明了苏联人民与包括美国在内的世界各国和平共处的良好愿望。①

赫鲁晓夫在给肯尼迪的信中提出了他对南越问题的警告，表明此时美国在东南亚地区所面临的压力越来越大。9 月，越盟活动的突然增加，使西贡政府遭受威胁的程度开始增大，这也引起了美国政府对南越安全的关注。由于担心美国政府的老挝政策会给南越带来“灾难性的后果”，和担心“东南亚条约组织”不会在东南亚采取有效的行动，9 月 29 日，吴庭艳请求与美国签订一份双边防御条约。形势的变化也迫使美国重新考虑其政策。10 月，肯尼迪派出了他的军事代表泰勒（General Maxwell Taylor）前往南越进行调查，并提出防止吴庭艳政府倒台的建议。泰勒的报告建议向南越派出一支 8000 人的美国部队对其进行救助，同时，向越南共和国的军队“在反对越盟的斗争中提供灵活的援助”，这些开启了美国对越政策的新一轮考虑。②

肯尼迪一直没有放弃考虑老挝与南越之间关系的重要性，他相信老挝问题的走向将对这两个国家的发展产生重大的影响。肯尼迪在 11 月 7 日与尼赫鲁的谈话中表示，他不想让美国一直以来的努力“以失去南越而结束”。他指出，这样的一个结果会降低美国的信用并且“使我们不能在包括柏林在内的其他问题上进行进一步的谈判”③。

---

① *FRUS*, 1961 - 1963, Laos Crisis, Vol. XXIV, Washington, DC: United States Government Printing Office, 1994, p. 506.

② George McT. Kahin, *Intervention: How American Became Involved in Vietnam*, New York: Doubleday & Co., 1986, pp. 133 - 135; David Kaiser, *American Tragedy: Kennedy, Johnson, and The Origins of The Vietnam War*, Cambridge, Mass.: Belknap Press of Harvard University Press, 2000, p. 94.

③ *FRUS*, 1961 - 1963, Vietnam, Vol. I, Washington, DC: United States Government Printing Office, 1988, p. 546.

虽然肯尼迪对南越的吴庭艳政权表示担心，但是他对美国在东南亚进行军事干涉的前景也一直存在着疑虑。11 月 11 日，肯尼迪批准了一份国务院—国防部的联合文件，该文件建议继续计划在南越利用美国的军事力量并增加美国对南越的军事援助，但是肯尼迪明确拒绝了文件中提到的美国对南越政府的拯救方案。肯尼迪 4 天后在一次 NSC 会议上询问了“卷入越南是否明智的问题”。由于越盟的叛乱还不足以构成一个“明显入侵”的案例，肯尼迪提出，因为缺少盟友的支持以及可能会引起国内外的批评，所以应加以谨慎。另外，由于柏林危机一直萦绕于心头，肯尼迪“表达了同时卷入两场大规模对抗的担心”①。

尽管肯尼迪不愿意将美国军队直接牵扯进东南亚，但在寻求解决这些国家的冲突方法的同时，他还是明确表达了其保持美国在老挝和南越利益的目标。他的这种想法在 11 月 16 日肯尼迪给赫鲁晓夫关于处理东南亚危机的信中表达得非常清楚。肯尼迪在信中坚决拒绝了“赫鲁晓夫要美国收回支持万象代表进入梭发那政府的要求”。他强调，美国已经在事实上发挥了其“影响”，即要求富米和文翁“以诚挚的姿态”与梭发那进行谈判。而苏联也必须发挥其影响，以保证梭发那能够建立“一个可以广泛包括老挝所有势力代表在内，并且真正实施不结盟政策的政府”。另外，在关于南越的问题上，肯尼迪建议赫鲁晓夫向北越施压，使其“严格遵守”1954 年的日内瓦协议。他强调，苏联在这个问题上的表现将证明莫斯科是否真正地想要实行和平共处的原则。肯尼迪在信的结尾处指出，老挝和南越“与我们的国家都距离很远，我们可以在这个地方达成满意的协议”。为了保证这个目标，他要求赫鲁晓夫尽一切可能“来确保一个真正中立和独立的老挝”，并且保证北越“远离南越”。②

与此同时，苏联对英国提议的“六大国”方案表示了兴趣，普希金

---

① David Kaiser, *American Tragedy: Kennedy, Johnson, and The Origins of The Vietnam War*, Cambridge, Mass.: Belknap Press of Harvard University Press, 2000, pp. 109 – 118. 哈里曼认为此时向南越派驻美国部队将“引爆”在日内瓦会议上关于老挝的谈判。Ibid., p. 111. 他还相信，如果肯尼迪向老挝派出“东南亚条约组织”的军队，那么共产党中国将“进行干涉”，而且苏联将向北京“提供最需要的物质”。*FRUS*, 1961 – 1963, Laos Crisis, Vol. XXIV, Washington, DC: United States Government Printing Office, 1994, p. 500.

② *FRUS*, 1961 – 1963, Kennedy-Khrushchev Exchanges, Vol. VI, Washington, DC: United States Government Printing Office, 1996, pp. 61 – 64.

希望其能够尽早发挥作用。[①] 11 月 27 日，哈里曼从日内瓦发回的电报表示，在最近的一周里，“六大国”进行了多次会谈，而且取得了不错的进展。普希金在这些会谈中做出了一个重大让步，他同意要求国际监督委员会向日内瓦会议联合主席汇报“任何违反”在协议中所签署的中立宣言的行为。西方的代表们一直在推动国际监督委员会承担这样任务的条款通过，因为这可以使国际监督委员会提交北越通过胡志明小道向南越进行渗透的报告。但是，在这个过程中，也一直存在争论。相对而言，在争论过程中，“普希金要比中国表现得灵活得多”，因为中国始终没有放弃“给予国际监督委员会监督和管理老挝中立权力是对老挝主权进行干涉”的立场。哈里曼指出，关于法国在老挝驻军问题的协议将很快达成，但是他与普希金将在以后讨论“东南亚条约组织”问题和老挝武装部队的整编与复员问题。而且，他强调，“普希金正极力达成一个初步协议”，并警告道，“我们过分的耽搁将不符合我们的利益”。[②]

至此，哈里曼与普希金的努力取得了较大的进展。在 12 月初的一次私下会晤中，普希金表示，美苏在老挝问题上所取得的进展“在这之前是无法想象的，可以成为以后解决类似国际问题的一个范本”。更为重要的是，“这是美苏之间按照新方式解决问题的第一个例子”。哈里曼进一步指出，老挝是否可以看作美苏合作的例子取决于未来的发展，而且“为了检验美国与苏联之间政策上的相互容忍程度，或许在特别坦白的基础上进行交流将更有效”。普希金对此表示同意，尤其“看到日内瓦会议正在出现的结果”，他对过去的 7 个月“没有一点儿遗憾”。[③]

在美国与苏联的共同推动下，日内瓦会议关于老挝问题的解决方案也逐渐清晰。日内瓦会议的两个联合主席主张老挝三亲王立即建立一个联合政府，并向日内瓦派遣一个共同的老挝代表。美国在日内瓦的代表在其发表的一份声明中指出，“除非能达成一份彻底的协议”，否则，已经取得的这些成就将付之东流，并肯定了联合主席的主张。

---

① *FRUS*, 1961 - 1963, Laos Crisis, Vol. XXIV, Washington, DC: United States Government Printing Office, 1994, pp. 517 - 518.

② Ibid., pp. 526.

③ DDRS, CK3100013315 - CK3100013317.

苏美两国在解决老挝危机方案具体问题上的积极沟通所取得的成效，为日后日内瓦协议的签署奠定了基础，同时，也推动了美国对老挝政策进行调整。

三　老挝局势的发展与美国对富米的“失控”

从1959年美国扶植老挝成立培·萨那尼空政府之后，富米便从幕后走到了老挝政治的前台。随着老挝局势的发展，富米也一直在实际上成为美国在老挝扶植的目标。可是，作为美国在老挝扶植目标的富米，并没能完全达到美国对他的要求。无论是在战场上，还是在国内政治方面，富米的影响力都呈现下降的趋势，因而美国也开始考虑将其放弃。反过来，富米也在利用自身的“优势”，不断地向美国谋取最大的帮助，甚至想将美国拉进老挝的内战中，以最终确立自己在老挝的统治地位。

富米在美国的压力和泰国的劝告下，参加了10月6日在班欣合（Ban Hin Heup）召开的三亲王会谈。他在会谈中表示可以接受梭发那·富马担任老挝首相的建议，但同时表示不会轻易在政府构成方面让步。

班欣合谈判以达成一个联合政府组建原则结束。梭发那、文翁和苏发努冯在10月8日发布的公报中宣布，他们同意向国王萨旺提议梭发那作为首相的候选人。如果国王同意，梭发那将组建一个由16个成员组成的“临时国民联合政府”。这份公报明确提出将“继续讨论”代表老挝三方势力的人选，决定在未来政府中内阁职位的分配（富米坚持其中的8个席位要给予非川圹的代表）。[①] 班欣合协议扩大了6月23日《苏黎世公报》的内容，同时，接受巴特寮与富米—文翁集团加入梭发那所建立的和平进程中来。对于老挝三亲王之间的这次谈判，美国国务院指示布朗大使力争保证富米能够取得国防部部长或内政部部长的职位，至少也要

① *FRUS*, 1961 - 1963, Laos Crisis, Vol. XXIV, Washington, DC: United States Government Printing Office, 1994, p. 463. 富米同意参加班欣合会谈明显是受美国的压力。富米的支持者泰国的萨利特也似乎曾建议他的保护人前往班欣合。*FRUS*, 1961 - 1963, Laos Crisis, Vol. XXIV, Washington, DC: United States Government Printing Office, 1994, p. 450.

保证由培·萨那尼空来担任外交部部长。[①] 正是由于美国对老挝政局的这种干涉，才使得老挝三方势力努力达成的班欣合协议没能结束老挝内部的政治危机，反而成为对梭发那内阁席位分配的一场新争端的开始。

10 月 18 日，梭发那在贡勒军队的护卫下前往琅勃拉邦，与富米和文翁进行了一次会谈，主要讨论了如下内容：三亲王再次会谈并研究内阁职位分配的问题；文翁向国王辞呈；国王任命梭发那组阁；梭发那向国王提议政府构成。在巴特尔看来，“梭发那能够前往琅勃拉邦开会本身就表明一个重要的变化”。但是他也认为梭发那并不会“马上建立一个政府”，因为富米和文翁不愿意接受梭发那在康海（Khang Khay）再次召开亲王会议的建议，甚至文翁“径自乘船前往巴色”进行了回避。另外，苏发努冯也没有前往琅勃拉邦参加这次会谈，而且他打算担任国防部部长或内政部部长两个重要职位。[②]

富米的政治野心在现实活动中暴露得越来越明显。正如巴特尔所判断的那样，富米并不想前往康海参加进一步的谈判。富米以担心自身安全为借口加以拒绝。但是，克里尔（Charge Creel）对此则认为富米真正担心的不是安全问题，而是“会被排除在政府之外”。哈里曼认为，“在老挝未来政府的构成方面富米并没有诚意与梭发那进行合作，更不用说在解散与重组老挝的军事力量方面达成一个满意的协议了”。他指出，美国在日内瓦的谈判结果现在从属于老挝形势的发展走向。哈里曼要求布朗使富米明确其必须与梭发那进行诚心的谈判，否则他们将另寻他径。他还要求布朗与梭发那建立联系并保持这种联系，他们必须建立并保持梭发那的信心。[③] 虽然如此，但是此时的哈里曼并不想放弃对富米的支

---

① *FRUS*, 1961 - 1963, Laos Crisis, Vol. XXIV, Washington, DC: United States Government Printing Office, 1994, p. 463. 班欣合会议达成的另一个协议是，由梭发那任主席的“中立主义政党”第一次代表大会将于 10 月 14 日在丰沙万召开，其中丰沙瓦（Pheng Phongsava）与贡勒分别担任副主席，老挝王国前政府的公安部部长（Police Director）苏汉·维拉桑（Soukhan Vilaysarn）担任秘书长。*FRUS*, 1961 - 1963, Laos Crisis, Vol. XXIV, Washington, DC: United States Government Printing Office, 1994, p. 463. 梭发那一直宣扬自己是真正的中立主义者，组建一个有别于老挝爱国战线和保卫国家利益委员会的“中立主义政党”便是这种表现之一。

② *FRUS*, 1961 - 1963, Laos Crisis, Vol. XXIV, Washington, DC: United States Government Printing Office, 1994, pp. 478 - 479.

③ Ibid. , pp. 482 - 483.

持。他提出，虽然富米在这个过程中没有放弃他的个人野心，但富米至少还在“遵循我们所主张的一般原则”，即在未来的老挝政府构成方面，富米始终抵制梭发那所提议的“川圹内阁”，力争将非川圹的代表安排进老挝政府。[①]

老挝形势的这种发展，使美国政府对梭发那的考虑开始增多，同时，也开始向富米施加相应的压力。

随着日内瓦与华盛顿这些事情的发展，发生了一件几乎威胁老挝谈判的重大事件。10 月 27 日，一直得到美国中情局支持的苗族武装开始向共产党控制的川圹发动进攻，双方进行了几天的炮火攻击。炮火击中了城中法国训练团的学校，造成了 8 人伤亡。另外，击毁了国际监督委员会波兰代表的住所，并炸伤了 3 名士兵。[②] 国际监督委员会要求战争双方的“战场指挥官”进一步控制情绪，号召三亲王在班欣合进行会谈，希望避免冲突的进一步扩大。[③] 由于担心川圹冲突的继续会破坏已经取得的良好形势，肯尼迪命令雅里克西斯·约翰逊（Alexis Johnson）前往老挝进行考察，研究如何才能停止苗族军队的进攻。[④] 对于此事，正如布朗大使 11 月 7 日从万象发回的一封电报中所指出的那样，这次事件“对我们来说是一个遗憾的错误”。[⑤]

11 月 6 日，哈里曼在向肯尼迪和腊斯克进行的汇报中指出，在川圹战斗仍在继续的同时，最近几周，富米私下里和在公开场合中都透露出的信息表明他几乎没有诚意与梭发那进行谈判。现在应该给予布朗权力向富米施压，否则富米将使美国卷入老挝的战争中。而且，如果“东南亚条约组织”的军队进入老挝，那么中国一定不会袖手旁观。不应该允许美国一手扶植起来的富米再违背美国的指示，时间已经非常紧迫。对此，哈里曼建议美国应该派出代表前往川圹与梭发那进行密切联系。同

① *FRUS*, 1961 – 1963, Laos Crisis, Vol. XXIV, Washington, DC: United States Government Printing Office, 1994, pp. 483 – 484.

② Ibid., pp. 490 – 491.

③ U. S. Department of State, *American Foreign Policy: Current Documents* 1961, Washington, D. C.: Government Printing Office, 1965, p. 1024.

④ *FRUS*, 1961 – 1963, Laos Crisis, Vol. XXIV, Washington, DC: United States Government Printing Office, 1994, p. 495.

⑤ Ibid., p. 502.

时，苏联也应该派代表前往万象与富米进行沟通。这样，富米就能真正体会到他们要求他这么做的真正用意所在。[①] 布朗与哈里曼有着相同的认识，认为如果“东南亚条约组织”的军队进入老挝南部，那么中国军队至少会进入老挝北部。另外，布朗表示他没有实际的权力可以“控制”富米，无法向富米表明“他并不是美国在老挝的唯一依靠”[②]。

11月10日，英国驻美国大使大卫·奥姆斯比戈尔在与腊斯克进行的会谈中提出，富米不愿意与梭发那进行诚心谈判已是众人皆知之事。如果老挝的谈判没有进展，那么将引发日内瓦谈判的危机。奥姆斯比戈尔建议，此时应该向富米表明，如果他仍然“执迷不悟”，当冲突扩大的时候，不要指望美国或“东南亚条约组织”的军事帮助，至少英国并不打算为此出兵老挝。他认为必须在老挝建立一个联合政府，这样才可以促进日内瓦协议的早日达成。腊斯克表示同意奥姆斯比戈尔的观点，但是他又强调，富米不能为了与梭发那达成协议而在老挝政府的构成方面向梭发那做出让步。非川圹代表在老挝政府中的地位是老挝是否能实现中立的核心问题所在。腊斯克进一步指出，现在面临的困难是他们不能接受一个不能实现老挝中立的协议。[③]

11月9日，布朗曾建议富米接受梭发那要求他开会的邀请。三天后，腊斯克在这个基础上进一步指示布朗，在推动富米与梭发那进行谈判的同时，不能在老挝政府构成的问题上放松。老挝三亲王在老挝政府构成方面达成协议以后，下一个任务是将全民选举推迟至老挝军队重组结束，并且老挝政府能够完全掌控老挝局势的时候再进行。另外，为了保证老挝三亲王谈判的顺利进行，应该要求王宝停止进攻，尤其是在川圹周围。还需要向梭发那表明，如果他能够组建保证实现中立的老挝政府，并且使巴特寮并入老挝政府军或解散其队伍，那么美国将对其提供援助。[④] 11

① *FRUS*, 1961 - 1963, Laos Crisis, Vol. XXIV, Washington, DC: United States Government Printing Office, 1994, pp. 501 - 502.

② Ibid., pp. 502 - 503.

③ Ibid., pp. 504 - 505.

④ Ibid., pp. 507 - 508.

月 16 日，在布朗的一再要求下，王宝下令停止了对川圹的进攻。[①]

虽然肯尼迪在努力向苏联争取通过谈判解决老挝问题，但是富米和文翁的表现却恰恰相反。在得到老挝国王的同意后，梭发那就号召于 11 月 17 日在查尔平原召开一次三亲王的会议，讨论按照班欣合公报的内容组建一个联合政府。[②] 富米表示拒绝前往查尔平原开会，他并不是不想与梭发那就老挝政府的构成问题进行谈判，而是出于对“自身安全的担心”，想换“另外一个地方”进行谈判。可是美国政府并不以为然，腊斯克指示布朗向富米表明，如果“在老挝的谈判破裂，那么老挝政府将不会得到国际同情与援助”[③]。为了保证富米的合作，布朗暂时停止了美国对老挝王国政府的经济援助资金。[④]

哈里曼认为，“梭发那决心控制国防部部长与内政部部长职位，不会将其让与巴特寮或富米。他并不相信巴特寮或富米，尤其是梭发那认为富米一直想将其逐出政府”“梭发那一直坚持在其政府中要包括 6 个来自川圹的代表，因为梭发那相信这些人真正支持他”。[⑤] 哈里曼于 11 月 19 日致国务院的电报中指出，“我们唯一的希望是通过加强梭发那的力量反对巴特寮来实现老挝的中立与独立，而不是以削弱梭发那为最终目的”。同时，他还强调“富米在实现国民统一政府的过程中所起的作用远远不够。如果我们用非军事手段实现了目标，那么我们就可以实施重要的，甚至是决定性的政治与经济计划。而在这些方面，富米几乎不起作用”。哈里曼的这番话直接道出了美国在老挝政策的本质是防共。美国对梭发那的认识开始发生转变，也是服务于这个目标的。而对富米的放弃，也

---

① *FRUS*, 1961 - 1963, Laos Crisis, Vol. XXIV, Washington, DC: United States Government Printing Office, 1994, p. 516.

② Hugh Toye, *Laos: Buffer State or Battleground*. London: Oxford University Press, 1968, p. 175.

③ *FRUS*, 1961 - 1963, Laos Crisis, Vol. XXIV, Washington, DC: United States Government Printing Office, 1994, p. 512. 11 月 15 日，富米表示他能够接受的谈判地点是班欣合。11 月 17 日，梭发那对此表示接受。在布朗看来，这并不是富米的“胜利”，相反，却是梭发那诚意的一个证明。*FRUS*, 1961 - 1963, Laos Crisis, Vol. XXIV, Washington, DC: United States Government Printing Office, 1994, p. 512.

④ *FRUS*, 1961 - 1963, Laos Crisis, Vol. XXIV, Washington, DC: United States Government Printing Office, 1994, p. 513.

⑤ Ibid. , pp. 518 - 519.

从属于此，因为富米在美国的政策方向上处处表现出掣肘的倾向。不过，哈里曼也认识到“支持梭发那建立老挝政府也存在风险”，但是他更加看重的是，“如果梭发那能够按照我们的要求避免共产党的控制实现独立，这种风险是可以降低的”[①]。哈里曼对于梭发那和富米态度上的这种转变，一方面，反映了美国在制定其对外政策时“以其根本利益为目标”的本质特征；另一方面，也是其在具体政策调整过程中的一个反映，即逐渐放弃富米作为其实现目标的代理人。不过，他也进一步指出，苏联也希望老挝三亲王之间早日达成一个协议。[②] 当天，美国国务院就给布朗发去新的指示，调整美国在老挝问题上的基本原则，即“相对于谈判破裂或发生战争而言，可以接受富米放弃国防部部长与内政部部长的要求”。而且，为了促成老挝三亲王谈判的最后实现，他们宁愿“接受放弃给富米争取一个部长职位，也不给巴特寮任何重要部长职位的条件”。[③]

11月22日，腊斯克在给驻日内瓦会议谈判的代表团发去的电报中表明了美国对于其扶植目标选取上的变化。腊斯克指出，美国驻老挝大使布朗可以根据情况告诉富米，他们将不再对其在国防部部长与内政部部长职位上提供进一步的支持。布朗需要掌握的一个原则是，他们唯一可以将非川圹中立主义者代表安排进政府的途径将是扩大政府的代表名额。布朗可以在时机成熟的时候向富米表明这一点。另外，腊斯克要求美国在老挝的所有工作人员要团结一致，实现通过谈判解决老挝问题的目标，不仅要促进梭发那与美国的合作，而且要争取所有的非共力量都能够与美国合作。在富米不能很好地进行合作的情况下，梭发那必须在与巴特寮进行争夺的时候，集中全部可以支持他的力量，包括老挝政府和美国与其他友好国家的力量。[④] 毫无疑问，腊斯克的这些指示表明，美国对其扶植目标考虑的变化已经不单纯地僵化于保守势力的代表富米身上，而是根据是否能够满足其利益需求而不断地进行调整，从支持富米到考虑支持梭发那，甚至考虑老挝所有的非共力量，就是明显的表现。另外，

---

① *FRUS*, 1961 - 1963, Laos Crisis, Vol. XXIV, Washington, DC: United States Government Printing Office, 1994, p. 519.

② Ibid., p. 522.

③ Ibid., p. 520.

④ Ibid., p. 524.

除了因势更换其扶植目标以外，通过以退为进的办法以扩大老挝政府代表名额的手段尽可能多地将非共力量安排进新政府的这种考虑，再次表明了肯尼迪通过政治途径解决老挝危机的决心。

四　美国政府对“梭发那方案”的接受

在美国对富米逐渐“失控”的同时，梭发那也逐渐成为美国认真对待的对象。至11月，肯尼迪政府正在进行的政策调整更加靠向了梭发那。① 与之相应的，肯尼迪任命哈里曼担任负责远东事务助理国务卿这个职务也在一定程度上推动了美国政策的转变。② 就任后的哈里曼很快就发挥了其新位置的主动权。12月9日，哈里曼授权布朗大使在必要的情况下与梭发那进行进一步的谈判。哈里曼在当天晚些时候给布朗的电报中又向其提出，首要任务是“避免向老挝派遣美国的战斗部队，并且在没有这些军队的情况下使老挝免遭颠覆”。哈里曼还强调，美国政府必须准备考虑“富米离开政府所带来的结果”③。

进入12月，美国政府向梭发那转变政策的倾向明显加强。12月1日，布朗大使在向国务院的汇报中指出，富米对于美国劝告的表现是“不可思议的迟钝”，也毫不担心美国停止援助的威胁。④ 三天后，美国国务院给布朗发去了新的指令，这成为美国对老挝政策取向变化的一个重

---

① 早在9月27日，国务院的克劳斯（Charles Cross）就提出了题为“梭发那·富马方案”，克劳斯指出美国的目标在于不想让老挝成为共产党向泰国和南越进行渗透与进攻的基地，所以建议美国应该全力支持梭发那·富马，并提出了具体的措施方案。10月17日，罗伯特·约翰逊向总统国家安全事务特别助理邦迪再次提出此事，希望美国政府能够采纳克劳斯的这个建议。*FRUS*, 1961 - 1963, Laos Crisis, Vol. XXIV, Washington, DC: United States Government Printing Office, 1994, pp. 474 - 476.

② Rudy Abramson, *Spanning the Century*: *The Life of W. Averell Harriman*, 1891 - 1986, New York: William Morrow & Co., 1992, p. 588.

③ *FRUS*, 1961 - 1963, Laos Crisis, Vol. XXIV, Washington, DC: United States Government Printing Office, 1994, pp. 534 - 535. 哈里曼还将约翰·斯蒂夫斯调任阿富汗大使，以移除这个推行肯尼迪政策的绊脚石。Norman B. Hannah, *The Key to failure*: *Laos and The Vietnam war*, MD: Madison Books, 1987, p. 50.

④ 布朗认为富米可能会采取三种行动：撤出老挝的政治舞台，与他的手下一起向南撤往沙湾拿吉并继续进行战斗，继续阻挠建立联合政府谈判的进行。布朗认为最后一种可能性最大。*FRUS*, 1961 - 1963, Laos Crisis, Vol. XXIV, Washington, DC: United States Government Printing Office, 1994, p. 531. n. 1.

要标志。腊斯克指出，对于富米在与梭发那谈判方面的不合作“不用太在意”，只要梭发那能够在其联合政府构成中接受一定数量的老挝原政府与非川圹代表，他们就可以向其提供帮助。而且，要避免富米进行可能将他们卷入老挝冲突的军事行动。他们可以全部撤回军事援助咨询委员会的援助活动，停止对富米军队的空运，以及停止对老挝政府的财政援助。通过这些措施，断绝富米可以将他们卷入老挝冲突的任何幻想。不过，腊斯克又强调，由于梭发那并不完全接受他们的条件，所以可以允许富米有一定的活动空间，以此作为对梭发那的制衡。

对于在老挝的具体活动，腊斯克命令布朗抓住机会分别向富米和梭发那强调尽快组建老挝联合政府的必要性。尤其应该向梭发那明确的是，美国能够向其提供援助的唯一条件取决于他的政府构成及其政策选择是否是真正建立在中立的基础上。尽量争取使梭发那能够在其政府中接受符合他们要求的代表，而且，如果梭发那能够在这方面进行合作，而富米仍然不合作的话，腊斯克授权布朗“可以通知富米我们将不再与其进行合作”。他们最终停止对老挝政府的援助决定于富米的反应。而且，腊斯克向布朗指出，美国在这个问题上的原则是“美国援助的是老挝的合法政府，而非某个个人”。腊斯克命令布朗做好放弃富米的准备。①

对于老挝的局势发展，哈里曼提出了他的担心。哈里曼指出，如果出现梭发那坚持他们所不能接受的政府人选进入其政府，或者他们能够接受而老挝国王又不同意的情况，同时，富米又仍然不合作，那么美国将面临的选择是，或者任由老挝局势自由发展，或者出兵进行干涉。但这两种选择明显都不是美国想要的结果。对此，腊斯克要求布朗尽量避免使“总统面对这样的选择”，甚至可以考虑使富米离开老挝的政治舞台。② 在布朗看来，在老挝政府的构成问题上，富米一直不合作，而且不止一次地表示他不相信梭发那会着手组建一个中立的政府。所以，布朗

---

① 不过，也指出在考虑接受梭发那的同时，也要考虑其他可以接受的政治人选如培·萨那尼空。此举足见美国对老挝政策的本质仍然未变，只是在代理人的不同选择方面存在不同而已。*FRUS*, 1961－1963, Laos Crisis, Vol. XXIV, Washington, DC: United States Government Printing Office, 1994, pp. 531－533.

② *FRUS*, 1961－1963, Laos Crisis, Vol. XXIV, Washington, DC: United States Government Printing Office, 1994, p. 535.

要求国务院授权采取一定措施消除富米的个人影响或让其下台。[1]

12月10日至12日，美、英、法三国外长在巴黎进行了一次会谈。三国外长都认为应该促成老挝三亲王的尽早谈判。老挝三亲王一直在谈判地点的选取上存在争议。[2] 对此，法国外长德姆维尔指出，为了打消老挝三亲王对于人身安全方面的顾虑，可以考虑邀请他们前往日内瓦进行谈判，这样能够使老挝的三亲王既有压力又不用担心安全问题。霍姆与腊斯克对此表示同意，腊斯克进一步建议老挝三亲王的谈判也可以在瑞士的其他地点进行，因为日内瓦曾经给老挝政府留下了糟糕的回忆。最后，大家认为这个问题可以进一步研究。[3]

12月19日，梭发那、文翁和苏发努冯在查尔平原进行了一次简短的会面，并同意"尽可能"在万象再次商讨有关组建联合政府的问题。四天以后，联合主席在日内瓦发布了一个关于中立宣言和协议的临时文本，不包括仍没有解决的《东南亚集体防御条约》和统一老挝军队等问题。中国外交部副部长章汉夫再次要求日内瓦会议立即开始关于"取消东南亚条约组织对于保护老挝"的谈判。联合主席立即号召三亲王向日内瓦派出一个联合代表，"不要耽搁"最终协议的签署。[4]

尽管老挝的形势有这些进展，但仍有一些不利的因素存在。沙利文和普希金在12月20日的一次私人谈话中，谈及富米仍然可能以破坏老挝三亲王会谈的方式阻挠最终协议的达成。普希金指出，"诺萨万集团"以及其支持者的美国军事顾问鼓励了富米抵制与梭发那的谈判。普希金表示虽然他对肯尼迪、哈里曼和布朗"有信心"，"但不确定他们是否能够

---

① *FRUS*, 1961 - 1963, Laos Crisis, Vol. XXIV, Washington, DC: United States Government Printing Office, 1994, pp. 536 - 537.

② 12月1日的时候，梭发那同意前往万象进行会谈，不过他的条件是允许他与苏发努冯各自带来110名卫兵与30名助手。12月4日，文翁提出如果在未来的万象谈判中梭发那和苏发努冯不要求带卫兵，那么他可以不带卫兵去查尔平原谈判。12月6日，梭发那回复文翁，他可以带领110名卫兵来查尔平原谈判。12月8日，文翁再次强调了他12月4日提出的观点，并且威胁如果梭发那不想建立一个联合政府，那么他将放弃努力。*FRUS*, 1961 - 1963, Laos Crisis, Vol. XXIV, Washington, DC: United States Government Printing Office, 1994, p. 534. n. 2.

③ *FRUS*, 1961 - 1963, Laos Crisis, Vol. XXIV, Washington, DC: United States Government Printing Office, 1994, pp. 538 - 539.

④ Arthur Lall, *How Communist China Negotiates*, New York: Columbia University Press, 1968, pp. 131 - 132, 178 - 179.

完全控制”美国的政策。他建议停止美国对老挝王国政府的经济援助以向富米施压。沙利文表示，美国将“根据自己的方式”向富米施压，并劝说苏联运用其影响来促使巴特寮在未决的万象谈判中达成一个“协议”。针对普希金对于美国军事人员正试图破坏肯尼迪—哈里曼政策的指责，沙利文指出，“每个国家都有自己的斯大林主义者”，并保证布朗“正在控制”老挝。与哈里曼一样，沙利文发现普希金很好合作。沙利文告诉华盛顿，普希金一直是“热忱的、坦率的并且放松的”①。

12 月 27 日，老挝三亲王在万象文翁的住处进行了一次会谈。文翁在谈判过程中反复强调各方势力在未来梭发那政府中的代表构成应该为巴特寮代表 4 个、万象现政府的代表 4 个、万象中立派代表 4 个、川圹中立主义者代表 4 个。另外，国防部与内政部的部长职位由老挝现政府的代表担任。而且，文翁还强调这些条件是他的“底线”。正是由于文翁的这种“坚持”，会谈不欢而散，文翁最后以“到工作时间了”为借口结束了这次谈判。在梭发那看来，文翁的这种要求使得会谈无法真正开展。随后，梭发那就此次会谈与布朗进行了交流。梭发那指出，16 个内阁席位并不是固定数。他已经做好准备增加“3 至 4 个”来自万象的中立派代表进入内阁。但是，梭发那又强调，他必须保证在其内阁中有“5 个或者 6 至 7 个”他自己的人在内。布朗认为，梭发那将会在老挝政府构成方面做出一定的让步，可是文翁的表现使得梭发那感到沮丧和失望。②

12 月 30 日，腊斯克通知布朗，梭发那已经在一些具体内容上与富米和文翁达成了一致，其中包括梭发那已经接受了 19 个内阁席位的建议，以此作为布朗工作的参考。③ 布朗也就此有关内容继续向富米施压，促使其尽快与梭发那的老挝政府构成方面达成谅解。可是，对于美国的这种持续压力，富米并不是一味地“消极拖延”，反而也开始向美国施压。12 月 31 日，富米向布朗抱怨，“美国像对待小孩子一样对待老挝政府”，他“非常震惊于美国正在实施的最为失败的政策”“美国的政策已经完全堕

---

① *FRUS*, 1961 - 1963, Laos Crisis, Vol. XXIV, Washington, DC: United States Government Printing Office, 1994, pp. 543 - 544.

② Ibid., pp. 546 - 547.

③ Ibid., p. 548.

落成共产党的方式”。他进一步强调，他“不会以投降的方式在内阁问题上做出让步”。而且，他还更为嚣张地指出，“我们请求你们撤回你们的帮助”，因为老挝现政府将解散，“这是你们与你们的苏联朋友想要的结果”“老挝现在已经是共产党的了”。[①] 鉴于对富米这种强硬态度的考虑，布朗于1962年1月3日建议国务院在制定对老挝政策的时候应该谨慎，“此时提出具体要求是非常危险的”，可是“如果置之不理，那么我们将在组建老挝政府的谈判问题上更加陷入富米的掌控中，并继续这种僵局”。[②]

1月3日，苏联与英国共同提议邀请老挝三亲王前往日内瓦进行会谈。国务院命令布朗尽量促使富米和文翁接受这个邀请。可是，在布朗看来，美国已经在“口头上”对富米和文翁进行了足够的“警告”，现在应该通过采取一些实际行动向富米施压，否则富米会将美国看作“纸老虎”，而且“以后将更难驾驭富米”[③]。两天后，布朗在向国务院的汇报中又指出富米的野心愈益膨胀，因为万象电台曾经播出了富米的一个声明。富米指出，梭发那试图建立一个联合政府的努力失败了，“敌人”正从各个地方发起进攻。可是，美国军事和情报部门的情报并没有证明富米所宣称的战斗的发生。对此，腊斯克指示布朗通知富米，如果富米仍然挑起争端，或将其军队撤往南方，那么美国将撤回军事援助咨询委员会的顾问，停止空中援助。并命令布朗可以根据实际情况“酌情处理”。[④]

1月5日，NSC 5412特别小组对富米立场问题进行研究的报告显示，该特别小组认识到富米和老挝王国政府拒绝美国在老挝联合政府问题上的建议，即将国防部和内政部交由梭发那和“他的中立主义者”掌管。富米抵制三亲王会议的一个借口是，富米担心“由梭发那的人出任国防

① *FRUS*, 1961 - 1963, Laos Crisis, Vol. XXIV, Washington, DC: United States Government Printing Office, 1994, pp. 551 - 552.

② Ibid., pp. 553 - 554.

③ Ibid., pp. 554 - 555.

④ Ibid., p. 559.

部部长与内政部部长职务是危险的"。[①] 报告认为，应该"尽可能地向富米施压，使其与梭发那在联合政府的问题上进行合作"，甚至可以考虑让"富米退出老挝的政坛，由美国向其提供足够的退休金"。而且报告还指出，"一旦发生反对富米的军事行动，将大大不利于西方与共产党进行的谈判"[②]。

富米的不合作与不让步，使得美国政府进一步研究相关对策。在 1 月 6 日进行的白宫会议上，与会者表现出了不同的立场。中情局局长麦考恩（McCone）强调，"如果梭发那控制国防与内政部部长职位，老挝将成为从北越到南越的通道"。而且对富米的援助"不应该被看作是一次赌博，而是投资于值得扶植目标上面的"。哈里曼仍然坚持自己以往的观点，主张由梭发那组建的联合政府符合美国的利益需求，同时，苏联也需要一个"合理的协议"来解决老挝冲突，普希金已经同意"封锁从老挝进入南越"的边界。肯尼迪表示，为了避免敌意再生，建议对这个顽固将军施加"最大的压力"：第一，必须尽最大努力保持停火，尽最大努力迫使富米不要制造麻烦；第二，使普希金能够保证对方也能保持相同的克制；第三，组建梭发那政府的谈判仍要继续，并要逐渐达成协议；第四，国务院与中情局应该协商与富米进行一次高层"交涉"。[③]

会后，哈里曼命令沙利文与普希金进行一次直接的对话，由沙利文通知普希金，美国政府将以中止对老挝军事援助的方式向富米和文翁施压。同时，由于美国的这个政策会"暂时削弱"老挝王国政府的军事能力和谈判地位，所以美国"将需要普希金的保证"，即莫斯科会限制巴特寮对政府的进攻。普希金在 1 月 7 日的会谈上，告诉沙利文巴特寮及其中立主义者盟友希望避免战斗，并且只有在遭到进攻的时候才会进行反击。根据普希金所说，苏联认为这是"正确的政策"。[④]

尽管老挝右翼分子的表现日益强硬，阻挠着谈判的顺利进行，但是

---

① *FRUS*, 1961 - 1963, Laos Crisis, Vol. XXIV, Washington, DC: United States Government Printing Office, 1994, p. 561.

② DNSA, "Proposal for General Phoumi Nosavan," VI 00567.

③ *FRUS*, 1961 - 1963, Laos Crisis, Vol. XXIV, Washington, DC: United States Government Printing Office, 1994, pp. 571 - 573.

④ Ibid., p. 575, n. 1.

美苏两国仍然没有放弃在这个问题上的联系与努力。1 月 13 日，苏联开始向美国政府施压，苏联驻华盛顿大使米哈伊尔·斯莫诺夫斯基通知腊斯克，“富米—文翁集团”将对老挝谈判的破裂负责。在苏联看来，因为美国一直支持文翁和富米，所以确保文翁和富米的阻挠活动是美国的责任。[①] 1 月 15 日，哈里曼与普希金再次进行了会谈。普希金希望老挝三亲王能够在“5 至 6 天内”解决分歧，并组建一个政府和签订一个协议。哈里曼也希望能够早日实现这个目标，不过哈里曼还认为，不可能这么快就能达成一个满意的结果，他表示美国将进一步向富米施压，同时也希望普希金能够按照一周前沙利文所要求的那样，限制巴特寮的行动。[②]

哈里曼在 1 月 16 日与梭发那的会谈中表明了美国将支持他担任老挝首相的基本立场，同意关于成立联合政府的新计划，即放弃原有的 4—8—4 模式，支持现在的 4—5—5—4 的梭发那模式（4 个巴特寮代表、5 个川圹中立主义者代表、5 个万象中立主义者代表、4 个万象代表）。哈里曼向梭发那强调，不要在其未来的政府里将财政部等重要部长的职务给予巴特寮代表，而应该给予那些强势并且能够免受巴特寮影响的自由人士。梭发那表示同意哈里曼的这个建议，但是又指出“文翁—富米的战略是迫使他将权力交给国王，这样将使万象与巴特寮面临直接的冲突。而万象就可以要求美国助其与共产党进行战斗”[③]。

1 月 18 日，文翁和富米同意参加在日内瓦万国宫召开的老挝三亲王会议。同一天，哈里曼和布朗与文翁和富米进行了一次会谈。布朗首先向文翁和富米表达了肯尼迪希望通过和平谈判解决老挝问题的愿望，并且希望富米能够接受由梭发那担任首相的政府，放弃对国防部部长与内政部部长的要求。可是富米仍然强硬地表示他不会放弃在这个问题上的立场。接着布朗要求富米慎重考虑如果美国不向其提供援助的后果，“他的飞机将不能保留在空中，他的军队将不能得到供给，他的整个国家将陷入困境”。富米并不为所动，声称“如果美国想停止援助，那么就请尽

① *FRUS*, 1961 - 1963, Laos Crisis, Vol. XXIV, Washington, DC: United States Government Printing Office, 1994, p. 584. n. 2.

② Ibid., pp. 583 - 584.

③ Ibid., pp. 584 - 585.

管做”。布朗接着转向文翁，要求文翁能够以老挝人民的大局为重，而且老挝的问题已经不仅仅是老挝的内政问题，更是世界上相关国家需要共同解决的问题。他进一步指出，美国已经向老挝提供了帮助，但是这种帮助是提供给老挝政府的，不是富米或任何老挝个人。放弃考虑个人利益的时刻到了。面对布朗的一番说教，富米插话表示，在老挝政府构成的问题上“会有结果的”。在布朗看来，这是富米首次对其强硬立场的放松。①

1月19日，老挝三亲王在老挝政府构成的问题上达成了协议。梭发那公开宣布老挝政府将由18位成员组成，其中包括1位首相、2位副首相、9位部长和6位副部长。各部门的分配情况为梭发那担任首相，另有其他7位代表担任部长、2位担任副部长；文翁集团获得的席位是1位副首相、1位部长和2位副部长；苏发努冯集团与文翁集团相同。② 第二天，梭发那告诉哈里曼，他对于这次谈判表示满意，指出富米已经在国防部部长与内政部部长的职位上做出了让步，并且会上达成的一个基本原则是对于富米和苏发努冯争夺的一些重要部门职务，经过协商之后，将给予梭发那的代表，以减少二者之间的对立情绪。对于内阁席位由19席变成18席的原因，梭发那的解释是，这是在“19席与之前16席建议之间妥协的产物”③。哈里曼认为这是一个相当大的进步，不过仍然存在需要进一步解决的问题，如关于具体各部部长职位的分配。④ 哈里曼对于老挝形势的这种进展更加看重的是美苏关系上的意义，他告诉普希金，他非常欣赏他们在日内瓦会谈的“坦率”，他从来没有“与任何其他的苏联同行”经历过一个较好的交往。普希金表示老挝谈判是“苏联与美国在互利基础上如何能够立即解决问题与冲突的例子”⑤。

美国政府对于“梭发那解决方案”的接受，反映了其一直以来从老

---

① *FRUS*, 1961 - 1963, Laos Crisis, Vol. XXIV, Washington, DC: United States Government Printing Office, 1994, pp. 588 - 590.

② Ibid., p. 590. n. 1.

③ Ibid., pp. 591 - 593.

④ Ibid., pp. 590 - 591.

⑤ Edmund F. Wehrle, “A Good, Bad Deal': John F. Kennedy, W. Averell Harriman, and the Neutralization of Laos, 1961 - 1962”. *The Pacific Historical Review*, Vol. 67, No. 3, August 1998, pp. 367 - 368.

挝“脱身”的愿望，但是富米并没有表现出帮助肯尼迪实现这个目标的兴趣和行动。1 月 21 日，富米与文翁告诉美国驻泰国大使杨（Kenneth Young），他们不准备将国防部部长和内政部部长的职位让与梭发那。[①] 对此，腊斯克命令布朗公开美国将不再以个人的名义向文翁和富米提供支持的信息，另外，还要团结富米和文翁以外的老挝非共力量。[②]

恰在此时，在老挝发生的另外一件事更加威胁了这个和平的进程。1 月 23 日，4 个营的富米军队在他曲（Thakhek）这一老挝狭长地带上的村庄附近与巴特寮军队发生了交火。北越与巴特寮的联合部队迅速击溃了右翼分子的军队，迫使他们撤退到湄公河对岸的泰国境内。[③] 两天后，另一队巴特寮—北越联军发动了向南塔（Nam Tha）的进攻，这是处于老挝政府紧密控制下，位于老挝西北部的战略要地，也是富米接收武器与供应的一个关键的临时跑道。为了巩固老挝王国政府在那儿的要塞，富米于 1 月 27 日开始向南塔地区空运援兵。[④] 这使老挝的形势再次紧张起来。

美国政府对富米施加的压力开始增大。1 月 27 日，肯尼迪总统亲自给富米去信。肯尼迪首先肯定了老挝当前的大好形势，同时又指出“现在已经到了尽早组建老挝国民统一政府的关键时刻”。接着，肯尼迪向富米施压，强调“富米对于老挝未来的独立与统一负有重大责任”，希望“富米能够在这些问题上与美国进行合作”，并向富米保证“只要他能够与美国进行配合，那么老挝将不断地得到美国的援助”[⑤]。

1 月 27 日，苏联外交官斯莫诺夫斯基就老挝问题会见了哈里曼。哈里曼表明美国已经在要求富米积极参加老挝三亲王谈判等老挝问题上做得很好了，所以也希望苏联能够使苏发努冯在老挝政府构成问题上进行合作。美国认为南塔发生摩擦的原因在于巴特寮方面所制造的事端，

---

① *FRUS*, 1961 - 1963, Laos Crisis, Vol. XXIV, Washington, DC: United States Government Printing Office, 1994, pp. 593. n. 2.

② Ibid., pp. 593 - 594.

③ Ibid., p. 600; Hugh Toye, *Laos: Buffer State or Battleground.* London: Oxford University Press, 1968, p. 180.

④ Arthur J. Dommen, *Conflict in Laos: the Politics of Neutralization*, New York: Praeger, 1971, p. 214.

⑤ *FRUS*, 1961 - 1963, Laos Crisis, Vol. XXIV, Washington, DC: United States Government Printing Office, 1994, p. 596.

但是，这不是美国和苏联争论的重点所在，消除双方的敌意才是首要任务。[①]

布朗于 1 月 29 日在向国务院的汇报中指出，“美国一直向老挝政府与老挝政府军提供援助，这使得美国切断与富米的联系毫无意义”。对此，鲍尔指出，“美国对于布朗的看法也有相同的认识，不过在衡量各种利弊之后，目前的政策应该是最佳的选择”。而且，“老挝的政要与军队领导人不一定完全忠心于富米，一旦我们切断对老挝的援助，他们一定会将之看作富米带来的灾难”。所以，布朗应该“使老挝的这部分人认识到老挝三亲王会谈的重要性，以此孤立富米与老挝国王和其他领导人之间的关系”。鲍尔进一步指出，如果苏发努冯缺席即将在琅勃拉邦召开的会谈，这不应该成为富米进行责难的借口，反而应该视为其扩大自身影响的机会。[②]

不顾美国的考虑，富米的态度表现得日益强硬起来。1 月 29 日，美国驻泰国大使杨的报告中指出，富米在致萨利特的一封信中强调，“如果美国停止对老挝政府提供援助，他不会因此屈服并将单独战斗到底”[③]。同一天，布朗在与富米的会谈中，再次强调了富米应该放弃国防部部长与内政部部长职位的要求，富米却以“保护反共职位”为借口进行搪塞。而且，在布朗看来，老挝国王完全站在富米一边，加之萨利特对他的支持，所以富米不会轻易放弃他的要求。[④]

肯尼迪利用 1 月 30 日在白宫与《消息报》编辑阿列克谢·阿朱别伊共进午餐的机会，劝告苏联在保持停火方面进行合作。肯尼迪强调其政府“打算利用各种手段”来影响富米和文翁接受一个由梭发那领导的政府。肯尼迪接着指出，老挝远离美苏两国，对于美苏两国而言，老挝并不具备重要的战略价值，并表示希望美苏两国能够发挥阻止敌对活动发生的影响。阿朱别伊对于肯尼迪的这个建议表示“同意”。[⑤] 尽管表达了

---

① *FRUS*, 1961 - 1963, Laos Crisis, Vol. XXIV, Washington, DC: United States Government Printing Office, 1994, pp. 601 - 603.

② Ibid., pp. 604 - 605.

③ Ibid., p. 605. n. 3.

④ Ibid., pp. 606 - 607.

⑤ DDRS, CK3100128882 - 128884.

继续努力达成和平解决的愿望，但是肯尼迪并不打算将东南亚划给共产党。午餐过后，肯尼迪告诉阿朱别伊和在场的波尔沙科夫，如果北越从老挝领土向南越的进攻继续，他“将采取强硬的行动”。①

1 月 31 日，鲍尔命令布朗公开表明“美国将不再与明显阻止和平解决老挝问题，并且妨碍老挝和美国双方利益的个人进行合作，而且希望其退出老挝政治舞台”②。这个命令表明了美国对老挝扶植目标立场的公开转变。同时，美国政府开始直接向富米施压，要求其对于“梭发那方案”进行合作。1 月 31 日，布朗向富米转达了肯尼迪的最后通牒：只要富米能够按照美国政府的指示参加定于 2 月 2 日在琅勃拉邦召开的另一次三亲王会议，他将得到肯尼迪“一贯的支持与友谊”。接着，布朗又补充了另外三点。首先，富米必须立即将国防部部长和内政部部长职位让与梭发那川圹的人员。其次，在老挝“最近的军事行动”表明了右翼军队“根本的军事弱点”，因此富米的“唯一希望”将是与梭发那的全力合作。最后，如果富米导致谈判“崩溃”，肯尼迪政府将不会派出美国军队来挽救老挝王国政府。富米表示，对于肯尼迪的要求，他将在与其他老挝王国政府官员商讨后给出一个明确答复，这只能在 2 月 2 日琅勃拉邦会谈之后。③

富米的这种顽固，以及接下来老挝事态的发展，更加坚定了美国对于“梭发那方案”的支持，而赫鲁晓夫也延续了与肯尼迪继续沟通老挝问题的秘密渠道。美苏双方的合作共同推动了老挝问题的最后解决。

---

① Pierre Salinger, *With Kennedy*, Garden City, New York: Doubleday, 1966, pp. 213 – 214.

② *FRUS*, 1961 – 1963, Laos Crisis, Vol. XXIV, Washington, DC: United States Government Printing Office, 1994, p. 609.

③ *FRUS*, 1961 – 1963, Laos Crisis, Vol. XXIV, Washington, DC: United States Government Printing Office, 1994, p. 596. 布朗的补充观点，见 *FRUS*, 1961 – 1963, Laos Crisis, Vol. XXIV, Washington, DC: United States Government Printing Office, 1994, p. 608, n. 3. 国王萨旺召集 2 月 2 日的这次会议。Hugh Toye, *Laos: Buffer State or Battleground*. London: Oxford University Press, 1968, p. 180.

第五章

第二次日内瓦会议结束与美国的老挝政策

第二次日内瓦会议的召开，以及美苏两国在不同层次与不同场合的多次沟通，使通过政治途径解决老挝危机的可能性日益增大。同时，随着国际社会对解决老挝问题努力的不断加大，老挝国内的政治形势也日益明了。最终，第二次日内瓦会议在国际社会和老挝国内各方政治势力之间各自达成妥协的情况下得以结束。不过，美国并没有因此从老挝脱身，反而随着其在越南战争中卷入程度的不断加深，老挝也始终是美国印度支那事务中的另一重要场所。

第一节　美国与第二次日内瓦会议的结束

在美国明确了通过政治途径解决老挝问题的基本原则以后，肯尼迪政府便朝向这个目标的实现不断努力着。随着世界局势的变化与老挝形势的日益发展，美国开始加大努力推动日内瓦会议的结束。通过向富米施加压力和谈判等手段，弥合与苏联在具体问题上的分歧，最终使以梭发那为首相的老挝新政府得以成立，并结束了历时 14 个月之久的第二次日内瓦会议。

一　日内瓦会议得以结束的国际背景

进入 1962 年以来，冷战背景下的世界局势发展在一定程度上影响着老挝问题的解决。首先，到 1962 年 2 月，美苏关系改善的前景并不明朗。

建立于美苏在老挝问题、核试验和柏林问题合作基础上的肯尼迪的缓和战略的基础并不牢固。肯尼迪对于通过谈判解决老挝冲突保持着相当高的期望。在1月31日的新闻发布会上，肯尼迪宣布在南塔出现的敌对活动已经实现了“有限”的停火，同时他也强调，美国与苏联仍“渴望”在1961年6月维也纳公报的基础上达成一个协议。① 不过，此时大国禁止核试验合作方面的机会已经变得渺茫。1961年1月中旬，有关禁止核试验问题的谈判陷入僵局。为了应对苏联于1961年8月末对核试验的恢复，肯尼迪做出了一个美国恢复核试验的临时决定。尽管如此，肯尼迪在公开场合仍然表示希望通过谈判的方式解决这个问题。1月15日，肯尼迪表示，“没能在核试验谈判问题上达成一个协议”是其上任第一年里的最大遗憾。②

其次，除了禁止核试验谈判陷于僵局以外，柏林问题仍然是美国和苏联之间最重要的关注点。在1月15日的新闻发布会上，肯尼迪曾经公开宣布，西方国家将“认真地面对挑战”来保护他们在德国的“基本权利”。③ 苏联从1961年冬末开始到1962年春天，不断地对西柏林施加压力，甚至从2月初更是开始对西柏林进行空中封锁。尽管如此，美国和苏联政府在柏林问题上还一直保持着稳步对话。在这方面最早交流的汤普森大使与外交部部长葛罗米柯于1月份进行的“试探性会谈”，并没有对协议产生任何有意义的成果。④ 但是肯尼迪坚持这种讨论继续下去，主张两国保持“沟通渠道”畅通。虽然大国在柏林问题上的谈判不会结束冷战在这个分裂城市的紧张局面，但是这对于解决老挝冲突将提供更多的高层接触机会。⑤

---

① Harold W. Chase and Allen H. Lerman, eds., *Kennedy and the Press*, New York: Thomas Y. Crowell, 1965, pp. 170 – 171.

② Glenn Seaborg, *Kennedy, Khrushchev, and the Test Ban*, Berkeley and Los Angeles: University of California Press, 1981, pp. 132 – 134.

③ Harold W. Chase and Allen H. Lerman, eds., *Kennedy and the Press*, New York: Thomas Y. Crowell, 1965, p. 157.

④ Jack M. Shick, *The Berlin Crisis, 1958 – 1962*, Philadelphia: University of Pennsylvania Press, 1971, pp. 186 – 188.

⑤ Harold W. Chase and Allen H. Lerman, eds., *Kennedy and the Press*, New York: Thomas Y. Crowell, 1965, p. 171.

再次，在 1962 年 1 月 18 日的 NSC 会议上，肯尼迪做出了从老挝“脱身”的决定，同时，加大美国对南越安全责任的承担。[①] 至此，肯尼迪于 1961 年 11 月批准增加的第一队美国援助人员已经到达南越。虽然表面上他们是去训练越南共和国的部队，但很快他们就开始参加对越盟的战斗。[②] 美国在南越角色扩大的另外证据是，2 月 8 日，美国建立对越南军事援助指挥中心（the United States Military Assistance Command，Vietnam)。对越南军事援助指挥中心的任务是负责所有驻南越美军的行动指挥，“尽其所能帮助和支持”西贡政府“保持国内安全、击溃共产党叛乱并抵御秘密入侵”。[③]

最后，在这种大背景下，从 1962 年 2 月到 6 月末，老挝危机解决的希望仍然主要依靠老挝形势的发展，而不是决定于日内瓦谈判桌上的进展。事实上，在 1 月 23 日的全体会议没能达成一个老挝联合政府的协议后，日内瓦会议便处于休会状态，直到 7 月初才讨论最后没有解决的“老挝武装势力的统一与解散和老挝与东南亚条约组织的关系”这两个问题时，期间没再复会。[④] 在日内瓦会议休会期间，老挝的敌对双方仍然在南塔地区准备对抗。至 1 月末，富米已经在南塔集合了大约 5000 名配有重炮装备的兵力。2 月 1 日，巴特寮增加了对南塔城的进攻，并首次攻击了那儿的临时跑道。第二天，文翁宣布对南塔的进攻迫使老挝王国政府停止与梭发那进行一个新的回合的谈判，并要求共产党军队从被围城市

---

① *FRUS*，1961 - 1963，Western Europe and Canada，Vol. XIII，Washington，DC：United States Government Printing Office，1994，p. 241.

② George McT. Kahin，*Intervention*：*How American Became Involved in Vietnam*，New York：Doubleday & Co.，1986，pp. 139 - 140.

③ *FRUS*，1961 - 1963，Vietnam，Vol. I，Washington，DC：United States Government Printing Office，1988，pp. 111 - 112. 如乔治·卡欣（George Kahin）所指出的那样，此时北越通过老挝向南越渗透仍然是肯尼迪政府的一个主要关注点，美国的决策者认为越盟的叛乱是“河内操纵下对南部的入侵”。George McT. Kahin，*Intervention*：*How American Became Involved in Vietnam*，New York：Doubleday & Co.，1986，p. 139. 据中情局推测，1961 年北越渗透进入南越的总人数约为 5443 人，几乎是 1959 年和 1960 年平均数的二倍。Ibid.，p. 516，n. 1.

④ Arthur Lall，How *Communist China Negotiates*，New York：Columbia University Press，1968，pp. 134 - 135.

后撤 9 英里。[①]

二　美国努力促成富米与梭发那的合作

肯尼迪政府开始推行“梭发那解决方案”，即同意由梭发那组建一个包括巴特寮代表在内的联合政府以后，便开始朝着这个新方向努力。

首先，美国选择的是与苏联积极沟通，希望苏联能够在消除南塔摩擦的同时，帮助美国说服梭发那“接受”富米的合作。2 月 1 日，国务院命令美国驻苏联大使汤普森向苏联提出巴特寮和北越联军在南塔附近向老挝政府军发动进攻的问题。国务院指示汤普森应该指出，这种进攻将可能破坏老挝三亲王之间仍在进行的寻求和平解决老挝问题的谈判。而且，在老挝政府军遭受进攻的时候，美国也无法有效地向文翁和富米施加足够的压力，使其诚心进行谈判。[②] 2 月 3 日，汤普森就此问题与普希金在莫斯科进行了一次交谈。根据汤普森的言论，普希金强调共产党对南塔的进攻只是对右翼势力在这个地区“进攻行为”的反击，并指责是富米在试图破坏和平进程。汤普森要求苏联帮助限制巴特寮的进一步军事行动。普希金反驳道：“在向美国提供帮助方面，苏联早已经超过他们应该做的范围。”[③] 按照国务院的指示，汤普森联合英国驻苏联大使罗伯茨于 2 月 4 日共同就这个问题向苏联进行了交涉，强调南塔问题与建立老挝联合政府问题是密不可分的，可是普希金的态度“比前一天更为强硬”。[④]

哈里曼与普希金在 1961 年末到 1962 年 1 月进行的多次谈判，开启了美国与苏联共同促成南塔和平的合作。2 月 4 日，布朗与亚历山大·阿布拉莫夫在万象商讨安排另一次三亲王会议的可能性，并共同号召老挝王国政府与巴特寮——中立主义者联盟的代表与国际监督委员会进行停火的商谈。阿布拉莫夫在会谈中向布朗提出，除非富米同意恢复与梭发那

---

① Arthur J. Dommen, *Conflict in Laos: the Politics of Neutralization*, New York: Praeger, 1971, pp. 214 – 215.

② *FRUS*, 1961 – 1963, Laos Crisis, Vol. XXIV, Washington, DC: United States Government Printing Office, 1994, p. 611. n. 1.

③ Ibid., pp. 611 – 612.

④ Ibid., p. 612. n. 2.

关于中立政府的谈判，否则，莫斯科将拒绝帮助实现“任何形式的停火”。

其次，美国政府内部也紧急磋商着对老挝的具体措施。一方面，继续采取措施向富米施压，另一方面，通过行动积极联系梭发那。2 月 4 日，腊斯克指示布朗，在富米没有明确其态度前，应该暂停对老挝政府援助资金的发放，这样将会使我们的盟友、苏联以及老挝都相信我们想通过和平手段解决老挝问题的决心。① 第二天，海军部长助理巴格利(Bagley)在向总统军事代表泰勒汇报老挝形势发展情况时，提到富米并没有听从美国旨意的迹象，他建议可以考虑在军事方面停止向富米提供军饷和补给，停止军事援助咨询委员会的行动支持，以撤回军事顾问、教官以及技术人员等手段来向富米施压。但是，巴格利又强调，“苗族武装不在这种考虑范围之内，他们需要按照‘另一套方案’执行”②。这再次暴露了美国对老挝政策的本质所在。对此，国务院当天便命令美国驻泰国大使要使萨利特不要向富米提供军火援助，否则不利于谈判的进行。③ 2 月 6 日，美国国务院召开了一次关于老挝问题的会议。在经过对老挝局势的分析之后，会议最后提出应该联合英国和法国驻万象大使告诉梭发那，如果能够停止南塔的进攻，那么美国将在建立联合政府问题上与其进行直接的对话。④ 当天晚些时候，国务院接连给布朗发去两封电报，将这份会议决议落实，“努力使富米诚心进行谈判没有成功的希望，因此到了直接与梭发那进行谈判的时候了”。国务院要求布朗让英国大使阿迪斯立即与梭发那进行联系，只要梭发那能够停止在南塔的进攻，并能够提出令他们满意的政府构成，那么他们将与其在联合政府的问题上进行直接谈判。⑤

在确定了这两个基本原则以后，美国便开始了努力促成富米与梭发

① *FRUS*, 1961 - 1963, Laos Crisis, Vol. XXIV, Washington, DC: United States Government Printing Office, 1994, pp. 612 - 613.

② Ibid., pp. 618 - 619.

③ DDRS, CK3100368783.

④ *FRUS*, 1961 - 1963, Laos Crisis, Vol. XXIV, Washington, DC: United States Government Printing Office, 1994, p. 615.

⑤ Ibid., pp. 615 - 617.

那合作的具体工作。在这期间，梭发那曾于2月6日邀请文翁前往查尔平原进行商谈。不过，富米并没有表现出良好的谈判兴趣。2月9日，富米告诉当地中情局负责人约翰·海西（John Hasey），梭发那领导下的联合政府是不可能的，老挝王国政府永远不会将国防部和内政部部长的职位让与中立主义者。[①] 富米还明确表示，如果有必要，他将升级在南塔的战斗。2月12日，巴特寮的攻击之后，富米又空运了数百名士兵以巩固那里的防线。富米违背了其美国军事顾问的意愿而采取了这一行动。[②]

美国在是否直接以及何时开始与梭发那进行联系的问题上一直犹豫不决。另外，泰国也疑惑于美国将直接与梭发那进行接触的打算。为了打消泰国的这种疑虑，2月8日，美国指示其驻泰国大使向萨利特表明美国此举的目的并不是想放弃富米，希望能够得到萨利特的支持。美国还表示，即使梭发那最后成为首相，如果富米的反共立场跟以前一样，那么美国对富米的支持还将超过对梭发那的支持。[③] 而且，布朗也曾担心，"一旦我们与梭发那进行直接的联系，那将意味着切断所有富米和文翁可能妥协的后路"。[④] 美国政府在这个问题上的犹豫，也影响了布朗在老挝工作的开展。2月13日，布朗在向国务院的汇报中指出，梭发那将在未来两天内前往琅勃拉邦与富米进行谈判。英国与法国的大使要求布朗与他们一起直接向梭发那施压，向梭发那表示这将是通过政治手段解决老挝问题的最后机会。可是，布朗的问题在于，根据国务院的指令，只有在南塔摩擦真正停止以后，他才可以与梭发那进行直接的联系。[⑤] 而富米在政治上的一直不妥协和在南塔的军事建设，使美国政府进一步认识到这位顽固的将军并不会按照美国的要求去做，于是，美国在扶植目标的政策上出台了进一步的策略。2月13日，布朗接到腊斯克的命令，允许

---

① *FRUS*, 1961－1963, Laos Crisis, Vol. XXIV, Washington, DC: United States Government Printing Office, 1994, p. 634. n. 1.

② Arthur J. Dommen, *Conflict in Laos: the Politics of Neutralization*, New York: Praeger, 1971, p. 215; Roger Hilsman, *To Move A Nation: the Politics of Foreign Policy in The Administration of John F. Kennedy*, Garden City, NY: Doubleday, 1967, p. 140.

③ DDRS, CK3100368584.

④ *FRUS*, 1961－1963, Laos Crisis, Vol. XXIV, Washington, DC: United States Government Printing Office, 1994, p. 620.

⑤ Ibid., p. 622. n. 1.

其与英法两国大使一起同梭发那进行联系，鼓励其着手组建一个联合政府。[①]

与此同时，为了迫使富米与梭发那合作，华盛顿再一次切断了对老挝王国政府的经济援助。其目的是表明肯尼迪政府站在西方盟友和苏联一方，“通过支持联合政府，保持政治上的竞争和在老挝小规模的战斗，作为避免发展为一场重大冲突最好的手段”。这种压力显示出了效果。在 2 月 16 日和 17 日与梭发那的交谈中，富米同意月底参加在万象进行的新一轮谈判。[②] 在英国和苏联政府的压力之下，“巴特寮—北越部队”从包围南塔城盘子状的峡谷撤退至附近外围的山里，南塔的战斗迅速减少。[③]

在切断对富米的援助迫使其让步的同时，美国政府又寻求泰国的支持。2 月 16 日，腊斯克指示前往泰国访问的司法部部长罗伯特·肯尼迪在与萨利特的会谈中，不要谈论老挝的具体问题，但可以向其表明美国的基本立场所在，即美国在老挝的目标是建立一个主权独立与统一并且可以保持东南亚和平的老挝政府。美国一直致力于通过和平手段解决老挝问题。相反，如果通过战争手段，那一定会殃及与老挝紧邻的泰国，而这将是萨利特所不愿意看到的结果。过去 8 个月以来，日内瓦会议谈判已经取得了相当的进展，很明显，梭发那是现在最好的选择，而且梭发那也认识到他所处的微妙境地，所以他一定会尽全力建立一个中立的老挝政府。当日内瓦协议签订以后，所有的外国军事力量都要撤出老挝，但这并不意味着美国对老挝的放弃。美国的军事撤离将与共产党方面的撤离等同，任何违背条约的行为都将使美国停止这种撤离，甚至返回老挝。[④] 2 月 18 日，腊斯克进一步告诉司法部部长罗伯特·肯尼迪，如果萨利特仍然在老挝的问题上采取强硬的立场，那么可以提醒萨利特，由于

---

① *FRUS*, 1961 - 1963, Laos Crisis, Vol. XXIV, Washington, DC: United States Government Printing Office, 1994, p. 622.

② Marek Thee, *Notes of a Witness: Laos and The Second Indochinese War*, New York: Random House, 1973, p. 227.

③ Roger Hilsman, *To Move a Nation: the Politics of Foreign Policy in The Administration of John F. Kennedy*, Garden City, NY: Doubleday, 1967, p. 140; 苏联与英国大使在停止南塔摩擦中所做的努力，见 Hugh Toye, *Laos: Buffer State or Battleground.* London: Oxford University Press, 1968, p. 181.

④ DDRS, CK3100360783 - CK3100360786.

他 1960 年不听从美国的建议切断了对老挝的石油和牛奶的供应，使得当时的梭发那政府转而开始接受苏联的援助，是萨利特自己将泰国卷入老挝问题中来的。[①] 第二天，在与萨利特进行关于老挝问题的会谈中，罗伯特·肯尼迪向萨利特表明了美国的立场，萨利特表示之前他并不了解美国的真实意图，现在他将根据美国的旨意调整自己的老挝政策。虽然罗伯特·肯尼迪也向萨利特提出了扶持梭发那上台存在一定的风险，但是萨利特表示，这是一个正确的尝试，即使失败，也可以再考虑其他的方案。[②] 显然，罗伯特·肯尼迪的这次泰国之行有了收获。

2 月 21 日，肯尼迪、哈里曼和腊斯克在白宫与国会领导人的会议上表达了他们对美苏在老挝问题上合作的认识。这次会议首先谈及了苏联对柏林空中航道的封锁和汤普森—葛罗米柯对于柏林形势的谈判所带来的窘境，进而，腊斯克对苏联目的的详细分析揭示了苏联政府解决老挝冲突的政策基础："我们相信此时苏联*需要*（原文为斜体）一份关于老挝的协议，并真正地希望阻止东南亚其他地方出事。根据他们的观点，在过去的几个月中，苏联有许多机会介入这场战争中或增加他们的参与程度。但是他们已经考虑在谈判过程中保持存在的困难。这种认识，多少与莫斯科和北京之间的关系进展有一些联系。"哈里曼进一步发展了这些观点，他告诉与会者"尽管有红色中国的压力"，但普希金已经在日内瓦"做出一些让步"。肯尼迪也表示同意这些认识，指出如果不是因为"美国将进行干涉的威胁"和苏联"打算通过达成一个协议来解决冲突的愿望"，那么此时老挝王国政府早已落入巴特寮手中。[③]

从美国政府开始调整其在老挝扶植目标的政策以来，英国始终没有放弃富米在其对老挝政策中的重要地位。2 月 23 日，肯尼迪指示布朗要尽其努力说服富米与梭发那即将建立的可以防止共产党控制的老挝政府进行合作，并且进一步向富米强调梭发那现在与巴特寮已经出现了裂痕，

---

① DDRS，CK3100360791.

② DDRS，CK3100360972 – CK3100973.

③ *FRUS*，1961 – 1963，1961 – 1963，Laos Crisis，Vol. XXIV，Washington，DC：United States Government Printing Office，1994，pp. 625 – 630. 还应该指出的是哈里曼认为对于巴特寮向南塔进攻进行支持的不是莫斯科而是北京。

这是团结老挝一切非共力量的大好时机。[1] 尽管如此，富米仍然不为所动。第二天，梭发那向布朗介绍了他与富米会谈的情况。富米仍然坚持认为梭发那不能担任首相，因为在富米看来，梭发那不能控制巴特寮。接着，在无法阻止老挝建立新政府的情况下，富米向梭发那提出应该“建立一个由国王为行政首脑的六阁员政府”[2]。其中，文翁为内政部部长，苏发努冯为财政部部长，梭发那为国防部部长，富米为国防部“行政副部长”。剩下的 3 个部长职位应该给予包括培·萨那尼空在内的“万象中立者”。由于他们的反共立场一致，所以这将保证右翼分子对老挝事务的控制权。[3]

与富米的这次交谈，“使梭发那更加确信，班欣合会谈以后，万象就没打算真正地实施接受他作为首相的协议内容”。布朗也进一步向国务院提出，“除非在极大的压力之下，富米将不会同意任何由梭发那组建政府的建议”[4]。2 月 25 日，布朗向国务院提出如果富米拒绝接受一个梭发那领导下的而且是美国能够接受的联合政府，他应该通知富米以 48 小时为限，或者富米同意，或者美国将停止对老挝政府全部的财政与军事援助，并且除了粮食供给以外，将切断全部军事物资的运送，撤回所有的顾问和停止全部的空中援助。[5] 国务院认为，布朗的这个建议“操之过急容易产生危险的后果”。国务院强调，“美国的目标是既要取得富米的合作，也要在未来的梭发那政府中保持富米这种保守的政治和军事力量”。因而国务院指出，“在布朗对富米运用胡萝卜加大棒政策的交往中，应该更多运用‘胡萝卜’的办法”[6]。并进一步指出，梭发那已经表示“在老挝联

---

① *FRUS*, 1961 - 1963, 1961 - 1963, Laos Crisis, Vol. XXIV, Washington, DC: United States Government Printing Office, 1994, pp. 633 - 634.

② 早在 2 月 9 日的时候，富米就向海西提出了这个想法，见 *FRUS*, 1961 - 1963, 1961 - 1963, Laos Crisis, Vol. XXIV, Washington, DC: United States Government Printing Office, 1994, p. 634. n. 1.

③ Marek Thee, *Notes of a Witness*: *Laos and The Second Indochinese War*, New York: Random House, 1973, p. 227.

④ *FRUS*, 1961 - 1963, 1961 - 1963, Laos Crisis, Vol. XXIV, Washington, DC: United States Government Printing Office, 1994, pp. 634 - 636.

⑤ Ibid., p. 637. n. 2.

⑥ Ibid., p. 637. n. 1.

合政府建立以后，他将推迟对老挝军事力量的整合与复员，给富米留出一段时间判断梭发那的方案是否可行”①。布朗坚持认为富米不会诚心与梭发那合作。2 月 26 日，布朗建议可以考虑从内部分化富米的力量，使富米孤立，这样的效果可能更好些。不管怎样，虽然布朗始终不相信富米会与梭发那合作，但是布朗也不主张将其放弃，布朗“始终认为切断与富米的全部联系对我们的伤害要大于对他的伤害”②。

2 月 28 日，肯尼迪给布朗发去了明确的指令，“我们的目标是建立一个梭发那领导下的能够保持老挝独立与完整的联合政府”，“为了实现这个目标，我们必须将支持重心从富米控制下的政府，转移至经国王同意后梭发那领导下的政府，与此同时，不能破坏梭发那必须依赖的用以抵抗共产党的右翼政治力量与军事力量。特别是，我们必须保证有足够的万象力量愿意参加梭发那政府，以保证对巴特寮势力的平衡，而且在整编与复员老挝的各方军事力量的时候，应该保证老挝政府军对巴特寮军队的优势”③。为了保证这个目标的实现，肯尼迪授予布朗全权处理有关事务。“第一，只要不破坏老挝政府军的力量，布朗可以根据情况需要对富米施加任何压力。第二，布朗可以全权使用公开或秘密手段对老挝其他的政治和军事要员施加影响，以增加这些个人或团体支持梭发那联合政府的意愿。布朗还可以随意提出额外的财政要求，或其他的他现在还没有的权力要求。第三，只要符合我们的目的需求，布朗可以与任何人交谈，可以到任何地方去。布朗尤其应该与梭发那探讨采取措施迫使富米支持梭发那的联合政府，或者探讨用其他愿意并能够支持梭发那方案的政治或军事领导人将其代替。”④ 3 月 1 日，哈里曼在肯尼迪对布朗的指令的基础上进一步强调，“布朗及其团队对于实现总统的目标是最有发言权的”，要求布朗应该“放开手脚”“即使我们不了解水塘中央的冰有

① *FRUS*, 1961 - 1963, 1961 - 1963, Laos Crisis, Vol. XXIV, Washington, DC: United States Government Printing Office, 1994, p. 638. n. 5.

② Ibid., pp. 639 - 640.

③ Ibid., p. 640.

④ Ibid., pp. 640 - 641.

多厚，我们也要开始滑冰”。[①]

此时，推动富米的合作比在日内瓦赢得普希金的让步显得更为紧迫。就在 2 月 28 日肯尼迪授予布朗全权处理老挝问题权力的时候，根据哈里曼的建议，美国政府同一天向万象派出了沙利文—弗雷斯特尔（Forrestal）使团，该使团于 3 月 3 日到达老挝。[②] 肯尼迪在 3 月 5 日与泰国外交部部长他纳·科曼（Thanat Khoman）的会谈中，概括了沙利文—弗雷斯特尔使团的目的。肯尼迪说道，美国政府不想将富米“扔在海绵上，更不想支持梭发那，而只想他们在老挝政府的问题上进行合作”[③]。科曼指出，泰国同意美国的老挝政策，泰国支持的也不是富米个人，而是那些能够防止老挝落入共产党手中的人。[④] 肯尼迪强调，未来在任何老挝政府中保留右翼势力仍很重要。而对于梭发那所提议的老挝政府的构成，美国表示不能接受，因为在他们看来，这个政府里的人员构成显得过于倾向巴特寮和“川圹的左倾‘中立者’”。[⑤] 但是，英国和法国驻老挝大使却对梭发那的提议表示赞同。[⑥] 尽管如此，英国外交部表示还站在美国一边。[⑦]

不管怎样，迫使富米接受“梭发那解决方案”需要强硬的压力。为了准备应对富米和文翁对沙利文和弗雷斯特尔不可避免的抵触，肯尼迪派遣了两位特使，他们分别是美国驻太平洋舰队司令费尔特将军与一位不知姓名的中情局官员，前去劝说这位顽固的将军进行合作。这两位特使于 3 月 6 日分别会见了富米，并转达了肯尼迪强调的 3 个关键问题。首先，美国“将不会接受因为富米的不合作而将其自身卷入一场在老挝的

---

① *FRUS*, 1961 - 1963, 1961 - 1963, Laos Crisis, Vol. XXIV, Washington, DC: United States Government Printing Office, 1994, p. 641.

② 沙利文是哈里曼在日内瓦会议的助手，弗雷斯特尔是一位 NSC 远东事务专家。*FRUS*, 1961 - 1963, Laos Crisis, Vol. XXIV, Washington, DC: United States Government Printing Office, 1994, p. 640. n. 1.

③ DDRS, CK3100368590 - CK3100368592.

④ DDRS, CK3100360798.

⑤ *FRUS*, 1961 - 1963, Laos Crisis, Vol. XXIV, Washington, DC: United States Government Printing Office, 1994, p. 643. n. 2. 梭发那所提议的老挝政府人员构成具体情况见 ibid., n. 1.

⑥ *FRUS*, 1961 - 1963, Laos Crisis, Vol. XXIV, Washington, DC: United States Government Printing Office, 1994, p. 643. n. 3.

⑦ Ibid., p. 643.

战争”；其次，如果富米仍然坚持不与梭发那合作，那么他“不要期望得到美国的支持”；最后，美国的所有部门都一致执行总统的命令。“这是警告富米不要过于迷信任何可能仍然反对‘梭发那解决方案’的美国官员的建议。”① 不过，这些警告并没有取得预期的效果。几天以后，文翁宣布梭发那只是“国际共产主义扶植目标”的一块“遮羞布”，并且明确宣布富米不会将国防部部长和内政部部长的职位让与中立主义者。②

沙利文和弗雷斯特尔也几乎没有取得说服富米的效果。他们在沙湾拿吉与富米一共进行了3次交谈，虽然富米一再表示他清楚拒绝美国政策的严重后果，可是他也仍然拒绝给出明确态度，最后以“要与万象政府成员商量”为借口不断地推迟表态。③

由于富米的实力及其在老挝政府中的影响力，使得美国政府想通过从内部分化富米实力的想法在实践中遇到了相当大的阻力。3月5日，布朗和沙利文与一直认为富米不会接受一个梭发那政府的培·萨那尼空进行了一次交谈。培·萨那尼空表示，在老挝政府中，富米根本没有竞争对手，军队绝对地服从于富米的指挥。他指出，唯一可以改变富米立场的办法是通过萨利特，并且要制定出一份由美国提供保障的防御泰国安全的计划。④ 经过与老挝各个层次人物1周左右时间的接触，布朗认为老挝的大部分军政要员对当前的现状比较满足，也不认为美国的提议是最佳解决方案。而且，大部分老挝政府人员都认为如果梭发那上台将意味着老挝政府会逐渐落入巴特寮手中，并且将逐渐地毁掉老挝政府。在平民阶层也存在类似的情况，一部分人不相信梭发那及其身边的人，认为老挝自己不能够抵挡住共产党的进攻，尤其是梭发那上台执政；另一部分人虽然在理论上倾向于支持梭发那，但是他们更担心一旦富米知道了他们的想法，他们会遭到打击。⑤

---

① *FRUS*, 1961－1963, Laos Crisis, Vol. XXIV, Washington, DC: United States Government Printing Office, 1994, pp. 644－648; Ibid., pp. 648－650.

② Marek Thee, *Notes of a Witness: Laos and The Second Indochinese War*, New York: Random House, 1973, pp. 227－228.

③ *FRUS*, 1961－1963, Laos Crisis, Vol. XXIV, Washington, DC: United States Government Printing Office, 1994, p. 653.

④ Ibid., p. 651. n. 1.

⑤ Ibid., pp. 651－652.

富米的气焰表现得日益嚣张起来。3月19日，富米告诉海西他不能前往曼谷与哈里曼进行会谈。富米声称，这不是个人问题，老挝政府内阁与国王都反对富米与外国代表进行“秘密交易”。富米表示，哈里曼可以来万象，或者可以派代表前来。海西警告富米这是一个极大的错误，并将产生严重的后果，富米对此无动于衷。[①] 可是随后不久，富米的态度就发生了180°的大转弯。富米表示，他非常忙，如果哈里曼想与他进行会谈，他可以前往曼谷与之会面。[②] 其中的原因在于，在曼谷驻泰国大使杨向萨利特提出这个问题前，萨利特已经派沃勒普（Wallop）前往沙湾拿吉，“迫使”富米同意与哈里曼和萨利特在泰国会谈。[③] 不过，哈里曼3月21日到达曼谷后发现富米并没来，这使其进一步相信就像弗雷斯特尔和沙利文向其汇报的那样，即富米的真实用意在于降低梭发那的信用，迫使他离开老挝。布朗认为，“富米拒绝前往曼谷是因为，曼谷对老挝政府经济制裁没有效果，曼谷必须考虑停止向其提供的军事援助”。尽管如此，哈里曼并没有放弃对富米的争取。哈里曼表示，经过他与萨利特商议之后，他可以接受老挝政府要他前往万象进行商谈的正式邀请。[④] 两天后，鲍尔指出，总统也认为“现在切断对富米的军事援助是不明智的，这将给富米及其追随者公然反对合作的机会”[⑤]。

3月22日，哈里曼与萨利特进行了一次会谈，并向其强调哈里曼、萨利特与富米的三方会谈非常重要，这可以使富米不能再施展其一直使用的“两面政策”的伎俩。[⑥] 在萨利特的劝说下，富米表示同意在泰国的廊开与哈里曼和萨利特进行会谈，然后富米将协同哈里曼前往万象与老挝国王和议会见面。富米私下里告诉海西，必须使哈里曼提前明白的是富米不愿意放弃国防部和内政部的要求。对此，哈里曼判断在老挝谈判的前景并不明朗。[⑦] 肯尼迪要求哈里曼在与富米谈判的过程中，应该使其

① *FRUS*, 1961－1963, Laos Crisis, Vol. XXIV, Washington, DC: United States Government Printing Office, 1994, p. 655. n. 2.

② Ibid., p. 655.

③ Ibid., p. 657.

④ Ibid., pp. 662－663.

⑤ Ibid., pp. 665－666.

⑥ Ibid., p. 664.

⑦ Ibid., p. 664. n. 1.

明确“美国不会出兵对其提供帮助”，所以富米应该放弃“使美国卷入这场冲突的想法”“如果富米仍然一意孤行，那么带来的将是毁灭其国家的结果，他必须对此负全责，美国也将不再支持他”。①

3 月 25 日，哈里曼、萨利特与富米在廊开进行了一次长达 3 个小时的会谈。虽然哈里曼强调一个梭发那领导下的联合政府似乎是“解救灾难的唯一机会”，但富米根本没有让步，他一再强调的是梭发那“没有完成组建政府的能力”。哈里曼告诉富米，他们正走在“使其国家陷于分裂”的路上。哈里曼指着湄公河警告富米，如果和平进程遭到破坏，那么右翼分子将不得不“游过湄公河”。他还提醒道，如果巴特寮发动进攻，美国将不会进行干涉来救助富米的“败军”。② 不过，值得一提的是，他提议在国防部部长与内政部部长的问题上，可以成立一个由梭发那、富米和苏发努冯组成的“三人委员会”共同掌管。③ 他这个提议后来为美苏双方所接受，推动了老挝问题的解决。随后，哈里曼来到万象，与老挝国王进行了一次两个多小时的会谈。国王声称，“巴特寮是北越的前锋，几个世纪以来北越一直想征服老挝”。在哈里曼看来，国王相信一个梭发那领导下的联合政府一定会实现北越的目标。④ 肯尼迪在 3 月 29 日的新闻发布会上指出，富米和老挝国王反对其对老挝的政策“是不明智的”，并进一步强调，如果富米不采取这样的措施，将产生“极大的危险”。⑤

美国政府在积极争取富米的合作的同时，也在继续积极争取着梭发那与苏联的合作。3 月 27 日，哈里曼命令沙利文前往康海与梭发那进行会谈，可是富米在这个问题上也进行了掣肘，不允许沙利文从万象直接飞往康海，沙利文只好从万象转到金边，然后再飞往康海。

在克服了富米制造的困难以后，3 月 31 日，由沙利文、梭发那、苏发努冯和阿布拉莫夫参加的在中立主义者“首都”康海召开的一次“特

---

① *FRUS*, 1961 - 1963, Laos Crisis, Vol. XXIV, Washington, DC: United States Government Printing Office, 1994, p. 666.

② Ibid., pp. 667 - 668.

③ Ibid., p. 667.

④ Ibid., p. 667. n. 1.

⑤ Harold W. Chase and Allen H. Lerman, eds., *Kennedy and the Press*, New York: Thomas Y. Crowell, 1965, p. 218.

别”会议，从另一个角度表明肯尼迪政府对富米愈益失去了信心。沙利文询问阿布拉莫夫和苏发努冯，如果美国对右翼军队实施军事制裁，他们是否会限制共产党军队对富米军队的进攻。苏发努冯表示他这边不会发动进攻，而且阿布拉莫夫也表示他希望老挝形势“保持2或3个月的安静”。所有与会人员都建议肯尼迪政府应该对富米实施一些军事制裁来迫使其进行谈判。考虑到切断美国对老挝王国政府的全部军事援助会彻底摧毁右翼分子的力量，梭发那建议从富米的战斗部队中撤出美国顾问。苏发努冯则要求立即停止所有给富米的“美国军事援助”。相反，阿布拉莫夫只是说此事的“所有细节都应该留给美国”来处理。他还指出，苏联会接受一个在未来联合政府中的临时分权计划，即由梭发那、富米和苏发努冯共同掌管国防部和内政部，他们中的每一个人都对决定有否决权。①

阿布拉莫夫在这次谈判中的“合作”，表明3月份在日内瓦的高层交锋已经开始起作用。在日内瓦进行裁军会议的过程中，腊斯克告诉葛罗米柯，美国已经尽了“非常大的努力”来劝告富米完成联合政府的组建。他还说道，肯尼迪政府将“利用其影响”，即以对老挝王国政府实施军事制裁的手段来迫使富米和文翁参加谈判，但是担心苏发努冯与北越会“利用”这个形势。作为回应，葛罗米柯指出，如果腊斯克所说的是“绝对的保证，那么巴特寮将不会利用这个机会”。

尽管有这些保证，但是肯尼迪清楚地认识到他还需要时间来摆脱富米。3月30日，肯尼迪告诉苏联大使多勃雷宁，他认为维也纳公报“仍然有效”，并且在这个基础上，美国“一直努力达成一个协议，只是还没有取得最后胜利”。肯尼迪还强调，双方在老挝问题上的相互克制，在和平进程遭到破坏的时候“应该遵守停火”。同样，多勃雷宁也再次强调其政府对维也纳公报的遵守。② 赫鲁晓夫似乎早已准备好给肯尼迪时间来迫使富米回到谈判桌前。弗雷斯特尔在4月2日的白宫工作会议上指出，葛

① *FRUS*, 1961 - 1963, Laos Crisis, Vol. XXIV, Washington, DC: United States Government Printing Office, 1994, pp. 672 - 673.

② *FRUS*, 1961 - 1963, Soviet Union, Vol. V, Washington, DC: United States Government Printing Office, 1998, pp. 395 - 396.

罗米柯已经向腊斯克表示在一个“不确定的时期内”，共产党不会“利用”老挝的形势。[①] 4 月 3 日，巴格利在向泰勒汇报老挝形势的时候指出，整体氛围比较不错，就连“在老挝和日内瓦的苏联代表也都表现得非常轻松；苏联驻老挝大使准备 4 月末的时候离开，到 8 月份才回来”[②]。正如汤普森大使在当天的国会证词中所说的那样，“在我们努力这么做的时候，俄国人一定表现出耐心”。因此，腊斯克在 4 月 16 日的会面中向多勃雷宁表示，美国的决策者们真的希望在老挝成立一个联合政府，但是“与老挝王国政府的领导人之间还存在一些困难”，所以“确实需要一些时间来得到满意的结果”[③]。4 月 28 日，肯尼迪告诉哈罗德·麦克米伦，“在万象，我们在老挝问题上达成了一些共识”“俄国被赫鲁晓夫的承诺所震惊”。[④]

尽管他们在努力解决老挝冲突中的合作问题，但是华盛顿与莫斯科的关系就像冷战中的其他关节点那样不确定。裁军会议结束几天后，苏联在 3 月末已经停止了对柏林空中航道封锁造成的窘境。虽然腊斯克与葛罗米柯在日内瓦已经就进入西柏林途径的国际管制问题相互交换了意见，但是他们的会谈并没有以在这个问题上取得明显进展而结束。[⑤] 4 月 16 日，在华盛顿与腊斯克开始新一轮的讨论时，多勃雷宁表达了苏联在未来谈判中的立场：任何进入柏林权力方面协议的达成都需要从西柏林撤出西方的占领军。[⑥] 不过，肯尼迪认为占领权的问题是不能商量的。

此时的老挝形势仍不明朗，因为富米和文翁并没有表示他们将与梭发那合作。为了向他们施加压力，在哈里曼的建议下，肯尼迪准备在 5

---

① *FRUS*, 1961 - 1963, 1961 - 1963, Laos Crisis, Vol. XXIV, Washington, DC: United States Government Printing Office, 1994, pp. 677 - 678. n. 1.

② Ibid., p. 679.

③ *FRUS*, 1961 - 1963, Berlin Crisis, 1962 - 1963, Vol. XV, Washington, DC: United States Government Printing Office, 1994, p. 118.

④ *FRUS*, 1961 - 1963, Laos Crisis, Vol. XXIV, Washington, DC: United States Government Printing Office, 1994, p. 707.

⑤ Jack M. Schick, *The Berlin Crisis*, 1958 - 1962, Philadelphia: University of Pennsylvania Press, 1971, pp. 194 - 198.

⑥ *FRUS*, 1961 - 1963, Berlin Crisis, 1962 - 1963, Vol. XV, Washington, DC: United States Government Printing Office, 1994, pp. 114 - 119.

月7日前从富米的战斗部队中撤回美国的军事顾问。[①] 此举将极大地削弱富米部队的战斗力。弗雷斯特尔告诉肯尼迪，这么做的第二个好处将是“保证梭发那与俄国人能够发挥作用”[②]。与此同时，富米也在“制造麻烦”的过程中降低了其在美国政府中的地位。富米宣称，准备在5月11日推行他的“国王政府”计划。由于美国政府担心富米的这个计划将最终毁坏梭发那的政治权力，所以美国政府建议萨利特劝告富米不要推行这个计划。[③] 经过4天的非正式访问之后，英国首相麦克米伦与肯尼迪于4月29日发布了一份联合公报，声称英美两国“再次强烈地支持可以实现老挝中立和独立的老挝政府”[④]。美国的这种努力终于收到了一定的成效。5月2日，弗雷斯特尔告诉肯尼迪，富米“正在改变他的立场”。哈里曼认为，“这主要应该归功于停止经济援助与最近温和的军事制裁效果”[⑤]。

三　南塔危机与富米的“妥协”

从1955年美国开始介入老挝事务时，美国便确立了在老挝建立亲西方政府的反共目标。在追求这个目标的过程中，富米成为美国一个重要的候选人。虽然富米在现实中没有达到美国的要求，但是由于其还仍然存在的影响以及作为平衡梭发那的力量而成为美国对老挝政策的一个重要棋子。所以，美国在逐渐将其“放弃”的过程中，并没有将之完全抛弃，这就造成富米对“自身价值”的肯定。于是，面对美国的种种压力，富米却可以“自行其是”。

刚刚实现了阻止富米实施其“国王政府”计划的目标，紧接着又出现了新的危机苗头。根据老挝王国政府的报告，5月3日，一支“巴特寮—北越联军”攻取了老挝政府军控制下的距中国南部边界几英里处的

---

① *FRUS*, 1961 - 1963, Laos Crisis, Vol. XXIV, Washington, DC: United States Government Printing Office, 1994, pp. 695 - 696.

② Ibid., pp. 694 - 695.

③ Ibid., pp. 696 - 697.

④ Ibid., p. 708. n. 3.

⑤ Ibid., p. 711.

村庄孟星（Muong Sing）。[①] 第二天，另外的共产党部队占领了距离南塔东部 1.5 英里处的一个前哨基地。[②] 为了阻止和平进程遭到破坏，5 月 4 日，汤普森大使向葛罗米柯转达了腊斯克的一封“个人信件”，声称华盛顿对富米的施压现在似乎正在起作用，要求莫斯科利用其“影响”来阻止共产党的前进。[③] 这些并没有带来美国所想要的效果。两天后，巴特寮与北越的部队占领了南塔。富米军队的战斗力极差，“一路丢盔弃甲”，被迫向西南方向撤退，美国的 12 名军事教官由直升机撤出。[④]

富米在南塔发动的进攻使老挝形势再次紧张起来，同时，美苏两国一直以来的努力遭受了挑战。美国对此倍感尴尬。负责政治事务的代理副国务卿约翰逊指出，“在这种时候发生这样的战斗非常麻烦。这是第一次对停火的公然违背。富米不顾我们的劝告而一直在加强南塔的防御力量。这是一件蠢事”[⑤]。哈里曼和鲍尔都认为，“这是共产党从另一个方面给我们一个警告”[⑥]。邦迪也强调，“已经警告富米不要发动进攻，否则结果将是头破血流，结果正是如此”。对此，肯尼迪担心的则是“南塔会成为另一个奠边府”[⑦] 而更加不安。

5 月 8 日，肯尼迪主持召开了关于这次事件的专门会议。肯尼迪在会上强调，谈判拖得时间越长，对美国就越不利。他要求鲍尔或者哈里曼就此事与多勃雷宁进行沟通，而且为了表示诚意，要告诉苏联的是，“美国清楚梭发那对于此事并不知情，梭发那和贡勒的部队也没有参与这次战斗”[⑧]。当天，汤普森与葛罗米柯就南塔战役进行了一次交谈，除了相互指责以外，没有取得实际的效果。葛罗米柯指出，“这次事件是当地人

---

① *FRUS*, 1961 - 1963, Laos Crisis, Vol. XXIV, Washington, DC: United States Government Printing Office, 1994, p. 716.

② Roger Hilsman, *To Move a Nation: the Politics of Foreign Policy in The Administration of John F. Kennedy*, Garden City, NY: Doubleday, 1967, p. 141.

③ *FRUS*, 1961 - 1963, Laos Crisis, Vol. XXIV, Washington, DC: United States Government Printing Office, 1994, pp. 717 - 718.

④ Ibid., p. 718.

⑤ Ibid., p. 719.

⑥ Ibid., p. 720.

⑦ Ibid., p. 721.

⑧ Ibid., pp. 722 - 723.

民针对富米—文翁集团进行的政治和军事挑衅行为而发生的”，而美国却“没能给富米施加足够的压力，以至于他可以为所欲为”。汤普森则强调，巴特寮发动的这次进攻破坏了梭发那和富米之间即将开始的良好局面。葛罗米柯再次重申，苏联希望实现老挝中立，但是必须建立在行动的基础之上，而不是只说不做。葛罗米柯暗示莫斯科仍希望在维也纳公报的基础上通过谈判解决，他告诉腊斯克，苏联的政策“并没有改变并且也不能变”。①

汤普森—葛罗米柯会谈没有得到苏联肯定的合作保证，但是肯尼迪相信“保持与莫斯科的联系”是必要的。② 5 月 9 日，司法部长罗伯特·肯尼迪与多勃雷宁一起商谈此事。与葛罗米柯一样，多勃雷宁再次嘲讽了肯尼迪政府花费“这么长的时间”来迫使富米进行谈判仍然没有取得效果。至于这次事件，很明显的原因是最近富米向南塔增调了几个营的兵力。不过，多勃雷宁表示“赫鲁晓夫总理并没有改变他实现老挝独立与中立的政策”。③ 为了弄清苏联的立场，几个小时以后，哈里曼与副国务卿鲍尔向多勃雷宁递交了一份正式的外交照会，要求莫斯科“发挥对巴特寮的影响”。多勃雷宁再次肯定了维也纳公报，但是也没有表明苏联是否会控制巴特寮的敌对活动。④

5 月 10 日，弗雷斯特尔告诉肯尼迪，老挝北部班会赛（Ban Houei Sai）等地的形势“正迅速恶化”，哈里曼建议调遣驻扎暹罗湾的美国海军特遣队，以及将正在泰国参加“东南亚条约组织”训练的一支美国陆军战斗部队调至万象对面的边界处。这些措施的目的在于不会“使富米认为我们将在这个关键时刻抛弃他的情况下”“引起俄国与中国对我们态度的重视”，而且这些军事行动“既不能危及中国的敏感利益，也不能给富米造成美国将救其于危难之际的感觉”。⑤ 在当天召开的白宫会议上，

---

① *FRUS*, 1961 - 1963, Laos Crisis, Vol. XXIV, Washington, DC: United States Government Printing Office, 1994, pp. 723 - 724.

② Ibid., p. 729, n. 1.

③ Ibid., p. 726.

④ Michael Beschloss, *The Crisis Years: Kennedy and Khrushchev*, 1960 - 1963, New York: Harper Collins, 1991, p. 396.

⑤ *FRUS*, 1961 - 1963, Laos Crisis, Vol. XXIV, Washington, DC: United States Government Printing Office, 1994, p. 730.

希尔斯曼也强调了这种军事行动的必要性，他指出，“任何军事调动都不是刺激越盟或中国进行大规模的反击行动，而更应该是向他们表明，我们准备的目的是对超越停火线的行动进行防御”。肯尼迪命令先将第七舰队调至暹罗湾，但是推迟做出向泰国派驻部队的决定，且要求不能公开宣扬此事。至于其他的考虑，要等到出访的腊斯克、麦克纳马拉和兰尼兹尔回来后再定。[①] 随后，国务院通知布朗和杨，“这种军事调动的目的在于促使停火的有效实现，制造一种可以成功建立国民统一政府的氛围”[②]。第二天，鲍尔告诉总统，苏联仍没有对美国的照会做出回应。按鲍尔所说的，只有一个“赫鲁晓夫的回应”才能提供一个明确的回答。[③]

5月11日，弗雷斯特尔与前总统艾森豪威尔和中情局局长约翰·麦考恩进行了一次会谈。艾森豪威尔建议如果美国决定向老挝派出军队，那么应该“尽一切努力来达到目标，如果必要包括使用战略核武器”[④]。肯尼迪告诉乔治·鲍尔，他不想任何人知道艾森豪威尔有发表支持干涉声明的可能，因为一直以来，肯尼迪并不打算对老挝进行干涉，他一直努力通过外交手段解决这个问题。肯尼迪考虑就南塔事件会见苏联驻美国大使多勃雷宁，“向其暗示艾森豪威尔的立场，暗示这种局面是不会长久的，他们应该恢复局面的平衡”[⑤]。肯尼迪的言外之意非常明显，即如果巴特寮不向后撤退，那么美国将可能进行干涉。为了防止艾森豪威尔观点的泄露，肯尼迪、希尔斯曼和邦迪在提及此内容的备忘录里，将前总统以“X”代替。两天后，艾森豪威尔告诉肯尼迪，他不会做任何公开或私下的声明鼓励美国军队进入老挝。[⑥]

虽然肯尼迪政府在研究南塔危机的时候更多地将矛头指向了苏联，但是在具体操作环节上，仍没有放松对富米的压力。5月12日，腊斯

---

① *FRUS*, 1961－1963, Laos Crisis, Vol. XXIV, Washington, DC: United States Government Printing Office, 1994, pp. 734－735.

② Ibid., p. 734. n. 5.

③ Ibid., pp. 740－741.

④ Ibid., p. 741. n. 1.

⑤ Ibid., p. 741.

⑥ Ibid., p. 761.

克给布朗发去了南塔危机后的第一份指令。腊斯克向布朗重申了美国在老挝的目标不能放弃。接着指出，不容置疑的是，“南塔事件的根源在于富米一方”，“近 3 个月来富米在南塔的军事调动，不仅是不合适的，而且具有挑衅性，故而引发了这次进攻。富米一贯地不听从军事援助咨询委员会的劝告而一意孤行。我们收到情报显示，富米想在南塔进行一次大规模的战役，如果失败，他将撤入泰国境内，使美国面临一个是否支持老挝政府军的窘境”，“诸多事实表明，富米已经完全违背了他的诺言”“我们认为富米从老挝政治舞台上消失将是最好的结果”。腊斯克还指出，虽然富米的影响力仍然不能低估，但这将是“消除富米影响的最佳良机”。布朗应该使老挝的军政要员清楚，“我们认为富米应该为南塔溃败负全责，我们已经对富米彻底丧失信心”[①]。他进一步强调，“美国可能采取的任何军事行动，都不应该被看作是对富米个人的支持。相反，这种军事行动主要是出于对泰国和越南安全的考虑”[②]。第二天，腊斯克提出应该考虑“用培·萨那尼空这样的政治人选代替富米·诺萨万”[③]，而且指示布朗，“如果培·萨那尼空能够在老挝政府中承担重要的职务，能够对于建立联合政府进行认真的谈判，美国将考虑重新开始对老挝政府的财政援助”[④]。至此，美国政府正式承认富米不顾美国军事顾问的建议而对南塔增加兵力部署的行为刺激了共产党的进攻。[⑤] 肯尼迪指出，“因为我们对富米没有信心，我们不能也不愿意代表他对老挝进行干涉”。而且表示有必要“向苏联和中国”证明美国的决心。[⑥]

5 月 14 日，肯尼迪批准一项军事行动，美国将于 5 月 15 日完成向泰国派驻一支 1800 人的常规部队，外加一个空军战斗中队和海军航空中队。到 5 月末的时候，美国部队在泰国的人数将达到 5000 人到 6000

---

① *FRUS*, 1961 - 1963, Laos Crisis, Vol. XXIV, Washington, DC: United States Government Printing Office, 1994, pp. 755 - 757.

② Ibid., p. 757.

③ Ibid., p. 759.

④ Ibid., p. 766.

⑤ Ibid., p. 756.

⑥ Ibid., p. 759.

人的规模。[1] 随即，美国政府暗示泰国应该根据《马尼拉条约》申请援助。[2] 第二天，肯尼迪的这个命令便得到了落实。同一天，一位白宫发言人宣布，肯尼迪是应泰国政府的要求而派出这些部队的。虽然这一行动透露出来的信息表明美国是对近来巴特寮在老挝北部进攻和“随后共产党军队向泰国边界调动”所带来危险的防御，但没有直接将军队派往老挝的举动也明确表明了肯尼迪仍然想通过外交途径解决这次冲突。该声明将这种部署看作“一种防御行为”，强调“重新建立一个有效的停火”，并且“为建立一个国民联合政府迅速进行谈判”，这些是美国政策的主要目标。[3] 美国的这种军事部署似乎对莫斯科产生了一些作用。当天，多勃雷宁要求会见哈里曼与腊斯克。在会谈中，多勃雷宁重新强调了维也纳公报要求建立一个中立和独立的老挝的重要性，而且提出担心“富米会使美国和苏联卷入老挝”的问题。多勃雷宁与哈里曼一致强调老挝各派势力立即恢复谈判的重要性。哈里曼认为这次会谈是“一次鼓舞人心的谈话”。[4]

5 月 16 日，腊斯克在给布朗的电报中指出，“我们相信，美国对最近南塔事件进行的迅速而显著的军事行动已经证明共产党（包括苏联）方面不能够不顾后果地公然违背老挝的停火协议”[5]。不过，肯尼迪需要苏联对于实现一个停火与谈判协议做更加明确的保证。肯尼迪通过他与克里姆林宫的秘密渠道得到了这样的保证。5 月 17 日，罗伯特·肯尼迪与赫鲁晓夫在华盛顿的私人特使波尔沙科夫进行了会谈。波尔沙科夫阐明了苏联的立场：富米应该为南塔发生的战斗负责，美国必须控制住他的行为。与葛罗米柯几天前所说的一样，波尔沙科夫强调共产党在南塔的

---

① *FRUS*, 1961 - 1963, Laos Crisis, Vol. XXIV, Washington, DC: United States Government Printing Office, 1994, p. 767.

② Theodore Sorensen, *Kennedy*, New York: Harper & Row, 1965, p. 647.

③ *Public Papers of the Presidents of the United States: John F. Kennedy, 1962*, Washington D. C.: Government Pringting Office, 1963, p. 191. 下载地址为 http: //quod. lib. umich. edu/cgi/t/text/text-idx? c = ppotpus; cc = ppotpus; view = toc; idno = 4730892. 1962. 001, 下载时间为 2010 年 8 月 9 日。

④ *FRUS*, 1961 - 1963, Laos Crisis, Vol. XXIV, Washington, DC: United States Government Printing Office, 1994, p. 744.

⑤ Ibid., p. 779.

军事行动是一次当地民众对富米进攻的反抗。不过，波尔沙科夫主张把南塔事件看作一件与老挝谈判相“独立的”事件，并保证巴特寮与北越将停止他们的进攻。波尔沙科夫进一步向罗伯特·肯尼迪表示赫鲁晓夫深知维也纳公报的积极意义。①

由于富米并不完全遵照美国的指示，贸然发动了南塔战役，这使美国感到很被动。仅在对富米施加压力的问题上，腊斯克就认为非常难堪，“一方面，我们希望削弱他的政治地位和影响，但是另一方面我们又不想彻底毁掉他，因为在特定时候我们还需要像他这样的权势人物”②。使美国政府感到更加不能接受的是“富米的完全不负责任与他将老挝的国家安危置于他个人野心之下的行为”。南塔危机发生以后，富米先后出访了仰光和台北，他还计划出访马尼拉，他拒绝采取行动恢复班会赛东北部的形势，而且有情报显示，他打算放弃老挝北部而集中力量保护老挝南部，这使得美国更加怀疑他与老挝其他政治力量达成政治解决的可能。富米的这些举动又给苏发努冯提供了一个在未来老挝政府里排除富米的借口。③ 5 月 18 日，布朗直接告诉富米，“华盛顿已经对他失去了信心，如果富米想恢复美国对老挝政府的支持，需要富米做出进行合作的具体保证”。富米在此压力下进行了一定的让步，表示他同意“将国防部与内政部部长的职位给予梭发那”，也可以“放弃原来要求恢复老挝政府对南塔的控制为将来三方谈判和与军事援助咨询委员会进行完全合作的前提条件”。但是，富米又提出了两点要求：“对于重大问题要采取三方一致的原则，在实现统一的谈判进行时要保持军队完整。”④ 5 月 24 日，富米又提出“只要梭发那能够先拜见老挝国王，他就参加在查尔平原举行的老挝三亲王会谈”。梭发那对此表示同意。不过梭发那指出，“他计划 5 月 25 日从仰光前往康海，所以他去琅勃拉邦拜见国王要推迟几日”。但是，考虑到“5 月 28 日至 30 日期间，文翁和富米计划出访马尼拉”，这样老挝三亲王的谈判时间还不能马上确定。为了防止谈判的再次拖延，

① *FRUS*, 1961 - 1963, Laos Crisis, Vol. XXIV, Washington, DC: United States Government Printing Office, 1994, p. 782. n. 2.

② Ibid., p. 772.

③ Ibid., pp. 781 - 782.

④ Ibid., pp. 791 - 792.

梭发那将6月11日定为组建联合政府的最后期限，如果到时候还没能完成这项工作，他将离开老挝前往法国并永久居住在那里。

四　老挝联合政府的成立与日内瓦协议的签署

富米态度的突然转变使得关于组建老挝联合政府的谈判得以恢复。美国大使布朗与苏联代表、波兰国际监督委员会代表团中的马雷克·西的初步谈判开始于6月4日。布朗要求在政府构成中必须有7个川圹中立者（包括将担任首相的梭发那）和4个万象的中立者，并强调梭发那亲自担任国防部部长和内政部部长。他还明确提出，这些部长们必须接受老挝三亲王的一致命令。为了努力在新政府中安置一定的保守势力，布朗还坚持在内阁中要包括培·萨那尼空。[①] 在6月8日继续进行的谈判中，布朗告诉马雷克·西，美国不会接受梭发那的外交部部长候选人贵宁·奔舍那。在肯尼迪政府看来，贵宁与巴特寮领导人之间的关系显得过于密切。马雷克·西则警告道，对贵宁的继续反对将破坏这种会谈，他并告诉布朗，梭发那将可能拒绝补充其长期政敌培·萨那尼空进入内阁。3天以后，布朗与马雷克·西相互让步：布朗接受贵宁作为外交部部长，马雷克·西同意给培·萨那尼空的一位亲戚安·萨那尼空提供一个内阁职位。[②]

6月11日下午，老挝三亲王达成了一个关于内阁职位分配的协议，这体现了美苏之间的妥协。梭发那及其追随者、万象中立主义者、老挝王国政府代表、巴特寮代表之间的具体职位分配比例为7∶4∶4∶4。其中，梭发那担任首相与国防部部长职务，富米与苏发努冯都担任副首相，并分别任财政部部长和经济部部长，一直争执不休的内政部部长一职给予了一位川圹中立者朋·丰沙万（Pheng Phongsavan）。根据这份协议，国防部、内政部和外交部的部长将听命于三亲王，这些关键部门的“每一个决定”都要遵从三亲王全体一致的原则。文翁并没有在新政府中任

---

① Marek Thee, *Notes of A Witness: Laos and The Second Indochinese War*, New York: Random House, 1973, pp. 270 - 272.

② Ibid., pp. 273 - 274.

职，而是选择了退休。[①] 对于这个协议下的老挝政府构成，弗雷斯特尔认为，“并不是我们理想中的结果”“两个最不理想的问题在于将贵宁·奔舍那任命为外交部部长，将苏发努冯任命为信息部（Information）部长”。[②] 泰国政府指出，“在即将成立的老挝政府中，‘亲共’分子占多数，并且占据大多数的要职”[③]。腊斯克认为情况并非如此，“至少梭发那并非亲共，而他又占据重要的职位”，而且“三亲王一致的原则也会避免许多灾难性的结果”[④]，这个联合政府似乎是“在目前情况下可以实现的最好结果”[⑤]。哈里曼也对这个协议表现得比较高兴，建议“应该马上将美国 300 万美元的援助贷款立即向老挝政府拨付”[⑥]，肯尼迪则对此持否定态度。[⑦] 在弗雷斯特尔看来，“老挝国王将会接受这次会议的结果，由老挝的国民议会将之通过”。另外，弗雷斯特尔也指出，“在国际上，日内瓦会议将重新召开，两个需要讨论的议题是禁止‘私人武装’问题和国际监督委员会的通行与检查权限问题”[⑧]。

苏联也对老挝三亲王的这份协议持肯定态度。在 6 月 12 日给肯尼迪的一封电报中，赫鲁晓夫赞扬了来自老挝的“好消息”。赫鲁晓夫指出，这份协议为恢复日内瓦会议铺平了道路，并肯定了其将在改善美苏关系方面的作用：联合政府协议证明，只要有“相互考虑共同利益”的愿望，那么“困难的国际问题”就能够得到解决。而且，老挝协议加强了莫斯科的信心，即“成功解决其他国际问题”可以“使类似问题得到相同的解决”。作为回应，肯尼迪将这份协议看作一个“里程碑”，但是他警告反对破坏和平进程的“相反行动”。对于赫鲁晓夫表达的利用老挝协议作为美苏关系良好发展例子的愿望，肯尼迪表示，“当然在老挝以外会产生

---

① *FRUS*, 1961 - 1963, 1961 - 1963, Laos Crisis, Vol. XXIV, Washington, DC: United States Government Printing Office, 1994, p. 837. n. 1.

② Ibid., pp. 837 - 838.

③ Ibid., p. 848. n. 1.

④ Ibid., p. 849.

⑤ Ibid., p. 850.

⑥ Ibid., p. 838.

⑦ Ibid., p. 840.

⑧ Ibid., p. 838.

重大的和积极的效果”①。

虽然赫鲁晓夫向肯尼迪赞扬了老挝的这份联合政府协议，但是他仍然没有放弃通过向美国施压的办法来进一步推动老挝危机的解决。6月13日，《消息报》发表了一份要求美国军队从泰国撤出的评论。文章指出，在老挝联合政府协议签订的同时，肯尼迪政府“应该已经”将那些部队撤出。在莫斯科看来，这些部队的继续存在表明美国“打算对老挝进一步施加压力试图迫使联合政府放弃中立的过程”。赫鲁晓夫也通过其私人渠道向肯尼迪传递了这种压力。5天以后，波尔沙科夫通知罗伯特·肯尼迪，如果美国“将其军队撤出泰国”，那么赫鲁晓夫“个人将致以崇高的敬意”。波尔沙科夫说到，这么做“一定是在那一地区为世界的和平事业向前迈出一大步”。第二天，罗伯特·肯尼迪在与总统磋商之后告诉波尔沙科夫，美国将在10天之内开始从泰国撤出这些部队。不过，波尔沙科夫追问是否所有参与驻泰行动的部队都被撤出，罗伯特·肯尼迪没有给出保证。② 肯尼迪的保证是，同时要求赫鲁晓夫保证将1961年10月柏林危机期间驻扎在查理（Charlie）检查站的苏联坦克撤回。③

赫鲁晓夫在努力恢复日内瓦会议继续进行的同时，也提出了在柏林问题上的另外一个威胁。赫鲁晓夫通过波尔沙科夫和多勃雷宁告诉肯尼迪，如果美国坚持保留对西柏林的占领权，苏联将与东德单独签订一个和平条约。尽管如此，双方都表达了希望早日并且在相互接受的基础上解决老挝问题。腊斯克告诉多勃雷宁，肯尼迪政府认为重启日内瓦会议和完成这个和平进程对于改善国际氛围是“一个重要的步骤”，美苏在老挝问题上的合作，一定程度上对紧张局势的缓和将使西柏林的“核心问题更好处理”。多勃雷宁也指出解决老挝协议的重要性，承认对于大国来说，“老挝是一个很好的经验”。腊斯克总结到，下一步应该是哈里曼与

① *FRUS*, 1961 - 1963, Soviet Union, Vol. V, Washington, DC: United States Government Printing Office, 1998, pp. 445 - 446.

② *FRUS*, 1961 - 1963, Southeast Asia, Vol. XXIII, Washington, DC: United States Government Printing Office, 1994, p. 950.

③ Edwein O. Guthman and Jeffrey Shulman, *Robert Kennedy in his Own Words: the Unpublished Recollections of the Kennedy Years*, New York: Bantam, 1988, pp. 259 - 260.

普希金在日内瓦“解决问题”。[1]

6 月 22 日，哈里曼在与多勃雷宁的会谈中明确了腊斯克的目标。哈里曼提醒苏联大使，包括新联合政府中立宣言在内的几件事仍然需要在大会上进行公布，并且希望普希金“不要在日内瓦制造麻烦”。哈里曼还指出，监督北越军队从老挝撤出和老挝军事力量的统一与解散，将需要华盛顿与莫斯科“持续与亲密的合作”。多勃雷宁对此表示同意，并保证苏联“将做好准备应付任何可能出现的问题”，并且“我们政府间所建立的关系应该在未来继续”。他强调实现维也纳公报可以“加强在其他问题上的谅解”[2]。

老挝三亲王达成协议以后，美国对于未来老挝政府的经济援助一直是一个未决问题。国务院的执行秘书布鲁贝克（Brubeck）向肯尼迪表示：“经济援助是我们主要的或许是唯一有效帮助梭发那保持老挝独立的手段。不过，由于新政府的目标仍不明确，我们必须弄清楚其目标和方向，才能将计划付诸实践。”[3]

老挝三亲王达成协议以后，日内瓦会议也将复会，继续谈判。6 月 27 日，布鲁贝克再次向邦迪重申了两个重要问题。一个是劝说梭发那同意给予国际监督委员会以监督和检查老挝军队整合与复员的权力；更重要的一个是如果在谈判阶段老挝军队不解散，那么应该在力量方面保持老挝政府军队与巴特寮的平衡。[4]

对于日内瓦最后协议中规定在 75 天内撤出外国军队的事项，鲍尔指出，“这对我们是有利的”，因为“75 天的时间不仅够我们的军事援助咨询委员会撤出，而且足以保证法国将其军事顾问派进老挝”。[5] 其中的潜在含义在于，美国撤出其军事援助咨询委员会人员的同时也要求北越相

---

① *FRUS*, 1961 - 1963, Berlin Crisis, 1962 - 1963, Vol. XV, Washington, DC: United States Government Printing Office, 1994, pp. 177 - 187. 波尔沙科夫关于柏林问题上的要求，见 Arthur S. Schlesinger, *Robert F. Kennedy and His Times*, Boston: Houghton Mifflin, 1978, p. 535.

② *FRUS*, 1961 - 1963, Northeast Asia, Vol. XXII, Washington, DC: United States Government Printing Office, 1996, pp. 267 - 268.

③ *FRUS*, 1961 - 1963, Laos Crisis, Vol. XXIV, Washington, DC: United States Government Printing Office, 1994, p. 851.

④ Ibid., p. 852.

⑤ Ibid., p. 857.

应撤出，可是根据之前的规定，法国则还可以保留相应的人员，这样做的目的还是避免老挝走上共产主义道路。美国冷战的本质再次暴露无遗。

6月23日，老挝联合政府在万象正式成立。新政府随即宣布在全国范围内实现停火。第二天，英国外交部宣布已经做好准备于7月2日在日内瓦重新召开会议。梭发那立即任命贵宁·奔舍那为老挝驻日内瓦代表团团长。[①] 6月26日，肯尼迪批准将1000名海军部队从泰国撤出。[②] 7月1日，五角大楼公布了这个决定，指出军队的撤出将"逐步"进行，其他军队的撤出将视"具体情况而定"。

7月2日，日内瓦会议如期恢复。在当天的全体会议上，中国与北越的代表要求美国军队全部撤出泰国。哈里曼认为，对这个问题的争论将是对泰国"内部事务""明目张胆的干涉"，并且明确指出，日内瓦会议还有更多重要的事情需要解决。中国代表团团长章汉夫就哈里曼的声明中对于两个未决问题明确表达了中国的立场。他指出，老挝军事力量的整编与复员是新联合政府的一个"纯粹的内部事务"，应该真正地取消任何保证国际监督委员会对这个过程监督的机会。他还指出，日内瓦会议应该迅速讨论取消《东南亚集体防御条约》对老挝的保护问题。尽管争吵已经开始，但全都同意在联合主席与主要大国代表参加的小规模会议上再次讨论这些问题。[③] 随着会议的进行，1000名美国海军开始从泰国北部的乌隆撤出。[④]

当天晚些时候，普希金向哈里曼转达了赫鲁晓夫的一个口信。赫鲁

① 肯尼迪政府曾以敌视的态度接受了贵宁作为外交部部长，但是反对他作为老挝驻日内瓦代表团团长。布朗已经告诉贵宁，美国更希望梭发那领导联合政府在日内瓦的代表团。Marek Thee, *Notes of A Witness: Laos and The Second Indochinese War*, New York: Random House, 1973, p. 270.

② *FRUS*, 1961 – 1963, Northeast Asia, Vol. XXII, Washington, DC: United States Government Printing Office, 1996, pp. 948 – 949.

③ *International Conference on the settlement of the Laotian question* 1961 – 1962, Canberra: Department of International Relations Research School of Pacific Studies the Australian National University, 1962, pp. 135 – 137.

④ Edward J. Marolda and Oscar P. Fitzgerald, *The United States Navy and the Vietnam Conflict*, 1959 – 1965, Washington D. C.: United States Government Printing Office, 1986, p. 85.

晓夫赞扬了大国代表在日内瓦进行的“合作”，他希望他们的合作应该努力“在迅速和平解决老挝问题的基础上”继续下去。实现这个目标将完成维也纳公报并对“世界事务的发展”产生一个“决定性的”影响。同时，与会的弗雷斯特尔指出，肯尼迪非常高兴美苏两国在当前这种关系下取得老挝问题上的进展，他认为这是一件“非同寻常”的事。但是，此刻美苏双方所定义的“合作”并没有彻底解决纷争。哈里曼向普希金提出，老挝军事力量的整编与复员对于实现一个真正中立的老挝来说是一个“关键步骤”，美国希望日内瓦会议的最终协议包括保证国际监督委员会对这个过程监督的条款。哈里曼承认，自从1月份休会以来，他一直盼望普希金在这点上向西方代表团做出真正的让步。然而，普希金并没有表现出合作的意向。对于中国副外长章汉夫对美国在这个问题上的指责，普希金劝告哈里曼放弃这件事。双方都同意开始以私下的会谈来进一步探讨“麻烦的”问题。①

哈里曼相信，他可以成功地劝说普希金接受美国在老挝军事力量整编与复员问题上的立场，但是赫鲁晓夫认为在日内瓦谈判的进程已经结束。赫鲁晓夫在7月5日向肯尼迪明确传递了这个信息。他指出，和平解决老挝危机的成功为我们提供了一个鼓舞人心的范例，建议逐渐从西柏林撤出美国、英国和法国的占领部队。肯尼迪也表示，如果最终可以达成一个能够相互接受的老挝问题解决的方案，那么美国将很容易找到和平解决德国问题的途径。在赫鲁晓夫看来，苏联已经完成了在老挝的谈判任务。②

哈里曼与普希金在7月11日进行了在日内瓦的最后一次私人会晤。普希金先是抱怨美国在泰国的驻军使东南亚的形势“复杂”，并询问“这些部队撤离的时间”。哈里曼对此的回应是，7月2日1000名海军的撤离是肯尼迪“在形势允许的前提下从泰国撤出美军”愿望的表现，但是，

---

① *FRUS*, 1961－1963, Laos Crisis, Vol. XXIV, Washington, DC: United States Government Printing Office, 1994, pp. 860－862.

② *FRUS*, 1961－1963, Berlin Crisis, 1962－1963, Vol. XV, Washington, DC: United States Government Printing Office, 1994, pp. 207－212. 由于从西柏林撤出西方部队将在欧洲损坏美国的声望，7月17日肯尼迪拒绝了赫鲁晓夫的建议。Michael Beschloss, *The Crisis Years: Kennedy and Khrushchev*, 1960－1963, New York: Harper Collins, 1991, pp. 399－400.

对于其他部队的撤出，拒绝给出一个时间表。普希金还对与会的南越代表团将拒绝签署最终的协议表示了担心。他提示西贡政府对于谈判协议的拒绝将会产生一个“巨大冲击”。哈里曼表示他对此不能做出保证，但是他感觉“可以相信的”是，肯尼迪将能够劝说南越总统吴庭艳进行合作。在会谈结束前，普希金告诉哈里曼，华盛顿和莫斯科将在“美苏谅解的关键方向上”继续前进。哈里曼告诉普希金，老挝是美苏合作成功的“一个试验”。

至此，除了老挝新联合政府与“东南亚条约组织”的关系是会议结束前没有解决的问题以外，另外一项需要完成的任务是使萨利特和吴庭艳签署最终的协议。萨利特已经对国际监督委员会缺少权力监督老挝军事力量解散与团结表示出了担心，他认为这会使巴特寮继续不受约束地在农村活动。吴庭艳反对梭发那对北越的承认（7 月 4 日宣布），担心新政府不会全力停止北越向南越的渗透。美国政府希望吴庭艳与萨利特谅解“目前的老挝安排是唯有两个选择中最好的一个”——有缺憾的政治解决或在东南亚进行一场重大的常规战争。[①] 肯尼迪通过驻南越大使弗雷德里克·诺尔丁（Frederick Nolting）向吴庭艳保证，日内瓦协议将包括“足够的保护性条款”，即“老挝领土将不能用于对其他国家事务的军事或颠覆性干涉”。他还劝告吴庭艳命令 7 月 9 日以来一直抵制会议的南越驻日内瓦的代表在需要的时候签署最终的协议。[②]

7 月 18 日，日内瓦会议开始研究“东南亚条约组织”问题。在谈判一开始，共产党国家的代表就主张取消《马尼拉条约》对老挝的安全保证。中国一直特别坚持这一点。但是，1961 年 10 月，哈里曼与普希金已经在这个问题上达成了临时的协议。根据这份临时协议，联合政府的中立宣言应该宣布老挝不会承认任何军事联盟的保护，不过没有明确提到“东南亚条约组织”。“东南亚条约组织”委员会应该发布一个声明，所有马尼拉条约组织国家将尊重中立宣言。这样将能够避免明确否定《东南

---

① *FRUS*, 1961 – 1963, Laos Crisis, Vol. XXIV, Washington, DC: United States Government Printing Office, 1994, p. 863.

② *FRUS*, 1961 – 1963, Vietnam, Vol. II, Washington, DC: United States Government Printing Office, 1990, pp. 511 – 513.

亚集体防御条约》对老挝的保护。[①]

然而，梭发那的新政府强调，除非马尼拉条约组织国家主动宣布取消他们对老挝安全的保护，否则，老挝的中立宣言将公开否认《东南亚集体防御条约》。无论通过哪种方式，老挝政府将终止《东南亚集体防御条约》的这一作用。联合主席麦克唐纳德宣布，中立宣言应该明确老挝将不承认《东南亚集体防御条约》的保护，《马尼拉条约》的签约国接受这一安排。[②] 虽然有着麦克唐纳德的如此宣言，肯尼迪政府在实际上仍然秘密地保留了在必要的情况下通过"东南亚条约组织"干涉老挝的准备。[③]

7月21日，日内瓦全体会议正式通过了3个最终文件：老挝政府的中立宣言、其他13个日内瓦代表团签署的老挝中立宣言、老挝中立宣言的议定书。两天后，包括泰国和南越代表在内的所有14个代表团签署了这些协议。老挝中立宣言包括如下重要条款：签约国"将不允许直接干涉或间接干涉"老挝内部事务；将尊重老挝"不承认包括东南亚条约组织在内的任何联盟或军事联合体保护"的愿望；将不允许在老挝出现任何形式的"外国军队或外国军事人员"或建立任何的外国军事基地；将不得利用老挝领土"对其他国家内部事务进行干涉"。这份议定书规定了所有外国的军队或军事人员，包括有组织的或没有组织的在内，必须在国际监督委员会监督下按照规定的路线在75天之内从老挝撤出。在肯尼迪政府看来，这份议定书的关键条款是根据哈里曼—普希金协议拟定的第八章的第三段："联合主席应该对这份议定书的遵守情况和老挝的中立宣言进行监督。"[④]

---

① *FRUS*, 1961 - 1963, Laos Crisis, Vol. XXIV, Washington, DC: United States Government Printing Office, 1994, p. 472; ibid., p. 478.

② Arthur Lall, *How Communist China Negotiates*, New York: Columbia University Press, 1968, pp. 120 - 132, pp. 138 - 139.

③ 6月27日，布鲁贝克告诉肯尼迪老挝联合政府中立宣言中明确取消《东南亚集体防御条约》的保护"对于东南亚条约组织对老挝事务的介入不会产生实质性的影响"。因为"我们驻泰国的部队足以保证东南亚条约组织的影响力。*FRUS*, 1961 - 1963, Laos Crisis, Vol. XXIV, Washington, DC: United States Government Printing Office, 1994, p. 853.

④ Marek Thee, *Notes of A Witness: Laos and The Second Indochinese War*, New York: Random House, 1973, pp. 415 - 426.

肯尼迪与赫鲁晓夫发表了赞扬这个最终协议的声明。肯尼迪赞扬老挝协议是一个“振奋人心的象征，困难以及有时看起来难以解决的国际问题，事实上可以通过耐心的外交解决”。不过，肯尼迪强调只有对这个协议“完全且不断地遵守”才能保证老挝的中立与独立。[①] 赫鲁晓夫宣布，老挝和平的实现“在东南亚移除了一个危险的战争温床”，并表明了保证该地区稳定的重要一步。根据莫斯科的观点，日内瓦协议肯定了赫鲁晓夫“和平共处”的政策：“这些是不同社会制度国家之间和平与合作的一个重大胜利。”赫鲁晓夫总结道，日内瓦会议“直观地”表明“未决的国际问题”可以在相互接受的基础上解决。

肯尼迪对日内瓦协议的考虑完全体现在这个和平进程的最后几个月他私下的评论中。在批准哈里曼与腊斯克一起参加日内瓦会议的开幕式的备忘录中，肯尼迪称赞了这位老练的外交家在解决这样一个“困难问题”时的“伟大能力与经验”。[②] 但是他仍然担心老挝独立与中立的保证还需要一个决定性的努力。正如他在7月中旬告诉泰国驻美国大使的那样，“在老挝的任务并不简单，但是我们正面对它并努力使之解决”。在肯尼迪看来，这个问题的解决将主要看苏联的诚意。6月末，肯尼迪曾经告诉菲律宾的外交部部长，“这个问题取决于赫鲁晓夫先生是否信守其诺言”[③]。

在日内瓦协议签订前，肯尼迪政府经历了困难的6个月。肯尼迪政府用了最大的努力迫使富米与梭发那合作，而且在这个过程中的每一阶段，肯尼迪与哈里曼都寻求了与苏联的合作。一方面，表明肯尼迪政府通过政治途径解决老挝危机的诚意；另一方面，则表现出大国对小国事务的干涉。因为关于老挝的许多问题并不完全取决于老挝本身事务的发展，更多的在于美苏两国的谈判。美国如此尽力避免其卷入老挝的地面战争中，其实是众多选择中最好的一种。“1962年日内瓦协议使肯尼迪总统非常满意。他既避免了一次美苏间的直接对抗，又可以与赫鲁晓夫在

---

① *Public Papers of the Presidents of the United States*: *John F. Kennedy*, 1962, Washington, DC: United States Government Printing Office, 1964, p. 568.

② Edward B. Claflin, ed., *JFK Wants to Know*: *Memos From the President's Office*, *1961 – 1963*, New York: William Morrow & Company, 1991, p. 185.

③ *FRUS*, 1961 – 1963, Southeast Asia, Vol. XXIII, Washington, DC: United States Government Printing Office, 1994, p. 952; ibid., p. 805.

更重要的问题上进行磋商”。[①]

第二节　第二次日内瓦会议结束后美国的老挝政策

历经 14 个月的谈判，解决老挝问题的日内瓦协议最终达成，但是其中的有关内容并没有得到有效的贯彻。美国并没有停止对老挝事务的干涉。日内瓦协议签署以后，美国政府在继续援助老挝反共力量的同时，进一步采取了促进老挝中立派与右派势力合作的战略，意图维持并扩大美国在老挝和东南亚的影响力。而北越也没有停止对巴特寮的援助，继续利用老挝境内的“胡志明小道”向南越输送人员与物资。美国和北越对日内瓦协议的公然违背，造成了老挝政治力量的再次分化与重组，使老挝再次陷入内战中，日内瓦协议下的老挝新政府名存实亡。随着美国在越南战场投入的逐渐增多，老挝也逐渐成为越南战争的副战场。

一　美国促进老挝中立派与右派势力的结合

第二次日内瓦协议的签署，标志着老挝危机的解决，但同时也意味着一个新考验的开始。诚如美国国务卿腊斯克所说的那样：“所通过的文件要具有生命力和意义，并不在于签字，而在于贯彻执行。”[②] 可是事实上，就在日内瓦协议签订刚一结束，巴特寮及其北越盟友、老挝王国（包括富米和中立主义者），美国和泰国的行动就注定了日内瓦协议的失败。[③] “日内瓦会议协议签字不久，美国便重新开始了对老挝的援助。”[④]

在日内瓦会议结束初期，大国似乎都在遵守着这份协议。对于日内

---

① Timothy N. Castle, At War in the Shadow of Vietnam: U. S. Military Aid to the Royal Lao Government, 1955 – 1975, New York: Columbia University Press, 1993, p. 47.

② ［英］瓦特编著：《国际事务概览 1962 年》，上海市政协编译工作委员会译，上海人民出版社 1983 年版，第 478 页。

③ HughToye, *Laos: Buffer State or Battleground*. London: Oxford University Press, 1968, p. 171; Charles A. Stevenson, *The End of Nowhere: American Policy Toward Laos Since 1954*, Boston: Beacon Press, 1973, pp. 180 – 181.

④ Arthur J. Dommen, *Conflict in Laos: the Politics of Neutralization*, New York: Praeger, 1971, p. 292.

瓦协议，美国最为关注的是“外国军队撤离老挝”这一内容的履行。为了促使北越部队能够如期撤离老挝，9 月 28 日，美国政府通过的《国家安全行动备忘录》规定：“在 1962 年 10 月 7 日前撤回全部军事援助咨询委员会人员”“9 月份向老挝王国政府提供不超过 200 万美元的特别援助资金”“汇总北越从老挝撤军的情报，向老挝政府与在老挝的国际监督委员会提供准确情报”“推迟从泰国撤出美军，以进一步观察老挝局势”。[①] 在 10 月 7 日的最后期限前，在国际监督委员会的监察和监督下，“美国撤回了 666 名军事顾问、403 名菲律宾技术专家以及全部的军事援助顾问组”[②]。根据美国早期的情报估计，北越至少有 1 万名士兵在老挝作战。至 10 月，虽然有部分北越军队已经秘密撤离，但仍有数千名士兵滞留在老挝境内。泰国部队、国民党部队和南越的部队也仍然驻留在老挝。[③] 但是，美国却于 10 月 11 日发表声明，公开对北越军队在老挝的继续存在表示不满，同时，敦促老挝政府和国际监督委员会对此事进行调查。

美国一方面力促北越从老挝完全撤军，另一方面，也采取措施向梭发那政府提供外交和经济支持以代替苏联的地位。肯尼迪上台以来，美国政府在老挝扶植目标的选择上虽然经历了从富米到梭发那的转变，但是考虑到富米的实力及其影响，美国政府并没有将之完全抛弃。老挝新政府成立以后，富米不但仍然具有相当的影响力，而且也仍然“不安分”。在梭发那看来，“问题不在于富米个人，更重要的在于那些听命于富米的军官与政府官员”[④]。7 月末，弗雷斯特尔访问万象的时候，富米曾表示他“正准备研究反对另外两方的举措”[⑤]。

遏制共产主义势力的发展始终是冷战期间美国的坚定目标，所以日内瓦协议签署以后，美国“事实上在老挝继续推行违背日内瓦协议的隐

---

① *FRUS*, 1961 - 1963, Laos Crisis, Vol. XXIV, Washington, DC: United States Government Printing Office, 1994, p. 904.

② HughToye, *Laos: Buffer State or Battleground.* London: Oxford University Press, 1968, p. 187; Charles A. Stevenson, *The End of Nowhere: American Policy Toward Laos Since* 1954, Boston: Beacon Press, 1973, p. 182.

③ *FRUS*, 1961 - 1963, Laos Crisis, Vol. XXIV, Washington, DC: United States Government Printing Office, 1994, p. 905.

④ Ibid. , p. 880.

⑤ Ibid. , p. 883.

蔽行动”[①]。为了培植老挝的反共力量，美国政府制订了相应的计划：“为富米军队提供一些交通工具；谨慎地向富米施压，使其配合将老挝政府军的人数降至可控制的 4 万人左右，通过公民行动计划为老挝政府加强执政根基；鼓励法国军队补充进入军事援助咨询委员会撤离后的地方；根据梭发那的要求为忠于他的军事力量提供援助；继续向苗族武装力量提供救济与非军事供给行动。”[②]

美国除了继续争取团结老挝的所有反共力量战略以外，还在“不毁坏富米声望的前提下支持梭发那”，尽力“促成梭发那与巴特寮的分裂”“促成老挝中立主义者与右派力量的结合”，进而实现美国对老挝“完全控制”的目标，最终切断北越在老挝的供给线。[③] 围绕这个目标，肯尼迪政府采取了一系列有针对性的措施。为了消除梭发那对美国的疑虑，取得其信任，肯尼迪在 1962 年 7 月 27 日与梭发那会面的时候，首先承认美国政府在 20 世纪 50 年代后期没有支持梭发那的中立政府是错误的决策，并表示希望在以后的交往过程中能够得到梭发那的合作。弗雷斯特尔在经过对万象的考察以后指出，“我们最好的办法是集中力量提高梭发那的执政基础，因为他越感觉安全，他就越会执行我们所需要的亲西方政策”[④]。

在向梭发那示好的同时，为了“使梭发那不会完全依附于共产党的力量”，肯尼迪还积极研究针对老挝的经济援助计划。日内瓦会议结束以前，美国的经济援助大部分“不合理地直接分配给了老挝军队，并没有对当地的生产带来良好效果”。而且，“通过美援来购买进口物资受控于少数人手中”，既没有对经济产生推动作用，又滋生了大量的腐败。因此，新的经济援助计划建议，“在不减少对老挝援助总额的基础上，从美元援助向物资援助倾斜”，这样，既可以“使老挝直接得到国民经济发展需要的物资”，又可以“避免我们提供的美元因购买必需品而流向共产党

---

① Nigel John Ashton, *Kennedy, Macmillan, and the Cold War: The Irony of Interdependence*, New York: Palgrave Macmillan, 2002, p. 46.

② *FRUS*, 1961 - 1963, Laos Crisis, Vol. XXIV, Washington, DC: United States Government Printing Office, 1994, pp. 912 - 913.

③ Ibid., p. 892.

④ Ibid., p. 883.

国家，并且可以减少对巴特寮的直接援助"①。腊斯克言论更为直接，"我们通过梭发那向老挝提供的援助，既可以用来证明我们支持梭发那的决心，又可以进一步分裂中立主义者与巴特寮之间的关系"。而且，"这种援助还可以成为我们与贡勒和其他中立主义者建立常规联系的手段"②。

美国政府从 8 月开始每月向梭发那政府提供 200 万美元的资金援助。③ 这些资金主要用于帮助老挝政府发展地方建设、教师培训、农村医疗与健康服务、国家广播等通信设施建设、救济和救援的重新安置活动等事项。④ 为了将其在老挝的负担最小化，同时，保证自由世界能够最大限度地参与老挝事务，美国极力促使英法两国与其一起向老挝提供援助。正是在美国的敦促下，英法两国也同意连续 3 年每年分别向老挝提供 300 万和 400 万美元资金的援助。⑤ 美国希望通过经济援助的方式来拉拢老挝的中立派力量，力图恢复并扩大西方在老挝的影响力，同时努力排除北越在老挝的军事存在，以缓和越来越紧张的越南局势。

在美国政府看来，"日内瓦协议只是漫长而又困难之路的开端"⑥，所以美国并不想立刻按照有关规定执行。在梭发那的首次访美之行中，肯尼迪就向梭发那表示，"为了确保老挝免受来自共产党方面的压力，美国应该在泰国等老挝的邻国继续一定程度的存在"，担心"一旦在这些地方出现权力真空，共产党就会乘虚而入"。⑦ 而梭发那也不失时机地向美国政府寻求帮助，要求美国政府向其提供医疗、食物等基本保障物资的援助。⑧

与此同时，老挝国内局势开始发生变化，为美国实现这一政策目标提供了契机。虽然老挝三方力量在新联合政府成立以后达成了一致，但实际上仍然各自控制自己原来的势力范围，并且不时发生小规模的摩擦，

① *FRUS*, 1961 - 1963, Laos Crisis, Vol. XXIV, Washington, DC: United States Government Printing Office, 1994, pp. 885 - 886.

② Ibid., p. 915.

③ Ibid., p. 895.

④ Ibid., p. 910.

⑤ Ibid., p. 908.

⑥ Ibid., p. 891.

⑦ Ibid., p. 876.

⑧ Ibid., p. 922.

其中，最引人注目的是贡勒与巴特寮之间的冲突开始增加并逐渐公开化。苏联对老挝的援助开始以后，其顺序往往先是送至北越，然后是巴特寮，最后才到中立主义者部队手中。[①] 这样，双方在对苏联援助的分配以及巴特寮在中立主义者部队中的宣传与渗透等问题上的矛盾不断。从 1962 年上半年开始，两派的关系便开始出现裂痕。更为重要的是，贡勒一直对北越在老挝的持续存在不满，他认为巴特寮完全受北越控制，北越正是通过这种方式打开了老挝的门户。日内瓦协议签署以后，中立主义力量在老挝新政府中取得领导地位，双方的矛盾也日益加剧。美国在日内瓦协议签署前就已经得到贡勒部队与巴特寮之间存在矛盾的情报，而梭发那在 1962 年 7 月与肯尼迪会面时也证实了这一情况的存在。北越截留了苏联对老挝军队的援助，但是没有停止对巴特寮的转运，这造成了贡勒部队的物资匮乏，于是梭发那开始要求美国对老挝军队提供后勤援助。至此，老挝的中立派与左派力量之间的分歧开始公开化。美国意识到这是争取老挝中立派力量的绝好机会，在表示同意的同时，立即开始向驻扎在查尔平原的贡勒部队提供后勤物资。美国与梭发那的这种行为引起了北越和巴特寮的强烈抗议，认为中立主义者已经右转，北越也加大了对巴特寮的军事援助。随着贡勒部队和巴特寮裂痕的不断扩大与敌意的不断加深，双方开始在查尔平原的共同控制地区发生摩擦，争夺势力范围，抢占有利的斗争位置。至 11 月 8 日，“中立主义者部队在丰沙里分裂的危险以及贡勒和巴特寮部队在查尔平原的摩擦在稳步增加”[②]。

老挝国内局势的这种变化引起了美国的密切关注。1962 年 11 月 9 日，腊斯克指示美国驻老挝大使“继续向梭发那提供援助”，并且“这种援助应该作为与贡勒和其他中立主义者进行沟通的渠道”[③]。在这个过程中，老挝的中立主义者内部也发生了分裂，以杜安上校为一方，反对美国的援助，另一方以贡勒为首，则需要美国的援助，尤其是凯撒那（Ket-

---

① HughToye, *Laos*: *Buffer State or Battleground*. London: Oxford University Press, 1968, pp. 188 - 189; Paul Langer and Joseph Zaslof, *North Vietnam and The Pathet Lao*: *Partners in The Struggle for Laos*, Cambridge: Harvard University Press, 1970, p. 87.

② *FRUS*, 1961 - 1963, Laos Crisis, Vol. XXIV, Washington, DC: United States Government Printing Office, 1994, p. 912.

③ Ibid., p. 915.

sana Vongsuvan）上校。[①] 11 月 27 日，杜安的机枪手击落了一架给贡勒提供物资的“美国航空”飞机。[②] 当贡勒想逮捕杜安及其手下的时候，巴特寮进行了干涉，并将凯撒那逮捕。[③] 杜安随即带领 500 余人加入了巴特寮的部队。[④] 这一事件不仅反映了一直以来“贡勒与巴特寮可能在查尔平原发生武装冲突”的判断[⑤]，而且从此以后，“贡勒切断了他与巴特寮之间的最后联系，开始了公开的对抗”[⑥]。“至 1962 年末的时候，巴特寮与中立主义者之间的紧张关系变得越来越明显”[⑦]。

在美国政府看来，贡勒是一支非常重要的力量，“他不仅是支持梭发那的一支独立的政治力量，而且当老挝发生分裂的时候，他所控制的查尔平原代表将是一个重要的财富”[⑧]。鉴于贡勒的这种特殊地位，肯尼迪政府决定全力支持贡勒部队。11 月 8 日，美国政府决定向贡勒在查尔平原的部队提供援助。援助项目主要为医疗设施和食物等基本物资保障。[⑨] 1963 年 2 月 2 日，贡勒主动向美国政府提出石油、汽油等战略物资援助的申请。但是美国政府担心会影响与梭发那之间的关系，没有马上同意向贡勒提供这些物资，而是在经过考虑之后，先是批准向贡勒提供御寒衣物、军装、毛毯等生活必需品以及少量的通信设备等物资。[⑩] 为了帮助

---

① HughToye, *Laos: Buffer State or Battleground*. London: Oxford University Press, 1968, pp. 190 - 191; Arthur J. Dommen, *Conflict in Laos: the Politics of Neutralization*, New York: Praeger, 1971, p. 292.

② *FRUS*, 1961 - 1963, Laos Crisis, Vol. XXIV, Washington, DC: United States Government Printing Office, 1994, p. 921.

③ Charles A. Stevenson, *The End of Nowhere: American Policy Toward Laos Since* 1954, Boston: Beacon Press, 1973, p. 189.

④ Arthur J. Dommen, *Conflict in Laos: the Politics of Neutralization*, New York: Praeger, 1971, p. 293.

⑤ *FRUS*, 1961 - 1963, Laos Crisis, Vol. XXIV, Washington, DC: United States Government Printing Office, 1994, p. 922.

⑥ Ibid., p. 928.

⑦ Arthur J. Dommen, *Conflict in Laos: the Politics of Neutralization*, New York: Praeger, 1971, p. 292.

⑧ *FRUS*, 1961 - 1963, Laos Crisis, Vol. XXIV, Washington, DC: United States Government Printing Office, 1994, p. 928.

⑨ Ibid., p. 922.

⑩ Ibid., p. 932.

贡勒保住其在查尔平原的地位，肯尼迪首先批准为其运送援兵，接着通过泰国向梭发那运送军事物资，并且命令查尔平原附近的苗族王宝军队向贡勒提供援助。在美国的要求下，富米也开始直接向贡勒部队运送武器，双方由对手转变为合作伙伴。同时，美国还将载有一营海军陆战队的航空母舰驶入南越近海进行威胁。在美国的干涉下，老挝局势日益复杂并逐步恶化。

美国一方面向富米、梭发那和贡勒等中立主义者提供军事援助，另一方面，还通过向梭发那政府提供经济援助以赚足人气的方式对老挝事务进行干涉。首先，向老挝政府提供赈灾救济。美国政府与老挝政府达成协议，美国通过老挝的特定机构，向主要是苗族的 15 万灾民提供大米、种子和最基本的生活保障物资援助。由于这些灾民大多处于偏远地区，所以大部分援助都以空运的方式完成。其次，帮助老挝政府发展农村建设。同样，美国也是通过正式协议的方式，派员帮助老挝政府制订农村的发展计划，其中主要包括在非巴特寮控制区的广大农村地区建设学校、修建堤坝和房屋，等等。[①]

美国除了通过自己的努力来干涉老挝内部事务以外，还极力利用一切可以利用的手段。日内瓦会议结束以后，美国一直没有放弃国际监督委员会的作用。为了充分推动国际监督委员会对日内瓦协议的更好履行，“8 月 29 日，肯尼迪批准以出售或出借的方式向国际监督委员会提供直升机”。[②] 10 月 18 日，弗雷斯特尔提出，通过向国际监督委员会提供有关情报的方式促使其对老挝境内的违规事件进行调查，“如果国际监督委员会对巴特寮控制区域的调查遭到其拒绝，那么它就可以向联合主席进行申诉。日内瓦会议的任何成员国也可以向联合主席申诉（即我们可以向赫鲁晓夫施压)”[③]。11 月 27 日，巴特寮在查尔平原击落美国的飞机以后，美国政府一致认为在形势不够明了之前，通过国际监督委员会对这一事

---

① *FRUS*, 1961 - 1963, Laos Crisis, Vol. XXIV, Washington, DC: United States Government Printing Office, 1994, pp. 995 - 996.

② Ibid., p. 895.

③ Ibid., p. 906.

件进行调查是最合适的办法。[①] 于是，国际监督委员会在美国的压力下开始调查北越军队是否继续滞留老挝，但是由于其成员国之间的分歧，一直没能得出明确的结论。国际监督委员会在监控老挝国内停火的问题上，也没有发挥太大的作用。

1963 年 4 月 1 日，左倾中立主义者贵宁·奔舍那被暗杀，北越和巴特寮指责是贡勒派人所为，老挝开始陷入全面内战中，政局更加动荡不安。巴特寮在老挝政府中的官员出于安全考虑撤离了万象，只留了 1 人留驻政府，新联合政府实际上名存实亡。1963 年 6 月，梭发那致信日内瓦会议两主席，指责巴特寮与北越的军事行动破坏了日内瓦停火协议，要求英苏两国向其施加压力，以保证老挝的独立与统一。巴特寮则指控梭发那与右翼势力富米和美国进行合作，没能真正保持中立。

贵宁·奔舍那遭到暗杀之事促使了老挝内部矛盾的迅速激化。美国政府则力争避免由此引起大规模冲突，所以制定了相应的政策。“首先，尽量使老挝各方接受贵宁·奔舍那被暗杀之事只是老挝‘内部的一件意外事件’。其次，鼓励梭发那继续领导老挝的中立主义者，并顶住来自巴特寮的压力。再次，在不过于张扬的情况下继续向贡勒提供援助，增加国际监督委员会进入查尔平原进行调查的压力。最后，寻求苏联、北京与河内的合作。”[②] 但是，事实并没有如美国所愿。贵宁·奔舍那被暗杀以后，巴特寮“出于安全考虑”，从老挝政府中将其代表撤回。在老挝内战再次爆发的同时，联合政府也宣告结束。“爱国中立者”与巴特寮盟友开始向贡勒所在的查尔平原发动进攻。[③] 由于缺少供给，贡勒的中立主义者部队被击败，并丢掉了其控制下的大部分查尔平原地区。[④] 梭发那指责巴特寮从北越部队收到援助，于 6 月切断了巴特寮的军事预算。[⑤]

---

① *FRUS*, 1961 - 1963, Laos Crisis, Vol. XXIV, Washington, DC: United States Government Printing Office, 1994, pp. 922 - 923.

② Ibid., p. 954.

③ Ibid., p. 955. n. 1.

④ HughToye, *Laos: Buffer State or Battleground.* London: Oxford University Press, 1968, p. 191; Paul Langer and Joseph Zaslof, *North Vietnam and The Pathet Lao: Partners in The Struggle for Laos*, Cambridge: Harvard University Press, 1970, p. 88.

⑤ Charles A. Stevenson, *The End of Nowhere: American Policy Toward Laos Since* 1954, Boston: Beacon Press, 1973, p. 193.

由贵宁·奔舍那被暗杀所引发的巴特寮与贡勒之间的公开武装冲突，引起了美国的极大关注。美国政府一方面积极调整其老挝政策，另一方面积极开展相关的外交活动，拟从国际上给巴特寮和北越施加压力。

巴特寮与贡勒部队之间的武装冲突发生以来，美国便加大了对贡勒部队的援助。按照日内瓦协议的规定，只有老挝政府在防御国家安全需要的情况下，才可以要求外国的武器、弹药等战略物资输入老挝。于是，美国先将这些战略物资运至泰国，再由梭发那派人用飞机从泰国转运至老挝后，空投给贡勒在查尔平原的部队。另外，在美国的敦促之下，富米也通过自己的飞机向梭发那和贡勒部队提供了武器和弹药。[①]

不管怎样，美国并不想对老挝事务进行直接公开的军事参与，可是美国认定巴特寮背后的北越并不理会美国的种种努力，于是在寻求政治途径解决未果的情况下，美国调整了自己的老挝政策：根据参谋长联席会议的建议，通过军事威慑的方式迫使北越认识到美国对东南亚的“兴趣”所在。具体而言，第一，向位于北纬 17°线以南的地区派驻舰队进行军事威慑；第二，加强驻泰国的空军力量；第三，对老挝、北越、南部中国与海南岛进行高空侦察；第四，在保证安全的前提下对老挝、北越、南部中国与海南岛进行低空侦察。此举的目的在于向巴特寮和北越表明美国并不想动用武力干涉老挝的事务，可是在需要的时候则会毫不犹豫。[②]

美国政府还继续积极推动国际监督委员会对老挝的冲突进行调查，以图孤立巴特寮。为了实现这个目标，经过肯尼迪的批准，哈里曼分别出访英、法、苏等国家，开展积极的外交活动。对于法国，美国力争使法国能够根据日内瓦协议，加大支持梭发那的力度，并充分发挥其在河内军事存在的作用。对于英国，主要是推动其以日内瓦会议联合主席之一的身份，促使国际监督委员会调查老挝事件。对于苏联，一方面与英国一样，促成国际监督委员会的调查，另一方面，希望苏联能够发挥对

---

① *FRUS*, 1961 - 1963, Laos Crisis, Vol. XXIV, Washington, DC: United States Government Printing Office, 1994, p. 1007.

② Ibid., pp. 999 - 1000.

巴特寮和北越的限制作用。[①] 5 月 3 日，英国外交部命令其驻莫斯科大使正式向苏联外长提出在老挝重启国际监督委员会活动的建议。[②] 可是，面对哈里曼的提问，赫鲁晓夫在表示会一如既往地遵守日内瓦协议的时候，对于美国在老挝周边地区的军事调动进行了指责，他认为美国此举是一种战争挑衅行为。[③] 尽管没有得到苏联的肯定性合作，但是美国仍然没有放弃重启国际监督委员会活动的努力。5 月 6 日，助理国务卿泰勒在与波兰大使德罗尼亚克（Drozniak）会谈的时候，向其抱怨波兰在国际监督委员会问题上的工作不够理想。为了使波兰能够在国际监督委员会问题上按照美国的意图行事，泰勒还以 PL－480 与其他的经济与贸易问题相威胁。[④] 尽管如此，在美国看来，"虽然国际监督委员会对于老挝事件进行了几次调查，但是没有一例报告证明在老挝有外国军队的存在"[⑤]。

1964 年年初，巴特寮的进攻逐渐取得成功。[⑥] 梭发那以辞职为威胁表示抗议，这导致了万象的政局不稳。4 月 17 日的会议后，两个王国政府军的军队首领推翻了梭发那政府并将其逮捕。[⑦] 虽然他们曾遭到停止美国援助的威胁，但他们还是进行了几项限制富米权力的政治改革（尤其是将富米和中立主义者的军队混编在一起，这样富米一方就不能为所欲为）。[⑧]

利用万象的这种混乱，巴特寮于 5 月 17 日发动了一次重要的攻势，占领了整个查尔平原。仍然忠于贡勒的中立主义者部队不得不撤出自己的阵地。面对巴特寮的这次进攻，约翰逊政府增加了美国在老挝的军事

---

① *FRUS*, 1961－1963, Laos Crisis, Vol. XXIV, Washington, DC: United States Government Printing Office, 1994, p. 989.

② Ibid., p. 1009.

③ Ibid., p. 1001.

④ Ibid., p. 1009.

⑤ Ibid., p. 1057.

⑥ Charles A. Stevenson, *The End of Nowhere: American Policy Toward Laos Since* 1954, Boston: Beacon Press, 1973, p. 194.

⑦ HughToye, *Laos: Buffer State or Battleground.* London: Oxford University Press, 1968, p. 192; Charles A. Stevenson, *The End of Nowhere: American Policy Toward Laos Since* 1954, Boston: Beacon Press, 1973, pp. 195－197.

⑧ HughToye, *Laos: Buffer State or Battleground.* London: Oxford University Press, 1968, pp. 192－193.

行动。2 月，美国将空中突击队派往泰国训练老挝空军，用于“镇压叛乱”[①]。5 月 19 日，美国空军开始对巴特寮控制区进行低空侦察飞行的 Yankee Team 行动。[②] 另外，美国还给老挝王国政府提供了几架用于反击巴特寮进攻的 T－28 飞机，这些飞机由“美国航空”飞行员驾驶。6 月 7 日，巴特寮击落了一架美国的侦察机，美国开始报复性地攻击巴特寮的反空军基地和其炮位所在之处。[③]

从整个夏天到秋天，空袭的程度逐渐增加。被冠以“侦察飞行”标签的这些飞机用来保护梭发那政府，并以此作为美国仍然遵守日内瓦协议的象征。[④] 1964 年 6 月，美国空军发现北越正完善其后勤工作以提高向越南南方输送军队和补给的能力。8 月 1 日和 2 日，老挝政府的 T－28 飞机在边境轰炸了北越在义安（Nghe An）的部队。[⑤] 8 月初，东京湾事件以后，南越的战事加剧，所以北越和美国沿胡志明小路的行动也在增加。到了 8 月，美国政府允许美国的飞行员在适当的时机攻击老挝和北越的目标，并将更多的美国飞机调往泰国的军事基地，用于进攻老挝。[⑥] 12 月 14 日，以 BARREL ROLL 为代号的新的更强烈的武装侦察开始，每周派 4 架飞机攻击 121 号和 12 号公路两旁的目标。这些行动已经不是简单地进行侦查和报复了，而是增加对北越施加压力战略的一部分。1964 年年底，美国“在老挝的秘密战争”战略大规模实施。在老挝主要进行轰炸巴特寮和北越的双重目标，并且派遣特种部队帮助苗族武装游击队。[⑦]

---

① Charles A. Stevenson, *The End of Nowhere: American Policy Toward Laos Since* 1954, Boston: Beacon Press, 1973, pp. 194 – 195.

② Ibid., p. 202.

③ Timothy N. Castle, *At War In the Shadow of Vietnam: U. S. Military Aid to the Royal Lao Government*, 1955 – 1975, New York: Columbia University Press, 1993, pp. 70 – 71; Charles A. Stevenson, *The End of Nowhere: American Policy Toward Laos Since* 1954, Boston: Beacon Press, 1973, p. 202.

④ Charles A. Stevenson, *The End of Nowhere: American Policy Toward Laos Since* 1954, Boston: Beacon Press, 1973, pp. 202 – 203.

⑤ Ibid., p. 203.

⑥ Ibid., p. 204.

⑦ Arthur J. Dommen, *Conflict in Laos: the Politics of Neutralization*, New York: Praeger, 1971, pp. 293 – 317; Charles A. Stevenson, *The End of Nowhere: American Policy Toward Laos Since* 1954, Boston: Beacon Press, 1973, pp. 209 – 239.

1964 年，老挝已经进入了公开的全面内战时期。肯尼迪政府 1961 年至 1962 年努力促成的老挝新联合政府分崩离析。[①] 联合政府在事实上只存在了 10 个月。[②] 而且，1964 年的形势比 1959 年至 1961 年内战的形势远为严峻：美国一直没有放弃的富米跌落政坛；巴特寮不断取得地面进攻的胜利；中立主义者陷入分裂，其力量遭到了严重削弱；美国的注意力集中于南越逐渐增多的战事。[③]

虽然老挝联合政府与日内瓦协议在事实上都以失败告终，但是美国却在老挝国内政局的演变中部分地实现了其在日内瓦会议后所制定的政策目标，即促使了老挝中立主义者与左翼力量的分裂。并且正是在美国的推动下，老挝中立主义者和右翼力量转而联合起来，开始了对巴特寮的战斗。

这次老挝重新开始的内战与 1959 年至 1961 年的有所不同。首先，中立主义者已经完全分裂，一派加入巴特寮一方，一派站在右翼势力一方。从 1961 年 4 月以后，老挝存在的是两个几乎不能相互调和的对立双方。其次，至 1963 年年初，美苏两大国在老挝的兴趣已经发生了变化。随着苏联对老挝空运的结束，苏联在该地区的影响力迅速降低，这意味着最初美国可以用来谈判的机会已经没了。[④] 再次，越南完全成为美国在印度支那地区的战略重心所在。随着美国在越南内战中卷入得越来越深，老挝的稳定也不再那么重要。“1963 年老挝战端的重启，并没有吸引美国更多的注意力，随着吴庭艳总统的被推翻，老挝完全处于越南问题的笼罩之下”[⑤]，“对于北越和美国而言，老挝成为只是另一场更加重要战争的一

---

① Joseph Zaslof, *North Vietnam and The Pathet Lao: Partners in The Struggle for Laos*, Cambridge: Harvard University Press, 1970, p. 89.

② HughToye, *Laos: Buffer State or Battleground.* London: Oxford University Press, 1968, pp. 192.

③ Timothy N. Castle, *At War In the Shadow of Vietnam: U. S. Military Aid to the Royal Lao Government*, 1955 – 1975, New York: Columbia University Press, 1993, p. 47.

④ Charles A. Stevenson, *The End of Nowhere: American Policy Toward Laos Since* 1954, Boston: Beacon Press, 1973, pp. 190 – 191.

⑤ Arthur J. Dommen, *Conflict in Laos: the Politics of Neutralization*, New York: Praeger, 1971, p. 378.

部分"[1]。对于北越来说，控制胡志明小道成为关键。对于美国来说，老挝的停火已经没有封锁北越的这条供给线显得重要了。"至 1964 年，美国对于老挝的有关决策从属于美国阻止南越陷落的整体战略。"[2]

二　越南局势的发展与美国对老挝政策的调整

相对于老挝而言，同样身处东南亚腹地的越南的战略位置比老挝要重要许多。事实上，1954 年，日内瓦会议以后，美国开始取代法国在印度支那地区的地位，其主要的注意力是在越南。"在美国决策者的观念中，越南画线分治后，老挝的战略地位才开始突出，它被视为北越向南越渗透的路径。"[3] 只是 1960 年老挝内战的发生，使老挝一时成为美国在印度支那地区关注的重点。虽然老挝的形势变化复杂，但美国并没有放弃对越南问题的考虑。在进行老挝问题谈判的过程中，腊斯克曾经告诉葛罗米柯："北越对南越的公开进攻必须停止。苏联与北越应该清楚我们在南越承担重要义务，我们不能也不愿意接受其遭到打击的现实。" 事实上，"肯尼迪在老挝的让步更加提高了他对越南问题的关注"[4]。

猪湾惨败之后，肯尼迪不得不认真考虑在老挝问题上的行动。他要求国务院和国防部提出能够有把握在印度支那取胜的计划。4 月底，肯尼迪政府的主要决策者召开了多次会议，讨论印度支那战略计划。参谋长联席会议强调，如果美国要介入老挝，就必须大获全胜。鉴于猪湾惨败的教训，参谋长们提出了派遣 12 万至 14 万陆军进入老挝和使用核武器的计划。但国务院大多数官员认为，美国在印度支那的重点"防线"还是设在南越为宜，因为老挝是一个贫困、落后的内陆国家，既缺乏物资运输线，又没有出海口，加上老挝人生性恬静、无斗志，很不利于展开军事对抗；南越的情况则大不相同，它具备作为战场的一些有利条件；因此，美国不应陷入老挝的行动中。肯尼迪政府的资深外交家哈里曼

---

① Charles A. Stevenson, *The End of Nowhere*: *American Policy Toward Laos Since* 1954, Boston: Beacon Press, 1973, p. 192.

② Ibid., p. 199.

③ 陶文钊主编：《中美关系史（1949－1972）》，上海人民出版社 1999 年，第 364 页。

④ Thomas G.. Paterson, *Kennedy's Quest for Victory*: *American Foreign Policy*, 1961－1963, New York: Oxford University Press, 1989, p. 230.

（1962年以后为负责远东事务的助理国务卿）认为，最危险的是在不能使用武力的地方使用武力。[①] 国防部部长麦克纳马拉也赞成美国把印度支那战线设定于南越。[②]

1961年4月20日，肯尼迪总统批准成立了“越南特别工作组”。[③] 肯尼迪于4月26日和28日两次致电吴庭艳，表示美国将“坚定地”战在吴庭艳一边，将在军事、政治、经济和其他方面共同“反对共产党的入侵”。5月中旬，肯尼迪政府正式确定把印度支那战略的重点放在南越。肯尼迪向越南军事顾问团团长麦加尔（Lionel C. McGarr）强调，不管在什么情况下，美国将采取一切必要的措施防止越南落到“竹幕”之后。[④]

1961年6月初，肯尼迪同赫鲁晓夫在维也纳进行了他“一生中最激烈的”会谈。赫鲁晓夫在柏林问题上的强硬和傲慢态度，令肯尼迪大有蒙受侮辱的感觉。自此，肯尼迪更加希望在南越向共产党人显示其政府的反共信心。[⑤] 肯尼迪告诉《纽约时报》记者赖斯顿（James Reston）：“现在我们要有一个使别人认真看待我们力量的问题，而越南看来就是这个地方。”赖斯顿深信维也纳会谈对以后肯尼迪决定派遣大批美国顾问和支援部队去越南起了关键性作用。[⑥]

1961年下半年，越南开始成为肯尼迪政府对外政策中优先考虑的问题之一。肯尼迪政府先后派出代表前往西贡进行实地考察，同时，对于越南问题进行反复论证，最终决定开始在南越实施“反叛乱”计划。另外，美国还在南越设立了驻越军事援助指挥部，取代原先的美国军事顾问团，以便统一管理和指挥在南越日益增加的美国各类军事人员。至此，

---

① ［美］戴维·哈尔伯斯坦：《出类拔萃之辈》（上册），齐沛合译，生活·读书·新知三联书店1973年版，第165页。

② William Gibbons, *The U. S. Government and the Vietnam War*, Part II, New Jersey: Princeton University Press, 1986, pp. 26 - 28.

③ 在改小组成立之前，越南事务由“老挝特别工作组”负责。

④ *FRUS*, 1961 - 1963, Vietnam, Vol. I, Washington, DC: United States Government Printing Office, 1988, pp. 81, 128, 130, 132 - 134.

⑤ 陶文钊主编：《中美关系史》（1949 - 1972），中卷，上海人民出版社2004年版，第364页。

⑥ ［美］戴维·哈尔伯斯坦：《出类拔萃之辈》（上册），齐沛合译，生活·读书·新知三联书店1973年版，第141页。

美国开始逐渐卷入越南战争的泥潭中。

日内瓦协议签订以后，老挝并没有真正实现独立与统一，处于分裂中的越南的影响则是其中的一个重要外因。随着贡勒部队战场形势的不断恶化，以及越南局势的日趋紧张，美国参谋长联席会议于 1963 年 6 月 14 日向肯尼迪总统提交的一份报告中指出，日内瓦会议结束以后，北越便企图在老挝和南越建立共产党的统治，进而控制整个东南亚。北越的这种行为导致了老挝局势的动荡不安，使其无法实现独立与中立。当时，美国对越南的干涉正开始大幅升级，这份报告也将老挝局势与越南联系起来，美国制订了对老挝的行动计划。这份计划分为三个阶段实施。在第一阶段，美国的目标是重新恢复日内瓦协议下的联合政府与 1963 年 4 月 1 日前的局势。为实现这一目标，所要采取的行动主要是向老挝中立主义者和右翼力量提供武器与情报。第二个阶段的目标大致与前一阶段相同，行动逐步升级，在南越和泰国派驻美国的海军与空军，并支持第三国采取军事行动，包括直接与北越作战。美国军队在必要时进入老挝和北越之间的冲突区域，阻止北越人员和给养的运输，并为太平洋舰队司令部的 OPPlan 32 – 63（东南亚整体防御计划）做准备。在第三阶段，将老挝正式分裂，确定一条划分彼此势力范围的界线，派遣美国空军与陆军进入老挝和北越，迫使共产党在事实上接受这一结果。① 从第一阶段到第三阶段，美国的军事干涉逐渐升级，行动范围不断扩大。这一计划的重心也逐渐从稳定老挝局势转为制止北越在东南亚的“颠覆”活动。

在经过 5 天的分析与讨论之后，肯尼迪同意了参谋长联席会议所提计划中的前两个阶段的行动目标，对于第三阶段的行动目标，肯尼迪命令活动应该限制在“支持梭发那与中立主义者的政治范围内”。对于在老挝采取大规模的军事行动，肯尼迪政府一直持有一定的保留态度。而此时，美国已经将在东南亚地区的注意力集中于越南。这主要出于以下三种考虑：第一，美国和梭发那政府都认为老挝局势动荡的根源在于越南的分裂，都认为“一旦越南问题解决，北越取消对巴特寮的支持，那么

① *FRUS*, 1961 – 1963, Laos Crisis, Vol. XXIV, Washington, DC: United States Government Printing Office, 1994, pp. 1020 – 1030.

老挝的困境也就迎刃而解”①。第二，相对于老挝而言，美国多年扶持下的南越西贡政府更为强硬有力，远比羸弱的老挝政府更能够实现美国在东南亚的利益和目标。第三，老挝的地理位置与地形条件决定了老挝不如南越便于美国军队后勤补给的供应，因此肯尼迪政府中大部分成员倾向于将美国在印度支那的战线定于越南。

肯尼迪执政以后，美国对越南的干涉逐渐升级，派遣到越南的军事顾问和援助部队开始直接参加西贡政权的战斗，通过特种战争来消灭当地的武装解放力量。到 1962 年年末的时候，美军在南越的人数已经超过 10000 人。相对而言，在老挝境内发生的仍然是小规模的军事冲突，而肯尼迪政府也不想将美国的作战部队派进老挝。随着越南战争的逐渐升级，老挝成了它名副其实的副战场。

日内瓦会议以后，老挝三方势力在徒具虚名的联合政府的掩饰之下，各自积蓄力量，进行分裂活动。其中，最大的变化在于，以梭发那和贡勒为首的中立主义者与左翼力量的分裂，转而与美国和右冀势力进行合作。老挝局势的这种变化由复杂的国内外因素促成，其中最重要的是美国与北越在老挝的干涉政策。一方面，美国没有停止干涉老挝的内政。日内瓦协议签订以后，肯尼迪政府采取了促成老挝中立主义者与右翼力量结合的策略，并向以梭发那和贡勒为首的保守中立主义者提供经济与军事援助，从而分裂了中立主义者与巴特寮的联盟。另一方面，日内瓦会议结束以后，北越为了夺取边境战略地区和控制通往南越的胡志明小道，既没有放弃对巴特寮的援助，也没有取消维持胡志明小道所必需的军事存在。根据美国的情报显示，“每月约有 500 名的北越共产党人士从老挝进入到南越”②。另外，老挝中立主义者与左翼力量分歧的持续扩大，以及美国对老挝事务干涉的不断加强，引起了老挝中立主义者的不满，最终导致了中立主义者与左翼力量的彻底分裂。

总而言之，老挝对越南具有的地缘战略意义，再加上美国与北越之间冲突的螺旋式升级，使得老挝的“中立”如同建立在流沙之上，非常

---

① *FRUS*, 1961 - 1963, Laos Crisis, Vol. XXIV, Washington, DC: United States Government Printing Office, 1994, pp. 1035 - 1036.

② Ibid., p. 924.

不牢靠。国际监督委员会也缺乏必要的力量来有效履行日内瓦协议赋予它的职能，而协议本身也缺乏制裁违例行为的执行保障。所有这些不足无不限制了国际监督委员会监督与控制老挝局势作用的发挥。第二次日内瓦协议最终只能与老挝的中立联合政府一样，以失败而告终。后来的事实证明，在越南问题没有得到解决前，老挝的独立与统一是不可能实现的。

结　语

虽然冷战的硝烟早已散去，但是冷战期间发生的许多事件却不容我们不进行思考。20 世纪五六十年代，东南亚的蕞尔小国老挝之所以能够成为当时世界关注的热点地区之一，无外乎是美国所推行的遏制战略使然，也造成了大国对老挝事务干涉的局面。具体表现在如下三个方面。首先，出于“防止共产党在老挝发展”的目标，美国开始对老挝政治事务进行干涉。诚如艾森豪威尔总统所指出的那样，“如果不是因为邻国以及对其产生的（多米诺）效果，我们是不会对老挝进行干涉的”。对此，副国务卿狄龙·道格拉斯进一步评论：“据了解，老挝是我们进行帮助场所中最糟糕的地方。”① 其次，为了应对美国对老挝右翼保守势力的扶植，苏联开始公开援助老挝的左翼爱国力量，老挝内部的争斗由此演变为一场国际性的对抗。但是由于美苏都认为老挝不是两国的重要利益所在，美苏没有在老挝发生直接的军事冲突，这可以看作美国与苏联进行合作的检验案例。再次，1962 年，日内瓦协议的签署使老挝危机告一段落。但由于美国的根本目标没有放弃，所以这只是美苏在老挝的暂时和解。老挝的新联合政府在成立不久就重新陷入分裂，也就不足为奇了。整个历史过程中，“主角”之一的老挝是被纳入“冷战”的，对它悲之、悯之都不为过，而作为另一“主角”的美国，应该如何来看待呢？

1954 年，日内瓦协议签署，老挝在得到国际社会承认的同时，也被美国赋予了“冷战”的标签。1962 年，日内瓦协议再次签署，不变的是

---

① *FRUS*, 1961 - 1963, Laos Crisis, Vol. XXIV, Washington, DC: United States Government Printing Office, 1994, p. 2.

老挝依然得到国际社会的承认，变化的是老挝已不再只是一个“冷战标签”，而是成为地地道道的“冷战缩影”。这其中的“不变”与“变”，都与美国密切相关。纵观1955年至1963年美国对老挝的政策，无论是艾森豪威尔政府时期还是肯尼迪时期，其总体原则和目标都是防范共产主义在东南亚国家的发展。在具体战略目标上，艾森豪威尔政府一直致力于将老挝变成其在东南亚的反共堡垒，而肯尼迪政府则满足于将老挝建成泰国和北越与中国之间的一个缓冲地带，以所谓中立的形式免于共产党的“控制”。但是审视这段历史不难发现，现实与理想之间的矛盾使得美国政府不得不在困境之中进行斗争，处处显得“欲罢不能”。

遏制共产主义势力发展是贯穿冷战期间美国的根本指导思想。美国关于亚洲冷战政策的第一个正式文件NSC48/2号文件出台以后，标志着冷战从欧洲扩展至亚洲的同时，东南亚的战略地位也首次上升到事关美国国家安全的高度。艾森豪威尔政府时期继续秉承杜鲁门政府时期制定的这一战略目标，从国家安全战略的高度先后出台了NSC 5405、NSC 5612/1、NSC 5809和NSC 6012等系列文件。这些文件的演进与变化，一方面固然是美国根据战略发展需求进行的调整，另一方面，不可避免地也是根据东南亚地区形势的变化而做出的反应。美国对老挝政策的变化便体现了美国的这种战略调整。

围绕“防共”和“反共”的根本原则与目标，美国开始将老挝纳入其冷战轨道中，其首个表现便是力图建立亲西方的老挝新政府。为了帮助老挝右翼保守势力取得政治上的优势地位，“从1954年到1962年间美国向老挝提供了4.17亿美元的军事与经济援助”[①]。至1963年，美国对老挝的政策历经多次的变化与调整。这种变化和调整主要反映在两个方面。首先，美国根据老挝形势的发展需要，所选取的政策执行者不断变化。从卡岱·索萨里特到培·萨那尼空再到富米·诺萨万，无一能够达到美国的要求。其次，美国对老挝政策实施的方式不断变化。在1960年贡勒发动政变前，美国主要是秘密地向老挝政府提供各种经济和军事援助，以使其能够执行亲西方的政策。贡勒政变发生以后，美国对老挝的

---

① Arthur J. Dommen, *Conflict in Laos: the Politics of Neutralization*, New York: Praeger, 1971, p. 104.

这种援助方式发生了极大的改变，美国开始公开向老挝的右翼势力提供经济和军事援助，以使其能够建立亲西方的新政府。正是由于美国在老挝政策出发点的局限性，导致了这些援助“未能物尽其用”。美国向老挝所提供的援助总额可谓不少，但是受到美国在老挝政策目标的局限，大量的援助资金很少用于老挝的国内建设，“只有 800 万美元占总数 2% 左右的援助被用于改善占人口总数 85% 的老挝人民生活”①，“其余的美国援助都用于反对巴特寮的军事建设”②。因此，不管美国怎样调整政策方向，现实结果总是与其愿望相违背的，始终没能在老挝建立起有效的亲西方政府。美国在向老挝右翼势力提供各种援助的过程中，不止一次地认识到这种“先天不足”。诚如 1961 年肯尼迪在前往维也纳与赫鲁晓夫举行峰会途经巴黎与戴高乐会谈时所指出的那样：美国现在在老挝的政策是错误的，美国在东南亚国家承担义务也是不明智的。

美国在将老挝纳入其冷战轨道的同时，也面临多重困境。首先，遏制与“反遏制”。“国际紧张局势就像一棵卷心菜。如果你把菜叶一片一片地剥去，就会看到菜心，而国际紧张的核心就是美苏关系。”③ 正如美国将老挝纳入冷战轨道的考虑一样，随着苏联对老挝左翼力量援助的公开，使得本是老挝内部纷争的情况迅速转化为一场国际性的对抗。一方是以美国为首的西方世界，另一方是以苏联为代表的共产党国家。美苏两国在老挝问题上的交涉便成为这个时期的又一个“冷战”案例。一方面，美苏两国都毫不讳言地表示“老挝不是两国的重要利益所在”“老挝问题的解决可以成为两国合作的一个样例”。另一方面，美苏两国在老挝的问题上进行了多层次的交涉。从最初提出各自的最高目标到最后进行一定程度的退让后达成协议；从双方最高领导人之间的公开会晤到通过秘密通道进行沟通，从外交部门的公开交涉到私下里的单独交流，均朝向一种“利益妥协”。所有这些，无不体现了美苏双方追求“利益最大化”的这一冷战本质。

---

① Arthur J. Dommen, *Conflict in Laos: the Politics of Neutralization*, New York: Praeger, 1971, p. 104.

② Martin E Goldstein, *American Policy Toward Laos*, Rutherford: Fairleigh Dickinson University Press, 1973, p. 378.

③ ［美］丹·考德威尔：《论美苏关系》，中译本，世界知识出版社 1984 年版，第 4 页。

其次，控制与“反控制”。美国希望通过扶植右翼力量上台执政的方式建立受其控制的老挝政府，但是这种愿望始终没能完全实现。一方面，老挝本土左翼力量的抗争，影响了美国政策目标的实现。以梭发那为代表的老挝中立主义者和以苏发努冯为代表的巴特寮爱国力量积极承担了反抗美国对老挝事务干涉的重任，在击败以富米为代表的右翼势力、建立老挝新政府的同时，沉重打击了美国在老挝的政策目标。另一方面，老挝右翼力量除了不堪重任以外，还在一定程度上对美国的政策进行着掣肘。在接受美国援助的过程中，富米凭借自己的军事地位不断地谋求满足自己的政治野心，在许多具体问题上，并非完全听命于美国的指挥。甚至在富米发现美国将逐渐抛弃他以后，为了给自己挣得更多的政治资本，他不顾美国的劝告，更加一意孤行，于 1962 年 5 月向巴特寮的部队发动进攻，制造了南塔危机，一度将老挝危机推向了最高潮，使美国陷入窘境。

最后，合作与分歧。倡导西方国家集体安全一直是美国的一个重要指导思想，“东南亚条约组织”便是美国这个指导原则在东南亚地区实现集体安全目标的一个重要体现。美国不想在老挝单独承担起与共产党国家进行另一场地面战争的责任，积极寻求“东南亚条约组织”国家的合作。不过，以英法为代表的西方盟国在这个问题上的考虑与美国的意图存在分歧。法国不想因美国势力的介入而将自身在老挝的影响排挤出去，英国则因马来亚问题不想再次介入东南亚地区的军事争端。盟友之间的这种分歧在一定程度上暴露了西方阵营内部在涉及具体利益问题上的交错矛盾。

除此以外，美国对越南问题考虑的增加也是限制美国在老挝政策目标实现的一个重要因素。1954 年，日内瓦会议以后，美国开始谋求取代法国在印度支那地区的地位，不可否认，其注意力的出发点最初是在越南，但事实上，第一次日内瓦会议以后，迅速引起美国关注的是老挝，尤其 1960 年老挝内战的发生，使老挝一时成为美国在印度支那地区关注的重点。不过，随着老挝形势的复杂变化，美国并没有放弃对越南问题的考虑。这一点既是老挝危机最后能以和平方式解决的一个重要原因，同时也是 1962 年日内瓦会议以后老挝很快又陷入内战的一个根源。后来的事实发展证明，美国并不满意第二次日内瓦协议的内容，实现中立的老挝并非美国在印度支那地区的目标所在。一定程度上，正是由于美国在老挝问题上的失败，推动了美国在越南军援和干涉的逐步升级。从美国与越南战争的整体关系来看，第一次日内瓦会议以后，美国的老挝政策以及老挝危机在其中的作用还需要进一步的认识。至少有一点可以肯定的是，老挝是美国走向印度支那地区事务过程中的重要组成部分。

正是由于这些内外矛盾的存在，才使得美国在老挝的政策目标无法实现。

纵观1955年至1963年美国对老挝的政策，其完全从属于美国在东南亚地区防范共产主义发展的总体原则和目标。虽然这整个历史过程是由美国所导演的，但已不单是“美国对老挝的政策”如何，而是在这个基础上，反映了美国、苏联、老挝三方关系的互动，其中有对抗、有妥协、有纷争，也有合作。所以，这段历史在一定程度上可以说是冷战的一个缩影。

参考文献

一　英文资料

（一）原始档案及资料汇编、数据库

Ambekar A. D. and V. D. Divekar ed. , *Documents on China's relations with South and Southeast Asia*, *1949 - 1962*, Bombay; New York: Allied Publishers, 1964.

Declassified Documents Reference System, Farmington Hills, Mich. : Gale Group, 2009.（DDRS 是美国 Gale 公司开发的数据库，其中的解密外交文件来自白宫、中央情报局、联邦调查局、国务院等处，共计约 75000 份文件，465000 页。）

Department of State, *FRUS*, 1952 - 1954, East Asia and the Pacific, Vol. XII (Part 1, 2), GPO, 1984.

Department of State, *Foreign Relations of the United States*（以下简称 *FRUS*）, 1950, East Asia and the Pacific, Vol. VI, Washington, DC: United States Government Printing Office（以下简称 GPO）, 1976.

Department of State, *FRUS*, 1952 - 1954, Indochina, Vol. XIII (Part 1, 2), GPO, 1982.

Department of State, *FRUS*, 1952 - 1954, The Geneva Conference, Vol. XVI, GPO, 1981.

Department of State, *FRUS*, 1955 - 1957, East Asian Security; Cambodia; Laos, Vol. XXI, GPO, 1990.

Department of State, *FRUS*, 1958 - 1960, American Republics, Vol. V, GPO, 1992.

Department of State, *FRUS*, 1958 – 1960, East Asia-Pacific Region; Cambodia; Laos, Vol. XVI, GPO, 1992.

Department of State, *FRUS*, 1961 – 1963, Laos Crisis, Vol. XXIV, GPO, 1994.

Department of State, *FRUS*, 1964 – 1968, Laos, Vol. XXVIII, GPO, 1998.

Digital National Security Archive, ProQuest Information and Learning Company, 2010. （DNSA 数据库以专题为中心，共收录了大量政策文件，包括总统密令、备忘录、外交派遣 、会议记录、独立报告、简报、白宫往来文函、电子邮件、机密信函以及其他保密文件。同时，每个子库还提供背景资料和参考资料，如一般介绍材料、年鉴、词汇表和参考书目。）

International Conference on the settlement of the Laotian question 1961 – 1962, Canberra: Department of International Relations Research School of Pacific Studies the Australian National University, 1962.

Lewis Gould ed., *Documentary History of the John F. Kennedy Presidency*. Vol. 3, Bethesda, MD: LexisNexis, 2005.

U. S. Department of State, *American Foreign Policy: Current Documents 1957*, GPO, 1961.

U. S. Department of State, *American Foreign Policy: Current Documents 1961*, GPO, 1965.

美国国家情报委员会。（http://www.foia.cia.gov/）

美国总统图书馆。（http://www.archives.gov/presidential-libraries/index.html）

（二）英文著作

Abramson, Rudy, *Spanning the Century: The Life of W. Averell Harriman, 1891 – 1986*, New York: William Morrow & Co., 1992.

Adams, Nina S., and Alfred W. McCoy, eds., *Laos: War and Revolution*, New York: Harper, 1970.

Ambrose, Stephen, *Eisenhower: The President*, New York: Simon and Schuster, 1994.

Anderson, David L., *Trapped by Success: The Eisenhower Administration and Vietam, New York: Columbia University Press*, 1991.

Ang, Cheng Guan, *Vietnmese Communist's Relations with China and The Second Indochina Conflict, 1956 - 1962*, Jefferson, N. C.: McFarland, 1997.

Ashton, Nigel John, *Kennedy, Macmillan, and the Cold War: The Irony of Interdependence*, New York: Palgrave Macmillan, 2002.

Bernstein, Richard and Cynthia Fredrick, *Laos and Cambodia: The Circle Widens*, Cambridge: Committee of Concerned Asian Scholars, 1970.

Beschloss, Michael, *The Crisis Years: Kennedy and Khrushchev, 1960 - 1963*, New York: Harper Collins, 1991.

Billings—Yun, Melanie, *Decision Against War: Eisenhower and Dien Bien Phr, 1954*, New York: Columbia University Press, 1988.

Bohlen, Charles, *Witness to History, 1929 - 1969*, New York: Norton, 1973.

Bowie, Robert R. and Richard H. Immerman, *Waging Peace: How Eisenhower Shaped An Enduring Cold War Strategy*, New York: Oxford University Press, 1998.

Bowles, Chester, *Promises to Keep: My Years in Public Life, 1941 - 1969*, New York: Columbia University Press, 1991.

Brinkley, Douglas, *Dean Acheson: The Cold War Years, 1953 - 1971*, New Haven: Yale University Press, 1992.

Brown, MacAlister, and Joseph J. Zasloff, *Apprentice Revolutionaries: The Communist Movement in Laos, 1930 - 1985*, Standford, CA: Hoover Institution Press, 1986.

Burchett, Wilfred G., *The Furtive War: the United States in Vietnam and Laos*, New York: International Publishers, 1963.

Burns, Richard Dean and Milton Leitenberg, *The Wars in Vietnam, Cambodia, and Laos, 1945—1982: A Bibliographic Guide*, Santa Barbara, California: ABC-Clio Information Services, 1984.

Buszynski, Leszek, *Seato: The Failure of An Alliance Strategy*, Singapore:

Singapore University Press, 1983.

Cable, James, *The Geneva Conference of 1954 on Indochina*, Basingstoke: MacMillan Press Ltd. , 2000.

Caldwell, Dan, *American-Soviet Relations: From 1947 to the Nixon-Kissinger Grand Design*, Westport: Greenwood Press, 1981.

Carter, Dale and Robin Clifton, *War and Cold War in American Foreign Policy, 1942 – 1962*, New York: Palgrave Press, 2002.

Castle, Timothy N. , *At War In the Shadow of Vietnam: U. S. Military Aid to the Royal Lao Government, 1955 – 1975*, New York: Columbia University Press, 1993.

Chae-Jin Lee, *Communist China's Policy Toward Laos: A Case Study, 1954 – 1967*, Lawrence: Center for East Asian Studies, University of Kansas, 1970.

Champassak, Sisouk Na. , *Storm Over Laos: A Contemporary History*, New York: Praeger, 1961.

Charlton, Michael and Anthony Moncrieff Moncrieff, *Many Reasons Why: The American Involvement in Vietnam*, New York: Hill & Wang, 1978.

Chase, Harold W. , and Allen H. Lerman, eds. , *Kennedy and the Press: The News Conference*, New York: Thomas Y. Crowell, 1965.

Claflin, Edward B. , ed. , *JFK Wants to Know: Memos From the President's Office, 1961 – 1963*, New York: William Morow & Company, 1991.

Cohen, Warren I. and Akira Iriye, eds. , *The Great Powers in East Asia, 1953 – 1960*, New York: Columbia University Press, 1990.

Conboy, Kenneth J. and James Morrison, *Shadow War: The CIA's Secret War in Laos*, Boulder, CO: Paladin Press, 1995.

Cooper, Chester L. , *The Lost Crusade: America in Vietnam*, New York: Dodd, Mead & Co. , 1970.

Cross, J. P. , *First in, Last Out: An Unconventional British Officer in Indo-China*, Washington: Brassey's, 1992.

Dallek, Robert, *An Unfinished Life: John F. Kennedy, 1917 – 1963*, Boston: Little, Brown and Company, 2003.

David, Paul T. eds., *The Presidential Election and Transtion, 1960 - 1961*, Washington, DC: Brookings, 1961.

Dommen, Arthur J., *Conflict in Laos: The Politics of Neutralization*, New York: Praeger, 1971.

Dommen, Arthur J., *Laos: Keystone of Indochina*, Boulder, CO: Westview Press, 1985.

Duiker, William J., *Ho Chi Minh: A Life*, New York: Hyperion, 2000.

Duiker, WilliamJ., *U. S. Containment Policy and the Conflict in Indochina*, Stanford: Stanford University Press, 1994.

Eisenhower, Dwight, D., *Waging Peace, 1956 - 1961*, New York: Doubleday and Company, 1965.

Fall, Bernard, *Anatomy of a Crisis: The Laotian Crisis of 1960 - 1961*, New York: Doubleday, 1969.

Field, Michael, *The Prevailing Wind: Witness in Indochina*, London: Methuen, 1965.

Freedman, H. B., *Laos in Strategic Perspective*, Santa Monica, CA: Rand, 1961.

Freedman, Lawrence, *Kennedy's Wars: Berlin, Cuba, Laos, and Vietnam*, New York: Oxford University Press, 2000.

Fursenko, Aleksandr and Timothy Naftali, *Khrushchev's Cold War: The Inside Story of An American Adversary*, New York and London: W. W. Norton, 2006.

Fursenko, Aleksandr and Timothy Naftali, "*One Hell of a Gamble*": *Khrushchev, Castro, and Kennedy, 1958—1964*, New York: W. W. Norton & Co., 1997.

Gaddis, John Lewis, *Russia, the Soviet Union, and the United States*, New York: John Wiley, 1978.

Gaddis, John Lewis, *Strategies of Containment: A Critical Appraisal of Postwar American National Security Policy*, New York: Oxford University Press, 1982.

Gaddis, John Lewis, *We Now Know: Rethinking Cold War History*, New

York: Oxford University Press, 1997.

Galduk, Ilya V., *Confronting Vietnam: Sovite Policy Toward the Indochina Conflict, 1954－1963*, Washington D. C.: Woodrow Wilson Center Press, 2003.

Geelhoed, E. Bruce and Anthony O. Edmonds, *Eisenhower, Macmillan, and Allied Unity, 1957－1961*, New York: Palgrave Macmillan, 2003.

George, Alexander L., David K. Hall and William E. Simons, *The Limits of Coercive Diplomacy: Laos, Cuba, Vietnam*, Boston: Little, Brown, 1971.

George, Alexander L., Philip J. Farley, and Alexander Dallin, eds, *U. S. -Soviet Security Cooperation: Achievements, Failures, Lessons*, New York: Oxford University Press, 1988.

Giglio, James N., *The Presidency of John F. Kennedy*, Lawrence: University Press of Kansas, 1991.

Goldstein, Martin E., *American Policy Toward Laos*, Rutherford: Fairleigh Dickinson University Press, 1973.

Gunn, Geoffrey C., *Political Struggles in Laos, 1930－1954: Vietnamese Communist Power and The Lao Struggle for National Independence*, Bangkok: Editions Duang Kamol, 1988.

Halpern, Joel M., Government, *Politics and Social Structure in Laos*, New Haven: Southeast Aisa Studies, Yale University, 1964.

Hamilton-Merritt, Jane, *Tragic Mountains: The Hmong, The Americans, and The Secret Wars for Laos, 1942－1992*, Bloomington: Indiana University Press, 1993.

Hannah, Norman B., *The Key to Failure: Laos and the Vietnam War*, Lanham, MD: Madison Books, 1987.

Harper, Paul and Joann P. Krieg, *John F. Kennedy: The Promise Revisited*, New York and Westport: Greenwood Press, 1988.

Harriman, W. Averell, *American and Russia in a Changing World: A Half Century of Personal Observation*, Garden City, N. Y.: Doubleday & Co., 1971.

Hein, Jeremy, *From Vietnam, Laos, and Cambodia: A Refugee Experience in The United States*, New York : Twayne Publishers, 1995.

Herring, Eric, *Danger and Opportunity: Explaining International Crisis Outcomes*, Manchester: Manchester University Press, 1995.

Herring, George C. , *America's Longest War: The United States and Vietnam, 1950 – 1975*, 2nd ed, New York: McGraw-Hill, 1983.

Hess, Gary R. , *The United State's Emergence as A Southeast Asian Power, 1940 – 1950*, New York: Columbia University Press, 1987.

Hilsman, Roger, *To Move A Nation: the Politics of Foreign Policy in The Administration of John F. Kennedy*, Garden City, NY: Doubleday, 1967.

Isaacson, Walter and Evan Thomas, *The Wise Men: Six Friends and The World They Made*, New York: Simon & Schuster, 1986.

Kahin, George McT. , *Intervention: How American Became Involved in Vietnam*, New York: Doubleday & Co. , 1986.

Kaiser, David, *American Tragedy: Kennedy, Johnson, and The Origins of The Vietnam War*, Cambridge, Mass. : Belknap Press of Harvard University Press, 2000.

Karabell, Zachary, *Architects of Intervention*, Baton Rouge: Louisiana State University Press, 1999.

Karnow, Stanley, *Vietnam: A History*, New York: Penguin, 1983.

Lall, Arthur, *How Communist China Negotiates*, New York: Columbia University Press, 1968.

Langer, Paul and Joseph Zaslof, *North Vietnam and The Pathet Lao: Partners in The Struggle for Laos*, Cambridge: Harvard University Press, 1970.

Lansdale, Edward G. , *In the Midst of Wars: An American's Mission to Southeast Asian*, New York: Harper & Row, 1972.

Leary, William M. , *Perilous Missions: Civil Air Transport and CIA Covert Operations in Asia*, University, Ala: University of Alabama Press, 1984.

Lebow, Richard Ned and Janice Stein, *We All Lost The Cold War*, Princeton: Princeton University Press, 1994.

Levine, Alan J. , *The United States and The Struggle for Southeast Asia,*

Westport: Greenwood Press, 1995.

MacMilan, Harold, *Pointing The Way: 1959 - 1961*, New York: Harper & Row, 1972.

Mak, Dayton and Charles Stuart Kennedy, *American Ambassadors in A Troubled World: Interview with Senior Diplomats*, 1992.

Marolda, Edward J. and Oscar P. Fitzgerald, *The United States Navy and The Vietnam Conflict, 1959 - 1965*, Washington D. C.: Government Office, 1986.

Mayers, David, *The Ambassadors and America's Soviet Policy*, New York: Oxford University Press, 1995.

McMahon, Robert J., *The Limits of Empire: The United States and Southeast Asia Since World War II*, New York: Columbia University Press, 1999.

Miller, Lynn and Ronald Pruessen, *Reflections on The Cold War: A Quarter Century of American Foreign Policy*, Philadelphia: Temple University Press, 1974.

Norman B., Hannah, *The Key to failure: Laos and The Vietnam war*, MD: Madison Books, 1987.

Parker, James E. and Annapolis Jr., *Codename Mule: Fighting The Secret War in Laos for The CIA*, Md.: Naval Institute Press, 1995.

Parmet, Herbert S., *Jack: The Struggles of John F. Kennedy*, New York: Dial Press, 1980.

Parmet, Herbert, *JFK: The Presidency of John F. Kennedy*, New York: Penguin Books, 1986.

Paterson, Thomas G., *Kennedy's Quest for Victory: American Foreign Policy, 1961 - 1963*, New York: Oxford University Press, 1989.

Qiang Zhai, *China and The Vietnam Wars, 1950 - 1975*, Chapel Hill: University of North Carolina Press, 2000.

Ratnam, Perala, *Laos and The Super Powers*, New Delhi: Tulsi Publishing House, 1980.

Rostow, W. W., *The Diffusion of Power: An Essay in Recent History*, New York: Macmillan, 1971.

Rusk, Dean, *As I Saw It*, New York: W. W. Norton, 1990.

Salinger, Pierre, *With Kennedy*, Garden City, N. Y.: Doubleday, 1966.

Sananikone, Oudone. *The Royal Lao Army and U. S. Army Advice and Support*, Washington, D. C.: Department of the Army Center of Military History, 1980.

SarDesai, D. R. *India Foreign Policy in Cambodia, Laos and Vietnam, 1947 - 1964*, Berkeley: University of California Press, 1968.

Schlesinger, Arthur S., *A Thousand Days: John F. Kennedy in The White House*, Boston: Houghton Mifflin, 1965.

Schlesinger, Arthur S., *Robert F. Kennedy and His Times*, Boston: Houghton Mifflin, 1978.

Seaborg, Glenn, *Kennedy, Khrushchev, and The Test Ban*, Berkeley and Los Angeles: University of California Press, 1981.

Shick, Jack M., *The Berlin Crisis, 1958 - 1962*, Philadelphia: University of Pennsylvania Press, 1971.

Sorensen, Theodore, *Kennedy*, New York: Harper & Row, 1965.

Stevenson, Charles A., *The End of Nowhere: American Policy Toward Laos Since 1954*, Boston: Beacon Press, 1973.

Stuart—Fox, Martin., *Laos: Politics, Economics, and Society*, Boulder, Colo.: Lynne-Rienner, 1986.

Sulzberger, C. L., *The Last of The Giants*, New York: MacMillan, 1970.

Thee, Marek, *Notes of A Witness: Laos and The Second Indochinese War*, New York: Random House, 1973.

Toye, Hugh, *Laos: Buffer State or Battleground*, London: Oxford University Press, 1968.

Twelve Years of American Intervention and Aggression in Laos, Neo Lao Haksat Publications, 1966.

Walton, Richard J., *Cold War and Counterrevolution: The Foreign Policy of John F. Kennedy*, New York: Penguin Books, 1972.

Warner, Roger, *Back Fire: The CIA's Secret War in Laos and Its Links to The Vietnam War*, New York: Simon & Schuster, 1995.

Warner, Roger, *Shooting at The Moon: The Story of America Clandestine War in Laos*, South Royalton, Vt: Steerforth Press, 1996.

Zasloff, Joseph J. and MacAlister Brown, *Apprentice Revolutionaries: the Communist Movement in Laos, 1930 - 1985*, Stanford, Calif.: Hoover Institution Press, 1986.

Zubok, Vladislay and Constantine Pleshakov, *Inside Ihe Kremlin's Cold War: From Stalin to Khrushchev*, Cambridge: Harvard University Press, 1996.

（三）文章

Chen—Jin Lee., "Communist China and the Geneva Conference on Laos, A Reappraisal," *Aisan Survey*, Vol. 9, No. 7, July 1969, pp. 522 - 539.

Dommen, Arthur J., "Laos, The Troubled Neutral," Aisan Survey, Vol. 7, No. 1, *A Survey of Asia in 1966*: Part Ⅰ, January 1967, pp. 74 - 80.

Dommen, Arthur J., "Laos, The Year of the Ho Chi Minh Trail," *Aisan Survey*, Vol. 12, No. 2, February 1972, pp. 138 - 147.

Dommen, Arthur J., "Toward Negotiations in Laos," Aisan Survey, Vol. 11, No. 1, *A Survey of Asia in 1970*: Part Ⅰ, January 1971, pp. 41 - 50.

Dommen, Arthur J. and George W. Dalley, "The OSS in Laos: The 1945 Raven Mission and American Policy," *Journal of Southeast Asian Studies*, Vol. 22, No. 2, September 1991, pp. 332 - 345.

Fall, Bernard B., "The International Relations of Laos," *Pacific Affairs*, Vol. 30, No. 1, March 1957, pp. 22 - 34.

Green, Fred and Richard Immerman, "What Did Eisenhower Tell Kennedy About Indochina? The Politics of Misperception," *The Journal of American History*, Vol. 79, No. 2, September 1992, pp. 567 - 587.

Kochvi, Noam, "Limited Accommodation, Perpetuated Conflict: Kennedy, China, and Laos Crisis: 1961 - 1963," *Diplomatic History*, Vol. 26, No. 1, Winter 2002, pp. 95 - 135.

Langer, Paul F., "Laos, Preparing for a Settlement in Vietnam," Aisan Survey, Vol. 9, No. 1, *A Survey of Asia in 1968*: Part Ⅰ, January 1969, pp. 69 - 74.

Langer, Paul F., "Laos, Search for Peace in the Midst of War," Aisan Survey, Vol. 8, No. 1, *A Survey of Asia in 1967*: Part Ⅰ, January 1968, pp. 80 – 86.

Langland, Stanley G., "The Laos Factor in a Vietnam Equation," *International Affais* (Royal Institute of International Affairs 1944 –), Vol. 45, No. 4, October 1969, pp. 631 – 647.

Simmonds, E. H., "The Evolution of Foreign Policy in Laos since Independence," *Modern Asian Studies*, Vol. 2, No. 1, 1968, pp. 1 – 30.

Stanton, Thomas H., "Conflict in Laos, The Village Point of View," *Aisan Survey*, Vol. 8, No. 11, November 1968, pp. 887 – 900.

Stuart, Simmonds., "Laos and Cambodia, The Search for Unity and Independence," *International Affais* (Royal Institute of International Affairs 1944 –), Vol. 49, No. 4, October 1973, pp. 574 – 583.

Stuart, Simmonds., "Laos, A Renewal of Crisis," Aisan Survey, Vol. 4, No. 1, *A Survey of Asia in 1963*: Part Ⅰ, January 1964, pp. 680 – 685.

Trager, Frank N., "Never Negotiate Freedom, The Case of Laos and Vietnam," *Aisan Survey*, Vol. 1, No. 11, January 1962, pp. 3 – 11.

Usha Mahajani, "President Kennedy and U. S. Policy in Laos, 1961 – 1963," *Journal of Southeast Asian Studies*, Vol. 2, No. 2, 1971, pp. 87 – 99.

Wehrle, Edmund F., "A Good, Bad Deal': John F. Kennedy, W. Averell Harriman, and the Neutralization of Laos, 1961 – 1962," *The Pacific Historical Review*, Vol. 67, No. 3, August 1998, pp. 349 – 377.

Xiaoming Zhang., "China's Involvement in Laos during the Vietnam War, 1963 – 1975," *The Journal of Military History*, Vol. 66, No. 4, October 2002, pp. 1141 – 1166.

Zasloff, Joseph J., "Laos, The Forgotten War Widens," Aisan Survey, Vol. 10, No. 1, *A Survey of Asia in 1969*: Part Ⅰ, January 1970, pp. 65 – 72.

（四）学位论文

Damien Marc Fenton, *SEATO and the Defence of Southeast Asia, 1955 – 1965*, Ph. D., University of New South Wales, 2006.

Richard Burks Verrone, *Behind the Wall of Geneva: Lao Politics, American Counterinsurgency, and Why the United States Lost in Laos, 1961 – 1965*,

Ph. D., Texas Tech University, 2001.

Surachit Wanglee, *Soviet Policy in Laos, 1955－1962*, A. M., Chicago University, 1965.

二　中文资料

（一）专著

《章汉夫传》编写组：《章汉夫传》，世界知识出版社2003年版。

崔丕：《美国的冷战战略与巴黎统筹委员会、中国委员会（1945—1994）》，中华书局2005年版。

方连庆、刘金质等：《战后国际关系史（1945—1995）》，北京大学出版社2005年版。

桂立：《美苏关系70年》，人民出版社2005年版。

梁英明等：《东南亚近现代史》，昆仑出版社2001年版。

刘金质：《冷战史》，世界知识出版社2003年版。

申旭：《老挝史》，云南人民出版社1990年版。

石斌：《杜勒斯与美国对苏战略（1952—1959）》，中国社会科学出版社2004年版。

陶文钊：《中美关系史（1949—1972）》，中卷，上海人民出版社2004年版。

陶文钊：《中美关系与东亚国际格局》，中国社会科学出版社2003年版。

陶文钊、牛军主编：《美国对华政策文件集（1949—1972）》，第三卷，世界知识出版社2005年版。

王绳祖：《国际关系史》（8），中国社会科学出版社1987年版。

王伟、戴超武：《美国外交思想史（1775—2005）》，人民出版社2007年版。

温强：《肯尼迪政府与中国："遏制但不孤立"政策的缘起》，天津古籍出版社2005年版。

杨生茂主编：《美国外交政策史（1775—1989）》，人民出版社1991年版。

张凤岐：《老挝简史》，云南民族学院民族研究所1980年版。

张曙光：《美国遏制战略与冷战起源再探》，上海外语教育出版社2007年版。

张小明:《冷战及其遗产》，上海人民出版社 1998 年版。

赵学功:《巨大的转变：战后美国对东亚的政策》，天津人民出版社 2002 年版。

周建明:《美国国家安全战略的基本逻辑：遏制战略解析》，社会科学文献出版社 2009 年版。

朱明权主编:《20 世纪 60 年代国际关系》，上海人民出版社 2001 年版。

朱瀛泉主编:《国际关系评论》，南京大学出版社 2004 年版。

资中筠:《战后美国外交史》，世界知识出版社 1994 年版。

（二）译著

［俄］阿纳托利·多勃雷宁：《信赖》，肖敏、王为译，世界知识出版社 1997 年版。

［俄］安·安·葛罗米柯:《永志不忘》，伊吾译，世界知识出版社 1992 年版。

［俄］安·安·葛罗米柯、鲍·尼·波诺马廖夫主编：《苏联对外政策史(1945—1980)》，韩正文等译，中国人民大学出版社 1989 年版。

［俄］尤·阿克秀金:《赫鲁晓夫：同赫鲁晓夫全传时代人的回忆》，李树柏等译，东方出版社 1990 年版。

［加］夏尔—菲利普·大卫：《白宫的秘密：从杜鲁门到克林顿的美国外交决策》，李旦等译，中国人民大学出版社 1998 年版。

［老挝］富米·冯维希:《老挝和老挝人民反对美国新殖民主义的胜利斗争》，蔡文枞译，人民出版社 1974 年版。

［美］阿瑟·施莱辛格:《一千天：约翰·菲·肯尼迪在白宫》，仲宜译，生活·读书·新知三联书店 1981 年版。

［美］艾萨克森等：《美国智囊六人传》，王观声等译，世界知识出版社 1991 年版。

［美］保罗·肯尼迪:《大国的兴衰》，蒋葆英译，世界知识出版社 1990 年版。

［美］贝科威茨等：《美国对外政策的政治背景》，张禾译，商务印书馆 1979 年版。

［美］查尔斯·波伦：《历史的见证 1929—1969》，刘裘等译，商务印书馆 1975 年版。

[美] 戴维·哈尔伯斯坦:《出类拔萃之辈》(上册),齐沛合译,上海三联书店 1973 年版。

[美] 戴维·霍罗维茨:《美国冷战时期的外交政策》,上海市“五·七”干校六联翻译组译,上海人民出版社 1974 年版。

[美] 丹·考德威尔:《论美苏关系》,何立译,世界知识出版社 1984 年版。

[美] 德博拉·沙普利:《承诺与权力:麦克纳马拉的生活和时代》,李建波等译,江苏人民出版社 1999 年版。

[美] 德怀特·艾森豪威尔:《缔造和平》(二),静海译,生活·读书·新知三联书店 1977 年版。

[美] 杰里尔·A. 罗赛蒂:《美国对外政策的政治学》,周启明、傅耀祖等译,世界知识出版社 1997 年版。

[美] 凯泽:《美国悲剧:肯尼迪·约翰逊导演的越南战争》,邵文实、王爱松译,昆仑出版社 2001 年版。

[美] 孔华润(沃伦·I. 科恩)主编:《剑桥美国对外关系史》(下),王琛等译,新华出版社 2004 年版。

[美] 雷蒙德·加特霍夫:《冷战史——遏制与共存备忘录》,伍牛、王薇译,新华出版社 2003 年版。

[美] 迈克尔·H. 亨特:《意识形态与美国外交政策》,褚律元译,世界知识出版社 1999 年版。

[美] 斯帕尼尔,J.:《第二次世界大战后的美国外交政策》,段若石译,商务印书馆 1992 年版。

[美] 托马斯·帕特森:《美国外交政策》,李余庆译,中国社会科学出版社 1998 年版。

[美] 威廉·陶伯曼:《赫鲁晓夫全传》,王跃时译,中国社会科学出版社 2009 年版。

[美] 约翰·F. 卡迪:《战后东南亚史》,姚楠等译,上海译文出版社 1984 年版。

[美] 约翰·拉纳勒夫:《神秘的第三只手——中央情报局内幕》,郭国、费惠芳编译,知识出版社 1990 年版。

[美] 约翰·路易斯·加迪斯:《遏制战略:战后美国国家安全政策评

析》，时殷弘、李庆四、樊吉社译，世界知识出版社 2005 年版。

［新西兰］尼古拉斯·塔格：《剑桥东南亚史》，贺圣达等译，云南人民出版社 2003 年版。

［英］D. C. 瓦特编著：《国际事务概览 1961 年》，于树生等译，上海译文出版社 1988 年版。

［英］D. C. 瓦特编著：《国际事务概览 1962 年》，上海市政协编译工作委员会译，上海人民出版社 1983 年版。

［英］D. G. E. 霍尔：《东南亚史》，下册，中山大学东南亚历史研究所译，商务印书馆 1982 年版。

［英］巴勒克拉夫编著：《国际事务概览 1959—1960 年》，曾稣黎译，上海译文出版社 1986 年版。

［英］哈罗德·麦克米伦：《麦克米伦回忆录——从政末期》（六），陈体芳译，商务印书馆 1980 年版。

［英］杰弗里·巴勒克拉夫编著：《国际事务概览 1956—1958 年》，上海译文出版社 1990 年版。

［英］科拉尔·贝尔：《国际事务概览 1954 年》，云汀等译，上海译文出版社 1984 年版。

［英］理查德·克罗卡特：《50 年战争》，王振西主译，新华出版社 2003 年版。

（三）中文资料汇编

《国际条约集（1960—1962)》，商务印书馆 1975 年版。

《解决老挝问题的扩大的日内瓦会议文件汇编（1961 年 4 月至 1962 年 7 月)》，世界知识出版社 1962 年版。

世界知识出版社编：《印度支那问题文件汇编》，第二册，第三册，世界知识出版社 1961 年版。

世界知识出版社编：《印度支那问题文件汇编》，第一册，世界知识出版社 1959 年版。

后　记

2011年从南开大学博士毕业至今已近6年，但由于自己的慵懒，在学术上并未有进展。本书是基于我的博士论文而成，但未做多大修改。一方面，是对当时学习成果的一个真实记录；另一方面，如文中所呈现出的诸多不足那样，以此作为对自己的一种激励。

回想当年的求学过程，首先感谢我的导师赵学功教授。承蒙赵师不弃，我有幸得以进入南开大学攻读博士学位。期间，赵师的宽以待人，使得我能够在学习、工作与生活之间以一种“相对轻松”的姿态转换角色。从论文选题的敲定到具体的谋篇布局，从行文用语到具体名词的翻译，赵师都给予了细心的指导，使我受益良多。不过，由于自己的愚笨，并未达到赵师在学术上的严格要求，实为汗颜之事。

感谢南开大学历史学院韩铁教授、杨令侠教授在我学习过程中的教益。韩老师严格的学术训练与杨老师的启发式教学使我获益匪浅。二位老师在我的论文开题报告和论文答辩之时都提出了许多宝贵的建议，所有这些都是我的论文能够顺利完成的重要保证。

感谢华东师范大学历史系崔丕教授在我论文写作与修改过程中的指点迷津。山东师范大学历史文化与社会发展学院的王玮教授和中国社会科学院世界历史研究所的孟庆龙研究员的指导也是我论文能够完成的重要保证。

在我论文写作过程中，孙超博士在百忙之中利用他在英国紧张的学习时间为我查找并传递了宝贵资料，首都师范大学姚百慧博士为我提供了他个人收藏的档案资料，这些成为我论文资料的重要来源；曹升生博士在厦门大学读书期间，高广刚博士在香港大学访学期间，以及学友吕尧利用他在南京大学读书期间的便利为我查找并提供了重要资料；刘合波利用个人关系在上海图书馆为我补充了许多资料。对以上给予我帮助的友人，在这里一并表示感谢。

书中的纰漏与不足在所难免，唯有不断进取，方可能弥补。